马平安 著

奕劻评传

庆亲王与晚清政局

团结出版社

图书在版编目（ＣＩＰ）数据

奕劻评传：庆亲王与晚清政局 / 马平安著 . 一北
京：团结出版社，2023.10
　　ISBN 978-7-5234-0414-0

　　Ⅰ . ①奕… Ⅱ . ①马… Ⅲ . ①奕劻（1836-1918）-
评传 Ⅳ . ① K827=52

中国国家版本馆 CIP 数据核字 (2023) 第 173617 号

出　版：团结出版社
　　　　（北京市东城区东皇城根南街 84 号　邮编：100006）
电　话：（010）65228880　65244790（出版社）
　　　　（010）65238766　85113874　65133603（发行部）
　　　　（010）65133603（邮购）
网　址：http：//www.tjpress.com
E-mail：zb65244790@vip.163.com
　　　　tjcbsfxb@163.com（发行部邮购）
经　销：全国新华书店
印　装：三河市东方印刷有限公司

开　本：170mm×230mm　16 开
印　张：32.75
字　数：411 千字
版　次：2023 年 10 月　第 1 版
印　次：2023 年 10 月　第 1 次印刷

书　号：978-7-5234-0414-0
定　价：98.00 元

导　言

爱新觉罗·奕劻，字辅廷，号淡如斋，乾隆皇帝第十七子永璘之孙，为清末三大世袭罔替的"铁帽子王"之一。

同治五年（1866 年），奕劻 28 岁时被清廷授予镶黄旗汉军都统一职，旋调镶红旗汉军都统，开始了其宦海生涯。同治十一年（1872 年），奕劻调任正蓝旗满洲都统，授御前大臣。光绪十年（1884 年），奕劻代替奕䜣领衔总理各国事务衙门，进入清政府政治舞台的核心；光绪二十七年（1901 年）总理衙门改称外务部，奕劻继续总理外务部事务，牢牢把持着清政府最高外交权力几近三十年。光绪二十九年（1903 年），荣禄死后，奕劻又入值军机处，成为领班军机大臣。宣统三年（1911 年）5 月，军机处改组为责任内阁，奕劻继续出任内阁总理大臣。从 1903 年到 1911 年，奕劻全面主持清政府行政、军事、外交、经济工作近十年。清帝逊位后，奕劻避居天津，从此才结束了他近达半个世纪的政治生涯。

奕劻是晚清史上一位十分重要的政治人物。他在晚清尤其是清末数年，总揽清政府内政、外交、军事、经济等大权，在中法战争、中日甲午战争、戊戌变法、庚子事变、清末新政、辛亥鼎革中，皆具有举足轻重的地位，与清王朝衰亡有着一定的关系。深入开展对他的研究，对于探讨清末政情尤其是清末数十年统治者的高层运作，深化晚清政治史的研究，具有一定的学术价值。

然而，就是这样一位与清王朝覆亡命运息息相关的重要人物，正史中相关的文献资料记载却不是很多。他留给后世的印象，总让人有一种"神龙见首不见尾"的味道和感觉在里面。

一般而言，晚清史离我们并不遥远。这一时期政治人物的生前身后，多多少少总会留下一些书信、日记、书法作品或者其他比较隐私的能够反映其个人内心世界的原始材料。奕劻则不然，除了中国第一历史档案馆存录的一批关于他的奏折以及光绪宣统上谕档及朱批奏折外，很少能见到奕劻留下的足以能够比较全面地考察他内心世界的文字。众所周知，这些奏折又多是一些冠冕堂皇的东西，大部分属于到处可见的普通文件，且多是经他部下的起草与润色，不是没有学术价值，但单凭这些不完全的奏折以及同代人七零八碎的记忆来解读奕劻，总让人感觉很不踏实，很不完整。可是奕劻留给后人的印象，又恰是像雾、像风又像雨，让人无法完全看得清楚、观得明白。好像随着他的离世，有关他的书信、日记、书法等烙有他个人印记的能准确反映他生平的东西也全部烟消云散了。根据奕劻中庸、稳健、低调、务实的官场做派，有时我曾经这样大胆猜测：也许在奕劻晚年，因为权势、财富均已不复存在，门可罗雀的他似乎参透了人世间的薄情三昧，临终前像历史上诸多达官贵人一样，将自己的私人档案全部销毁。因为对自己的悔恨和失望，奕劻也将所有带有他个人隐私的东西付诸一炬，以免后人口舌是非。

当然，这仅仅只是一种猜测。

现在，较有权威而又比较能说明奕劻个人生平的史料，也就只有《清史稿·诸王七》卷二百二十一中那不多的一段史料算是最为可靠了。全文如下：

庆僖亲王永璘，高宗第十七子。乾隆五十四年，封贝勒。嘉庆四年正月，仁宗亲政，封惠郡王，寻改封庆郡王。三月，和珅诛，没其宅赐永

002

璘。五年正月，以祝颖贵太妃七十寿未奏明，命退出乾清门，留内廷行走。二十一年正月朔，乾清宫筵宴，辅国公绵愍就席迟，奕绍推令入座，拂堕食碗，永璘告内奏事太监。得旨："诸王奏事不得径交内奏事太监。"罚永璘俸。二十五年三月，永璘疾笃，上亲临视，命进封亲王。寻薨，谥曰僖。命皇子往奠，上时谒陵归，复亲临焉。

子绵愍，袭郡王。绵愍奏府中有毗卢帽门口四座、太平缸五十四件、铜路镫三十六对。上谕曰："庆亲王府第本为和珅旧宅，凡此违制之物，皆和珅私置。嗣后王、贝勒、贝子当依《会典》，服物宁失之不及，不可僭逾，庶几永保令名。"府置谙达二，亦命裁汰。道光三年正月，赐绵愍三眼孔雀翎，管雍和宫、中正殿。十六年十月，薨，赐银四千治丧，谥曰良。上命再袭郡王一次。

以仪顺郡王绵志子奕彩为后，袭郡王。十七年正月，命在御前行走。二十二年十月，奕彩以服中纳妾，下宗人府议处。奕彩行赇请免，永璘第六子辅国公绵性亦行赇觊袭王爵。事发，奕彩夺爵，绵性戍盛京。以永璘第五子不入八分镇国公绵悌奉永璘祀。旋又坐事，降镇国将军。二十九年，卒。

以绵性子奕劻为后。三十年，袭辅国将军。咸丰二年正月，封贝子。十年正月，上三十万寿，进贝勒。同治十年九月，大婚，加郡王衔，授御前大臣。光绪十年三月，命管理总理各国事务衙门。十月，进庆郡王。十一年九月，会同醇亲王办理海军事务。十二年二月，命在内廷行走。十五年正月，授右宗正。大婚，赐四团正龙补服，子载振头品顶带。二十年，太后六十万寿，懿旨进亲王。二十六年七月，上奉太后幸太原，命奕劻留京会大学士李鸿章与各国议和。二十七年六月，改总理各国事务衙门为外务部，奕劻仍总理部事。十二月，加载振贝子衔。二十九年三月，授奕劻军机大臣，仍总理外务部如故。寻命总理财政处、练兵处，解御前大臣以授载振。

载振赴日本大阪观展览会归，请振兴商务，设商部，即以载振为尚书。十月，御史张元奇劾载振宴集召歌妓侑酒。上谕："当深加警惕，有则改之，无则加勉。"旋请开缺，未许。三十年三月，御史蒋式瑆奏："户部设立银行，招商入股。臣风闻上年十一月庆亲王奕劻将私产一百二十万送往东交民巷英商汇丰银行收存。奕劻自简任军机大臣以来，细大不捐，门庭如市。是以其父子起居、饮食、车马、衣服异常挥霍，尚能储蓄巨款。请命将此款提交官立银行入股。"命左都御史清锐、户部尚书鹿传霖按其事，不得实，实行回原衙门行走。

三十一年，充日、俄修订东三省条约全权大臣。三十二年，遣载振使奉天、吉林按事。改商部为农工商部，仍以载振为尚书。三十三年，命奕劻兼管陆军部事。东三省改设督抚，以直隶候补道段芝贵署黑龙江巡抚。御史赵启霖奏："段芝贵善于迎合，上年贝子载振往东三省，道经天津，芝贵以万二千金鬻歌妓以献，又以十万金为奕劻寿，夤缘得官。"上为罢芝贵，而命醇亲王载沣、大学士孙家鼐按其事，不得实，夺启霖官。载振复疏辞御前大臣、农工商部尚书，许之。三十四年十一月，命以亲王世袭。

宣统三年四月，罢军机处，授奕劻内阁总理大臣，大学士那桐、徐世昌协理大臣。八月，武昌兵起，初命陆军部尚书荫昌视师，奕劻请于朝，起袁世凯湖广总督视师。世凯入京师，代奕劻为内阁总理大臣，授奕劻弼德院总裁。十二月，诏逊位，奕劻避居天津。后七年薨，谥曰密。[1]

① 赵尔巽等编撰：《清史稿》，中华书局 1976 年版，第 9096—9097 页。

上述史料从奕劻的祖父家世讲起，一直叙述到奕劻去世为止，总共才1381字，真正从奕劻讲起者，不过874字，即使这短短874字中，大量内容还涉及其子载振的权钱色交易丑事，如此一算，专门谈论奕劻的文字也就剩余不到480字了，且其中内容还大谈奕劻父子贪墨滥权，隐含讥讽之意。作为清末亲贵重臣，《清史稿》对奕劻的记载实在是有点太过简略了，而且也并非完全客观。然记述内容虽不细致，但轮廓还算是清楚的，从中多少可以寻找到关于奕劻个人与晚清政局的蛛丝马迹，这也算是差强人意了。

另外，《近代史所藏清代名人稿本抄本》第一辑中的奕劻档中关于其本人总结如下：

奕劻，清宗室，隶镶蓝旗，爱新觉罗氏，字辅廷，道光十八年（1838）生。乾隆帝第十七子永璘之孙，绵性第一子，绵悌嗣子。道光三十年，袭辅国将军。咸丰二年（1852），封贝子。十年，晋贝勒。同治五年（1866），授镶黄旗汉军都统，旋调镶红旗汉军都统。七年，为内大臣。十一年，调任正蓝旗满洲都统，旋加郡王衔，授御前大臣。光绪二年（1876），授正白旗领侍卫内大臣。五年，管理神机营事务。七年，管理武备院事。十年，受命总理行营事务，又接替恭亲王奕䜣管理总理各国事务衙门事，晋庆郡王。十一年，会同醇亲王奕譞办理海军事务。十二年，在内廷行走。十六年，为正黄旗领侍卫内大臣。十七年，为崇文门正监督；又任总理海军事务大臣。二十年，奉慈禧太后懿旨晋庆亲王，帮恭亲王奕䜣督办军务。二十二年，任玉牒馆正总裁官。二十六年，八国联军入侵北京时，随慈禧太后避难太原，旋受命留京会同大学士李鸿章与各国议和。二十七年，代表清政府与列强签订《辛丑条约》，改各国总理事务衙门为外务部，仍总理部事。二十九年，授军机大臣，接替荣禄任领班军机大臣，仍总理外务部。寻命总理财务处，练兵处，解御前大臣职。三十三年，兼管陆军部事。三十四年十一月，以亲王世袭。曾与其子载振、大臣那桐卖官鬻爵，被时人讥为"庆那公司"。宣统三年（1911），罢军机处，设内阁，受命为内阁总理大臣。武昌起义爆发后，奏请朝廷起用袁世凯为湖广总督赴前敌督师，寻让内阁总理大臣之职与袁世凯，另任弼德院总裁。十二月，清帝逊位后，避居天津。1917年逝世。①

这份材料虽为后人在前人成果基础上所作的进一步总结和概括，但史料与观点可靠，内容有进一步补充，学术价值较高。

由上述两份较为可靠的资料，我们可以看出，奕劻确实为晚清时期一大关键政治人物。

因为，他占据了清朝末期的数个"第一"：

首先，他从道光朝袭爵辅国将军开始，到以"铁帽子王"的身份亲眼目睹这个王朝灭亡为止，在长达六十多年的时间内，作为五朝元老并有三朝高层从政经历的宦海人物，他亲身见证了清王朝是如何一步一步地从衰世到走向覆亡的全部过程。

其次，他很会做官，大概是清王朝甚至是中国历史上在宦海沉浮中时间最长的人之一。同治、光绪、宣统三朝，他的政治地位不断提升，先后担任的主要官职就有镶黄旗汉军都统、镶红旗汉军都统、正蓝旗满洲都统、御前大臣、神机营掌印管理大臣、神机营管理大臣、署理镶黄旗满洲都统、銮仪掌卫事大臣、崇文门正监督、步兵统领大臣、总理各国事务衙门大臣、海军衙门大臣、督办军务处大臣、政务处大臣、外务部总理大臣、领班军

———————————
① 《奕劻简介》，见《近代史所藏清代名人稿本抄本》第一辑，奕劻档。

机大臣、户部办理财政事宜大臣、总理练兵事务大臣、管理陆军部事务大臣、考察政治馆大臣、宪政编查馆大臣、内阁总理大臣等重要职位，官越做越大，地位越来越高，用"清王朝第一官场不倒翁"称呼他似乎并不为过。

再次，他贪污纳贿的本事，在清王朝历史上也似乎只有巨贪和珅可堪与其比肩。

尤其重要的是，在清王朝最后的日子里，他实际上成了为数不多的几个能够主宰这个王朝命运走向的关键政治人物之一。

但可惜的是，因为史料所限，能够洞察其真实面目的人并不多，了解其具体事实细节的人就更是寥寥。

同样可惜的是，因为史料缺乏，在很大程度上影响了对这个历史人物的还原与探究。像这样一位亲身见证晚清历史全部过程的政治人物，不但在晚清政治史研究过程中显得十分重要，而且他与清末政局之间的关系更是史学界解读清王朝灭亡原因一个绕不过去的关键之处。可是，有关这个重要人物的探讨与研究，截至目前，几乎还是一片蛮荒待垦之地。

光绪末年，高层统治阶层内部的满汉合作出现了新老交替的断层现象。这种变故，严重地影响到清政权运作的实际效能。

李鸿章死于光绪二十七年（1901年）；刘坤一死于光绪二十八年（1902年）；王文韶于光绪三十四年（1908年）离世；宣统元年（1909年），能够掌控两湖军政形势的张之洞病逝；宣统二年（1910年），戴鸿慈、鹿传霖及孙家鼐也相继离开了人世。上述诸人均是光绪、宣统两朝颇具声望的汉族重臣，他们在为清王朝效忠的数十年中，积聚了雄厚的政治与权威资源。他们对这一王朝的价值在于：一方面，他们深得最高统治者慈禧太后的信任，久经历练，与最高统治者之间建立了相当牢固的政治合作关系；另一方面，他们又在汉族官僚士绅中享有很高的威望。由于他们的存在，使这个以满族为统治核心的清王朝至少在汉族官僚士绅阶层中尚享有相当的政治权威及合法性地位。

另外，像奕䜣、奕譞、荣禄、端方这样一些富有政治管理经验的亲贵重臣与满族官僚，长期以来与汉族士绅上层也建立了相当密切的合作关系，是维系满汉高层之间合作关系的重要纽带。奕譞与奕䜣早在光绪十七年（1891年）与光绪二十四年（1898年）已经分别离世，荣禄亦死于光绪二十九年（1903年）。随着老一代能够融洽合作的满汉重臣的相继谢世，清王朝的统治高层中失去了一批可以对各种政治势力进行平衡的，并可以在日益尖锐的满汉矛盾方面起到缓冲作用的中流砥柱。能够调和满汉高层之间矛盾、抵消革命党人"排满"宣传的有影响力的满汉官僚越来越少。面对此种现状，饱经风霜的慈禧太后深感忧虑，晚年不得不以衰病之身强行打起精神、再次精心设计并建构新一轮的高层满汉权力结构。

慈禧太后晚年的政治大手笔主要表现在：

第一，鉴于湘淮集团已经基本上退出了晚清政治舞台，慈禧太后不再将平衡操纵之术作为治理朝局的重点，而是欲借新政之机，彻底实现将自太平天国运动以来流失到地方督抚手中的军政大权重新收归中央掌控的目标。

第二，以资格最老的亲贵重臣奕劻主掌中枢行政、军政大权。

第三，重用继李鸿章之后新崛起的汉族官僚袁世凯练兵经武，重建清王朝赖为统治的国家暴力机器。

经过慈禧太后的重新构架，从光绪二十九—三十三年（1903—1907年），逐渐形成了统治者高层满汉权力新格局。

从满汉高层合作关系来说，这种权力新格局则集中表现在庆亲王奕劻，醇亲王载沣，满族的端方、那桐等人与汉族的袁世凯、张之洞、徐世昌等朝野重臣的高层合作上面，其核心表现为"庆袁合流"形成一支强大的政治力量操纵朝局，其形式表现为满洲贵族必须依靠汉族官僚袁世凯集团的支持才能维持统治的状况。尽管这种合作关系经过清末数次政潮的冲击已经有所变化，变得十分脆弱，但它仍然是清朝最高统治者维系统治的一个重要法宝。

历史的车轮驶入宣统朝，庆亲王奕劻的作用与身份地位显得愈发重要。

作为领班军机大臣、内阁总理大臣与皇族亲贵，庆亲王奕劻成为宣统政局变动枢纽中的关键人物。

在清王朝统治危机四伏之际，奕劻受命组织责任内阁，企图刷新政治、挽救颓局。但是，他的努力不仅受到摄政王载沣与皇族亲贵们的掣肘与反对，而且还因其所组内阁"皇族内阁"的性质，而饱受立宪派及地方督抚等各种政治势力的激烈批评与无情攻击，处境颇为尴尬。武昌起义后，最高统治集团束手无策，奕劻果断力荐袁世凯出山，希图依靠袁世凯的能力与威望来挽救垂危的清王朝。不料袁世凯却另有所图，暗自以清王朝为筹码与南方革命政权谋求妥协，准备建立新的政权。在挽救清王朝命运完全无望的形势下，奕劻退而求其次，竭力推动摄政王载沣和隆裕太后交出政权，以清帝逊位的和平方式，换取优待清室的条件，从而达到保全清皇室的目的。从庆亲王奕劻在辛亥政局中的表现来看，他并非仅仅是长期以来留在人们心目中或史家笔下的那种单调、刻板、集腐败与猥琐于一身的"官仓鼠"形象。在浩浩荡荡的政治潮流面前，奕劻同样务实而不保守，能够与时俱进，既维护清王室长远利益，又不完全拒绝共和。他集成熟、现实、谨慎、开明、狡猾、内敛、稳重、贪婪、多变等多面性格于一身，是一个非常矛盾而又复杂的历史人物。这些隐藏在历史表象背后的诸多细节，实在值得我们认真发掘与重新予以评估。从这些特点入手逐步还原奕劻，清亡前夕的一些重大政治难解问题或可因此迎刃而解，有些问题亦或可因此产生新的认识。

奕劻作为清王朝的领班军机大臣，自光绪二十九年（1903年）起，清政府的内政外交、军国要事几乎均经其手。因其在20世纪中国政坛上的特殊地位与重要影响，他的名字在清末十余年里，经常出现在西方报纸与外国驻华使节对本国政府所汇报的关于中国国情的报告之中。

时任直隶总督与北洋大臣的袁世凯对奕劻的评价语是：

作砥柱于中流，文明兢渡；式威仪于四国，夹辅收资。①

醇亲王载沣监国摄政后，亦曾借煌煌上谕这样评价奕劻：

公忠体国，懋著贤劳，庚子以来，顾全大局，殚心辅弼，力任其难，厥功甚伟。②

袁世凯与载沣，一个是清亡前夕的朝廷重臣，一个是清亡前夕的监国摄政王，二人都长期与奕劻共事，应该说十分了解奕劻。他们对奕劻的评语，不应该完全视为溢美奉承之词。

与袁世凯、载沣等当轴政要的看法截然相反，宣统三年（1911年），英国著名的《泰晤士报》则曾对奕劻作过如下描述与刻画：

---

① 骆宝善、刘路生主编：《袁世凯全集》第10卷，河南大学出版社2013年版，第458页。
② 爱新觉罗·载沣著：《醇亲王载沣日记》，群众出版社2014年版，第307页。

1. 该报认为，奕劻担当不起"发达"中国宪政的责任。

庆亲王，中国近时最著名之人物也。其一生之事绩，可为中国以往二十七年之史实。清国历史上灾祸之烈，以此其中为最。而中国经此磨练，始觉渐有生机。今日政体大变，其前途殊未可限量。然以年老衰弱，优柔寡断，诡诈无能，行为乖邪之人，掌宪政之发达，能否令人惬意，则诚可为一讨论之问题也。夫创立资政院固美举也，且以才智如溥伦其人者，任资政院议长。诚为可以褒扬之举。该院之讨论，正常而尊严，且颇具能力，极为舆论称赞，乃为时未久，去伦贝子而代以老弱守旧之世续，无怪国人之稍明事理者，莫不诟此为失政也。国民前争设内阁，今内阁已成立矣，而以庆亲王为总理大臣，此新内阁不过为旧日军机处之化名耳。①

2. 该报指责奕劻"扬满抑汉"。

彼辅弼摄政王者，咸注意于满汉界限，而欲使满人操政界之优权，此诚愚不可及之思想。以故国民极多非议，夫庆亲王在大臣中，为摄政王所最亲任者，亦政界中最腐败者。此种扬满抑汉之愚策，必出于庆谋无疑也。②

3. 简要评说奕劻的历史，尤其是论断他在外交史上的得失。

庆亲王出身寒微，以一千八百三十九年四月十二号生于北京，年十三由

---

① 《庆亲王历史》（译伦敦《泰晤士报》北京通讯），《申报》，1911 年 6 月 8 日，第 2 张第 2 版；6 月 9 日，第 2 张第 2 版。
② 《庆亲王历史》（译伦敦《泰晤士报》北京通讯），《申报》，1911 年 6 月 8 日，第 2 张第 2 版；6 月 9 日，第 2 张第 2 版。

乾隆皇帝之孙收为螟蛉子。其所享之权利，与嫡子同。故人以与咸丰皇帝、恭亲王、醇亲王平辈视之。庆固喜弄笔墨，少时家寒，当以字画易钱，以资津润。其贵衔尝屡迁：一千八百五十二年封为贝子，一千八百七十一年晋封贝勒，一千八百八十四年晋封郡王，一千八百九十四年晋封亲王，一千九百零八年光绪皇帝晏驾后，晋封世袭亲王。一千八百八十四年四月十一号，庆以毫无历练之员，竟擢为总理衙门大臣，以代黜职之恭亲王。讵意履任之际，即有中法之龃龉。两国乃因以构兵，既而息战议和。中国悉失安南、东京旧有之威权。

庆居军机，庸有荣耀之可言耶。中法和约交涉，庆固未尝与闻，该约于一千八百八十五年六月九号，由李鸿章签定（订）。而庆于一千八百八十七年六月二十六号，与法国康斯丹君签定附增之约，云南之蒙自，遂因此而开为通商口岸矣。后四年朝廷定外使觐见之礼，庆进议请在召见藩使之殿，以见各国使臣。此种轻蔑使臣之举，在当日咸视为夸示国民，以保皇帝为名之狡计耳。一千八百九十四年二月庆既晋封亲王，中日之战，误君之罪，庆实负之。翁同龢所草之宣战书，竭意夸张，以贻世界之笑柄，庆实赞成之。嗣后祸患叠作，如练之衔接，而竟无一事之成效，足以抵消祸厄，其所铸之错，今则无庸为之细述矣。光绪皇帝以其不称职，乃于一千八百九十四年九月二十九号，复起用恭亲王，并令襄办军政。一千八百九十八年五月二十九号，恭亲王病卒，庆复握总理衙门全权。后数星期西七月一号与英国签定威海卫租约，其租期以俄国占据旅顺口之久远为定。于是祸起益速，一千八百九十八年宫廷变起，光绪皇帝幽处深宫。一千八百九十九年京畿匪乱，调董福祥无纪律之军队入京，继之以一千九百年义和团之乱，设当时总理衙门之领袖，虽为无决断之员，然能不若庆王之甚，则其祸未尝不可挽救也。当拳乱猖獗，使署被围之际，庆亲王固在京中也。各使署在围中所接之照会，咸为庆王及他员署名，事后曾经宣布，然则谓庆未尝同谋此反对仁道之事，有令人难信者矣。

一千九百年八月十四号，联军入城。翌晨庆亲王随慈禧皇太后出奔西安府。后三日抵怀来县，奉命回京，与外人议和，庆天良未泯，恐外人见罪，意殊懦怯。闻赫德总税务司曾力保其无碍。故敢勇往乃会同李鸿章于一千九百零一年九月七号与列强议定和约，维时列强因分利不均，意见不一，故中国与该约所蒙之损失得以稍小，此诚非豫料所及也。

和约之中，订明将总理衙门重行组织，改名曰外务部。其部制悉由美国专使陆基尔君（现充美国驻俄大使）及日本专使小村侯（现充日本外相）以代各国使臣画定，设尚书一员，侍郎两员，参丞两员，于是庆亲王乃简授外务部大臣，握权至今，一千九百零三年四月十三号，荣禄病卒，庆权益大，遂为军机处之领袖而居全国最高之职位，旋复继荣禄为勘陵大臣。

凡大臣所有之显秩，庆无不兼而有之，庆尝为海军处总监，今日中国海军之窳状，令人可悲。庆之无能，即此可见。又庆曾充练兵处大臣，今日兵政之成效如此，亦由其溺职有以致之也。庆所签之重要条约，其最近者则为一千九百零六年十二月二十一号之满洲条约，及其附增之约。约中允许日本改筑安奉间所设之军用铁路。后以不能践约，日本乃不待中国之许可，而自由行动。庆历任以来，所为损辱国威之举，不知凡几，此仅其一耳。近者俄国因蒙古交涉，宣下爱的美敦书，其祸胎实种于前约也。

庆居外务大臣之任，而对于应尽之职务，则悉弃而不理，其待遇列强使臣之态度，天下各国，无一能容忍之，各国代表当专程往见此老朽腐败之员以讨论交涉问题。六年以来，已六见矣。盖因庆虽为外务部大臣，而常常不在外务部办事也。但庆在私邸接见外使，亦属希遇之举。虽帝王之拒人，亦无以过之矣。①

4. 该报批评奕劻贪污纳贿。

庆之私邸，在紫禁城之北。三十年来京员之欲补官职晋阶者，无不奔走其门。庆门如市，民间已成为习谚矣。凡官吏往谒者，非献金阍者，则不得入邸。夫庆负中国政界元恶之名久已，而皇太后信之特甚，时加恩遇。综其一生之事绩，常与祸患相缘，既非有作为之政治家，亦非有气度之爱国者。虽行年已七十有三，而所作为，毫无足荣其名者。御史屡进弹章，均无效力。全国报章，除咒骂之外，从不提其名字，然庆仍安然生存，其权且日见其大，其妻妾之多，虽在华民之中，亦属仅见。故眷口甚众，至其儿女姻娅，则皆国内之王公大臣也。②

这一点倒是属实，奕劻主持军机处工作后，确实"庆门如市"，在受贿上细大不捐、贪墨成风。

那么，奕劻究竟是一个怎样的政治人物？

当事者与旁观者的看法为何有如此大的不同？

包裹奕劻真实面目的那层面纱如何才能揭开？

对于光、宣二朝的政局变化，奕劻到底起到了怎样的作用？

对于上述问题，学界至今莫衷一是。本人以为，奕劻在晚清的政治生涯主要应划分为四个阶段：

① 《庆亲王历史》（译伦敦《泰晤士报》北京通讯），《申报》，1911年6月8日，第2张第2版；6月9日，第2张第2版。
② 《庆亲王历史》（译伦敦《泰晤士报》北京通讯），《申报》，1911年6月8日，第2张第2版；6月9日，第2张第2版。

第一阶段：从同治五年（1866年），奕劻被清廷授予镶黄旗汉军都统，旋调镶红旗汉军都统开始，中经同治十一年（1872年）调任正蓝旗满洲都统，授封御前大臣，到光绪十一年（1885年）主持总理各国事务衙门止，是奕劻政治生涯的开始。

第二阶段：光绪十一年（1885年）至光绪二十九年（1903年）。这一时期，奕劻接替恭亲王奕䜣，长期主持大清国总理各国事务衙门工作。期间虽然也曾兼任过海军衙门会办及总理海军衙门的工作，但主要还是表现在他与列强各国打交道的外交工作上面。在这个重要职位期间，他曾亲身经历过甲午中日战争、戊戌维新、义和团运动以及庚子八国联军之役，参与《辛丑条约》的谈判以及与俄国、日本在东三省问题上的交涉等等主要历史事件。

第三阶段：光绪二十九年（1903年）至宣统三年（1911年）。这一时期，奕劻接替荣禄担任领班军机大臣、开始全面主持清政府的日常行政工作。清末新政中的主要改革方案及其一系列重要举措，如促成五大臣出洋考察政治、成立政治考察馆后改为宪政编查馆、主持制订官制改革方案，筹办预备立宪，开办地方咨议局与地方自治，以及支持袁世凯编练北洋六镇新军等诸事，多少都与他有着一定的关系。

第四阶段：宣统三年（1911年）至1912年。这一时期，奕劻筹建第一届责任内阁并担任首届内阁总理大臣，期间得到隆裕太后与监国摄政王载沣不同程度上的倚重。奕劻担任内阁总理大臣后，试图拨乱反正，挽救时局，但成效甚微。辛亥革命爆发后，他力主袁世凯出山代替他来收拾时局。在挽救清王朝统治无望的情况下，他明智地配合袁世凯说服隆裕太后交出政权，以此来保全清室，企图达到挽救危局的目的。

具体说来，奕劻的个人性格与政治表现可以归纳为如下十大方面：

第一，奕劻是皇室宗亲，并且先后得到同、光二朝操纵皇权的慈禧太后及宣统朝手握皇权的隆裕太后的赏识、信任与倚重。

第二，奕劻的政治生涯开始于同治五年（1866年），但进入清政府政治核心则是在光绪朝。终光绪一朝，其政治活动主要集中在清王朝的外交军政方面，政治影响力日渐加重。光绪二十九年（1903年）成为领班军机大臣后，开始全面主持清政府的日常行政工作。

第三，奕劻深谙官场生存之道，善于处理各种复杂的人际关系，因而能够渡过一个个政治暗礁险滩而不至于落水溺亡。

第四，宣统一朝，奕劻凭借其资历与官场上的人脉实力已经上升成为能够决定这个王朝命运去向的为数不多的几个关键性高层政治人物之一。

第五，奕劻以贪墨出名，受贿细大不捐，助长了晚清官场的腐败风气。清政权之所以迅速失去人心，与晚清官场道德沦丧、腐败公开化、极端化有着很大的关系。

第六，奕劻处理国家事务的智慧与治理能力平庸，应变能力差强人意，其长项在处理官场的平衡关系上。对于他而言，做一个承平时代的王爷与宰相不成问题，但在国家或王朝政权处于危急存亡关头时，即显得应变不足和施政乏力。

第七，奕劻的个人性格极其复杂，远非一般史料上所呈现的那样平面。

第八，在1911年辛亥鼎革中，奕劻是推动清廷起用袁世凯的关键人物。此后又与袁世凯一道为清帝逊位做了一些客观有助于共和落定的关键事情。

第九，奕劻健康长寿，几乎与晚清历史相始终，其健康长寿的秘诀亦应作适当探究。

第十，奕劻治理与应变能力平庸，但慈禧、隆裕、载沣等最高统治者，为什么皆会重用、信任他，这个问题也很值得深入探讨。

至于上面提到的袁世凯、载沣评价奕劻之语，基于中国传统官场之惯例，或许有奉承夸大之嫌。但认真品味晚清这段历史的诸多细节，庆亲王奕劻其人其事确实复杂多面，这一点当无可置疑。

事实上，奕劻虽然"年老衰弱"、贪墨成性，但在政治上并不糊涂。《泰晤士报》的数处评述亦有不少失实之处。

譬如文中说"中日之战，误君之罪，庆实负之。翁同龢所草之宣战书，竭意夸张，以贻世界之笑柄，庆实赞成之"等观点即有待考量之处。甲午战争前后，奕劻的身份是清王朝外交主要负责人之一不假，但以历史事实观之，奕劻当时为不赞成对日开战的"后党"成员，不可能"实赞成""帝党"成员翁同龢的对日盲目开战的主张。

再譬如，报中"行为乖邪""彼辅弼摄政王者，咸注意于满汉界限，而欲使满人操政界之优权，此诚愚不可及之思想。以故国民极多非议，夫庆亲王在大臣中，为摄政王所最亲任者"之论断也不十分准确，对奕劻亦有失公允。真实情况是，奕劻本人虽然老衰中庸，然并不"行为乖邪""咸注意于满汉界限，而欲使满人操政界之优权"。相反，他圆滑内敛，注重实际，很懂得保持掌权各派之间的平衡，而且并不重视满汉之别。跨进真实的历史之河，读者或许就会发现，在奕劻主政期间，他与满洲亲贵并不怎么接近。相反，他倒与李鸿章、刘坤一、袁世凯、徐世昌、陈夔龙等汉族官员走得很近。在晚清官场高层倾轧斗争中，无论是慈禧太后还是光绪皇帝；或者是后来的执政者隆裕太后与摄政王载沣，无不对奕劻倚重有加。

事实上，奕劻选拔官吏的标准主要是看三点：

1. 是否向他送银票。

2. 是否对他政治前途有所助益。

3. 能否为他所用。

另外，在宣统朝，奕劻也并不"为摄政王所最亲任者"。在处理王朝危机中，载沣离不开奕劻是事实，但载沣对奕劻的排挤与忌惮同样也是事实。光、宣之际，奕劻已是手握清王朝陆海军兵权并把持军机处、外务部、会议政务处等国家枢要核心机构的重要人物，加上他身历道光、咸丰、同治、光绪、宣统数朝，阅历丰富，资格极老，门生故吏及社会关系遍布朝廷内外。于列强各国、于朝廷内外、于北洋团体，在私人关系上均树大根深、盘根错节。要想渡过危机，慈禧太后、隆裕太后与摄政王载沣都不得不借重他来稳定政局、维持统治。

从晚清历史来看，在晚清皇室成员中，奕劻还算是比较开明。光绪三十四年八月（1908 年 9 月），他曾因"京师地居首善，户口至繁，其间无业游民，或来自远方，以觅食之艰而浸成流落，或世为土著，以谋生之拙而坐困穷愁"而向四方筹款并奏请开办京师首善工艺厂。① 再譬如，在清末新政中，奕劻对沈家本、伍廷芳修订《大清现行刑律》一事的态度。当沈家本、伍廷芳等将修订《大清现行刑律》上奏请求朝廷颁行时，遭到了来自各派保守力量的反对。其中既有"修改新刑律不可变革义关伦常各条"的上谕，也有包括张之洞在内的部院督抚的指责，但身为军机处领袖的奕劻却给予了大力支持。在沈家本向朝廷奏请废止凌迟、枭首、戮尸、缘坐、刺字等残酷刑罚时，奕劻亦持赞同的态度。在奕劻的支持下，沈家本先后编著出《大清刑律》《大清民律》《大清商律草案》《大清刑事诉讼草案》《大清民事诉讼草案》等法律法规。虽然这全是纸上谈兵，并未能及时付诸实践，但在中国法律史上却是亘古未有的大事，对于清末政治转型的意

① 骆宝善、刘路生主编：《袁世凯全集》第 18 卷，河南大学出版社 2013 年版，第 93 页。

义不可低估。①

因为长期主持清王朝的外交工作，奕劻的思想并不落后。同、光年间，他曾积极支持李鸿章倡导的洋务运动，建立新式海陆军，派遣学生出洋留学。光、宣年间，他在政治上也主张推进宪政改革，支持袁世凯集团一系列新政活动；他主张重用汉人，满汉并重，亦反对盲目排外。作为清王朝的领班军机大臣与第一任内阁总理大臣，他亦想挽救清王朝狂澜于不倒：辛亥革命中，他坚决推动清王室起用军界铁腕袁世凯；在共和成为潮流时，为了保存清王朝宗庙与血食，他也能顺应形势，支持清帝逊位实行共和政体。但不管怎样评述，清王朝的灭亡，清政权的移鼎，奕劻因为贪墨、误事等缺陷负有重大责任。这也是他在当时及后世一直遭到人们诟病的重要原因。

总之，在清末这段复杂多变的历史格局中，庆亲王奕劻复杂而又富于变化。本书主要是以奕劻与光、宣两朝命运之间的关系为线索展开探讨，努力构建两幅图像：

1. 光宣政局中以奕劻为代表的满洲贵族的面相。

2. 奕劻在光宣政局的政治作用。

通过上述两幅图像，冀图以此再现清王朝夕阳落山时的一些"烟霞"景象。

正如一幅山水画的创作不可能做到面面俱到，本书也只是根据十分有限的资料，尽可能地寻找典型素材，在一些地方赋予浓墨重彩，在另外一些地方则给予适当的留白与空间，来对奕劻进行复原与评估，并以此为线索来探讨清王朝衰亡之原因，最大限度地发挥其史鉴之意义。

---

① 龙翔、泉明著:《最后的皇族——大清十二家"铁帽子王"轶事》，北京大学出版社 2011 年版，第 216 页。

目录

导言

导言

01

第一章
出身宗室旁支的奕劻

　　按照《清史稿》中的记载，奕劻是清高宗乾隆皇帝第十七子永璘之孙，镇国将军绵性之子，出生于"道光十八年（1838 年）戊戌二月二十九日未时"①。到道光、咸丰年间，作为宗室旁支，奕劻家族不但远离皇权，而且早已经济衰败、贫困度日了。早年的困顿使得奕劻仕途蹭蹬，但艰难困苦、玉汝于成，贫困的奕劻学得了一手书画本事，这为他后来被慈禧太后赏识奠定了基础。

----

① 《宗人府造送光绪朝二十三年分王公生辰册》，中国第一历史档案馆藏，军机处杂件档。

一、庆王府的袭爵风波

清朝，鉴于明朝及以前诸代宗室积年繁衍，爵位世袭不变，既造成了宗室亲疏不别，又徒增国家财俸开支，尤其是明代宗室亲王多为害一方的历史教训，因此入关以后，清政府对分封子弟的规定作了多方面改革。

第一，明确"赐爵之本意，酬庸为上，展亲次之"，故有皇子仅封贝勒、贝子而不得为王者。

第二，规定亲王不赐土、不临民、不加郡国，缮府第于京师，无故出京师六十里罪与百官同。

第三，一改中原王朝长期流行的亲王世袭制度，制定了逐代递降赐爵的妥善办法。这些措施于顺治九年（1649 年）厘定，其后清宗室的爵位，自高而低为十二等，依次为：和硕亲王、多罗郡王、多罗贝勒、固山贝子、奉恩镇国公、奉恩辅国公、不入八分镇国公、不入八分辅国公、镇国将军、辅国将军、奉国将军和奉恩将军，此外统称闲散宗室。其中，亲王、郡王的嫡长子，年过二十者，由宗人府请旨参加考试，合格者分别封为亲王世子、郡王长子，等待袭爵。十二等所有爵位，仅准其嫡长子一人承袭，且承袭方法是依原有级别代减一等，直至规定封爵或闲散宗室。嫡长子外的嫡子与庶子，经期考后分别减等授爵，其子孙的承袭也如制而行。这种袭封制度，明显减少了因宗室支派繁衍而带来的诸多弊病，无疑是历代宗室分封管理中最为严谨的一种模式。当然，少数对国家有功勋的亲王则不在此列，他们可以经皇帝恩准，享受到世袭罔替的隆遇，号称"铁帽子王"。[①]

---

① 王光尧著：《清庆亲王奕劻的受封册页》，《紫禁城》1997 年第 4 期。

作为宗室一员的奕劻家族，其爵位封赏自然也离不开上述爵位分封制度及情状。庆郡王绵慜死后，永璘一支出现了家族继承危机。从历史资料来看，庆郡王绵慜去世前应没有留下自己亲生的子嗣。

道光十六年（1836 年）十月，绵慜去世。道光皇帝赐银四千两为他治丧，同时以仪顺郡王绵志之子奕彩过继给绵慜为后，让他再袭郡王一次。由此可见，嘉庆、道光两代君王对永璘、绵慜两代庆王还是相当满意的。这很可能与这两代庆王远离高层权力纷争、小心谨慎避祸等因素有关。

有前代庆王奠定的基础，按理说庆王后代应该兴旺顺达才是，但事实却正好相反。嗣者奕彩是一个纨绔膏粱之人，他完全没有先辈那样的忧患意识与小心谨慎的处世风范。道光十七年（1837 年）正月，道光皇帝念及两代庆王的忠贞，特任命奕彩在御前行走，这是有意重用他的意思。不料，这个第三代庆王却是个扶不起来的阿斗。道光二十二年（1842 年）十月，"奕彩以服中纳妾，下宗人府议处。奕彩行贿请免……事发，奕彩夺爵"。[①]这就是说，奕彩违反了大清律例中不得在国丧期举办婚庆之事的规定。尽管奕彩认为自己做得神不知鬼不觉，但金屋藏娇、服中纳妾不是一件小事，不满与觊觎他王位的大有人在，在事发交宗人府议处后，他仍不潜心改过，反而胆大行贿，企图侥幸过关。奕彩在太后大丧期间纳妾的举动，惹恼了道光皇帝，便夺了他的爵位。奕彩终于因为行为不检点而落得身败名裂的下场，被撵出了庆王府。

然而，事情至此还远没有完结。在奕彩被逮下交宗人府议处之日，有人欢喜有人愁。奕彩被夺爵的消息，引起永璘六子绵性的贪念，他掐指细算，有了"庆王继承人选舍我其谁"的冲动。于是，绵性也蠢蠢欲动，上

003

---

① 赵尔巽等（撰）：《清史稿》（卷二百二十一），列传八，庆僖亲王永璘。

下奔走，"亦行赇觊袭王爵"，到处找门路往宗人府送钱，企图袭爵。不料，有人将绵性所作所为密奏给了道光皇帝。道光皇帝因奕彩在太后大丧期间纳妾而起的无名火尚未消敛，如今又闻绵性贿赂宗人府败坏朝廷风气，顿时勃然大怒，斥之"赇觊王爵"，接着下谕"遣戍盛京"。结果，绵性不但没有能袭得庆王王爵，反而被发配到盛京（今沈阳），落得个偷鸡不成蚀把米的下场。不久，道光皇帝下旨，"以永璘第五子不入八分镇国公绵悌奉永璘祀。旋又坐事，降镇国将军"。[①] 本该袭爵的绵性花钱买祸，自毁前程，这让庶出的永璘第五子绵悌捡了个便宜。不过，绵悌没袭上贝勒爵，连降三级，只承袭了个辅国将军的爵位。但是爵位虽降却没下令迁居，因为按定制，一旦降至辅国将军就得搬出王府另觅住处了。

　　很多事情往往出于偶然。绵悌奉嗣永璘后，很快又因犯法而被降为镇国将军。道光二十九年（1849年），绵悌在郁郁寡欢中病逝。就在庆僖亲王永璘嫡支后代屡因犯罪被夺爵以后，道光皇帝特命永璘六子绵性之子奕劻为永璘的继承者，奉祀永璘。道光三十年（1850年），袭辅国将军。一夜之间，原本袭爵无望的奕劻反倒成为了这个家族连续丑闻事件中的幸运儿。奕劻本为永璘第六子、袭爵不入八分辅国公绵性的长子，按理他可能承袭的最高爵位只能是镇国将军了。不料，造化弄人，原祀永璘的绵悌（奕劻的五伯父）辞世后，诏命奕劻为嗣子续奉永璘之祀。这对奕劻来说，无疑是天上掉下了个大馅饼。

　　从奕劻开始，庆王一脉一反前辈几代人命途多舛的人生，逐渐峰回路转，官阶爵位不断晋级，仕途一路顺风顺水，庆王府以此显贵，在光、宣年间逐渐走上了荣耀的巅峰。

---

① 赵尔巽等（撰）:《清史稿》（卷二百二十一），列传八，庆僖亲王永璘。

二、早期坎坷与仕途蹭蹬

一个人的成功，天赋好坏、努力程度与机遇三者往往缺一不可。特别是机遇，并不是每个人都能得到幸运女神的眷顾。天赋与后天努力，仅仅是通往事业成功的基本条件，没有良好而又十分关键的机遇，对于一个政治人物来说，往往前景暗淡模糊。

应该说，奕劻是天老爷的宠儿。难得的机遇与圆滑的性格，直接影响与决定了奕劻后半生宦海生涯的发展与能达到的高度。

奕劻青少年时期历经坎坷，后半生却仕途通达，不断加官晋爵，从辅国将军、固山贝子、多罗贝勒，直到被晋封为庆郡王，加封为庆亲王，甚至最后又晋封为清王朝二百余年为数不多的几个"铁帽子王"之一。奕劻的从政之路可谓是顺风顺水，不断加官晋爵，这在整个清朝的历史上也并不多见。

奕劻的仕途虽然祥云环绕，运气倍加，但这并不能完全归功于他的好运气，勤奋与努力在他后来的人生旅途中同样发挥了十分重要的作用。

实际上，奕劻虽为乾隆皇帝后裔，但到嘉庆时期，庆王一脉已经远离皇权中心，沦落为宗室旁支，再经过道光、咸丰、同治诸朝，虽然有宗室背景，但到他时，早已远离政治权力角逐的核心地带。不仅政治前途如此，而且在经济上，家境也已经衰败，甚至生计都出现了问题。对于青少年时期的奕劻而言，重新住进富丽堂皇的前辈府邸似乎已是一种奢望。奕劻的父辈，或贬或被发配关外，"奕劻为贝勒时，家道甚窘"。[1] 为了生存，奕劻

① 载润著：《有关奕劻的见闻》，《辛亥革命回忆录》（六），文史资料出版社 1981 年版，第 464 页。

"尝为人教读，且资书画以糊口，借以略增其收入"。① 这说明，奕劻早年不仅饱受政治打击，而且家境亦因此陷入贫寒状态，不得不常以作画卖文为生。家庭坎坷的政治遭遇，早年充满艰辛、苦楚与不幸的人生经历，无疑对于奕劻性格的生成有着十分重要的影响，使他内心深处深深烙上了不安全感与阴暗的印记。这些经历，使得他日后一方面为人处世小心谨慎、圆滑世故，另一方面又在拥有权力后贪得无厌。

奕劻少年聪颖，虽然家境困窘，但他学习十分认真刻苦。他早年学习书法，模仿雍正帝楷书，颇为神似。经过勤学苦练，奕劻的山水画也画得颇有特色，题款也往往隽秀博雅。虽然生活拮据，他倒也乐在其中，早年还曾经以作画卖文赚取家用。让奕劻未料到的是，他的这份本领被时握清王朝政权的慈禧太后发现并赏识，成了他日后迈进帝国政治权力中心的敲门砖。

同治年间，奕劻住在方家园，与慈禧太后的娘家为邻。这个邻居即是奕劻的福星。"庆邸之进也，由桂祥。桂祥者，太后胞弟也。庆邸本罪人子，凡再入继，而后为庆王嗣。初为贝勒，与桂祥结姻后，始袭封庆王，其子载振，亦颇有非分望，以属疏而止。"②

慈禧太后的弟弟桂祥，生性疏懒，不喜读书写字。为了按惯例问候姐姐慈禧太后的起居安康，他经常让奕劻捉刀代笔。日子一长，慈禧太后也由此渠道渐渐知道了这位颇通笔墨、字也写得不错的旁支宗室亲贵奕劻。这为日后慈禧太后欣赏和重用奕劻做了铺垫。

费行简在其《慈禧传信录》中有这样一段记载：

① 辜鸿铭、孟森等著：《清代野史》（第二辑），巴蜀书社 1987 年版，第 95 页。
② 庄建平主编：《近代史资料文库》（第六卷），上海书店出版社 2009 年版，第 53 页。

后内务府旗人，父惠徵，官徽宁池太广道，初以常在侍文宗，既生穆宗，乃立为妃。时洪杨乱炽，军书旁午，帝有宵旰劳瘁，以后书法端腴，常命其代笔批答章奏，然胥帝口授，后仅司朱而已。迨武汉再失，回捻交作，帝以焦忧致疾，遂颇倦勤。后窥状渐思盗柄，时于上前道政事，帝浸厌之，尝从容为孝贞后言妃浸机诈。孝贞素宽和，殊无裁制之术。帝复以告恭亲王奕䜣。䜣对："妃实诞育元子，望上矜全。"帝意少解，后亦敛迹。时其弟桂祥共宗人奕劻居，皆贫困不足自存，赖奕䜣与内务府总管瑞麟恤以资，始得贿阉寺，与后通书问。多劻为属稿，颇泛论时事。

从上述资料分析中足以看出，奕劻与慈禧太后的相识相知，桂祥在其中起到了牵线搭桥的作用。

另据文廷式在《闻尘偶记》记载：

庆邸以罪人子，本不应继近支袭爵，乃先行过继别房，然后转继。其初由恭邸援引时，谬为恭敬，光绪九年以后，事权渐属，遂肆贪婪。后又与承恩公桂祥为儿女姻亲，所以固宠者无所不至，召戎致寇，其罪浮于礼亲王世铎云。

总之，种种事实表明，慈禧之弟桂祥与奕劻结为儿女姻亲，使奕劻与慈禧之间的关系愈加牢固。实际上，慈禧太后之所以能从容自如地驾驭朝政数十年，一个重要的手段即是利用其错综复杂的姻亲关系。慈禧太后的姻亲关系主要有两支，一支是其娘家的兄弟姊妹；另外一支更为重要，是其夫君咸丰皇帝这一支。在慈禧太后的政治生涯中，主要依赖、运用与支配的几位近支亲王几乎无不是姻亲的关系。慈禧太后能顺利垂帘听政数十载，千万不可小觑其姻亲关系在其中发挥的重要作用。

咸丰年间，在慈禧太后关照下，奕劻的人生与仕途开始出现转机，这是命运之神眷顾他的开始。咸丰二年（1852年）正月，封贝子。咸丰十年（1860年）正月，晋封贝勒。同治十一年（1872年）九月，加郡王衔，授御前大臣，从此开始了他的政治生涯。

光绪元年（1875年），奕劻因为宗室远支的身份，学问博雅与字画功夫较深，受到慈禧太后赏识，他因缘被任命为光绪皇帝的满文师傅，此为他仕途进一步发达之兆。

光绪五年（1879年），奕劻又任考试八旗文童监射大臣；管理神机营事务；奕劻之父绵性病故，奕劻奏准其成服百日；清廷发布上谕，奕劻在御前大臣上行走有年，尚属勤慎，着绵性已革副都统衔加恩赏还。奕劻的人生与政治事业的春天终于来临。

据溥仪在《我的前半生》一书中回忆，奕劻是因为"能得到太后欢心"才"得到了远大前程"的。"庆王就是以办理卖国外交和卖官鬻爵而出名的奕劻。在西太后时代，能得到太后欢心就等于得到了远大前程。要想讨西太后的欢心，首先必须能随时摸得着太后的心意，才能做到投其所好。荣禄贿赂太监李莲英，让太太陪伴太后游乐，得到不少情报，因此他的奉承和孝敬，总比别人更让太后称心满意。如果说奕劻的办法与他有什么不同的话，那就是奕劻在李莲英那里花了更多的银子，而奕劻的女儿即著名的四格格也比荣禄太太更机灵。如果西太后无意中流露出她喜欢什么样的坎肩，或者嵌镶着什么饰品的鞋子的意愿，那么不出三天，那些正合心意的坎肩、鞋子之类的玩意儿就会出现在西太后的面前。奕劻的官运就是从这里开始的。在西太后的赏识下，奕劻一再加官晋爵，从一个远支宗室的最低爵位辅国将军，逐步晋到亲王，官职则达到总理各国事务衙门。他得到了这个左右逢源的差使，身价就更加不同，无论在太后眼里和洋人的眼里，都有了特殊的地位。"①

光绪十年（1884年），慈禧太后借中法战争战事不利，以军机处大臣"委蛇保荣"、办事不力为由，罢斥恭亲王奕䜣，彻底改组中枢班底，奕劻因缘接任总理各国事务衙门大臣，从此主持办理清政府外交工作直至清亡。

光绪二十年（1894年），奕劻因颇得慈禧赏识与借重晋封亲王爵位。

光绪三十四年（1908年）十一月，宣统皇帝入承大统，又命奕劻为亲王世袭罔替，享有清宗室的最高待遇。

据王光尧先生在天津博物馆发现与记录，光绪二十年（1894年）奕劻受封亲王册页的汉文辞是：

奉天承运皇帝制曰：论功班爵，先膺列郡之封；行庆施恩，更锡大藩之号。际延釐于周田、用沛赏于元辰，时被殊荣，以光盛典。尔多罗庆郡王奕劻，银潢衍派、琐闼承庥，参戟卫而领虎贲，综旗务而娴豹略。俾趣承于黼座帷幄，身依迫统辖，夫神机韬钤手握。典环瀛之万国辑和，而樽俎联欢；管横海之六军训练，而旌旗增色。欣值陈畴之协吉，允以镂简以宣恩，兹以册宝晋封尔为和硕庆郡王。於戏！因茂典而颁异数，特晋锡圭锡邑之繁。简军实而固邦交，当思维翰维屏之义，尚其益彰骏绩，保尔修名，庶畿永戴鸿慈，延兹福祚。丰功克树，巽命长承。钦哉。光绪二十年正月初一。

根据上文所记，奕劻的晋封机遇是慈禧六十大寿的"恩泽所施"，得封原因是奕劻本人协助皇帝治理国家，训练军队、办理外交勋劳卓著所得。

---

① 爱新觉罗·溥仪著：《我的前半生》，群众出版社1964年版，第17—18页。

受封时间是光绪二十年（1894年）正月初一。

另据《清德宗实录》光绪二十年正月所记：

（甲午春正月己卯朔）奉懿旨：本年予六旬庆辰，允宜时沛恩泽，廷釐中外。懋赏之典，首重亲贤。……庆郡王奕劻晋封亲王。

将实录与册文进行比较，实录明确指出包括奕劻在内的众人得封，是光绪皇帝奉慈禧太后懿旨所为；又可以看出，奕劻之得封亲王，实是光绪皇帝依从慈禧太后意愿的结果。

光绪三十四年（1908年）十一月，宣统皇帝入承大统，又命奕劻为亲王世袭罔替，其受封册页汉文内容是：

奉天承运皇帝制曰：显扬举典，推恩首重乎亲亲；爵土酬庸，行赏俾延于世世。荷军国平章之任，有大勋劳；申河山带砺之盟，承新宠命。咨尔庆亲王奕劻，天家尊属，帝室耆英，昔列郡而疏封，旋襃荣进律，与闻政事，卓著徽猷。入总枢廷尉，为时望。国步值艰难之会，倚特贞良夙心，殚启沃之诚，赞襄密勿。朕丕承洪绪晋号，慈宫尤念亲贤特深，恩赍是用。特锡之册宝，俾以亲王世袭罔替。於戏！宠綸优渥，聿宏崇奖之风；显爵绵世，益策治安之效。王其服休命，益励恫忧用能，世笃忠贞，永绥福禄，钦哉。光绪三十四年十一月二十六日。

又据《清德宗实录》光绪三十四年十一月所记：

谕内阁：朕入承大统，登极礼成。已敬谨恭上皇太后徽号。巨典昭垂，允宜覃敷恩泽。惟思推恩之序，尤宜首重亲贤。庆亲王奕劻，公忠体国，懋著贤劳。庚子以来，顾全大局，殚心辅弼，力任其难，厥功甚伟，应加优赏，用奖勋猷。加恩著以亲王世袭罔替。王其敬承恩命，毋得固辞。[1]

　　两相比较，文辞与册页所载颇合。奕劻此时已经不仅是慈禧太后遗命的顾命大臣，更是手握陆海军权并把持军机处、外务部，拥有列强与袁世凯集团以及地方督抚支持的权倾朝野之臣。隆裕太后与载沣之所以如此封赏奕劻，主要还是需要借重他。

① 王光尧著：《清庆亲王奕劻的受封册页》，《紫禁城》1997 年第 4 期。

02

第二章
奕劻与中法战争

从光绪元年（1875 年）开始，法国加大了对中国西南边疆的侵略步伐，"终在必得越南，以窥滇、粤之险，而通楚、蜀之路"[①]。光绪九年（1883 年）12 月，法国扩大对越用兵，中法战争爆发。中法战争期间，奕劻接替奕䜣执掌总理各国事务衙门，成为负责清政府外交事务的最高主管官员。他积极践行慈禧太后"以战促和"的战略方针，主张采取"力与争"策略，在对法交涉上积极奔走，为清廷献策尽力，发挥了一定的作用。关于这一问题，迄今为止，学界尚没有文章与专著就此进行论述[②]。探讨奕劻与中法战争之间的关系，填补这一研究领域的空白点，无疑具有一定的学术价值。本章根据十分有限的资料，尝试对此进行初步探讨。

---

① 《中法兵事本末》,中国史学会主编:《中法战争》(一),上海人民出版社 1957 年版,第 1 页。
② 关于中法战争以及李鸿章、曾纪泽等人与中法交涉诸问题,学术界的研究成果已经是琳琅满目,颇具规模。但是,具体到奕劻与中法战争关系的研究上,却因为资料缺乏至今仍然是一片空白。对于与法交涉,慈禧太后采取多头共进的谈判方式,李鸿章、曾纪泽、奕劻等人都是直接对慈禧负责。奕劻虽然当时是总理各国事务衙门首席大臣且负责清政府的外事工作,但很多外交问题非他所能直接插手干预。在中法交涉中,奕劻充分利用总理衙门的外交权力以及与美国驻华公使杨约翰、总税务司赫德、粤海关税务司德璀琳等人的外交优势,积极开拓交涉阵地,在贯彻"以战促和"战略、实施"力与争"策略等方面,为清政府的成功交涉起到了有限的作用。研究中法交涉当然不能忽视对奕劻作用的探讨,这是本章的一个着眼点与突破口。

一、入主总理各国事务衙门

奕劻登上清政府的外交舞台，是从光绪十年（1884 年）入主总理各国事务衙门正式开始的，而他能够入主总理衙门，与中国军队在越南战场上的失利是分不开的。

总理各国事务衙门（以下简称"总理衙门"），是清政府为应付和解决与西方国家之间的纷争，专门于咸丰十一年（1861 年）1 月 13 日设立的一个由中央政府主管的外交机构。第二次鸦片战争后，随着清政府洋务新政的兴办及对外交往的日益频繁，总理衙门的职掌范围不断扩大，迅速发展成为一个包罗万象的洋务机构。除外交、通商之外，举凡财政、军事、教育、电报、营造、矿物、交通、海防、边务等一切与"洋"有关的事务皆由其总揽，成为军机处之外又一个"权比枢廷"的常设国家权力机构。正因为总理衙门的职能如此重要，执掌此机构者必是清廷最高统治者极为信任与倚重之人。

咸丰十一年（1861 年），两宫皇太后与奕䜣联手发动辛酉政变，一举剪除肃顺集团，暂时形成了由两宫皇太后垂帘听政，奕䜣主持军机处和总理衙门，双方共同执掌政权的局面。然而，这种叔嫂共政的格局不可能维持长久。随着清政权统治危机的渡过，慈禧与奕䜣之间的矛盾越来越突出。作为清政府的实际统治者，慈禧太后对奕䜣的位高权重变得越来越不满。奕劻身为亲贵，且为人低调、谨慎，长期得到慈禧太后的信任与倚重，正是慈禧太后心目中替代奕䜣入主总理衙门的合适人选。恰逢中法战争爆发且清政府高层在"战"与"和"问题上的分歧不定，这为奕劻执掌总理衙门提供了机会。

中法战争是由于法国推行殖民扩张政策、侵略越南并以越南为基地进而侵略中国引起的。光绪元年（1875年），法国驻华代理公使罗淑亚通知总理衙门：法国已与越南订立《和平同盟条约》。该条约以法国承认越南为"独立国"之由，否认清朝对越南的宗主权，并进一步要求在中国云南通商。总理衙门奕䜣等人当即向法国声明，越南是中国藩属，中国有责任保护，不准法国自越南向云南通商。罗淑亚没有反驳，越南政府也仍按旧例向清廷进贡。

但是，光绪八年（1882年）3月，法国军舰突然进犯越南北圻。4月，法国海军上校李威利（Henri Laurent Rivière）攻陷越南东京地区（即越南北部大部分地区），粤督张树声令防军以剿土匪为名进入边境，同时令广东水师出洋对法军示威。6月，滇督刘长佑派兵进入越境。不久，清廷调刘长佑入觐，令岑毓英署理滇督，并派自愿"万里请缨"的吏部主事唐景崧赴滇差用。唐景崧受命后绕道来到越南保胜招抚刘永福，约以共同抵抗法军。中国驻英法公使曾纪泽在法国也多次提出抗议，要求法军撤出越南北圻。为了避免中法冲突，他提议把越南北圻作为中国南界与法国西贡殖民地的间隔地带，以期永葆属邦，固我樊篱。除曾纪泽向法国政府据理力争外，清廷还命令李鸿章同法国谈判议和。12月末，李鸿章派马建忠与法国公使宝海（Albert Bourée）在天津议妥三项办法：（1）中国从越境撤兵，法国申明无侵占越南土地之意，也无贬削越南国王统治权之谋；（2）中国开放保胜为通商口岸，设关收税；（3）中法分巡红河南北。

对于马、宝议妥的三项办法，中法两国政府均无异议，分别令各军后撤以脱离冲突。然而，光绪九年（1883年）5月，法国内阁总理茹费理（Jules François Camille Ferry）忽然变计，将公使宝海撤回，推翻前议，使议会通过对北圻进行军事征服的550万法郎拨款案。10月，以海军分舰队司令孤拔（Amedee Anatole Prosper Courbet）取代布意为进犯北圻的法军司令。12月，法军在孤拔指挥下，以12艘军舰、40艘民船、五百多多辆辎重车，以及5900名官兵分两路进犯越南北部山西地区（今河内直辖市下辖之山西市），中法战争正式爆发。

中法战争伊始，清军溃败，相继失去北宁、太原、兴化。在前方战事连连告急之际，军机处却拿不出任何切实可行的应敌之策，而此时领班军机大臣兼总理衙门大臣的奕䜣既要在抵抗法军进犯与办理对外交涉上劳心费神，还要为半年后慈禧太后寿典一事煞费苦心，战和不定，观望犹豫。

慈禧太后对前方军事失利非常不满。更重要的是，她早就想更换以奕䜣为核心的军机处与总理衙门的原班人马，建立绝对服从自己的政府班底。恰在此时，光绪十年（1884年）4月3日，日讲起居注官、左庶子盛昱呈上一封奏折，弹劾张佩纶、李鸿藻，同时敦促恭亲王奕䜣和军机大臣宝鋆等，不要蒙蔽视听，诿卸责任，而要戴罪立功。慈禧太后接到奏折后立即召见盛昱并最终下了"更动"中央政府班底的决心。4月8日，慈禧没有像往常那样召见军机大臣，而只单独召见领班军机章京，按她的意思，御前拟旨，直接发往全国各地。这道谕旨开去奕䜣一切差使，并撤去恩加双俸，令其家居养疾。宝鋆着原品休致。协办大学士、吏部尚书李鸿藻，兵部尚书景廉均获开去一切差使，降二级调用。工部尚书翁同龢革职留任，退出军机处，仍在毓庆宫行走。轻轻一道谕旨，就将军机处原班人马全部罢斥。罪名是"委蛇保荣""因循日甚""谬执成见""昧于知人""不肯实力奉行"①等等。同一日，慈禧太后又颁发懿旨："礼亲王世铎着在军机大臣上行走，毋庸学习御前大臣，并毋庸带领豹尾枪。户部尚书额勒和布、阎敬铭，刑

① 朱寿朋编撰：《光绪朝东华录》（二），中华书局1958年版，第1675页。

部尚书张之万，均着在军机大臣上行走。工部左侍郎孙毓汶，着在军机大臣上学习行走。"[1] 组成了以礼亲王世铎为首的新的军机处。4月9日，慈禧太后又发一道懿旨：军机处遇有紧要事件，着合同醇亲王奕譞商办，俟皇帝亲政后再降懿旨。这就是说，醇亲王奕譞成了幕后实际意义上的首席军机大臣。

军机处改组完成后，慈禧太后又对部院大臣、总理衙门、八旗都统衙门一并作了重大的人事变更与调整。礼部尚书徐桐接任李鸿藻的吏部尚书一职，左都御史毕道远接任礼部尚书。理藩院尚书乌拉喜崇阿接任景廉的兵部尚书一职，左都御史延煦接任理藩院尚书，崑冈、祁世长均接任都察院左都御史。"命奕劻管理总理各国事务衙门事务"[2]，内阁学士周德润、军机大臣阎敬铭、许庚身在总理衙门行走。慈禧太后在不到半个月的时间内，大规模改组政府，完成了清政府最高领导层的重大人事变动。因为这次变动发生在甲申年，史称"甲申易枢"或"甲申朝局之变"。甲申易枢后，慈禧太后有了不受任何制约的至高无上的权力，最高统治地位至此完全确立。

甲申易枢，给奕劻提供了一个重要的机会，这是奕劻走向清朝政治核心地带的开始。从此，奕劻在光绪朝紧紧依附慈禧太后，宣统朝又依附隆裕太后，除了光绪二十年（1894年）总理各国事务衙门又短期由恭亲王奕䜣主持外[3]，奕劻牢牢控制清政府外交大权直至清亡，成为晚清政治、外交舞台上一名不折不扣的官场不倒翁。

---

① 朱寿朋编撰：《光绪朝东华录》（二），中华书局1958年版，第1676页。

② 朱寿朋编撰：《光绪朝东华录》（二），中华书局1958年版，第1678页。

③ 光绪二十年九月一日（1894年9月29日），《着奕䜣添派总理海军事务懿旨》中说：奕䜣"着管理总理各国事务衙门事务，并添派总理海军事务，会同办理军务。"（见张侠、杨志本、罗澍伟、王苏波、张利民（合编）：《清末海军史料》（上），海洋出版社1982年版，第85页。）

二、贯彻"以战促和"战略

"保境固边,以战促和,乘胜即收,战非不可持,在绝诸臣之观望;和非不可议,在杜法人之欺蒙"。① 这是慈禧太后在中法战争中所采取的基本外交政策,而替代奕䜣入主总理衙门的奕劻,也正是这一政策最好的理解者和贯彻执行者。在中法交涉过程中,奕劻并不保守妥协,而是主持总理衙门积极备战,对于法国侵略者的贪婪行径,主张针锋相对,寸权必争,以战促和。

1. 积极贯彻与落实慈禧太后"以战促和"的外交战略方针

中法战争是慈禧太后第二次垂帘听政时期所面临的最严重的边疆危机之一。就她处理东北、西北、东南、西南各处边疆危机的全过程来看,凡是不涉及中国大陆地区安危的,如日本侵略琉球,她可以弃之不顾,妥协退让;但凡关乎清实际管辖地区安危的,如日本侵略台湾、窥伺朝鲜,沙俄、英国企图分裂新疆和侵占伊犁,她都在"不可轻启边衅"的理念下,采取能争即争、能收回即收回,甚至能战即战、以战促和的方针政策,尽可能地维护清朝外交上的所谓体面与尊严。因此,备战是为了遏制法军凶锋,"以战促和"才是慈禧太后的真实目的。

最初,当法军侵略越南时,慈禧太后支持黑旗军援越抗法,保藩固边。在中法战争第一阶段,面对清军在越南北部对法战事不利的状况,慈禧太

---

① 《内阁学士尚贤奏折》(光绪十年九月十三日),中国史学会(主编):《中法战争》(六),上海人民出版社 1957 年版,第 26—27 页。

后撤换从中央到前线原班人马，重用主战派抗法，同时实现从保藩固边到保境固边思路的转变；在中法战争的第二阶段，无论是海战还是陆战，慈禧太后都明确表示了支持抗争的态度；在中法战争的第三阶段，慈禧太后利用清军在陆路方面取得镇南关—谅山大捷的有利时机，完成对法议和的谈判，最大限度保全了清政府的政治利益与外交颜面。

主持总理衙门工作的奕劻，十分清楚慈禧太后"以战促和"的战略意图。因此，他在中法战争期间积极奔走，一直极力贯彻与落实慈禧这种对法的交涉方针，并且取得了一定效果。

在中法战争的第一阶段，法国虽然取得了在越南北部对清军作战的军事胜利，但同时也正在与英国争夺埃及。一时无力扩大侵华战争的法国，便利用在越南北部取得军事胜利的形势，转而对清政府采取"诱和"政策。法国通过新任粤海关税务司德璀琳以及美国驻华公使杨约翰等渠道向奕劻、李鸿章等人传达了法方这一意图。对于"法不特急于恫喝（吓），亦急于了事"①的情况变化，奕劻虽然主张保全和局，但不赞成急于答应法国的议和请求而匆忙与法缔约。然而，慈禧太后得知法方求和意图后，训令总理衙门和李鸿章与法国谈判，底线是固边保境。这样，光绪十年（1884 年）5 月 11 日，李鸿章代表清政府，法国侵华海军旗舰"富尔达号"舰长福禄诺代表法国政府，在天津签订了《中法会议简明条款》（又称《李福协定》），共五款，其主要内容是：（1）清政府承认法国与越南订立的条约；（2）法国不索赔款，中国同意在中越边境开埠通商；（3）中国将驻北圻的军队调回边界；（4）法国答应在与越南修约时，决不出现有损中国政府体面的字样；（5）三个月后，双方各派全权大臣，照以上各节，制定细则。

---

① 《军机处奏呈览各国事务衙门与何天爵问答片》（光绪十年六月十六日），中国史学会主编：《中法战争》（五），上海人民出版社 1957 年版，第 471 页。

《中法会议简明条款》签订后，奕劻心中总感到不甚踏实，他通过赫德等人的外交渠道高度关注事态的发展。5月28日，德璀琳来到北京，受到奕劻接见。奕劻鼓励德璀琳积极为中国服务，并询问他对时局的看法。德璀琳认为法国急于签约，可能是因为埃及的原因，但他对这个条约还说不好。事后，德璀琳告诉赫德，福禄诺曾对李鸿章称，如果中国军队在6月5日不撤出东京、20日不撤出老街的话，法军就把他们赶出去，那么中法就会发生冲突。赫德认为如果不是如此匆忙签约的话，中国人是可以从条款中体会到这层意思的。所以，赫德认为这个条约将会带来更多的麻烦。[①] 果然，没过多久，奕劻、赫德的担心不幸变成了现实。

2. 建议清廷认真备战，主张备战与谈判双管齐下

《中法会议简明条款》订立后，慈禧太后以为战争即可就此结束，所以清政府除多次表示愿意"谨守条约"外，还下诏撤保胜、谅山各处清军回滇、粤关内驻扎；规定于年底前全部撤完，以示遵约诚意。然而，贪得无厌的法国侵略者却不愿就此罢手。6月23日，清军撤退的期限未到，法军突然到谅山附近的北黎（中国当时称观音桥）地区"接防"，无理要求清军立即返回中国境内，并开枪打死清军代表，炮击清军阵地。在这种情况下，清朝守军被迫还击，两次打退法军的进攻。"北黎冲突"发生后，先是法国代办谢满禄于6月28日向总理衙门提出强烈抗议，要求中国政府对法国在东京蒙受的损失与侮辱给予应有的补偿、中国政府立即下令中国军队全部从东京地区撤退到中国边界之内[②]；然后是法国新任驻华公使巴德诺向清政府发出最后通牒，要中国立即执行《中法会议简明条款》和赔偿兵费二亿五千万

---

① Hart's Journals，Vol.29，1 June 1884.
② 《谢满禄致总理衙门首席大臣奕劻贝勒照会》（1884年6月28日），张振鹍主编：《中法战争》（第六册·上编），中华书局2017年版，第224页。

法郎（约合白银 3800 万两），并威胁说，法国将占领中国一两个海口当作赔款的抵押，称"如果我们在一切问题上都得不到满足，我们就一定决心诉诸武力"。①

面对这种"朝廷允和而法人背约"②的尴尬情形，奕劻虽然认为这是法国的无理勒索，但为顾全大局计，他一面拒绝法方要中国撤兵的无理要求，一面仍委托赫德到上海与巴德诺进行沟通，同时通过上海道台邵友濂与巴德诺接触，并决定派曾国荃于 7 月下旬到上海与巴德诺就此冲突正式展开谈判。

6 月 26 日，《中法会议简明条款》墨迹未干，茹费理就任命海军中将孤拔为舰队司令，准备从海上入侵中国。对此，奕劻认为法国"贪鸷已极""洋情叵测"，向清廷建议备战，主张备战与谈判双管齐下。

7 月 4 日，在对法是战是和的问题上，奕劻与奕譞发生意见分歧。"劻公与醇邸力言和局宜保全，邸怫然而起，并拟调神机营兵三千防山海关也。赫德云，琼、台未必有事，厦门、定海、金州、山海关皆可虑。李电，孤拔十三、四到上海，俟调齐兵船，再行北来。"③

7 月 25 日，曾国荃奉奕劻之命到达上海，与巴德诺就中法冲突展开交涉。在赔款问题上，清政府摇摆不定。巴德诺告诉赫德，总理衙门星期三给法国代办谢满禄的照会说曾国荃有解决赔款的权力，但是星期六的照会不仅说曾国荃没有这样的权力，而且说中国不会赔款，中法冲突完全是法国的错。④

7 月 27 日，经过总理衙门的反复研究，奕劻等上奏："略言夷情叵测，船政局断不可失，基隆煤利断不可失，琼州、舟山、旅顺形势所系，亦断不

---

① 《巴德诺致茹费理电》（1884 年 7 月 13 日），张振鹍主编：《中法战争》（第六册·上编），中华书局 2017 年版，第 293 页。

② 《内阁学士尚贤奏折》（光绪十年九月十三日），中国史学会主编：《中法战争》（六），上海人民出版社 1957 年版，第 27 页。

③ 《翁文恭公日记》，中国史学会主编：《中法战争》（二），上海人民出版社 1957 年版，第 15—16 页。

④ Hart's Journals，Vol.29，27 July 1884.

可失"。① 他在给慈禧太后的奏折中从四个方面进行建言:(1) 希望能够通过谈判解决问题。"应请饬下曾国荃等,懔遵密旨,妥与商议,俾弭衅端"。(2) 认真积极备战。"严饬南北洋通商大臣、各海疆将军、督抚、统兵大员,急筹能战之实际,毋徒托言战之空谈"。备战之地除越南北部外,"台为上,琼州、舟山次之"。(3) 确保前线的后勤保障。"令户部通盘筹划,接济各路饷需,毋任缺乏"。(4) 从长远着眼,"整顿外海水师,及沿海防战事宜"。② 从后来的历史发展情形来看,清政府基本上采纳了奕劻提出的这四项意见。

3. 针对法军对台湾与福建的军事行动,奕劻主张采取"力与争"的不妥协策略

8月5日,法军进攻基隆。23日,法军又摧毁马尾军港的中国海军及其在福州的船厂。26日,慈禧太后发布上谕,命令清军在"沿海各口,如有法国兵轮驶入,着即督率防军,合力攻击,悉数驱除。其陆路各军,有应行进兵之处,亦即迅速前进"。③ 朝廷明确对法宣战,不仅使朝内主战派深受鼓舞,而且使统兵大员和前线各军将士斗志更加坚定。

法军进攻基隆事件发生后,奕劻告诉企图调停中法战事的美国驻华公使杨约翰,美国提出中国将赔付法国的任何数额,因为法国进攻台湾基隆的原因,中国决定一分钱也不赔付了。④

8月30日,奕劻代表总理衙门对外明确表明中方态度,对于侵略者法国的索赔要求,中国从皇帝到乞丐,都认为不能赔付一文钱。⑤

---

① 《翁文恭公日记》,中国史学会(主编):《中法战争》(二),上海人民出版社1957年版,第19页。
② 《总理各国事务衙门奕劻等奏洋情叵测谨筹办法折》(光绪十年六月初六),中国史学会主编:《中法战争》(五),上海人民出版社1957年版,第444、446页。
③ 《上谕》(光绪十年七月初六),中国史学会主编:《中法战争》(五),上海人民出版社1957年版,第518页。
④ Hart's Journals, Vol.29, 28 August 1884.
⑤ Hart's Journals, Vol.29, 30 August 1884.

面对法军对东南沿海的进攻，奕劻主持总理衙门积极为清廷搜集情报，传递消息，并且通过赫德等人从外交途径积极寻找解决问题的办法。据翁同龢在9月2日的日记中记载："甲申七月十三日，劻公云：南洋电，吴淞外望见法船七只，全出闽口，未知所向。详报：马尾毁其三船，杀三百余人；长门毁其二舟，杀一百余人；孤拔死，其副大帅亦死；船厂虽伤，机器未坏；长门炮台虽毁，炮位无恙云云。"[①]

对于中法战争，美国希望居中调停，但是奕劻对于列强的调停有自己的看法。9月9日奕劻在与赫德商谈时表示，虽然中国愿意结束这场战争，但是中国不希望任何人都来进行干涉。[②]奕劻的意思很清楚，就是不希望列强无端干涉中国与法国的交涉事宜。

16日，奕劻在总理衙门接见美驻华公使杨约翰等人，奕劻告诉美方调停人："法国太无理，现在我们只好预备打仗。若法国肯托别国来与中国调停，我们或可商量。唯'赔偿'二字，断不敢说，因朝廷已明降谕旨，有不许再说赔偿的话，所以断不敢再说。"针对杨约翰等人"现在中国是打不过法国的""中国力量不及法国"的恫吓论调，奕劻严正回答："法国即不讲理，总不能起倾国之兵来到中国。我们中国兵民甚多，何怕力量来不及！况中国人民恨法无理，人人愿战。当初中国并不愿失和，所以马尾一仗，法国兵船可以先进海口。现在法国若请贵国与别国来说，先把赔偿一层撇开，或可再商。""现在可先与杨大人说明白，法国若来说和，赔偿是不能的，铁路用法国工匠也是不能的，海岛租地也是不能的。除此三端，若另有平允的法子，或可商量。因法国先行开仗，即津约五条现在也不能算的。"[③]17日，奕劻在

---

① 《翁文恭公日记》，中国史学会主编：《中法战争》（二），上海人民出版社1957年版，第25页。

② Hart's Journals，Vol.29，9 September 1884.

③ 《总理各国事务衙门与美使杨约翰问答节略》（光绪十年七月二十七日），中国史学会主编：《中法战争》（五），上海人民出版社1957年版，第542、543页。

接见杨约翰等人时再次明确表态："是法先违约，理应中国向其索赔，乃反向中国索赔，已属无理"，"若以法国论，中国唯有一意主战"，"赔偿是断不能提；即津约五条，亦作废纸，从新另说"，"总之，将来无论何国出来调处，不能叫法国占便宜的，此话须说明在前，勿俟彼时谓中国难说话也"。①

22日，奕劻再次接见杨约翰等人。在这次会面中，杨约翰等人转述了法国公使巴德诺的议和意见。奕劻继续坚持前议，丝毫不作让步。奕劻说："法人太不讲理，基隆、马尾之役，所伤炮台等项，我们欲向法人说话；法此时仍如此说，是万万不能的。杨大人为好分心，我们亦甚愿意。我有一句老实话，现在中国各军虽水路战事稍逊，若在陆路断不让他，只有打仗而已。此刻如欲讲和，我们有三条底子请看。至前所说：不赔偿，不允法人修铁路，不能与法人海岛地方，津约五条作为废纸，这是不能改的。此外看杨大人面上，或可商议。"②

综上可见，奕劻主持总理衙门事务以来，在对法交涉问题上，能够切实贯彻与执行慈禧太后"以战促和"的谈判方针，根据实际变化的情况及时调整交涉思路，针对法国军事与外交的双管齐下攻势，采取"力与争"的策略，主张针锋相对，积极备战，取得了明显的效果。

三、促成《中法会订越南条约》的签订

虽然奕劻在与法国交涉过程中的态度一直是软中带硬、不卑不亢，但

---

① 《总理各国事务衙门与美使杨约翰问答节略》（光绪十年七月二十八日），中国史学会主编：《中法战争》（五），上海人民出版社1957年版，第545页。

② 《总理各国事务衙门与美使杨约翰问答节略》（光绪十年八月初四），中国史学会主编：《中法战争》（五），上海人民出版社1957年版，第550页。

并未打算关闭与法国和谈的大门。在中法战争进行之际，奕劻充分利用各种有利因素，极力争取在不赔款或者少赔款的基础上解决两国的冲突问题，最终促成了《中法会订越南条约》的签订。

1. 针对法国提出"临时保持占领基隆和淡水"的无理要求，奕劻采取强硬立场

中法之战，虽然法国在越南暂时取得胜利，但是在台湾，双方却陷入了胶着状态。所以，法国也希望能够与中国重开谈判，利用和谈来巩固法军已取得的战果。10 月 21 日，法国提出了与中国重开谈判的四项条件：（1）中国自东京撤军；（2）法国舰队停止行动；（3）批准并执行《中法会议简明条款》；（4）临时保持占领基隆和淡水，直到完成执行《中法会议简明条款》。不再提赔款问题的相应条件是，法国将保持占有淡水、基隆海关和矿井一段时间，具体事宜再行商谈。同时允许一个或多个友好国家从中斡旋，或者确定占领的时间，或者通过金钱上的安排早日结束占领。[①]

法国将自己的和谈条件通过驻天津领事告诉了李鸿章，李鸿章又委托赫德与德璀琳将法国的和谈条件通知总理衙门。

10 月 27 日，赫德与德璀琳到总理衙门拜访奕劻等人，告知法国所提条件，并强调"兵费一事，法国可以不索，亦可毋庸载在章约。但法国要在淡水、基隆暂管煤矿、海关若干年"[②]。同时，德璀琳也将自己在天津从李鸿章那里得到的态度告诉给了奕劻，李鸿章说："调停之事，我不敢说，唯知有打仗而已。"针对法国所开出的议和条件，奕劻与李鸿章态度一样，即绝不妥协。奕劻当即表示，前三条可以协商解决，但是"第四条，中国万办

025

---

① 英国外交档案 FO 881/5405 第 532 号。
② 《税务司德璀琳呈递节略》（光绪十年九月初十），中国史学会主编：《中法战争》（六），上海人民出版社 1957 年版，第 6 页。

不到"①，并询问德璀琳等人，可以将台湾部分去掉吗？② 明确对法国"临时保持占领基隆和淡水""保持占有淡水和基隆海关和矿井一段时间"的提案持否定的态度。

10月29日，奕劻等在总理衙门继续与赫德、德璀琳商谈中法问题。针对列强偏袒法国、责难中国之事，奕劻询问赫德："法国封堵台湾海口，于各国商务不便，何以各国无言？"赫德说："俱各无言，此事却有一理，譬如中国若到法国封堵其海口，各国亦不能有言。现在唯中国能有阻其封禁台湾海口之权，但须有此力量耳。"奕劻追问："中国自堵海口，各国何以啧有烦言？"赫德回答："法国封禁台湾海口，不过出示，要开即可开。今中国堵口，各国有三层意思：一、沉石堵口，一时不能即开；二、有碍各国商务；三、于中国亦无益。"对于赫德的回答，奕劻很是不满。奕劻告诉赫德与德璀琳："你前日所说四条，唯第四条，将基隆租与法国，有伤国体，恐办不动。以前美国杨大臣在京、在津，亦均曾说过此类话，我们与李中堂未允的，所以此时须另想平允办法才好。"针对赫德、德璀琳反复以法军不达目的不会罢休之类言辞的威胁利诱，奕劻不为所动，并不答应赫德、德璀琳提出的调停条件，反过来告诫赫、德二人："你二人既出来调停，自然要竭力办成，方有体面。"明确表示了中方不会屈服列强恫吓、坚决与法国周旋下去的强硬立场。

2. 针对法国开出的议和条件，奕劻指示总理衙门拟定了八项反提案办法

在法国开出了与中国重开谈判的四项条件后，奕劻一方面对法国提出

---

① 《总理各国事务衙门与税务司德璀琳等问答节略》（光绪十年九月初十），中国史学会主编：《中法战争》（六），上海人民出版社1957年版，第3页。

② Hart's Journals，Vol.29，27 October 1884.

的无理要求，明确主张"不能相让"；另一方面，他抓紧督促总理衙门制订出中国政府自己的解决方案。

11月10日，奕劻将所拟八项解决办法交给赫德，委托他通过英国政府将方案转交法国政府：（1）津约已废，商务界务尚须酌改；（2）将来勘定南界，由谅山至保胜一带划一直线，为中国保护通商界线；（3）中国线界之外设关通商事宜，将来派员详细定议；（4）法国只可在越南通商，不应有保护该国之名，嗣后越南贡献中国及该国一切政令，法国不得阻止干预；（5）法国应派公正大臣与曾纪泽或文移详议，或同来中国商办；（6）中法文字不同，翻译恐涉歧误，此次立约，中国应以中国文字为主；（7）中国入越之兵，暂扎不进，法军退出基隆，泊船待议，和议完成两国定期撤兵，法国应自行停止台湾封口；（8）两国构兵，中国既费巨款，理应计较索偿，今弃怨修好，中国亦可免索此项巨款。若法国有不允之条，应先赔中国以上各费再明定和战之局。①

应该说，八项反提案办法是一个基本上保护了中国最大利益的方案，是奕劻与总理衙门根据中法双方军事实力与战争形势变化所做的合乎实际情况的解决方案。看完中方的议案，赫德很不满意，他提醒奕劻，这些条件很难为法国所接受。奕劻不为所动，只是就这些条款向赫德简单进行了解释。奕劻指出，八项办法不能只看文辞的表面，而应该仔细领会其中的精神。在涉及中国荣誉方面，中方绝不会妥协，宁愿战斗到底也要维护自己的荣誉；边界是关键所在，中国所获甚少，还不到1/10，而其余9/10多的都让与法国了，况且"不应有保护该国之名"的意思是"如果越南国王选择向中国进贡，法国不会对此进行干预"，在越南进贡这件事上，中国不

① 王彦威纂辑、王亮编：《清季外交史料》（一），卷四十八，书目文献出版社1987年版，第878—879页。

能放弃，但是如果越南不进贡，中国也不会强行加以干涉。而中方所提解决办法的其他各点，并没有什么特别的意义。①

11月22日，"巴夏礼电彼外部，外部驳云，八条相去太远""劝公力与争，始允再商"。②

3. 通过赫德，派遣金登干到巴黎直接同法国内阁总理茹费理进行秘密谈判

在中法交涉期间，驻法公使曾纪泽一直持强硬态度，主张强化中国对藩属国的统治权，力图保护北圻安全以及不对法赔款，要求酌改《中法会议简明条款》，允许开放红河及云南通商。在清廷内部，他一再呼吁对法国侵略要"御之以刚""以战求和"。法国嫌其强硬，向清廷施压，要求撤销他驻法公使的职务，并表示不想再让他继续做谈判的对手。在这种情况下，奕劻经过反复考虑，12月11日，总理衙门接受赫德所提出的解决方案，决定让金登干到巴黎直接同法国内阁总理茹费理开展谈判。谈判秘密进行，除法国内阁与中国总理衙门外，对外严格保密。但是，奕劻不希望此秘密谈判干扰到曾纪泽的公开谈判，也不希望该建议看似是由中国政府送给法国的。③22日，奕劻在总理衙门会晤赫德，赫德建议奕劻致电曾纪泽，说总理衙门已经接受附加条款方案，如果法国同意附加条款，中国将批准《中法会议简明条款》，奕劻同意将此电告曾纪泽。④23日，奕劻与福锟拜访赫德，将给曾纪泽的电报交赫德阅看，赫德让他们修改一下有关边界的描述。⑤31日，奕劻在与赫德商谈时表示，中国不可能接受法国所开出的任何过分的条款。⑥

① Hart's Journals，Vol.29，10 November，1884.
② 《翁文恭公日记》，中国史学会主编：《中法战争》（二），上海人民出版社 1957 年版，第 31 页。
③ Hart's Journals，Vol.30，11 December 1884.
④ Hart's Journals，Vol.30，22 December 1884.
⑤ Hart's Journals，Vol.30，23 December 1884.
⑥ Hart's Journals，Vol.30，31 December 1884.

光绪十一年（1885 年）1 月 30 日，赫德来到总理衙门，向奕劻汇报了金登干与茹费理的秘密会谈情况，并将自己所拟的调和办法告诉了奕劻。但是，奕劻并不认同赫德提出的调和办法，认为它给予了法国一切，而中国什么都没有得到。[①] 在请示慈禧太后以后，奕劻参考赫德的意见拟订了三项调和办法："庆王草三条，拟请旨行，商之醇邸，邸已首肯。今日命庆王、许赓身同诣醇邸面商。"[②] 该方案主要内容是：（1）法国解除台湾封锁，撤出基隆；中国批准《中法会议简明条款》。（2）《中法会议简明条款》所说的商务，可在谅山到保胜划一线，作为中法贸易界线，中国军队和人民不去该线以南，法国军队和人民不去该线以北。（3）军队定期撤回边境。2 月 1 日，奕劻将中方所提三项调和办法交给赫德，并称这一方案已经得到了慈禧太后授权。奕劻的意思很明确，三项办法为中国议和的底线。但赫德认为，如果将这一方案交给茹费理，可能不会对谈判起到好的作用，因为这一方案使法国无法由陆路从越南进入云南、广西和广东，而这正是法国商约谈判者想要达到的目的。赫德表示，如果中国政府接受他提出的调和办法，中法矛盾现在就会解决，就不会再有战争以及各项花费；如果不接受，而是提出这个方案，或许谈判再次破裂，战争将继续，花费将增加。但是，奕劻还是坚持修改后的方案，并告诉赫德："如果你看着合适就提出，如果你认为有害，就让这件事先缓一缓。"[③]

2 月 12 日，赫德又将两封金登干来电的主要内容转给总理衙门，由总理衙门交给奕劻。[④]13 日，奕劻在总理衙门召见赫德。奕劻再次表示，中方可以批准《中法会议简明条款》，并将停止军事行动以重新谈判，但条件是

① Hart's Journals，Vol.30，29 January，1885.

② 《翁文恭公日记》，中国史学会主编：《中法战争》（二），上海人民出版社 1957 年版，第 34 页。

③ Hart's Journals，Vol.30，1 February，1885.

④ Hart's Journals，Vol.30，12 February，1885.

法国保证将接受从谅山到保胜的边界线。中国并不想要任何越南的土地，但是在战争之后，中国军队不能在边界问题上没有取得任何补偿就撤退。例如，谅山和保胜将成为商贸市场，边界分别靠近广东和广西，而后者是刘永福的地盘，如果给了中国，法国就不会有麻烦了。赫德认为，如果总理衙门一开始想要的就这么具体，那么谈判永远就不会有开始，应该先批准《中法会议简明条款》，然后再开始谈判。但是奕劻希望将整个困难放在一起解决，不希望和平后又生事端。赫德只好表示将把总理衙门的意思电告金登干。[1]14 日，赫德再次到总理衙门拜见奕劻等人，告知茹费理不接受谅山－老街商业线，但是茹费理希望和平，不想再要战争，只要求完全履行前面双方所议的《中法会议简明条款》，不再增加别的要求。赫德说，如果中国同意，将在 10 天内解决中法冲突。奕劻问如何处理基隆的封锁问题，赫德答称这是理所当然的事情，最好不要再提这件事。奕劻随后又问如何保证杜绝后患。赫德说："当我 7 月 12 日在上海见到巴德诺时，除津约之外，法国要求 4000 万两白银；当我离开巴德诺时，要求减少到 1000 万两；几个月后，要求减少为占领基隆煤矿和淡水海关，占领时间由另一个国家指定；当我 40 天前开始直接与茹费理谈判时，我就是以此为起点的，而今天他想要的只是津约。"[2] 赫德的这个解释在总理衙门大臣中产生了强烈的反响，法国只要求兑现《中法会议简明条款》，而不再要求别的，这让他们感到满意。

经过反复权衡，奕劻根据金登干与茹费理秘密商议的方案，由总理衙门将自己的解决办法呈报慈禧太后。2 月 27 日，奕劻将谕旨批准的解决方案交给赫德，称中方希望公使在天津谈判，因为李鸿章知道之前中法双方在边界问题上达成的谅解；如果来北京，希望不是巴德诺，去年中法冲突时

---

① Hart's Journals，Vol.30，13 February，1885.
② Hart's Journals，Vol.30，14 February，1885.

他的态度使他在北京不受欢迎，而且不要确定具体停战日期，否则谅山事件可能又会重演。赫德向奕劻解释称，他会记住这些，一步一步来，向茹费理解释怎样由金登干签字，由李鸿章通过法国驻华领事林椿将批准谕旨转告茹费理，然后电令解除封锁，并停止敌对行动，这样和平便会逐步实现。[①] 至于铁路问题，奕劻告知赫德："中国将在何时、何地、以何种规模兴建或扩充，均不可知，但和平一经恢复，此项事业对任何人都是公开的，法国人也与其他国人一样。以上各点，都可随后解决，目前首要问题，是使草约签字，以使谈判成为可能。"[②]

4. 抓住军事形势对中国有利之机，全力促成中法协约的最终签订

就在奕劻与法国的秘密交涉谈判正在紧锣密鼓地进行之时，中国军队在老将冯子材的带领下，取得了镇南关—谅山大捷。但是奕劻并没有打算因为谅山大捷而放弃与法国的谈判，而是抓紧时间"以战促和"，接受了茹费对第一款的修正案，茹费理的解释说明也被接受。不过，奕劻指示总理衙门对茹费理的解释说明又增加了两点补充："（1）鉴于停火和撤退的命令不能于同日递达中法双方，亦不能于同日递达两国的军队，（总理）衙门认为应说明如下：宣光以东的停止敌对行动，开始撤兵和完成撤兵的日期，分别为 4 月 10 日、20 日及 30 日；宣光以西的军队分别为 4 月 20 日、30 日及 5 月 30 日。任何一位司令官首先收到停火命令，应立刻将消息通知最近的对方，以避免行动、攻击或冲突等；（2）关于封锁的条款，（总理）衙门希望这样订：台湾及北海的封锁立即解除。"[③]

---

① Hart's Journals，Vol.30，27 February，1885.

② Hart's Journals，Vol.30，15 March，1885；《金致赫第 207 号，3 月 16 日北京》，陈霞飞主编：《中国海关密档》（第八卷），中华书局 1995 年版，第 403 页。

③ Hart's Journals，Vol.30，29 March，30 March，1885；《金致赫第 211 号，3 月 30 日下午 12 时 15 分》，陈霞飞主编：《中国海关密档》（第八卷），中华书局 1995 年版，第 413 页。

这样，经过奕劻等人多方努力，在"以战促和"的战略目标已经取得明显效果的情况下，慈禧太后最终同意与法国签订一个和平条约，从而结束中法战争。

4月6日，奕劻通知赫德到总理衙门。奕劻告诉赫德，朝廷已经颁布谕旨，将会批准《中法会议简明条款》，并命令中国军队停止战斗，定期从北圻撤军。

4月17日，奕劻询问赫德，法国将派谁来谈判、什么时候进行谈判。赫德将金登干第402号电告知："预料法方将严令巴德诺谈判简明的条约，解决要点，而将细节留交新任公使。"[1]

4月22日，奕劻邀约赫德前往总理衙门继续商讨中法问题。奕劻告诉赫德，锡珍与邓承修已经前往天津，并询问赫德，详细条约是否会包含令中国不快的条款，能否使法国的军队与堡垒不要太靠近边境，逃进北圻的罪犯，法国能否帮忙向越南国王写信遣回中国？奕劻补充说："那地方依然是越南国王的，而不是法国的。"[2]

4月28日，根据奕劻的要求，赫德等将收到的条约草案翻译成中文，交给了总理衙门，其中总理衙门最为关心的是有关铁路的条款、贸易条款中的减税部分以及开放两地。总体来看，奕劻对该条约草案还算比较满意，只是向赫德抱怨称"我没有见到关于不伤害中国威望体面的承诺"。[3]

在奕劻为首的总理衙门充分与法国达成和解协议的情况下，慈禧太后派李鸿章为全权大臣，刑部尚书锡珍和鸿胪寺卿邓承修为会办，与法使在天津最后商定和约。6月9日，李鸿章与法使巴德诺在天津订立《中法会订

[1] Hart's Journals，Vol.30，17 April，1885；《金致赫第402号，4月15日下午1时》，陈霞飞主编：《中国海关密档》（第八卷），中华书局1995年版，第433页。

[2] Hart's Journals，Vol.30，22 April，1885.

[3] Hart's Journals，Vol.30，28 April，1885.

越南条约》十款。主要内容为："（1）清廷承认法国有权'保护'越南；（2）两国派员勘定中越边界；（3）中国在边界开放两处通商，一在保胜以上，一在谅山以北；（4）法国由陆路向云南和广西贸易免税；（5）法军撤出基隆和澎湖。由于清军在陆路战场的胜利，法国没有向清廷索要战争赔款。"[1] 以《中法会订越南条约》的签订为标志，奕劻代表清政府与法国交涉最终完成，中法战争亦正式宣告结束。

综上所述，我们可以得出如下结论：

（1）中法战争是奕劻步入清王朝政治核心舞台的开始。中法战争中，慈禧太后撤换奕䜣，由奕劻主持总理各国事务衙门。总理衙门的重要性仅次于军机处，在清政府的政治、经济、军事、外交等事务中均具有举足轻重的地位。奕劻入主总理衙门，是慈禧太后信任和重用他的信号。奕劻此后仕途之所以平步青云，与他在中法战争中的成功交涉不无关系。

（2）奕劻在中法战争中的外交作用有限，不必高估。中法交涉，慈禧太后采取了多头并进的谈判方式，奕劻为首的总理衙门的外事活动，只是其中直接对慈禧太后负责的一部分，到了战争中后期，其作用才越发重要起来。

（3）奕劻与中法交涉的妥善解决实有一定的关系。中法交涉可分成三个阶段：第一阶段，奕劻代替奕䜣入主总理衙门，对于如何办理外交事务还不熟悉，对法外交，清政府主要依靠李鸿章办理，《中法会议简明条款》由李鸿章一手操纵办理即是明证；第二阶段，随着奕劻逐渐进入角色，他以总理衙门为平台，积极干预中法交涉事务，颇有一些作为；第三阶段，奕劻依靠赫德、德璀琳等人的特殊身份，逐渐成为中法交涉的主力，最终促成了《中

---

① 徐彻、董守义主编：《清代全史》（第九卷），方志出版社 2007 年版，第 82 页。

法会订越南条约》的签订，比较妥善地解决了中法争端。

（4）中法交涉，也展现出了奕劻的一些才干特点。第一，他极力贯彻慈禧太后"以战促和"的战略方针，一切以慈禧太后的外交政策为准；第二，外交态度与手法积极、灵活而务实，办事谨慎，不贪功，不急躁；第三，战、和兼顾，能够根据形势变化，及时调整与采取具体交涉对策；第四，采取"力与争"的正确外交策略，不惧怕列强的军事恫吓，主张采取强硬立场，在关键问题上针锋相对，绝不轻易让步。

总之，在中法交涉过程中，奕劻积极为慈禧太后搜集情报、提供信息以及提出谈判建议，积极寻求各种途径加强与法国之间的谈判与沟通。应该说，在解决中法争端过程中，奕劻的交涉起到了有限的积极作用，成为慈禧太后对法"多头交涉、以战促和"的外交战略中不可或缺的部分。

03

第三章
跻身晚清海军建设

　　光绪年间，慈禧太后对奕劻的倚重不仅表现在行政与外交方面对奕劻不断加官晋爵，同样表现在军政权力方面。在清政府推行军事中央集权的道路上，慈禧太后希望奕劻能够替代奕䜣，拥有足够治国理政的能力，在军国大政方面能为她分忧。

一、中法战争前的中国水师

据海军史研究会陈悦在其编著的《辛亥·海军》（山东画报出版社 2011 年出版）一书中考证，中国拥有西式近现代化海军的历史，最早可以溯源到咸丰后期。当时，中国正处在第二次鸦片战争结束、太平天国战争的末期，为了剿灭江海上的盗匪患害，以及对付太平天国的水师，清政府一些沿江海的省份首先进行了购买和装备近代蒸汽动力舰船的尝试，其中以财力较厚的江苏、福建和广东三省为最先。这些省份各自通过向西方购买等方式，拥有了规模不等的蒸汽舰船队，不过装备的舰船体量普遍较小，船型级别上，多属于比较简单的炮艇一类，且并没有建立起近现代舰队的组织形式，因而还不算是真正意义上的近现代化海防力量。

咸丰十一年（1861 年），太平军水师在江南河网地区发展迅速，屡屡攻陷名城重镇，直接威胁到华洋杂处的重要通商口岸上海。在这种内战的局面下，清政府内较有世界眼光的总理衙门大臣恭亲王奕䜣会同军机大臣桂良、文祥等人上奏清廷，提出了从英国购买蒸汽化军舰用以攻剿太平天国的设想："贼势强，则外国轻视中国，而狎侮之心起；贼势衰，则中国控制外国，而帖服之心坚。自臣等笼络英、佛（法国）以来，目前尚称安静，似可就而我。若不亟乘此时，卧薪尝胆，中外同心，以灭贼为志，诚恐机会一失，则贼情愈张，而外国之情，必因之而肆。"[1] 此议奏上后，立即得到慈禧太后的批准，近代化海军建设开始进入具体操办阶段。

当时，因为缺乏经验，总理衙门委托正在英国休假的中国海关总税务

---

[1] 中国史学会主编：中国近代史资料丛刊《洋务运动》（二），上海人民出版社 2000 年版，第 222 页。

司李泰国（Horatia Nelson Lay）负责承办此事。李泰国在英国通过专买正在建造中的英国海军舰船等方式，先后共购买到"江苏""北京""中国""广东""天津""厦门""盛京""都利"共 8 艘舰船。舰型仍多属炮舰一类，此举成为清政府建设近现代化海军的初步标志。鉴于当时中国缺乏驾驭西式舰船的专业人才，清政府不得不假手洋人，借助英方人员的帮助驾驶操作。但为了保证这支舰队能够权操自我，总理各国事务衙门会同曾国藩、李鸿章等地方督抚大臣专门拟定了《轮船章程》，以图尽力约束这支舰队中洋人的权力。孰料李泰国在英国购舰时就将这支舰队的性质设定为在其管辖下的雇佣舰队，擅自任命舰队司令，制定舰队的规章和旗帜制度，雇佣舰员，由英国海军军官阿思本（Sherard Osborn）任舰队司令，舰队的进止、行动大权完全在李泰国之手。同治二年（1863 年）9 月 18 日，这支由英国人操纵的中国舰队抵达中国，史称"阿思本舰队"，李泰国擅自制定的不受中国政府控制的舰队制度令清政府强烈不满，围绕舰队的控制权几经辩争，英方始终蛮横无理不予让步，最终清政府一气之下将舰队各舰拍卖遣散了事，李泰国也因此丢了海关总税务司之职。清政府为了购买舰只以及支付英国船员的薪金、路费等共达 173.2 万两银，而拍卖舰船所得只有 106.8 万两，凭白损失了将近 67 万两，由此该舰队在西方又得到了"吸血鬼舰队"的绰号。

采用从西方直接购买的方式，以图整套移植引进近代化海军舰船装备的尝试夭折后，清政府内的一些地方实力派官员开始调整视角，改以自行建造的方式来获取舰船装备。

经时任闽浙总督左宗棠力请，总理全国蒸汽化舰船建造和调拨事务的机构——船政局——获准在福州设立。同治五年（1866 年）12 月 23 日，福建船政局衙署建筑和附设的船厂在福州郊外的马尾开工建设，并于第二年开始学习法国技术建造蒸汽化军舰。在雇佣的法国洋员日意格（Prosper

Marie Giguel）等监督和帮助下，一时成绩斐然。紧接在福建船政局之后，同治六年（1867年），经过时任两江总督曾国藩和江苏巡抚李鸿章的请示，设在上海高昌庙的江南机器制造总局也获得了专门资金开始建造蒸汽军舰，主要引用英美造船技术，短时间内也创造了颇为可观的成绩，从此形成了洋务运动时代一南一北两大造船基地并立的恢宏格局。

除去建造军舰之外，福州船政局早在创设造船厂的同时，就考虑到了海军人才的培育问题。1867年1月6日，福建船政局开设了专门学习西式海军和轮机、造船的专业学校——船政学堂，招募福建以及广东、南洋等地子弟入学，延请欧洲教师采用西法教学。船政学堂分前后两堂，其中前学堂以法语教学，教授舰船的建造、轮机建造维护等知识；后学堂采用英语教学，所授内容主要为航海、枪炮等西方海军学校的知识，从此开创了中国近代海军教育的先河，开始了中国自己系统地培育军舰驾驶人员和舰船工程人员的历史。

福州船政局和江南机器制造总局建造出的西式军舰，采用调拨制度，配齐人员和武器后，分别由沿海各省督抚上奏申请领用。这些军舰以单艘分别驻防的形式最先布防在沿海各处对外通商口岸，负责就近海域的巡防，初步为中国海防的近代化奠定了基础。

正当中国水师筹建之时，同治十三年（1874年），日本悍然派出舰船海运军队于5月7日登陆中国台湾，攻掠高山族村寨，杀戮民众。以福州船政局所造的舰只为主，船政大臣沈葆桢奉旨率舰队渡台相抗，最终事件以中日两国通过谈判签署《北京专约》而平息，然而中国为此却付出了默认属国琉球被日本染指的惨重代价。日本侵略台湾事件，引起清政府朝野臣工的震惊。同时，事件发生后日本立刻在英国定造铁甲舰等新式军舰，已经预示日本的军舰力量即将在短期内超越主要由福州船政局和江南机器制造总局所造的炮舰构成的中国水师力量。受此刺激，1874 年 11 月 5 日，以奕䜣为首的军机处与总理衙门提出应对策略，上呈清廷，请示定夺。折中说："以一小国之不驯，而备御已苦无策，西洋各国之观变而动，患之濒见而未见者也。倘遇一朝之猝发，而弭救更何所凭？及今亟事绸缪，已属补苴之计；至此仍虚准备，更无求艾之期。唯有上下一心、内外一心、局中局外一心，自始至终，坚苦贞定。且历之永久一心，人人皆洞悉底蕴，力事讲求，为实在可以自立之计，为实在能御外患之计，庶几自强有实，而外侮潜消。"① 对于奕䜣等人的提议，清廷下谕给沿江沿海各省的将军、总督、巡抚，要求就海防建设进行筹议。经过漫长的辩论，1875 年 5 月 30 日，清政府颁布上谕作出定议，明确了由南、北洋通商大臣分别负责南、北洋近代化海防建设的布局战略。清政府原决策同步建设南、北洋两支海军，每年各拨经费 200 万两，后南洋大臣沈葆桢认为经费无多，如果两支海军并行建设，则速度皆缓，因而做出谦让，上奏将南洋建设海军的经费让予北洋，从速建设事关京畿重地防务的北洋海军。

为了加速海军建设的步伐，在短时间内提升中国海防水平，杜绝列强对中国的威胁，在北洋大臣李鸿章的主持下，北洋获取舰船装备的方式发生重要变化，不再以国造军舰为装备基础，而是开始集中从英国、德国等西方国家订购建造最新式的军舰用以筹建北洋海军，购买的军舰类别也从炮艇、巡洋舰，跃升至大型铁甲舰。与此同时，北洋通过从福州船政局选调专业军官，以及在天津开办水师学堂就近培训等方式组建海军军官队伍，并从欧美雇佣外籍军官作为教练。北洋海防所需的水兵最初以绿营荣成水师营为基础，从中挑选精锐。在此基础上，进一步在山东蓬莱、威海等沿海地区选募水兵，组建、训练近代化的海军士兵队伍。此外，为满足舰队

① 中国史学会主编：中国近代史资料丛刊《洋务运动》（一），上海人民出版社 2000 年版，第 26—27 页。

的停泊、保养所需，又耗费重金，在辽东半岛的旅顺、山东半岛的威海分别建设西式的海军基地和配套的对海、对岸炮台要塞工事，犹如两只巨臂，构筑起了渤海门户的防御。

在北洋海军的创设期间，光绪十年（1884年），中国水师又经历了福建水师在马江海战全军覆没的惨痛教训，这使清政府加快了海军建设的步伐。其战略规划是：以北洋水师为主力，中国沿海还活跃着三支近代化的地方性舰队，分别是：以上海、江浙为活动范围的南洋水师；以闽浙、台湾海峡为活动范围的福建水师；以及进行舰船装备近代化后的广东水师。这样，以北洋海军为核心，辅之以三支分区防守、定期会操的地方舰队，就构成了晚清时代中国近代化海防的最初模式①。

二、总理海军衙门的会办和总办

光绪十年（1884年）中法战争中，法国舰队横行中国东南沿海，福建水师遭受重创，清政府从中更加认识到了海军建设的重要性与紧迫性。

五月初九（6月21日），清廷发布上谕：

自海上有事以来，法国恃其船坚炮利，横行无忌。我之筹划备御，亦尝开设船厂，创立水师，而造船不坚，制器不备，选将不精，筹费不广。上年法人寻衅，迭次开仗，陆路各军屡获大胜，尚能张我军威；如果水师得力，互相援应，何至处处牵制。当此事定之时，惩前毖后，自以大治水师

---

① 中国航海博物馆主编、海军史研究会陈悦编著：《辛亥·海军——辛亥革命时期海军史料简编》，山东画报出版社2011年版，第1—6页。

为主。船厂应如何增拓，炮台应如何安设，枪械应如何精造，均须破除常格，实力讲求。至于遴选将才，筹划经费，尤应谋之于预，庶临事确有把握。着李鸿章、左宗棠、彭玉麟、穆图善、曾国荃、张之洞、杨昌濬各抒所见，确切筹议，迅速具奏。①

中央各部大臣、各省督抚接到谕旨后，开始广泛征集各方面的意见，认真筹议海防，纷纷上奏表达自己的建议和主张。

当时存在的主要问题是，自近代海军创设以来，清政府始终没有一个全国统一的海军指挥机构。中法战争中福建水师受到重创，朝野上下为之震惊，纷纷建言献策，认为应该建立一个统一的海军指挥机构，在此形势下，中央海军机构的建设也就随之提上了议事的日程。

实际上，关于设立统一的海军指挥机构这个建议在许多年前就曾有人提出过，只是一直没有得到真正的落实与贯彻。

前面已经提到，总理衙门执掌的权力十分广泛，海防军事本就在其管辖的范围之内。早在1874年11月5日，奕䜣主持的总理衙门就针对日本侵略我国台湾的危机提出了筹建海防的建议。

奏折呈上后，慈禧震动，谕令内外臣工"详细筹议"，"总期广益集思，务臻有济"，②但讨论没有结果。

光绪五年（1879年）日本侵占琉球之时，海关总税务司赫德就曾经向清政府提出设立总海防司，统一南、北洋海军的建议，但遭到南、北洋大臣的反对。光绪七年（1881年），驻日本长崎领事余干耀上书清政府，建议

---

① 《两江总督曾国荃遵旨筹议海防折》，张侠、杨志本、罗澍伟、王苏波、张利民合编：《清末海军史料》（上），海洋出版社1982年版，第42页。

② 《总理各国事务衙门奏拟筹海防应办事宜折》、《附上谕》，张侠、杨志本、罗澍伟、王苏波、张利民合编：《清末海军史料》（上），海洋出版社1982年版，第7页。

设立海军衙门。其后，光绪八年（1882 年）九月二十日，翰林院侍讲学士何如璋也就海防问题向朝廷上折建言：

筹办水师之大略，苟非统归一人节制，则备多力分，情暌势隔，徒有虚名，究无实际。诚以防海异于防陆，陆军可以分省设守，海军则巡防布置必须联络一气，始无兵分势散之虞。七省濒海之地，港汊纷错，互有关涉，风轮飙忽，瞬息千里。苟分省设防，则事权不一，呼应不灵，守且不能，何有于战？拟请旨特设水师衙门，以知兵重臣领之，统理七省海防，举一切应办之事，分门别类，次第经营。并将现有之兵船调齐，定为等差，编成舰队，分布合操，以资练习，按年责效，不效则治其罪。固海防，张国威，计无逾于此者。[1]

从中可见，何如璋特别重视水师的分防与指挥统一的问题。当时，马建忠正为李鸿章办理洋务，对何如璋请旨特设水师衙门一事，他认为"深得整顿中国水师之要领"，否则"徒以分省设防，划疆而守，遇有事变，朝廷固尝拨调他省师舰以为接济，而号令不齐，衣械不一，平日无上统下属之分，临事难收使臂使指之效"。[2]马建忠的建议得到了李鸿章的赞同和重视，李鸿章也希望早日促成海军衙门成立，统一中国的海防大业，但后来因忙于频繁交涉中日朝鲜问题和中法越南问题而搁置。光绪九年（1883 年），清政府采纳了都察院署左副都御史张佩纶的建议，在总理衙门内添设了一个统一管理海防的机构——海防股。"掌南北洋海防之事。凡长江水师、沿海炮台、船厂，购置轮船、枪炮、药弹，创造机器、电线、铁路及各省矿务皆

---

① 中国史学会主编：中国近代史资料丛刊《洋务运动》（二），上海人民出版社 2000 年版，第 534 页。
② 中国史学会主编：中国近代史资料丛刊《洋务运动》（一），上海人民出版社 2000 年版，第 429、430 页。

隶焉"。① 海防股的设立，为海军衙门的成立奠定了基础。在条件趋于成熟的情况下，1884年3月10日，李鸿章为筹设海军衙门一事专折上奏清廷。奏折中说：

中国海疆辽阔，局势太涣，畛域太分，自非事权归一，无以联气脉，而资整顿。但设海防衙门于近畿，七省防务仅以一重臣主之，无论东自奉锦，南暨台琼，首尾延袤万余里，非一人之才力精神所能贯注。而形隔势禁，既无长驾远驭之方，亦开外重内轻之渐，其事可暂而不可久也。查泰西各国外部、海部并设衙门于都城，海部体制与他部相埒，一切兵权、饷权与用人之权，悉以畀之，不使他部得掣其肘。其海部大臣无不兼赞枢密者，令由中出，事不旁挠……鄙见外患如此其亟，事势必须变通。应请径设海部，即由钧署兼辖，暂不必另建衙门。凡有兴革、损益、筹饷、用人诸事，宜悉听尊处主持。居中驭外，似属百年不易之常经，永远自强之要策。②

在中法战争的刺激下，慈禧太后对发展海军也有了进一步的认识。鉴于中国水师"虽分南北两洋，而各省另有疆臣，迁调不常，意见或异。自开办水师以来，迄无一定准则，任各省历任疆吏意为变易，操法号令参差不齐，南北洋大臣亦无统筹划一之权，遂致师船徒供转运之差，管驾渐染逢迎之习，耗费不赀，终无实效"③ 的现状，慈禧太后决定接受李鸿章的建议，建立一个全国统一的海军机构，将海军军政大权收归中央政府，特派王大臣综理其事，并于各疆臣中简派一二人会同办理。

---

① 《总理各国事务衙门添设海军股》，张侠、杨志本、罗澍伟、王苏波、张利民合编：《清末海军史料》（上），海洋出版社1982年版，第31页。

② 《李鸿章为请设海部兼筹海军事复总理衙门函》，张侠、杨志本、罗澍伟、王苏波、张利民合编：《清末海军史料》（上），海洋出版社1982年版，第31—32页。

③ 中国史学会主编：中国近代史资料丛刊《洋务运动》（二），上海人民出版社2000年版，第570页。

1885 年 10 月 12 日，清政府正式成立海军衙门，慈禧太后明确下谕："着派醇亲王奕譞总理海军事务，所有沿海水师，悉归节制调遣；并派庆郡王奕劻、大学士直隶总督李鸿章会同办理；正红旗汉军都统善庆、兵部右侍郎曾纪泽帮同办理。"①

以此为契机，奕劻步上了建设中国近代海军的舞台。

从根本上讲，清政府设立海军衙门的目的是为了统一全国海军的指挥权，把北洋、南洋、闽洋、粤洋的海防及东三省的陆防连成一气，对沿海各地的炮台、船坞、造船厂、机器局等实行统一规划和管理，以便全国的海军及防务得到加强，并能协调一致，抵御西方列强和日本的海上挑战。海军衙门成立后，作为中国海军的领导机构，对晚清海军的建设和发展起到了一定的推动作用。但由于种种原因，海军衙门设立后并没能达到预期的效果。

1891 年 9 月 4 日，在奕譞去世后，清廷下谕："命庆亲王奕劻总理海军事务，正白旗汉军都统定安、两江总督刘坤一帮办海军事务。"② 奕劻由会办大臣升任总理大臣，开始全面主持海军衙门工作，直到光绪二十年（1894 年）甲午战争爆发。在晚清前中期，除了恭亲王奕䜣、醇亲王奕譞，作为宗室旁支在军国大事上受到如此重用的，奕劻应是亲贵中第一人。

从 1885 年海军衙门成立到 1895 年撤销，奕劻一直在其中担任着十分重要的角色。在这期间，海军衙门负责人一直变换，唯有奕劻与李鸿章二人能够有始有终。这说明了两点事实：（1）在中央海军负责人的问题上，奕

---

① 《着醇亲王奕譞等办理海军事务衙门懿旨》，张侠、杨志本、罗澍伟、王苏波、张利民合编：《清末海军史料》（上），海洋出版社 1982 年版，第 66 页。

② 《命庆亲王奕劻总理海军事务定安刘坤一帮办海军事务》，张侠、杨志本、罗澍伟、王苏波、张利民合编：《清末海军史料》（上），海洋出版社 1982 年版，第 81 页。

勋一直得到慈禧太后的信任与倚重；（2）洋务运动时期北洋海军之所以能够得到迅速发展，与奕劻等人在朝中的支持有很大关系。

另外，海军衙门大臣在中央先后由奕譞、奕劻、奕䜣三人担任；在地方则先后有李鸿章、曾纪泽、善庆、刘铭传、定安、刘坤一等人兼任重要职务。从中我们可以看到两点：（1）海军衙门从成立之日起，即是慈禧太后中央集权中的一部分；（2）奕劻长期与海军地方上众多领导人物有着业务往来，必然会与他们建立一种剪不断、理还乱的私人关系，这使他在朝中底气更足。

三、在晚清海军发展中的作用

洋务运动时期，作为总署大臣兼领海军衙门会办大臣、总理大臣，奕劻对于南、北洋海军建设，亦有自己的建议与主张，同时也做了不少工作：审阅办理巡阅海防和加强北洋海军建设；开办水师学堂，派遣留学生学习近代技术；整顿南、北洋海军与制定南、北洋会操制度等。这些措施均起到了一定的作用，推动了中国近代海军的发展。

关于奕劻对海军的认识与主张，可以从《奕劻等奏遵议南洋水师拟请变通办理折》窥见一二，具体内容如下：

光绪十七年六月初三，准军机处抄交山东巡抚张曜奏：此次所见南洋兵船六艘，其中如"开济""保民"等船铁皮竟无一寸厚者，遇有战事，断难得力。闻南洋各船岁需官弁、勇丁、水手、匠役及煤炭、军火之费不下五十余万两。愚昧所及，不若将此兵船收停厂澳，每年节省五十余万，十年即可节省五百余万，以之另造铁甲坚船，则精良适用等因。本日奉朱批：著海军衙门会同刘坤一妥议具奏。钦此。钦遵。

臣等伏查海上论战，自以船坚炮利为先，水师人才又非陆军可比。南洋各船练习有年，历经北洋调阅合操，已著成效。现在北洋一支业已练成，饷力少纾，南洋自当次第兴办。兹该抚奏请将南洋兵轮收停厂澳十年，即以所省经费为购制铁甲等船之用，仅为节饷计则可，为防务计则非尽善之策。臣等详加酌核，总以有补时局为第一要议。南洋兵轮所以不能一旦遽撤者，约有数端，敬为我皇上详细陈之。

南洋实江海兼防，非大支水师不足以资分布。故必得有铁甲以领其军，而以碰快、鱼雷等船为之辅，又须运载有船，送信有船，练习员弁、兵勇又有船，各项船只全备方能成军。南洋刻下仅此"寰泰""镜清""开济""保民""南琛""南端"六兵轮，"飞霆""策电""龙骧""虎威"四蚊船，"登瀛洲"练船，"威靖""测海"两运船，本不成军。曾已议及北洋一支练成后，饷项少充，推广南洋，次第添制铁甲等船，以冀练成劲旅，期早成军，俾与北洋遥为掎角。今若转将现有各船概行裁撤，防守无资，不独遇事无从措手，抑亦易启外人轻视之渐。此南洋兵轮未可裁撤者一。

即如此次各处滋闹教堂，沿江一带幸有各兵轮分防弹压，并将赴北洋会操之六船调回，分驻吴淞、上海等处以助声威，中外民心赖以安定。各国兵船至长江各口，因有中国兵轮驻防足以保护，即行开往他处，不致久泊各口，益滋民疑，别生事端。况平时之巡缉护漕，亦在在须有兵轮以供差遣。此未可裁撤者二。

至"寰泰""镜清""开济"三号系铁胁快船，为闽厂所造，"保民"为上海机器局所造，"南琛""南瑞"购自德国洋厂。该三号船身系用钢板，本不能与铁甲等船比较优劣，较之北洋"超勇""扬威"等船似尚足以相埒。第仅此数船而无铁甲及坚利雷、快等船，原不能与大队敌船角逐海上，若依附炮台以为防守之需，亦未尝不可以折冲御侮。"开济""南琛""南瑞"三船前于镇海口内轰击敌船，足为明证。且将来即能购制铁甲等舰，则现有各船为辅战之需，实不可无。盖经费有常，势不能一旦尽弃其旧而谋其新。此未可裁撤者三。

即以每年所用之五十余万两而论，亦非仅供此六船之需。所有练船、运船以及四蚊船并在北洋供差之"操江"船，薪粮等项均在其内。况此项水师人才，非陆军可比，将领必须夙所谙习，弁勇全在勤加操练，方能枕席风涛，克敌致果，断非仓促招募所能集事。南洋水师将弁训练有年，一旦概行遣散，势必尽隳前功。此未可裁撤者四。

臣等熟思至再，不能不兼权并顾，以期有备无患。查"飞霆"等四蚊船，炮大船小，本系专为守口之用，拟请暂行裁减，所配员弁仍令驻泊沿江要隘，依附炮台，酌留弁兵看守该船，操练炮位。六兵轮亦拟暂行酌裁人数，得以勉敷寻常巡操为度。并将练船亦改为运船，所练各勇平时即轮流调入六兵轮内教习操演，俾于各船枪炮得以一律熟习，遇事分拨各船以补其额，其余不敷人数，招募似亦较易。庶经费得以暂行节省，巡防不致稍有偏废。约可每年节省银十余万两，由江南筹防局专款存储，无论何项要需，一概不准动支。积存数年，专备添购新式碰快、雷艇之用。仍俟筹有款项，即行购制铁甲等船。如此变通办理，庶南洋水师得以逐渐扩充，早日成军，与北洋互相策应。惟四蚊船既暂停驶，专赖六船以为巡防之用，南洋江海口岸既多，六船人数又经酌减，所有北洋三年校阅之期，应仍令六船北来一律备操；其每年调归北洋会操之处，拟请暂行停止，俟数年后得以添制数船，再行规复旧制，照章办理。臣衙门与臣刘坤一往复咨商，意见相同。①

---

① 《奕劻等奏遵议南洋水师拟请变通办理折》，张侠、杨志本、罗澍伟、王苏波、张利民合编：《清末海军史料》（上），海洋出版社1982年版，第81—84页。

这份奏折的起因是光绪十七年（1891年）6月，山东巡抚张曜认为南洋战船不够坚实，奏请将此兵船回收停用，以节约经费另造铁甲坚船。军机处将此奏折转发奕劻处议，于是就有了上述奕劻洋洋洒洒的回应。

在这篇奏折中，奕劻指出：（1）海上作战，自应以船坚炮利为先。（2）南洋实江海兼防，非大支水师不足以资分布。故必得有铁甲以领其军。（3）水师人才奇缺，"将领必须夙所谙习，弁勇全在勤加操练，方能衽席风涛，克敌致果"。（4）南洋与北洋遥为呼应，南洋战船与水师未可轻裁。

从上述观点看，对于晚清海军建设，奕劻并非一无所知。他主张南、北洋海军并重的思路无疑弥补了当时清廷只重视北洋海军发展的缺陷。可以肯定，洋务运动时期中国海军舰队的建设之所以进行得比较顺利，与奕劻的大力保护和支持有着一定的关系。

四、移款修园之污点

在海军衙门任职时，光绪十二年（1886年）7月4日与11月15日，奕劻等曾为讨慈禧太后欢心，先后将海军建设经费一百余万两挪至"三海"、颐和园等工程。此后"颐和园自开工以来，每岁暂由海军经费内腾挪三十万拨给工程处应用，复将各省督、抚认筹海军巨款二百六十万陆续解津发存生息，所得息银专归工用"。奕劻对此在奏折中讲："伏查臣衙门就岁入之款而论，每年拨发南北洋、东三省及各项杂支，无事之秋尚虞不敷。况海军初创，布置一切，用度实繁，幸赖海防新捐稍资补苴。唯每年拨工之款，原属无多，各省认筹银两亦非一时所能解齐，钦工紧要，需款益急，思维至再，只有腾挪新捐暂作权宜之计。所有工程用款即由新海防捐输项下暂行挪垫，一俟津存生息集有成数，陆续提解臣衙门分别归款。如此一转移间，庶于垫款有着，而要工亦无延宕之虞。谨附片陈明。"① 这明确说明，为修建"三海"及颐和园，海防经费确实被大肆挪用。

"三海"位于紫禁城西侧，由南海、中海和北海三个著名的湖泊组成。工程浩大，平均每天进入工地的工匠就有四五千人，最多时达到一万人，每年仅用工费就需要 100 万至 150 万两白银，再加上各种备料物资，开支数额庞大。为解决工程的经费困难，便从海军经费中挪用。近年有学者通过对内务府档案中有关"三海"工程账目支出的各类款项进行综合分析，认为"三海"大修的工程费用总额在 600 万两左右。从光绪十一年至二十一年（1885 年至 1895 年），10 年间共计挪用海军经费四百三十多万两，平均每年挪用四十多万两。另据学者近年来对清宫档案的研究，认为所挪用的款项后来都由指定专款予以归还。虽然这些款项只是挪借，后来如数归还，但终究是拆了东墙补西墙，受损失的依然是海军建设。

颐和园的前身是清漪园，始建于乾隆十五年（1750 年），是乾隆为其生母孝圣宪皇后六旬庆典而兴建的，也是专门供帝后闲暇时游玩的场所。咸丰十年（1860 年），英法联军攻占北京，颐和园被纵火焚烧成为一片废墟。海军衙门成立后，奕譞和奕劻等海军衙门大臣为了使慈禧太后归政后有一个颐养天年的地方，同时也为慈禧太后的六十大寿（1894 年）兴建一处举行庆典的场所，决定修葺清漪园。尽管朝廷内外反对的呼声不断，但他们还是打着"设立昆明湖水师学堂"的名义直接挪用海防经费进行修建。

光绪十二年（1886 年），奕譞奏请恢复昆明湖水操，即设立昆明湖水

---

① 《奕劻等奏以新海防捐款暂垫颐和园工程用款片》，张侠、杨志本、罗澍伟、王苏波、张利民合编：《清末海军史料》（下），海洋出版社 1982 年版，第 685 页。

师学堂，其水操恢复之日，也就是颐和园工程开始之时。颐和园工程挪用的海防经费主要有三个来源：（1）海军衙门每年从海军经费中拨给30万两；（2）海军巨款息银专归颐和园工程使用。海军衙门成立后，海军经费历年拖欠，进出多有不敷，再加上还要给颐和园工程分拨一部分，就更是捉襟见肘。为此，奕譞想出了一个主意，函告李鸿章转商各省督抚设法筹集海防经费，结果各省督抚积极筹集款项，共计260万两，存至北洋。其存储利息，专归修建颐和园之用；（3）挪用海防捐。海防捐始于中法战争期间。光绪十三年（1887年），黄河郑州段决口，改为河工捐。光绪十五年（1889年），因海军衙门筹款紧要，奏准将河工捐改为海防捐。海防捐例规定：外官花翎7000两，京官花翎4000两，蓝翎均减半。晋、豫赈案则四品以下捐银1000两，三品以上捐银1500两准给花翎，捐银五百两准给蓝翎。拟令照晋、豫赈案各加一倍报捐，以照平允。海军衙门为了获取经费，不惜使用卖官鬻爵等手段，但这些经费并没有完全用在海防建设上，而是大量被挪用来修建颐和园。根据历年来关于挪用经费数量争论中的数据估算，修建颐和园挪用海军经费约八百六十万两，总计达一千一百多万两。如果将此款用于购置新舰的话，便可以再增加一支半原有规模的北洋舰队。由此可见，海军衙门为了迎合慈禧太后，不惜动用海防经费，由开始的挪借发展到后来的挪用，直接影响了晚清的海军国防建设[1]。

对于移用海军捐款经费造皇家园林，奕劻心中到底不是十分踏实。胆小谨慎的奕劻，害怕因为此举而影响到海军的建设进程。为此，光绪十五年六月十一日（1889年7月8日），他开始催讨这笔不合理的借款。光绪十五年六月十二日（1889年7月9日），清廷同意奕劻的还款要求，要求

---

[1] 戚海莹著：《北洋海军与晚清海防建设——丁汝昌与北洋海军》，齐鲁书社2012年版，第116、117页。

内务府迅筹解还海军衙门借款谕："军机大臣面奉谕旨：奕劻等奏，请饬内务府归还海军衙门借款等语，著总管内务府大臣即将十三年分欠解银一万两，十四年分应还银八万两，并本年应还之款，一并迅筹解还，勿再延宕。钦此。"①

光绪十五年七月五日（1889年8月1日），总管内务府大臣福锟奏请暂缓时日归还海军衙门借款，并抄原奏交到臣衙门。查原奏内称："光绪十一年十二月，借给臣衙门银四十万两，分作五年归还。嗣经奏明将此项银两拨归奉宸苑工程处应用。随收到臣衙门十二年分还款银八万两，十三年分还款银七万两，是年尚欠还银一万两。其应还十四年分银八万两未据归还。现在奉宸苑工程处需款甚亟，请旨饬令臣衙门即将十三年分欠还银一万两，十四年分应还银八万两，并十五年应还之款一并迅筹解还。等语。臣等查所欠海军衙门十三年分银一万两，十四年分银八万两，并本年应还银八万两，共计银十七万两，亟应遵旨迅速归还，以济工用。无如年来臣衙门库款异常支绌，每遇节年，即须左右腾挪，几有不支之势，是以此项借款未能按年归结。唯有仰恳天恩，俯念拮据情形，展予时日，臣等谨当于万分拮据之中，竭力筹措，陆续归还，以济要工。为此恭折奏闻。谨奏。"②

尽管奕劻害怕影响海军建设，不断催还这笔费用，但北洋海军正常的海防建设毕竟受了影响。北洋海军在中日甲午战争中惨败，与奕劻在此前挪用海军建设公款用于颐和园、"三海"等工程不无关系。在此问题上，奕劻难辞其咎。

① 《着内务府迅筹解还海军衙门借款谕》，张侠、杨志本、罗澍伟、王苏波、张利民合编：《清末海军史料》（下），海洋出版社1982年版，第687页。
② 《总管内务府大臣福锟奏请暂缓时日归还海军衙门借款折》，张侠、杨志本、罗澍伟、王苏波、张利民合编：《清末海军史料》（下），海洋出版社1982年版，第687—688页。

五、清末海军重建中的角色

从 1894 年至 1911 年，前后 17 年，为清末海军的重建时期。在甲午战争中，作为清朝海军主力的北洋舰队，全军覆没。步履维艰的中国海防建设，从此陷入了更加艰难的窘境。由于财政竭蹶，军费难筹，将才严重缺乏，加上高层统治集团内部的分歧与权力争斗的内耗，甲午战争后的十余年里，清政府虽然冀图在海防建设上有所建树，但步履蹒跚，成效不大。

甲午战争后，以 1897 年底德国在沙俄的怂恿和支持下强占胶州湾为起点，各国列强掀起了企图瓜分中国的狂潮。在这个狂潮中，德国强租胶州湾，法国强租广州湾，沙俄强租旅顺、大连，英国则强租威海卫，又强租九龙半岛、香港附近各岛屿以及大鹏、深圳二湾；划分势力范围方面，英国紧紧地控制着长江流域，沙俄积极地把它的"魔爪"伸向东北、新疆、西藏，法国控制了云南和两广，德国控制了山东，日本控制了福建。美国则由于其在远东力量不足，没有取得自己的势力范围，于是就提出了一个所谓"门户开放、利益均沾、机会均等"的谋取权益的侵略办法，这无疑都对中国构成了致命威胁。列强对华侵略活动的加剧，必然使清朝统治者重新认识海防并对此高度重视。然而，由于统治阵营中反对派力量强大，清末海军重建工作举步维艰。甲午战败、北洋海军覆没以后，大多数官僚对重建海军、再建海防长城已经失去了信心和勇气。"说者谓：'海军设立之时，心有所恃，致招外侮之来。今既片艘无存，不如自安孱弱，静以待时，若再玩肉补疮，造船购炮，将见国用日至于不支，而军事未必有起色。欲御侮而适以召侮，殊非万全之计'。"① 这种论调，在当时朝野上下，大有市场。两江总督刘坤一，原本是一位著名的洋务领袖，但此时对海军重建的意见却是"从缓设复"。他认为："今南北洋无人堪为水师提镇，即使借款购制铁甲等船，也徒以资敌。"② 他不同意重建海军的理由无非有二：（1）巨款难筹；（2）缺乏海军将才。清末重臣王文韶对海军的重建意见也是"用现有之财力，需以岁月，逐渐经营，不事铺张，不求速效，无论得尺得寸，总期实事求是"。③ 刘坤一、王文韶等人的主张，代表了当时朝内外大多数官员对海军重建的倾向。虽然他们看到了重建海军的必要性，但更顾及当时筹款、选将等实际困难。这部分官员人数众多，可以将他们归为务实派或者保守派的行列。种种情况表明，鉴于北洋海军在战争中令人失望的表现与战后财政的竭蹶状况，统治集团中大多数官僚都对重建海军持否定态度，这预示着清末海军重建工作必然是举步维艰，不可能再有洋务运动时期建立北洋海军时的那种恢宏与发达气象。

清末海军重建，大致分为以下三个阶段：

第一阶段，是从甲午战争后到庚子事变，即 1895—1901 年。这一时期内又分两段：1895 至 1898 年，朝野上下意见分歧较大，为探索争议时期；而 1898 至 1901 年为海军重建的初步阶段。

1895 年 3 月 12 日，甲午战争结束不久，清政府就发布上谕，撤销了海军衙门与北洋水师的编制。在这种情况下，海防建设面临的首要问题就是是否还需要重建海军。《马关条约》签订以后，舆论哗然，社会各阶层纷纷探寻救亡之道。1895 年 7 月，清政府将中外臣工所陈时务，归纳成 14

---

① 郑观应：《海防下》，夏东元编：《郑观应集·盛世危言》（下），中华书局 2013 年版，第 534 页。
② 刘坤一著：《刘坤一遗集》（第 24 卷），奏疏，中华书局 1959 年版，第 39 页。
③ 《王文韶奏统筹北洋海防冀渐扩充折》，张侠、杨志本、罗澍伟、王苏波、张利民合编：《清末海军史料》（上），海洋出版社 1982 年版，第 89 页。

条，下谕征求各省督抚意见，其中第 9 条即是关于"整海军"的问题，这表明清政府尚有重建海军的意向。然而，在 19 名疆臣的复奏中，或公开反对，或不表赞同，完全同意重建海军者只有 4 人。[①]

正当清政府内部为筹议重建海军而举棋不定之际，1897 至 1898 年，各国列强掀起了瓜分中国的狂潮。面对国防危机十分严重的现实，光绪二十四年（1898 年）7 月 29 日，清政府发布上谕："国家讲求武备，非添设海军，筹造兵轮，无以为自强之计。"[②]清末海军重建工作在徘徊了两年后，再次被提上议事日程。为此，清廷在《着南北洋大臣及沿海将军督抚筹办水师学堂谕》中再三强调："中国创建水师，历有年所。惟是制胜之道，首在得人。欲求堪任将领之才，必以学堂为根本。应如何增设学额，添制练船，讲求驾驶，谙习风涛，以备异日增购战船，可期统带得力。着南、北洋大臣，沿江沿海各将军、督抚，一体实力筹办，妥议具奏。"[③]1899 年，清政府授叶祖珪为北洋水师统领，萨镇冰为帮统，重新建立海军衙门。海军统领衙门设于天津紫竹林。萨镇冰帮统兼"海圻"舰管带，常驻舰上。清政府对此曾专门发布上谕："此次购置各船，为规复海军之始基，亟须参酌原定章程，痛除积弊，重整规模。著裕禄督饬叶祖珪等申明赏罚，认真整顿，在北洋海面择地切实操练，于一切驾驶、演放等法，务臻纯熟，以备海战之用，勿得徒饰外观，虚糜饷项。倘仍蹈从前旧习，敷衍具文，一经觉察，定即从严惩处。"[④]

---

① 张一文著：《晚清军事纵横谈》，军事科学出版社 2013 年版，第 324 页。
② 《着各该省将军督抚如数解拨闽厂经费谕》，张侠、杨志本、罗澍伟、王苏波、张利民合编：《清末海军史料》，海洋出版社 1982 年版，第 662 页。
③ 《着南北洋大臣及沿海将军督抚筹办水师学堂谕》，张侠、杨志本、罗澍伟、王苏波、张利民合编：《清末海军史料》，海洋出版社 1982 年版，第 411 页。
④ 《着裕禄督饬叶祖珪等认真整训新购各舰员弁谕》，张侠、杨志本、罗澍伟、王苏波、张利民合编：《清末海军史料》，海洋出版社 1982 年版，第 413 页。

第二阶段，是从庚子事变到五大臣出洋考察，即 1901 至 1905 年。

列强掀起瓜分中国狂潮不久，又发生了八国联军侵华战争事件。在庚子之役中，驻守大沽口的"海龙""海清""海华""海犀"4 艘鱼雷艇被英军白白地掳走，并与法、德等国共同无偿瓜分。旗舰"海容"则被联军扣留。俄军公然将停泊在大沽船坞内的"飞鹰""飞霆"2 艘驱逐舰的机件拆卸运走。刚刚开始重建的中国海军再次遭遇沉重打击，陷入停顿之中。光绪二十七年（1901 年）辛丑议和时，清政府中竟有人提出将剩下的"天""圻""容""筹""琛"5 艘巡洋舰退还英、德两国，以"表示中国无对外备战态度"。[1] 由于萨镇冰、叶祖珪等海军将领向清政府力争，此议"始寝"。[2] 此议虽未准奏，但反映出相当一部分朝臣对重建海军完全失去了信心。这样，庚子议和后相当长的一段时间内，重建海军的呼声再次沉寂。此后，清政府忙于清末新政的建设之中，无暇顾及海防事务，清末海军的重建工作完全停顿了下来，直到 1905 年才借预备立宪之势重新出现转机。

第三阶段，是从五大臣出洋考察到辛亥革命，即 1905 到 1911 年，为清末海军复兴时期。

光绪三十一年（1905 年）1 月，两江总督周馥会同北洋大臣袁世凯上折，奏请将南北洋海军"合队"，"归一将统率"。在此折中，明确提出了分两步发展海军的方案：第一步，先统一南北洋海军，定"一军两镇之制"；第二步，"将来扩充办理"。[3] 光绪三十二年（1906 年）10 月，清政府接受五大臣出洋考察后的建议，在"预备立宪"潮流的推动下，仿照西方国家

[1] 《海军史实几则》，张侠、杨志本、罗澍伟、王苏波、张利民合编：《清末海军史料》，海洋出版社 1982 年版，第 851 页。

[2] 《萨镇冰传》，张侠、杨志本、罗澍伟、王苏波、张利民合编：《清末海军史料》，海洋出版社 1982 年版，第 596 页。

[3] 《两江总督周馥奏南北洋海军联合派员统率折》，张侠、杨志本、罗澍伟、王苏波、张利民合编：《清末海军史料》，海洋出版社 1982 年版，第 90 页。

体制，进行官制改革，改兵部为陆军部。同年，奕劻受慈禧太后委托，出任陆军部大臣。根据管制改革方案，在海军部未成立前，海军重建仍归陆军部办理，如此，海军重大事务当然离不开奕劻的决策。

在奕劻等人授意下，光绪三十三年（1907年）5月，练兵处提调姚锡光奉命起草海军发展规划，按"急就"和"分年"的思路草拟了三个方案。值得注意的是，其"分年"的第二方案，是计划在12年内，分四期以7400万两购备新舰30艘。其中包括12000吨级一等战斗舰2艘、8000吨级二等战斗舰2艘、7000吨级三等战斗舰2艘、6000吨级一等装甲巡洋舰4艘等，加上原来已有之新旧舰艇，共可达到47艘，计12万吨。并以2200万两为军港、船厂、船坞等修建之经费，2400万两为军员分途造育之经费。合计兴办经费为12000万两①。但此项"十二年计划"议案，因为经费难筹等种种因素，最终没有通过。

宣统元年（1909年）初，清廷重提振兴海陆军之议。正月，肃亲王善耆上奏，称"近年东西各国如日美、如巴西、如英、如法、如意、如德均年增舰队而航驶我国海面者尤相属于道，若英、若法更有所谓常驻中国舰队巡驶于我国领海，由此观之，我新练之陆军即与东西各国并驾齐驱亦难自固我圉，良以我国海岸自奉直以达闽广，延亘几一万余里，若无海军以资控驭，则联络之策应不灵，饷械之转输不便，设遇要挟，非但海上财产尽在敌人权力之下，即设防自守，亦有顾此失彼之虞"，请求"将海军事宜特简大臣综理其事，虽不必遽设专部，但责令该处切实筹办，举凡费用之如何集合，人才之如何搜集，官兵之如何教育，船舰之如何编制，厂坞之如何改良，根据地点之如何分配，海上法规之如何妥定，均应详为布置，

---

① 姚锡光：《拟兴办海军经费一万二千万两作十二年计划说帖》，张侠、杨志本、罗澍伟、王苏波、张利民合编：《清末海军史料》，海洋出版社1982年版，第817—824页。

俾将来财政稍裕，大治海军之时，不致毫无基础"。[①] 善耆在奏折中提出了兴复海军、"特简大臣综理其事"的目的及必要性。

载沣监国后本就有整顿海军的想法，见到善耆兴复海军的奏折，"夙夜筹划"，"与各枢臣及铁尚书详细妥订历年筹备事宜，预定期限"，大致确定了宣统五年成立第一舰队，宣统八年成立第二舰队的宏伟计划。[②]

宣统元年正月二十九日（1909年2月19日），载沣颁发上谕："谕内阁：肃亲王善耆奏筹办海军基础一折，所奏不为无见。方今整顿海军，实为经国要图，著派肃亲王善耆、镇国公载泽、尚书铁良、提督萨镇冰，按照所陈各节妥慎筹划，先立海军基础；并著庆亲王奕劻随时总核稽察，以昭慎重。俟规模大定，再候谕旨。"[③] 当年五月，载沣任命铁良为陆军大臣，贝勒载洵、提督萨镇冰为筹办海军事务大臣，成立筹办海军事务处，由度支部筹拨开办费七百万两，供海军筹备处使用。陆军部会同海军大臣，奏定筹办海军入手办法，制订海军发展七年规划（1909—1915）。《筹办海军七年分年应办事项》中规定："以七年为限。各洋舰队，均须一律成立。"根据"七年规划"，从第三到第七年"添造各洋头等战舰八只，各等巡洋舰二十余只，各种兵舰十只，水鱼雷艇第一、第二、第三各队；编定北洋舰队、南洋舰队及闽省各洋舰队"。[④]

宣统元年（1909年）清政府兴复海军，奕劻在其中仍然担任着十分重要的"总核稽察"的角色。虽然慈禧太后去世后，载沣从军事权力上不断

① 善耆：《奏为拟请早定海军基础以维时局敬陈管见事》，第一历史档案馆藏，档号 04-01-20-0021-002，缩微号 04-01-20-002-2046。
② 参考"京师近事"，《申报》，宣统元年正月十七日与宣统元年正月二十六日。
③ 第一历史档案馆编：《光绪宣统两朝上谕档》（第三十五册），广西师范大学出版社 1996 年版，第 41 页。
④ 《筹办海军七年分年应办事项》，张侠、杨志本、罗澍伟、王苏波、张利民合编：《清末海军史料》，海洋出版社 1982 年版，第 100 页。

挤兑奕劻，但奕劻毕竟经营多年，树大根深，一时载沣也奈何不了奕劻。在清末海军建设发展史上，奕劻应该占有一席之地。

宣统二年（1910年）十二月初四，载沣下谕："立国之要，海陆两军并重。前因厘定官制，钦奉先朝谕旨，海军部未设以前，暂归陆军部办理。嗣有旨，派载洵、萨镇冰充筹办海军事务大臣。复派载洵等前赴各国考查一切，筹办渐有端绪。兹据载洵等会同宪政编查馆王大臣奏拟订海军部暂行官制大纲。列表呈览一折，详加披阅，尚属周妥，自应设立专部以重责成。所有筹办海军处著改为海军部，设立海军大臣一员，副大臣一员，该大臣等务当悉心规划，实力经营，以副朝廷整军经武之至意。至应设之海军司令部事宜，著暂归海军部兼办。"① 随即，清廷任命载洵为海军大臣，谭学衡为副大臣，萨镇冰为海军统制；载洵等拟定现充海军要职各员官阶职任，并报清廷"分别除授"。② 海军人员官阶职任，均参照陆军奏定三等九级新官名目、品位，自正都统至协军校皆冠以"海军"字样，以示区别。至此，海军部得以成立。

总之，从1885年到1909年，奕劻长期掌管总理衙门、海军衙门及陆军部事务，在晚清海军发展史拥有一席之地；宣统年间，载沣监国摄政，因为两人之间的矛盾，1910年以后，奕劻逐渐被排除在清政府军国大政的决策圈外，很少过问海军事务。但凭借与海军方面实际领导人如萨镇冰等的良好关系，奕劻实际在海军重大事务上仍然发挥着无法替代的作用。

① 《着筹办海军处改为海军部谕》，张侠、杨志本、罗澍伟、王苏波、张利民合编：《清末海军史料》，海洋出版社1982年版，第103页。
② 《载洵等奏请将现充海军要职各员分别除授折》，张侠、杨志本、罗澍伟、王苏波、张利民合编：《清末海军史料》，海洋出版社1982年版，第590页。

第四章
在甲午战争中扮演的角色

　　奕劻是晚清政坛上继恭亲王奕訢之后，皇室宗室中又一位十分重要的政治人物。在中法战争到中日甲午战争前的十年中，奕劻集清政府军政、外交大权于一身，权倾一时。然而，在正史中却很难见到奕劻在中日甲午战争中的身影，各种史籍对他的记述亦少之又少，好像中日甲午战争与他没有一点关系似的。可是，检阅历史，在 1894 年至 1895 年的甲午政局中，奕劻却是当时清政府的总理衙门大臣、海军衙门大臣，把握着清政府的军政、外交大权。因此，奕劻与这场关乎清王朝国运走向的重大事件不可能没有关系。本章将集中探讨这一问题。

一、甲午战前的主和派成员

日本吞并朝鲜和侵略中国的战争计划，远在中法战争前就已经明显地暴露出来。自明治维新以来，日本对远东的侵略野心越来越大：希望一步步征服亚洲，乃至欧洲、大洋洲，从而实现"称霸世界"的帝国梦。19世纪末叶以来，日本与中国在朝鲜问题上展开了激烈的角逐。为了实现吞并朝鲜的野心，1875年9月，日本派军舰闯入汉江口，强占永宗岛；1876年2月，日本强迫朝鲜签订了《江华条约》，开始破坏中国与朝鲜的传统关系；从1877年到1882年，日本加速对朝鲜的渗透，且范围不断扩大；1882年，日本利用壬午兵变，遣兵入朝，同年8月30日，强迫朝鲜签订《济物浦条约》，以保护使馆为名，获得在朝鲜的驻兵权；1884年12月，日本策动甲申事变，但被袁世凯等率领驻朝中国军队粉碎。从1890年开始，日本不断增加军费，加快了对朝鲜与中国发动战争的准备步伐。对于这一切，负责中国外交事务的总理衙门大臣奕劻是清楚的。但中法战争以后，作为清政府的海军衙门大臣，奕劻与醇亲王奕譞一道，将每年的海军国防经费主要用于为慈禧太后修建颐和园的工程。清政府对李鸿章发展国防军事一直持怀疑与不支持的态度。清廷猜忌，户部掣肘，十年以来，中国的国防实力并未取得明显进步，且远远落后于同时期日本的军事发展。这一点，奕劻、李鸿章是清楚的。因此，在中日冲突上，奕劻与李鸿章一样，深知所谓"大清国军事强大""中国拥有亚洲最强的海军"等语，不过都是宣传出来的。在奕劻、李鸿章等人看来，"纸老虎"面孔不能戳破，他们很害怕"箱盖揭开了，谁想到里面原来是空的"①，因而力主用和平手段解决中日两国争端问题。对于这一点，今日看来，并不太出乎意料。

然而，在当时的中国，情形却完全不同。从官场到民间，人们仍然大多固守所谓的"天朝上国"观念，沉浸在盲目自大的心态之中。奕劻、李鸿章等少数明白人虽然了解世界形势，但既不敢得罪官场，也不敢得罪士大夫清流人士。对于真实军情，只能欺上瞒下，能拖就拖，能等则等。

1894 年年初，朝鲜爆发了东学党起义。6 月 1 日，起义军队攻占了全罗道首府全州，建立了自己的政权——执纲所。对于民间这一反政府运动，李氏王朝惊慌失措，请求中国政府出兵"代剿"。当时，直隶总督兼北洋大臣李鸿章总揽朝鲜事务，接到朝鲜国王的请求，决定调直隶提督叶志超率大同镇总兵聂士成督带清军 1500 名赴朝镇压。日本觊觎朝鲜并蓄谋已久，在中国出兵朝鲜后，日本也立即以此为借口，大量出兵朝鲜。至 6 月中旬，入朝日军已达四千余人，是入朝清军的两倍。以此为标志，"中日两国为朝鲜问题关系紧张"起来，"中日战机似已迫近"。②双方开始围绕从朝鲜撤军的问题进行谈判。双方反复交涉，前后历时一个半月。这场交涉，由于日方蓄意扩大事态、强词夺理、节外生枝而毫无进展。可见，日本蓄意挑起战争事端的企图已经十分明显。对此，奕劻、李鸿章等人捉摸不定，既想和平解决争端，但又感到前途无望，寄希望于英、俄等国的干涉与调停。6 月 22 日，在战争危机日益严重的情况下，奕劻通过总理衙门致电李鸿章，商议："倭如添兵未已，我应否多拨以助援，望审筹酌办。"李鸿章认为："我

---

① 中国近代经济史资料丛刊编辑委员会主编：《中国海关与中日战争》，中华书局 1983 年版，第 74 页。

② 中国近代经济史资料丛刊编辑委员会主编：《中国海关与中日战争》，中华书局 1983 年版，第 47 页。

再多调，日亦必添调，将作何收场耶？"①仍不主张增兵朝鲜，想以忍让来避免中日发生战争。但事实是日本并没有因中国的忍让而停止增兵，到7月初，赴朝日军已达上万人。对于日本变本加厉的挑衅，李鸿章抱着求和的想法，奕劻何尝不是如此呢？在对待中日争端问题上，奕劻与李鸿章的思路是一致的，都是力图避免战争，尽力通过外交途径解决争端。当时的起居注官文廷式对奕劻等人在中日问题上把持朝局、蒙蔽光绪皇帝的行为颇为不满。文廷式称："朝鲜兵事初起时，凡有要电，均由译署、枢廷酌改而后进御，其蒙蔽之术，为古今所罕见。""凡督、抚条陈电达总署者，总署或奏、或不奏、或改易字句而后奏，悉由王大臣一二人主之，余虽同事，不敢过问也。"②

由于英、俄两国在中国利益最大，奕劻等首先寄希望于两国能出面调停。6月上旬，奕劻、李鸿章请英驻华公使欧格纳致电英国政府，希望他们劝阻日本进兵，但英外交大臣金伯雷的意见是"英国绝对不愿采取威胁手段"对待日本。③同时，奕劻、李鸿章也向俄国发出了类似的请求。此时，俄国因为在远东有着重要利益，其外交大臣吉尔斯的意见是"我国出面调停将增加我国在远东之势力，而且必须防止英国干预此事的可能"。④为此，俄国向日本提出了撤兵的劝告，但日本婉言拒绝，并向驻日俄使希特罗握保证"除非中国直接挑衅，日本在任何情况下不首先采取军事行动"。希特罗握据此认为："看起来谁也不要战争，即使没有第三方面的调停，战争或者也可以避免。"并且他"根据许多迹象来观测，若干其他强国倒很乐于见到我们牵连到远东问题中去"，"英国显然正在等待时机，而一旦我国以任

---

① 顾廷龙、叶亚廉编：《李鸿章全集·电稿二》，上海人民出版社1985版，第718页。
② 汪叔子等编：《文廷式集》，中华书局1993年版，第726页。
③ 张蓉初译：《红档杂志有关中国交涉史料选译》，上海三联书店1957年版，第20页。
④ 张蓉初译：《红档杂志有关中国交涉史料选译》，上海三联书店1957年版，第16页。

何方式表示援助中国时，英国很可能站在日本一边"。① 俄国政府显然听信了希特罗握的意见。1894 年 7 月 7 日，俄国外交大臣吉尔斯给俄驻华公使喀西尼发报，告诉他俄国不应"卷入朝鲜的纠纷，无论如何，帝国政府所遵循的目标是：不为敌对双方任何一国的一面之词所乘"，并解释说："由于我方的非正式调解，我们可能一反我们的本意，很容易站在中国和狡猾的直隶总督的一边，而与日本公开为敌。"7 月 9 日，喀西尼转告奕劻、李鸿章"朝鲜事明系日本无理，然而俄国只能以友谊劝告日撤兵，未使用兵力强勒，至于朝鲜内政应改革与否，俄亦不愿予闻云"，乍闻之下，奕劻、李鸿章等人十分失望，除了指责俄国"语意前后不符"外，② 仍不放弃用和平手段解决危机的思路。

对于清政府寄希望于俄国出面调停这件事情，7 月 8 日，赫德在给金登干的函信中这样说道："中日局势严重，已接近战争边缘……我们现正设法使中日问题不经正式外交调停，自己谈判解决，这对所有的关系方面都是最稳妥的办法。俄国公使逗留天津，阴谋在那里召开会议，如果成为事实，喀西尼又可获得一次胜利，而中国呢，它可能又被人撮弄一番，并且还须付给撮弄者一笔代价。"③

在中日争端问题上，对清政府的调停请求，英国起初的态度是不干涉。但随着俄使同清政府的不断接触，英国害怕俄国趁机捞到好处，危害自己在华利益，因而态度发生了转变，同意清政府的请求，向日本政府发出了调停照会。但日本已决心对中国一战，同时了解到"英国政府只怕东亚和平遭到破坏，仅热心于尽力调解而已，若不听从自己的主张，并无使用武

---

① 张蓉初译：《红档杂志有关中国交涉史料选译》，上海三联书店 1957 年版，第 17—18 页。
② 顾廷龙、叶亚廉编：《李鸿章全集·电稿二》，上海人民出版社 1985 版，第 744—755 页。
③ 中国近代经济史资料丛刊编辑委员会主编：《中国海关与中日战争》，中华书局 1983 年版，第 48 页。

力干涉的决心",从而拒绝了英国的调停。为了避免英国的干涉,日本在《日英通商航海条约》的修约谈判中作了诸多让步,英国态度随之发生变化。7月22日,英国在发给日本的照会称:"上海是英国在华利益的中心,因此当日后中日两国开战时,希望日本同意不在该港及其附近作战。"[1] 这实际上就等于明确告诉日本,只要日本不损害英国在中国长江流域的利益,英国就不反对日本发动侵略朝鲜与中国的战争。

在向英、俄发出调停请求的同时,奕劻、李鸿章等人也向其他列强寻求过帮助。对于奕劻等人的调停请求,美国政府只是敷衍性地于1894年7月9日对日本提出所谓"友谊的劝告";德、法两国表面上也曾对日本提出"劝告",但两国驻日公使都向日本外交大臣陆奥表示:"欲使中国觉醒古来迷梦,绝不可不加以打击。"[2] 这样,奕劻、李鸿章等人企图以外交途径来化解战争危机的努力只能以失败而告终。

1894年7月15日,赫德在给金登干的信函中对中国这种"以夷制夷"的老套路进行了讽刺与总结。赫德说:"局势毫无进展,总理衙门对外国调停过度信任,并且总认为日本愿意谈判,因此造成僵局。总理衙门坚持先撤兵后谈判,日本坚持先谈判后撤兵。日本大军已涌入朝鲜,增强了他们的地位,并强迫朝鲜国王独立,改革内政,手段高强,但是很霸道。中国方面正集结军力,到现在才晓得自己武备不修,不足以应付当前局面,而暗自吃惊着急。日本大概打算久据朝鲜,以逸待劳,那么中国只有以武力去驱逐它了。日本可以立刻调集六万久经训练的精锐队伍参加作战。而中国至多可得三万左右训练未精的队伍,另跟着十多万所谓'勇'——这伙人只会抢,一旦听见枪声就要溃散的。各国正劝诱日本撤退军队开始谈判,

---

① 戚其章主编:《中日战争》(第7册),中华书局1996年版,第153页。
② 龚德柏著:《日本侵略中国外交秘史》,商务印书馆1944年版,第39页。

但日本现在自负必胜，口头上对各国的调停连声感谢，而行动上毫不理睬，大有宁可一战决不屈从人意的气势。俄国人在天津挑逗了一番，过了两星期忽然又推卸了，李鸿章讨了老大一场无趣，同时把总理衙门期待甚殷的办法——在北京开谈判，也搅垮了。俄国已在朝鲜边境增兵，在海参崴集中舰队，等着'梨子熟了落在手里'，好捡便宜。如果各国不能迫使日本先撤兵后谈判，中国只有作战或自认失败。中国如能发挥持久的力量，在三四年内可以取胜，但我恐怕它稍受挫败即将屈服，而接受日本条件，赔款了事。所有国家均向中国表示同情，并说日本这样破坏和平是不对的，但是它们也说，日本要求朝鲜改革内政，这件事十分必要。换句话说，它们反对日本的方法，赞成它的目的，它们所以同情中国，只是因为战争会使它们自己受到损失而已。日本驻北京代办上星期五觐见皇帝，答谢庆贺日皇银婚，但觐见后立刻照会总理衙门说，中国应负朝鲜一切事变的后果。继续谈判正恐大非易事哩！"[①]

种种事实说明，奕劻、李鸿章在中日战争一触即发的关键时刻仍然寄希望于列强的调停和干涉，希望不战而胜的办法是行不通的。作为中国政府的外交负责人与军政当事者，奕劻、李鸿章深知清军的腐败衰弱，明知当时中国的军事能力不可战、不能战，但面临日本一定要东扩的现实，这种一味退让也不是解决的办法。日本欲借朝鲜问题称霸东亚；中国方面，光绪帝也想通过对日一战振奋人心，双方互不相让的结果，便导致了两国烽火连天的军事交锋。

---

① 中国近代经济史资料丛刊编辑委员会主编：《中国海关与中日战争》，中华书局1983年版，第49页。

二、中日开战后的战和不定论者

　　面对日本的不断挑衅，在翁同龢、志锐、文廷式等人不断鼓噪的主战声中，光绪二十年（1894 年）7 月 2 日，年轻的光绪皇帝发出密谕："南洋各海口均关紧要，台湾孤悬海外，倭兵曾至番境，尤所垂涎，并着密电各督抚，不动声色，豫为筹备，勿稍大意。"[①] 这表明，光绪皇帝已感到战争的威胁，并着手进行战备工作。但是，对于这场战争的艰难以及中国的军事实力，光绪皇帝估计得并不充分。他认为主动权在中国方面，如果开战，中国必胜，这可以从中日开战后，他致李鸿章的谕令中得到证明。他说："俄有动兵逐日之意，此非我所能阻，然亦不可联彼为援，致他日藉词要索。总需先由我兵攻剿得胜，则俄难派兵续出，亦落我后。着李鸿章饬催水陆诸将，奋速图功，慎毋虚盼强援，转疏本计。"[②] 显然，对于日本蓄谋已久企图发动的这场战争，光绪皇帝并不完全知晓全局。此时，叶志超对赴朝清军的下一步行动提出建议：如战，则速派水陆大军入朝；如和，则派轮船将在朝中国军队全部撤回国内。7 月 14 日，清廷复电："所筹派轮赴牙（山）将我军撤回一节，彼顿兵不动，我先行撤退，既先示弱，且将来进剿徒劳往返，殊属非计。现在和商之议，迄无成说，恐大举致讨，即在指顾。著李鸿章体察情形，如牙（山）地势不宜，即传谕叶志超先择要（进）退两便之地，扼要移扎，以期迅赴戎机，毋致延误。"[③] 这道上谕表明了光绪皇

---

① 顾廷龙、叶亚廉编：《李鸿章全集·电稿二》，上海人民出版社 1985 版，第 799 页。

② ［清］朱寿朋编纂：《光绪朝东华录》（三），中华书局 1958 年版，第 3447 页。

③ 顾廷龙、叶亚廉编：《李鸿章全集·电稿二》，上海人民出版社 1985 版，第 773 页。

帝积极备战的态度。在这种情况下，长袖善舞的奕劻由主和转为不积极表明自己的态度，顺便把责任推给了主战派。在上谕颁布的第二天，奕劻即面奏："朝鲜之事，关系重大，亟须集思广益，请简派老成练达之大臣数员会商"①，自请打破自己总理衙门少数人参议的局面。光绪皇帝采纳了他的意见，派翁同龢、李鸿藻与军机大臣、总理各国事务大臣会同商议中日战和问题。从翁同龢日记中的记述可见，此后谕旨中所派的大臣们（含翁同龢、李鸿藻、奕劻及军机大臣和总理衙门的其他大臣），自六月十四日（7月16日）起便一同聚集研究前线发来电报、奏折，商议解决的方案。

然而，经奕劻提议，光绪皇帝批准的群臣集议对"战"还是"和"仍是模棱两可、议无所决。以翁同龢为首的一派以日兵驻朝日久和议未成为由，主张速筹战事，力主加强战备，使"彼有所惮，不敢猝发"，②主张对日开战；以奕劻为首的练达老成的大臣则建议"各军迅速前进，暂以护商为名，不明言与倭失和，藉观动静"。其理由是因为当时"各国皆愿调停，英人尤为着力"。"此时大兵既与相持，彼如仍请派员与议，亦不必催令撤兵，所请如有不妥，我可议驳，傥有裨政务，亦可饬行，既收保护利权，亦不失上国体制。届时再当请旨遵行，傥仍要求必不可行之事，或竟先逞凶锋，则惟大张挞伐，各国当亦晓然共谕矣。"③奕劻等人的建议确实有点模棱两可。一方面他们秉承光绪皇帝意思，称"不必催令撤兵"，另一方面又称"不明言与倭失和"，其主张虽然没有明言主和，实际是不同意与日开战，寄希望于列强的调解。

六月十四日（7月16日），光绪皇帝谕令军机大臣，电寄李鸿章"朝廷一意主战"，明确表明了清廷主战的态度。由此可见，奕劻等人所主张

① 陈义杰编：《翁同龢日记》，中华书局1989年版，第2708页。
② 《礼部右侍郎志锐奏倭人谋占朝鲜事机危急请速决大计折》，中国史学会主编：中国近代史资料丛刊《中日战争》（三），上海人民出版社2000年版，第1169页。
③ 《德宗景皇帝实录》卷342。

的"不明言失和，藉观动静"之策并没有被光绪皇帝采纳。在这种情况下，六月十六日（7月18日），奕劻附和会议诸臣的决议，决定"速筹战事"。① 此后，在日军坚持不撤兵的情况下，奕劻态度有所转变，积极配合清廷的决策，开始认真筹措战备，这从赫德在 1894 年 7 月 18 日与 7 月 26 日致金登干的电报中有关赫德根据奕劻的授权，积极为中国购买军舰及其他军事装备事宜的部分，可以得到佐证。②

1894 年 7 月 25 日清晨，清廷租用英籍船只"高升"号运送士兵，在牙山海面被日军伏击。这个消息传到北京后，清廷并没有立即宣战。因为"高升"号的特殊性，清廷对日本尚未宣战便袭击一事，暂持观望态度，以等待英国的回应，冀望英国出面干涉。赫德在 7 月 27 日致金登干的信函中说："我们对于日人攻击运兵船的肆无忌惮行为，不禁为之一怔。另外'高升'号也引起一个特别问题，它是英国籍的船，由中国政府租用，英国领事馆和公使馆均曾同意，现在中日尚未正式宣战，日本的行为如何评判？'高升'号事应由谁出面交涉，中国还是英国？英国可以说，这船既然是中国租的，应当是中国的事。但中国也可以说，因为它是英国船，才将军队交它运输，现在把我们的军队运到哪里去了？如果英国觉得被迫非提出交涉不可，就可使中国处于较有利的地位。中国三五日内大概不会有什么举动，它正等着看英国究竟怎么办，同时也在等着看英、俄、德各国（法国已表示站在一旁不管）是否能劝说或强制日本放弃战争姿态，如果三五天内没有结果，它只好独自行动了。"③ 奕劻即赫德所认为的持这种观望态度的

---

① 《德宗景皇帝实录》卷 343。
② 中国第二历史档案馆、中国社会科学院近代史研究所合编：《中国海关密档：赫德、金登干函电汇编（1874—1907）》（第 8 册），中华书局 1990 年版，第 748、750、768 页。
③ 中国近代经济史资料丛刊编辑委员会主编：《中国海关与中日战争》，中华书局 1983 年版，第 50 页。

主要支持者之一。1894年7月27日，翁同龢"初拟见枢廷今日必宣战及布告各国"，但是奕劻告之"所闻不尔"①。清廷对"高升"号事件的处理也的确如赫德所预料的，面对日本无理挑起战争，英国为了自己在远东的利益唯恐避之不及，哪里还会出面帮助中国呢？看到英国不会出面干涉，延至七月初一（8月1日），清廷才在绝望中正式对日宣战。

光绪皇帝在宣示中外的谕旨中写道："倭人渝盟肇衅，无理已极，势难再予姑容。着李鸿章严饬派出各军，迅速进剿，厚集雄师，陆续进发，以拯韩民于涂炭。并着沿江沿海各将军督抚及统兵大臣，整饬戎行，遇有倭人轮船入各口，即行迎头痛击，悉数歼除，毋得稍有退缩，致干罪戾。"②这道上谕，可视为清廷对日作战之总方针及总动员令。在这种情况下，奕劻看到光绪皇帝对日作战的决心已定，战端已开，便明确表明自己响应与支持光绪皇帝号召的态度。他于1894年8月21日与9月25日两次奏请要求朝廷派遣自己带兵出关抗倭，但皆未得到光绪皇帝的认可和批准③。光绪皇帝在回复中说："庆亲王奕劻奏请统带劲旅出关往剿一折，具见忠爱勇往之忱，甚属可嘉。唯亲王总理海军兼管各项差使，责任綦重，且夙夜在公，趋承左右，未便远赴军营，着毋庸议。"④事实上，慈禧太后与光绪皇帝也知道用兵打仗并非奕劻所长，不可能将他放在前线。且慈禧与光绪之间的沟通，也确实需要奕劻这样持重听话的人物。奕劻亦明知光绪皇帝不会同意他统兵出关的奏请，但此举意在表明自己拥护作战的态度，属于非做不可的一个姿态。

然而，虽然已经对日宣战，中日两国已经进入战争状态，但光绪皇帝对中国在这场战争中能否取胜并无把握。久居京师的英国人赫德长期搜集中国情报,他对中国卷入这场战争持悲观态度。根据他的观察,他认为:中国"对于战争毫无准备,实在令人可惊。李鸿章的舰队、要塞、枪炮和人力虽然曾经吹嘘得很厉害,但是证明远非一般所期待的那样。当前的难题是军火,南洋舰队每一门炮只有二十五发炮弹,北洋舰队呢,克虏伯炮有药无弹,阿姆斯特朗炮有弹无药!汉纳根已受命办理北洋防务催办弹药,天津兵工厂于十日前就已收到他所发的赶造子弹命令,但迄今仍一无举动!他想要凑集够打几个钟头的炮弹,以备作一次海战,在海上拼一下,迄今无法到手,最糟的是恐怕他永远没有到手的希望了!琅威理走后,中国人自己把海军搞得一团糟。琅威理在中国的时候,中国人也没有能好好地用他。现在牛奶已经泼翻了,我们必须重新安排罐子,不幸的是这头乳牛却还在那儿乱踢呢!"① 赫德还指出:"中国在战场上有无数士兵,但是真正受过训练的没有几个,他们不会运用武器,也没有指挥他们的人才,哪一天领不到饷,他们就要溃散,为了求食而成群劫掠,前途真是不堪设想!"② 不仅如此,赫德还指出:中国军队严重缺乏"军械弹药,这是最可担心的问题,拳头究竟抵不过枪弹,指爪是敌不过刺刀的"。③

果然,1894年9月中旬,清陆军在平壤战败,北洋舰队也在黄海海战中失利。9月23日,赫德在给金登干的信函中说:"中国陆军全败,17日海战双方胜负相当,中国沉毁四舰,余受重创。"④ 这标志着中日双方在朝鲜

---

① 中国近代经济史资料丛刊编辑委员会主编:《中国海关与中日战争》,中华书局1983年版,第55页。
② 中国近代经济史资料丛刊编辑委员会主编:《中国海关与中日战争》,中华书局1983年版,第83页。
③ 中国近代经济史资料丛刊编辑委员会主编:《中国海关与中日战争》,中华书局1983年版,第56页。
④ 中国近代经济史资料丛刊编辑委员会主编:《中国海关与中日战争》,中华书局1983年版,第57页。

战事的基本结束，战场将移向中国本土。直到此时，清廷才意识到局势的严峻。

9月27日，慈禧太后破例和光绪皇帝一同在中南海颐年殿召见户部尚书翁同龢与礼部尚书李鸿藻，其间议决三事：（1）在军事上，批准翁同龢的建议，调湖南巡抚吴大澂统率湘军出山海关对日作战。这表明，清廷对李鸿章的淮军已失去信心，开始起用湘军；（2）在人事上，决定重新起用已被罢黜十年之久的恭亲王奕䜣，令其重新管理总理衙门、添派总理海军、会同办理军务。这说明，慈禧太后对奕劻在战时所起作用不满，决定重用奕䜣，取代奕劻在清政府中的外交与军事地位，以期能出现新的气象；（3）慈禧太后派翁同龢到天津，要李鸿章寻求俄国驻华公使喀西尼出面调停中日战事[①]。

慈禧太后由台后走到台前一事表明，清廷中枢对日作战已经丧失了信心，准备通过外交途径谋求和局。主和派又开始占了上风。以此为标志，奕劻开始辅佐奕䜣，为贯彻慈禧的求和之意而多方奔走。

10月2日，翁同龢到天津秘密会见了李鸿章，传达了慈禧太后的旨意。4日，翁同龢回京复命说，依靠俄国调停无望。5日，奕䜣、奕劻等又致电李鸿章，内称："翁叔平（翁同龢）尚书复命后，于枢直晤谈，具悉一切，刻下战守均不可恃。喀使前约，势须复理。该使前称，数日内来津，可询之。巴参赞（俄驻华参赞巴福禄）如能早日到津，望阁下即与密议，如何妥筹善策，总以无伤国体，暂止兵争，及此敌未入境之先。速筹停战之法。"[②] 然而，这时日军既定的战略目标尚未达到，乃以多方借口拒绝列强的调停，继续大举进攻中国本土，丝毫不停止其侵略的脚步。

① 张一文著：《甲午战争中清廷战略决策评议》，《军事历史》，1994年第5期。
② 顾廷龙、叶亚廉编：《李鸿章全集·电稿三》，上海人民出版社1985年版，第18页。

9月19日，李鸿章根据自己对中日实力的判断，向清廷上了一篇《据实陈奏军情折》，提出："伏愿圣明在上主持大计，不存轻敌之心，责令诸臣，多筹巨饷，多练精兵，内外同心，南北合势，全力专注，持之以久，而不责旦夕之功，庶不堕彼速战求成之诡计。"[①] 这是李鸿章分析对比中日双方的国情和军力，经过深入思考而提出的关于战胜日军的总设想、总方针，内容涉及军事、政治、经济、思想等方面，其中包含难能可贵的"持久战"思想。不过，这在当时一心求和、无心作战的清廷，是根本不可能采纳的。在该奏折中，李鸿章还就当前对日作战的战略方针提出了自己的主张。他说："就目前事势而论，唯有严防渤海以固京畿之藩篱，力保沈阳以固东省之根本，然后厚集兵力，再图大举，以为规复朝鲜之地。"李鸿章的以上主张，虽然未见清廷给予明确的肯定，但在事实上大体合乎清廷的意图，故对此后的战局有着重要影响。不过，这个主张本身也存在着明显的不足。京畿是清廷的统治中枢所在，当然要保卫；而沈阳又是清王朝祖宗的陵寝所在，李鸿章出于照顾清廷的感情，也要保卫。这样一来，就出现了两个保卫中心，兵力和注意力无形中就被分散于两地。实行的结果就是，"严防渤海以固京畿之藩篱"这件头等大事反被忽略了。为了增防鸭绿江前线，清廷一再将旅顺驻军抽往增防，甚至将守将宋庆也调往前线。后来旅顺告急，清廷又将驻防烟台的章高元部八营调出，使山东半岛的兵力更加空虚，"严防渤海"由此成了一句泛泛而谈的空话。旅顺、威海相继失陷，北洋海军的最终覆灭，都与这一短视的战略指导思想有关。

既然清廷不采纳李鸿章的"持久战"战略，以此来消耗日军实力、最终战胜日本，就只能寄希望于通过列强的调停来解决问题了。

---

① 《李文忠公全集·奏稿》第七十八卷，第62页。

9月29日，慈禧太后重新起用恭亲王奕䜣掌管总理衙门外交事务并负责战时军务。

10月伊始，奕䜣复出后立刻出面，请求英国出面联合各国共同调停中日战争。由恭亲王、庆亲王亲自出面邀请赫德到总理衙门。经过与总理衙门诸大臣反复磋商，5日至7日，赫德利用自己的特殊身份，向英国当局发了多封电文汇报，代表中国政府请求英国政府出面调停。主要内容如下：

（1）说明"公使现不在京，无人磋商"的情况；（2）请查朝鲜对外条约汇编，明确朝鲜的地位；（3）言明与日本的争执源于宗藩问题；（4）表明清政府有"立即结束事端"的意向；（5）提出"清政府在一定情况下可放弃宗主权"；（6）清政府请英政府按以上办法出面斡旋；（7）要考虑到日本有拒绝的可能，应予支持该建议；（8）力争达到邀请有约各国参加；（9）最好立即行动；（10）说明电报已有行动的全权，不影响英国公使回来接办；（11）询问英国政府着手意愿；（12）说明中俄联盟之议性质，在于个人而非官方；（13）希望最好是英国答应出面领衔，有利于调停进行；（14）说明清政府或有可能在中国推行种种改革；（15）明确与日本单独谈判的难点；（16）说明与恭亲王、庆亲王的会谈结果，分析各国态度，希望英政府提供适当的条约草案。

7日，赫德继续向英国政府去电汇报总理衙门情况，乞求得到英国政府的支持。但各国之间出于不同的利益考虑，相互推诿，表面上看似在积极奔走，实际上仍是采取观望态度。英国的调停最后无疾而终。

很快，日军越过鸭绿江，将战火燃烧到中国东北。不久，辽阳、大连、旅顺相继失守，清政府陷入战和两难的尴尬境地。1894年11月4日，赫德在致金登干的电报中说："最近十天来有规律地拉锯，早晨高谈大举备战，晚上又怯懦地准备作一切让步。让他们（指清政府）自己去搞，来春大概可以见到日本建立的王朝了。可是总理衙门昨天又一次请求调停，并倾向于认为法国将设法做出安排，能使中日两国都满意。"①

1894年11月22日，恭亲王和庆亲王两人觐见慈禧太后，因为在前一日，美使田贝到总理衙门自称奉其国电为中日调停。田贝希望得到一份书面保证，称清朝皇帝和美国总统同派田贝调停中日矛盾，"以朝鲜为自主，并赔偿兵费，议定再定数日，先令停战，若议不成，仍开战"。② 十一月初七（12月3日），恭亲王、庆亲王、孙毓汶、敬信、张荫桓等人在总理衙门，共同接见会晤美国公使田贝，商量调停事宜。③ 对于美国公使田贝调停一事，12月9日，赫德致函金登干，说"田贝的调停已近于完全失败"。④11月29日，伦敦方面电告赫德："日本已拒绝美国调停，只肯同中国政府直接谈判。"⑤ 清政府满心指望列强调停的"以夷制夷"政策至此彻底陷于破产。

田贝的调停失败后，虽然一些官僚、士大夫仍然高喊"作战到底"⑥，但清政府已经没有办法再与日本周旋下去了。1895年2月17日，威海陷落；3月，辽东半岛全部沦于敌手。奕䜣、奕劻被迫答应日本初步提出的议和条件，"派总理衙门大臣兼户部左侍郎新署湘抚张荫桓、台湾巡抚邵友濂

① 中国第二历史档案馆、中国社会科学院近代史研究所合编：《中国海关密档：赫德、金登干函电汇编（1874—1907）》（第8册），中华书局1990年版，第780—781页。
② 陈义杰编：《翁同龢日记》，中华书局1989年版，第2753页。
③ 任青、马忠文整理：《张荫桓日记》，上海书店出版社2004年版，第493页。
④ 中国近代经济史资料丛刊编辑委员会主编：《中国海关与中日战争》，中华书局1983年版，第79—80页。
⑤ 中国近代经济史资料丛刊编辑委员会主编：《中国海关与中日战争》，中华书局1983年版，第76页。
⑥ 中国近代经济史资料丛刊编辑委员会主编：《中国海关与中日战争》，中华书局1983年版，第78页。

为全权大臣前往日本议和"，[①]"日本政府按照预先的策划，以张荫桓、邵友濂全权不足，拒绝与之谈判"。[②]"诘日本意存延宕……谓非十足分际，不与开议……无论何时可以再行开商和议，总须中国改派从前能办大事，位望甚尊，声名素著之员，给予十足责任，仍可开办"。[③]由此，奕劻等人得知日本的底牌是要求中国割地，并且要求李鸿章或者奕䜣等实权人物出面，才肯议和。在这种情况下，光绪皇帝赏还李鸿章翎顶、黄马褂，开复其革职留任处分，授他"为头等全权大臣，与日本商议和约"[④]。光绪二十一年（1895年）正月二十九日，"李鸿章、庆王与枢臣同见起。鸿章仍持不敢许地之说，欲其子随往〇〇，上允之……命往德、英、俄、法各国馆，促其出为调处"。[⑤]但是，连日来，李鸿章拜访各国使节，"英推诿，德语切直，谓不割地则迁都，无中立之法。俄允电本国而已"。[⑥]于此，奕䜣、奕劻等人知道割地势不可免。这样，在中日正式议和之前，清政府乞求外国干涉以保全中国领土的一切打算都最终成为泡影。

在列强调停无望的情况下，光绪二十一年（1895年）正月三十日，"李相、庆邸及枢臣七人集于傅心殿议事"。[⑦]二月初六（1895年3月2日），光绪皇帝谕令给予李鸿章商让土地之权，令其斟酌轻重与日议和。在得到光绪皇帝同意商让土地之权的谕令后，初七，"枢臣连衔并庆邸奏片一件奏

---

① 中国第二历史档案馆、中国社会科学院近代史研究所合编：《中国海关密档：赫德、金登干函电汇编（1874—1907）》（第6卷），中华书局1995年版，第202页。

② 中国第二历史档案馆、中国社会科学院近代史研究所合编：《中国海关密档：赫德、金登干函电汇编（1874—1907）》（第6卷），中华书局1995年版，第231页。

③ ［清］朱寿朋编纂：《光绪朝东华录》（四），中华书局1958年版，第3540页。

④ ［清］朱寿朋编纂：《光绪朝东华录》（四），中华书局1958年版，第3540页。

⑤ 翁万戈供稿、谢俊美整理：《翁同龢〈随手记〉》（一），《近代史资料》（总97号），中国社会科学出版社1999年版，第3页。

⑥ 翁万戈供稿、谢俊美整理：《翁同龢〈随手记〉》（一），《近代史资料》（总97号），中国社会科学出版社1999年版，第4页。

⑦ 翁万戈供稿、谢俊美整理：《翁同龢〈随手记〉》（一），《近代史资料》（总97号），中国社会科学出版社1999年版，第4页。

慈圣：声明时局阽危，前欲面陈，蒙传谕一切皆遵谕旨办理"。[1] 也就是说，慈禧太后同意光绪皇帝所下达的谕令办法，并催促李鸿章迅速启程赴日议和，以免另生枝节，破坏议和进程。在这种情况下，李鸿章在奕劻等人的催促下，手握商让土地之权，东渡赴日议和。在二月二十六日（3月22日），李鸿章向清廷上奏日本的议和要求，"枢臣外并列庆王名，共八人，呈皇太后览。略言日本要挟太甚，断难允行。惟臣等人再四熟商，若概予驳斥，势必立至罢议。拟与各国公使商酌，将停兵期内赔偿军费一条允准"。[2] 3月24日，李鸿章的洋顾问科士达在日记中记载，当天中午收到总理衙门的复电，拒绝日方所提供的全部停战条款，有关赔款一项除外。于是在开会时，李鸿章拒绝全部停战条件，并要求日方提出和平条件；日本代表伊藤博文答应在第二天上午十点开会提出和平条件。而就在此次会后，李鸿章被日本浪人所刺。李鸿章被刺后，清廷和日本俱有让步，最后清廷同意李鸿章签订丧权辱国的《马关条约》。至此，中日战争以中国割地赔款而告一段落。

甲午战争前后，奕劻等人的"以夷制夷"外交最终以惨败而告终。事实证明，国家的强大是外交的后盾，虽然晚清历经了洋务运动，但政治腐败、经济落后、军备废弛的状况并未得到真正改变。在这种情况下，弱国无外交。主战不是办法，利用列强之间矛盾实行"以夷制夷"的外交同样也没有出路。只有政治清明、经济发达、文化繁荣，有足够的军事实力与强大的国防作为后盾，这样才能真正达到"以战止战，不战而屈人之兵"的目的。

---

① 翁万戈供稿、谢俊美整理：《翁同龢〈随手记〉》（一），《近代史资料》（总97号），中国社会科学出版社1999年版，第8页。
② 翁万戈供稿、谢俊美整理：《翁同龢〈随手记〉》（一），《近代史资料》（总97号），中国社会科学出版社1999年版，第18页。

甲午之辱唤醒了国人，亡国灭种的严重威胁，像一个可怕的阴影，沉重地笼罩在每一个国人的心头。"世间无物抵春愁，合向苍冥一哭休。四万万人齐下泪，天涯何处是神州？"中国人，无论是清政府达官重臣，还是民间各界人士，从此都开始认真、全面地反省自己，探讨中西方在技术、经济、政治上的差别，开始由在技术与物质层面学习西方，转向在政治制度层面全面学习西方，中国从此进入了一个真正要求自强、自新、自改革的新时代。

三、甲午战争对奕劻的影响

中日甲午战争是晚清史上的一个重要转折点，也是很多朝廷官员仕途的一个重要转折点。光绪皇帝本想通过对日一战打出国威，树立自己的政治权威，没想到中国不但长期惨败于欧美列强，就连身边的一个蕞尔岛国，竟然也让中国丧师失地、割地赔款、颜面尽丢。甲午战争给中国人带来太大的影响——它使中国彻底成为"东亚病夫"。此后，因为甲午战败带来的余震，中国政局动荡不断，朝廷上下矛盾百出。形势与格局的变化，直接牵连到中国的各个阶层，尤其是清朝统治集团高层的利益与稳定。

早在中日战争发生前夕，赫德就这样说过："这场纠纷，对中国来说，也许会产生某些好结果，它的陆军和海军，并没它自己所想象的实力，如果这次能够吃一回亏、学一回乖，因而造成认真的改革，也未尝不是一件好事。"[1] 残酷的现实的确唤醒了中国人。但首先觉醒过来的一批政治精英，

---

① 中国近代经济史资料丛刊编辑委员会主编：《中国海关与中日战争》，中华书局 1983 年版，第48 页。

却在改革的路上严重缺乏经验和耐心，走得太急、太快。改革引发的多米诺骨牌效应，很快就在十余年后完全表现出来。

在甲午战争之前，奕劻以御前大臣身份兼总理各国事务衙门、海军衙门总理王大臣，位高权重，地位显赫。文廷式在《闻尘偶记》中这样描述奕劻在当时特殊的政治地位："咸丰朝，军机大臣之权不及御前大臣，故肃顺当国，未尝兼军机也。近来庆亲王任事，权亦在枢密上。然虽为御前大臣，而其得权则在海军、总理两衙门，与肃顺当日异。以疏属承嗣而骤封亲王，近代罕见。"① 中法战争以后，奕劻以一个宗室旁支的郡王身份代替奕訢执掌总理衙门，因为颇得慈禧太后的信任，又插手海军衙门事务，如果不是甲午战争，其政治地位的蹿升速度可能还要更快一些，主掌军机不过是迟早的事情。但是，甲午战争打乱了奕劻的仕途进程。中日甲午战争发生后，奕劻在政治经验、应变能力、外交智慧上的诸多不足很快就暴露了出来：作为一个已经担任中国政府外交事务长达十年之久的人，奕劻对世界大势还并不十分清楚明了；作为海军衙门的最高负责人，十年来，奕劻并没有将主要精力用于中国海军的国防建设。而面对以朝鲜问题为"火药库"的中日两国争端，奕劻也没有成熟的外交方案来积极应对，只是继续运用那套"以夷制夷"的传统老办法来处理中日问题。除了乞求列强出面干涉与调停外，奕劻几乎拿不出任何有助于更好地为中国解决战争问题的切实办法。特别是作为中国政府的最高当事人，奕劻军事能力的缺乏与战略眼光的短浅在中日这场较量中完全暴露。种种迹象表明，作为一个高级官僚，奕劻具有很高的应付官场争斗的水平，可以在官场博弈中游刃有余、长袖善舞。在承平时代，他可能是一位比较称职的官僚；但在国家危急时刻，他

① 汪叔子等编：《文廷式集》，中华书局 1993 年版，第 726 页。

则颇乏应变才具，缺乏作为政治家应有的远大眼光与决策能力。中国在这场战争中的惨败，奕劻确实应该担负很大一部分责任。正因为如此，战争发生不久，慈禧太后、光绪皇帝就决定让奕䜣复出代替奕劻重掌总理衙门，并且兼管海军衙门事务，督办军务，以期渡过危机。奕劻则沦为帮办地位，事权渐失。在甲午战争后期，清政府成立督办军务处，慈禧太后又将实际主持人的人选放在荣禄身上，奕劻虽然也是其中重要成员之一，但在军事问题上，慈禧则不再像过去那样瞩目并且寄希望于奕劻。种种史料表明，中日开战以后，奕劻的政治地位急剧下滑，暂时不复有昔日气象。甲午战争爆发不久，九月二十九日，安维峻即奏上弹劾亲王"有负委任"片，内称"庆亲王奕劻分属懿亲，受恩深重，当如何激发天良，力图报称。乃自该王总理海军事务，一味敷衍，毫无整顿"，"海军之设，已历多年，所用各省筹拨巨款及新旧海防捐项，并累次报效银两，当不下数千百万"，"何以筹饷诸人未闻请拨此款？该王亦何以绝不提及此款拨济前敌军饷"？安维峻还在折中称舆论风传海军衙门所派司员，每名索银一千两始令充当道途之论："特细核该署所用各员，除满员不克深知外，其汉员非富商大贾即纨绔子弟，绝无略负时望之人，不过图五年一保夤缘而来。该王不稍加采择，询情录用。"[1] 除了安维峻对奕劻的弹劾外，在甲午战败后，奕劻还受到徐致祥等人的弹劾，罪名是与李鸿章一道误国[2]，罪不容赦。只是因为奕劻仍然得到慈禧太后的信任，才不至于在安维峻、徐致祥等人的攻击下像李鸿章等人那样声名狼藉。好在奕劻官星高照，光绪二十四年（1898年），奕䜣病逝，总理衙门重归奕劻掌管。不久，光绪皇帝因为维新变法与慈禧太后发生激烈冲突，奕劻左右其间，依附慈禧，在戊戌政变中成为慈禧的左膀右

---

① 戚其章编：《中日战争》（第6册），中华书局1989年版，第526页。
② 赵尔巽编纂：《清史稿·徐致祥传》（列传二百三十一）。

臂而又变得日益重要起来。

甲午战败，确实给奕劻带来了很大的刺激，也使他认识到了中国诸多不如人处，真正体会到了富国强兵的重要性。战争还没有结束，在督办军务处，他就支持清廷编练新军的计划，主张对中国军事进行彻底改革。为促成英国出面干涉中日战事，奕劻甚至代表总理衙门向赫德保证："对于真正的改革即将着手研究。"[1] 事实也证明，在清末新政中，奕劻作为清政府中一位改革派，在预备立宪、发展经济、编练新军等方面皆能够积极推进，其原动力与甲午战争对他的刺激有一定的关系。

---

[1] 中国第二历史档案馆、中国社会科学院近代史研究所合编：《中国海关密档：赫德、金登干函电汇编（1874—1907）》（第8卷），中华书局1995年版，第758页。

第五章
戊戌变法中的神秘身影

　　戊戌变法对晚清政局的走向影响甚大。作为总理衙门大臣，奕劻在这场变法运动中发挥了重大作用。真实的历史是，奕劻并不反对变法，但他反对维新派对于政治改革采取的极端措施。在光绪皇帝与慈禧太后的政治选择上，奕劻站在了慈禧太后一方，在发动戊戌政变上起到了十分重要的作用。

一、《定国是诏》颁布后的各方态度

光绪二十四年四月二十三日（1898年6月11日），光绪皇帝颁布《定国是诏》，宣布开始实施变法。诏曰：

数年以来，中外臣工，讲求时务，多主变法自强，迩者诏书数下，如开特科，汰冗兵，改武科制度，立大小学堂，皆经再三审定，筹之至熟，甫议施行。惟是风气尚未大开，论说莫衷一是。或托于老成忧国，以为旧章必应墨守，新法必当摈除。众喙哓哓，空言无补。试问时局如此，国势如此，若仍以不练之兵，有限之饷，士无实学，工无良师，强弱相形，贫富悬绝，岂真能制梃以挞坚甲利兵乎？

朕惟国是不定，则号令不行，极其流弊，必至门户纷争，互相水火，徒蹈宋、明积习，于国政毫无裨益。即以中国大经大法而论，五帝三王，不相沿袭，譬之冬裘夏葛，势不两存。用特明白宣示，中外大小诸臣，自王公以及士庶，各宜努力向上，发愤为雄，以圣贤义理之学植其根本，又须博采各学之切于时务者，实力讲求，以救空疏迂谬之弊。专心致志，精益求精，毋徒袭其皮毛，毋竞腾其口说，务求化无用为有用，以成通经济变之才。

京师大学堂为各行省之倡，尤应首先举办。着军机大臣、总理各国事务王大臣会同妥速议奏，所有翰林院编检、各部院司员、各门侍卫、候补候选道府州县以下各官、大员子弟、八旗世职、各武职后裔，其愿入学堂者，均准入学肄习，以期人才辈出，共济时艰，不得敷衍因循，徇私援引，致负朝廷谆谆告诫之至意。将此通谕知之。①

《定国是诏》出自光绪皇帝的师傅翁同龢的手笔，但促使光绪皇帝决心颁布《定国是诏》的则是康有为等一帮维新派人士。颁布《定国是诏》前的旬日之间，有杨深秀、徐致靖等人先后上奏敦促明定国是，而其奏折则为康有为代拟。以杨深秀名义所上的奏折中说：

窃近者，外国交逼，内外臣工，讲求时变，多言变法，以图自保。然旧人多有恶为用夷变夏者，于是守旧开新之名起焉。其守旧者，谓新法概宜屏绝，其开新者，谓旧习概宜扫除。小则见诸论说，大则形之奏牍，互相水火，有如仇雠。臣以为理无两可，事无中立，非定国是，无以示臣民之趋向；非明赏罚，无以为政事之推行。踯躅歧途者不能至，首鼠两端者不能行。

午针未定，标向不立，议论不一，游移不断，未有能成功者也。非徒无成而已，两党交争，其甚必至增内讧而召外侮，挠政事而败国家而已……

夫古今为政，未有东西未定，游移两可者……臣愚谓皇上仍主守旧则已，若审观时变，必当变法，非明降谕旨，着定国是，宣布维新之意，痛斥守旧之弊，无以定趋向而革旧俗也。

且赏罚者，人主之大柄，所以操纵奔走天下者也……皇上欲推行新政，速见实效，请查核内外大臣奉行甲午以来新政之谕旨，若学堂，若武备，若商务农工，何者举行，何者废格。嘉奖其举行者，罢斥其废格者，明降谕旨，雷厉风行，如此而新政不行、疆土不保者，未之有也。②

① ［清］朱寿朋编：《光绪朝东华录》（第4册），中华书局1958年版，总第4094页。
② 国家档案局明清档案馆编：《戊戌变法档案史料》，中华书局1994年版，第521页。

不可否认，这是一份颇具鼓动力的奏折。首先，它极言诏定国是的重要性，提醒光绪皇帝要在"守旧"与"开新"之间赶快作出抉择，明辨是非，确定变革大政方针。其次，维新派站在"开新"的立场上，建言与敦促光绪皇帝宣布维新，痛斥守旧之弊。他们希望光绪皇帝运用人主"操纵奔走天下"的赏罚大权，奖赏开新者，惩罚守旧者，以雷厉风行之手段开创出一个全新的局面。随后徐致靖等人的相继上奏，也都是围绕敦促光绪皇帝赶快诏定国是、宣布维新的主旨，或同或异地从若干方面建言立论。这对于急于想通过新政来改变国家积弱积贫现状的光绪皇帝来说不啻一剂催化，促使他终于下定了颁诏维新、以定国是的决心。

光绪皇帝态度如此，那么，当时慈禧太后的态度如何呢？起码，从表面上看，慈禧太后对维新变法并不是持全盘否定的态度，而是表示了赞同态度。

光绪皇帝颁布《定国是诏》的那天，刚刚从颐和园返回皇宫。光绪皇帝是于二十一日去颐和园向慈禧太后"请安"的，这次在那里驻跸两天，不可能不向慈禧太后请示诏定国是的问题。如果慈禧太后表示反对，很难想象光绪皇帝回宫后会立即擅自决定诏定国是。翁同龢的日记中，就有"上奉慈谕，以前日御史杨深秀、学士徐致靖言国是未定，良是。今宜专讲西学，明白宣示"[①]的记载。若果真如此，慈禧太后表现出的态度似乎还相当激进，所谓"今宜专讲西学"，一个"专"字，岂不很能说明问题么？

事实上，慈禧太后也并非故弄玄虚，或者一时心血来潮。她在当时确实也曾对光绪皇帝说过"变法乃素志，同治初，即纳曾国藩议，派子弟出洋留学，造船制械，凡以国富强也"的话。只不过在说这话时，她在后面

① 《翁文恭公日记》，光绪二十四年四月二十三日，商务印书馆 1925 年影印本。

又加了一个限定："若师日人之更衣冠，易正朔，则是得罪祖宗，断不可行。"① 这就是说，慈禧并不反对光绪皇帝维新变法，只是她不同意全盘否定中国的传统与老祖宗留下的规矩。对于这一点，在同意变法前，她是告诫过光绪皇帝的。揆诸史实，同治时期，西风东渐，洋务兴起。19世纪60至90年代，以慈禧为代表的清政府的一批高层官员，以自强、求富为目标，从中央到地方，积极发展近代军事工业与民用工业，建立了近代的海军和陆军。在清政府最高统治集团商定"洋务自强"的大政方针并开始推行的过程中，慈禧太后始终是最高决策者与掌舵人。没有慈禧太后的支持，开展规模那样大、时间那样久的自强求富运动，根本是不可想象的。正因为如此，洋务运动为慈禧的形象增添了一点务实而开明的色彩。

洋务运动确是在慈禧太后柄政后发展兴盛的，她对洋务变法的认可态度也是毋庸置疑的。但她不允许变法搞到"更衣冠，易正朔"而"得罪祖宗"的份儿上，这也合乎情理。年轻气盛的光绪帝，在变法问题上则多些冲动而少些顾忌，在他的请求下，慈禧太后最后做出与之前相比更为激进的表态，认可光绪皇帝诏定国是、宣布维新的做法，以示自己对"亲政"的年轻皇帝不加掣肘，这是完全可能的。这样看来，诏定国是之局，并不是光绪皇帝在和慈禧太后公然对立状态下一意孤行的结果，而是得到慈禧太后认可，起码在表面上是"奉慈谕"后行事的。那么，这完全可以视为在两宫意见一致基础上颁行的国策。

《定国是诏》的内容特色，主要是宣示变法方针而非设计具体的改革方案。它追述数年来筹议变法自强的诸多措施，寻究其未得贯彻实行的原因在于"风气尚未大开，论说莫衷一是"，认定在"今日"时局、国势下

---

① 费行简：《慈禧传信录》，中国史学会主编：中国近代史资料丛刊《戊戌变法》（一），上海人民出版社1957年版，第464页。

一味守旧没有出路，应破除门户纷争，各自努力向上，发愤为雄。这无疑是对变法必要性的肯定，但在具体表述上又颇委婉含蓄，没有提出激进的维新方案，更没有宣示"专讲西学"的意旨，而是确定了"以圣贤义理之学植其根本，又须博采西学之切于时务者，实力讲求"的变法原则，这显然仍带有"中体西用"的浓重味道。值得注意的是，在这一重在宣布变法方针的诏书中，特别强调"京师大学堂为各行省之倡，尤应首先举办"，这除了表示要把举办京师大学堂作为新政的突破口外，也将它作为了新政的一个典型标志。完全可以说，这并不是一份措辞激烈、立意激进的维新诏书。诏令中主张新学旧学兼容，中学西学结合，推陈出新的意图十分明显。如果后来在变法过程中真正贯彻这一循序渐进的方针，两宫合作有序推进，而不是急躁冒进，维新变法也许很可能会是另外一种结果。

对于颁布《定国是诏》的意义和效果，梁启超曾有这样的评价：

上既决心，乃白西后，召军机全堂下此诏书。宣示天下，斥墨守旧章之非，著托于老成之谬，定水火门户之争，明夏葛冬裘之尚，以变法为号令之宗旨，以西学为臣民之讲求，著为国是，以定众向，然后变法之事乃决，人心乃一，趋向乃定，自是天下向风，上自朝廷，下自人士，纷纷言变。盖为四千年拨旧开新之大举，圣谟洋洋，一切维新，基于此诏，新政之行，开于此日。①

这似乎算得上一个顺利而良好的开端。按理说，慈禧太后既然已经首肯了变法，难道还会起什么风波吗？可事情绝非如此简单。戊戌新政开局

① 梁启超著：《戊戌政变记》，广西师范大学出版社 2011 年版，第 37 页。

之日，因为维新派的改造步伐太快，也因为守旧者势力太大，这场本来意义重大的改革最后演变成为"帝后翻脸、新旧两派之间你死我活"的局面。

客观而言，慈禧太后同意光绪皇帝维新变法，不等于就对他完全放心。事实上，自甲午战争以来，慈禧太后与光绪皇帝之间原本和谐的"母子"关系就已经因为权力的冲突，出现了微妙的变化：

> 自甲午乙未兵败，割地求和偿款，皇上日夜忧愤，益明中国致败之故，若不变法图强，社稷难资保守。每以维新宗旨商询于枢臣，辄以祖宗成法不可改，夷法不足效，屡言而驳之，上愤极，往往痛哭而罢……至廿三年冬，德人占据胶州，上益忧惧，至今春，乃谓庆王曰："后若仍不给我事权，我愿退让此位，不甘作亡国之君。"庆邸请于太后，始闻甚怒，曰："他不愿坐此位，我早已不愿他坐之。"庆力劝，始允曰："由他去办，俟办不出模样再说。"庆邸乃以太后不禁皇上办事复命，于是商诸枢臣，下诏定国是。①

上述史料说明，虽然光绪皇帝已经亲政多年，但国家大事最终还多是慈禧太后说了算。甲午战争以来，或者说更早一段时间，在国家危机面前，光绪皇帝已不甘心再做一个傀儡皇帝，他与慈禧太后之间的权力冲突不可避免。作为皇帝与太后都能接受的人物，长期以来，庆亲王奕劻奔走于二者之间，小心翼翼地充当着传话筒与和事佬。戊戌年春天，光绪皇帝所言"后若仍不给我事权，我愿退让此位，不甘作亡国之君"的气话，也就只能对奕劻说说。面对光绪皇帝如此急躁的情绪，奕劻当然是左右为难：一面是他不敢

---

① 苏继祖等著：《清廷戊戌朝变记》（外三种），广西师范大学出版社 2008 年版，第 6—7 页。

得罪的皇上，或者说，他也不希望光绪皇帝不快；一面是手握实权、让他飞黄腾达的慈禧太后，他更是不敢得罪。长袖善舞的奕劻，只能小心翼翼地将光绪皇帝的意思传达给慈禧太后。然后，在慈禧太后的盛怒之下，他又赔着笑脸，为光绪皇帝说尽好话。一句"庆力劝"，活生生地道出了奕劻当时的左右为难及其在两宫眼中重要的地位。但是，慈禧太后没有生奕劻的气，并且最后还按照奕劻的劝说答允了给光绪皇帝变法的事权。由此可见，奕劻在这位老佛爷面前的面子很不一般。

答允归答允，但慈禧太后心中的症结却解不开。对此，慈禧太后在允许光绪皇帝维新变法的同时，也开始筹划应变的策略。

"四月二十四日，太后召见庆王、荣相（说为陵工事，不知尚有他事否）。"[1] "是日太后又召见庆王、荣相、总管内务府王大臣等。"[2]

在"下诏定国是，行新政"后的接连数天，慈禧太后频繁召见奕劻、荣禄、总管内务府王大臣等重要枢垣人物，显然是在着意安排应对未来可能会影响朝局变动的重大事情。奕劻、荣禄，一文一武，不用说，是慈禧太后的左膀右臂。奇妙的是，慈禧太后在此时还特意召见了总管内务府王大臣等，这就很有文章可观了。总管内务府王大臣主要管理皇家事务，是最熟悉和最能影响皇宫事务的官员，慈禧太后在这个重要时刻召见他们，显然是有针对性地限制变法范围，并有让他们监督光绪皇帝之意。

接着，四月二十七日（6月15日），也即《定国是诏》颁布的第五天，慈禧太后就拿出来十分厉害的杀手锏，于是就先后出现了三件攸关变法进程以及朝局变动的要事。

第一件，是翁同龢突然被罢官。谕旨是以光绪皇帝的名义下发的。

---

① 苏继祖等著：《清廷戊戌朝变记》（外三种），广西师范大学出版社 2008 年版，第 7 页。
② 苏继祖等著：《清廷戊戌朝变记》（外三种），广西师范大学出版社 2008 年版，第 8 页。

谕旨说：

协办大学士、户部尚书翁同龢，近来办事都未允洽，以致众情不服，屡
经有人参奏。且每于召对时，咨询之事，任意可否，喜怒无常，词色渐露，
实属狂妄任性，断难胜枢机之任。本应查明究办，予以重惩。姑念其在毓庆
宫行走有年，不加严谴。翁同龢着即开缺回籍，以示保全。特谕。[①]

据说，翁同龢罢黜，是与诏定国是前夕，慈禧太后召见庆亲王奕劻及
荣禄、刚毅等人，谈及光绪皇帝"近日任性乱为，要紧处汝等当阻之"所
引发的各种关节一事有关。

四月二十日后太后召见庆邸、荣相、刚相，询及皇上近日任性乱为，
要紧处汝等当阻之。同对曰：皇上天性，无人敢拦。刚伏地痛哭，言奴才婉
谏，屡遭斥责。太后又问，难道他自己一人筹划，也不商之你等？荣、刚
皆言曰：一切只有翁同龢能承皇上意旨。刚又哭求太后劝阻。太后言，俟到
时候，我自有法。此时军机大臣恭邸薨，礼邸病，刚暂领衔，自此气焰日
炽矣。[②]

从上述史料来看，奕劻对光绪皇帝并无成见，并不像荣禄、刚毅那样
在慈禧太后面前说尽光绪皇帝与翁同龢的坏话。翁同龢作为帝师与光绪皇帝
久处，"且每于召对时，咨询之事，任意可否，喜怒无常，词色渐露，实属
狂妄任性"的可能性是有的，但还不至于将其罢黜回籍。如果事实真是这样

---

① ［清］朱寿朋编：《光绪朝东华录》（第4册），中华书局1958年版，总第4097页。
② 苏继祖等著：《清廷戊戌朝变记》（外三种），广西师范大学出版社2008年版，第8—9页。

的话，那么罢免翁同龢很可能是慈禧太后所说的"到时拿出的办法"之一。不管怎样说，翁同龢被罢黜是对光绪皇帝的一个沉重打击，使他失去了一个可以信赖并且在关键时刻及时提醒他的股肱。梁启超对罢翁事件对于维新变法之局的影响，就看得十分透彻。他给友人的信中有这样的述说：

（自诏定国是以后）大率有上开新折者，（皇上）则无不应。盖上下之电力热力，皆以相摩而成也。而常熟（指翁同龢，他为常熟人）去国，最为大关键。此间极知其故，然不能形诸笔墨，俟见时详之……初时极欲大办，今如此局面，无望矣。①

梁启超把翁同龢的"去国"，看作是对于维新变法关碍来说的"最为大关键"，以致觉得本来"极欲大办"的维新变法之局到了"无望"的地步，并且还表示出对"极知其故"的这一事件有难书之隐，更令人感到事情的扑朔迷离。

这一天发生的第二件大事是朝廷的另一项人事变动，即任命荣禄署理直隶总督。不日便实授该职兼北洋大臣，又授文渊阁大学士。

由协办大学士到大学士是荣衔的升级，固然表示其地位的进一步提高，而由兵部尚书转任一个直隶省的总督，又有什么了不起？岂不知关键就在这里。直隶总督兼北洋大臣可是个重要职务。直隶为京畿要区，有表率全国之责，故直隶总督为疆臣领袖；北洋大臣则权涉国家外交。两相结合在一起，集于一人之身，比其他省份的疆吏更为显要。李鸿章不就是因为多年任此职而显赫非常，甚至有"第二朝廷"之称吗？甲午战争后，李鸿章的

---

① 丁文江、赵丰田编：《梁启超年谱长编》，上海人民出版社 1983 年版，第 122 页。

失势，便是以被免去此职内召入京为标志的。接替李鸿章任此职的，是原云贵总督王文韶。此人政治上也有一定革新精神，任职期间除了继续兴办洋务外，还表现出同情维新派的倾向，曾捐献5000两银子列名加入北京强学会。或许正因为如此，慈禧太后可能对他不太放心，起码是觉得不如荣禄牢靠，所以让荣禄取代了他，而他被改任为户部尚书，也就是翁同龢担任过的一个主要职务。荣禄这时任直隶总督兼北洋大臣，还特别被赋予了统率"北洋三军"之权。

所谓"北洋三军"，即指董福祥的"甘军"、聂士成的"武毅军"和袁世凯的"新建陆军"。董福祥为甘肃五原（今属宁夏）人，同治初年集众起兵，后投降左宗棠，亦参加过平定阿古柏之乱的作战。光绪二十三年（1897年）所部调防京畿。聂士成为安徽合肥人，淮军将领，曾镇压太平军和捻军，甲午战争中所部赴朝作战，回国后于光绪二十二年（1896年）于直隶驻防淮军内以新法选练马队、步队三十营，被称为"武毅军"。袁世凯是河南项城人，此前曾出驻朝鲜多年，甲午战争中回国，在天津小站地方接替胡燏棻督练新军，所部称作"新建陆军"。"小站练兵"是严格意义上清朝编练新军的滥觞，而袁世凯为其主角。

荣禄作为兵部堂官，当然直接过问这几支军队的布防和编练事宜。而这时他担任直隶总督兼北洋大臣，又特别被授权任"北洋三军"的统帅，更直接掌握了对三军的控制权。这几支军队，装备精良，训练有素，是京畿劲旅，谁控制了它，谁就掌握了以暴力应对京畿事变的枢纽，非同小可。以后时局的发展就足以证明这一点。到最关键时刻，维新派方面深感没有军权的致命弱点，虽曾动过策动袁世凯杀掉荣禄以夺取对军队控制权的心思，但没有如愿，随之而来的便是他们的彻底失败。由此也可印证，关于荣禄改任直隶总督兼北洋大臣并兼领"北洋三军"的这一人事安排，对慈禧太后和守旧派来说是多么有利和重要。看来，"枪杆子里面出政权"，真堪称一条具有历史普遍性的真理。①

四月二十七日这天当中发生的第三件大事，就是谕令授任新职的二品以上大臣，须到皇太后面前谢恩。

这似乎更是不值得大惊小怪的一个礼仪问题，但事实上绝非如此简单。按照清朝官场惯例，谁任命就向谁谢恩，这才是"谢恩"二字的全部内容。这一谕令，等于是慈禧太后公开宣布，她从皇帝手里收回了二品以上大臣的任命权。慈禧太后通过"谢恩"的礼仪向大小臣工明白晓示：朝廷的人事任免大权还掌握在她的手中。这可以视为她在同意给光绪皇帝进行变法的"事权"后，对光绪皇帝进行制约的又一个手段。"事"是"人"办的。你办你的"事"，我管你的"人"，你办的事情还能翻了天？②

维新变法才刚刚开始，光绪皇帝的头上就被慈禧太后套上了三个紧箍咒，但光绪皇帝并不认命。

从四月三十日到八月初六，在维新派和帝党官员的策动下，光绪皇帝连连发布新政上谕，不断将新政向改革深水区推进。

百日维新期间，光绪皇帝究竟发布过多少道新政上谕，各家说法差异较大，有的说几十道，有的说一百多道，甚至有的说二百八十余道。有研究者据《德宗实录》《光绪朝东华录》等书，具体统计光绪帝颁布的有关维新诏令的条次为 184 条，同时统计者又说明，终因头绪繁杂，这一统计数字抑或有误，但认为在百日维新期间，光绪帝颁布的改革维新诏令数目，最少不低于 180 条。而照此最低数字算来，平均每天颁发 1.7 条（按从四月三十日到八月初六共计 103 天来算），最多者，如在七月二十七日（9 月 12

---

① 董丛林著：《变政与政变——光绪二十四年聚焦》，河北大学出版社 1999 年版，第 99—100 页。
② 董丛林著：《变政与政变——光绪二十四年聚焦》，河北大学出版社 1999 年版，第 100 页。

日）一天之中，即颁布了 11 条维新谕旨。由此可见光绪皇帝的新政步伐之快！至于新政上谕的内容，概括说来，政治方面涉及删改则例，裁汰冗员，撤销重叠闲散机构和相应官缺，如中央裁詹事府、通政司、光禄司、鸿胪寺、太常寺、太仆寺、大理寺等衙门；地方上裁湖北、广东、云南三省巡抚，以东河总督不办运务之粮道，仅管疏销之盐道等；广开言路，允许官民上书言事；取消旗民寄生特权，许其自谋生计等。经济方面涉及保护和发展农工商业；中央设矿务铁路总局、农工商总局，各省设农工商分局；开垦荒地，劝办农业；提倡私人创办实业，奖励发明创造，鼓励商办铁路、矿业；裁撤驿站，设立邮局；改革财政，创办国家银行，编制国家预算等事项。军事方面涉及裁减绿营、淘汰冗兵；训练海陆军，陆军改练洋操；严查保甲，实行团练等事项。文教方面尤为新政重中之重，涉及内容较多，如改革科举制度，废除八股，改试策论，举经济特科，设立京师大学堂及地方上各级学堂，成立矿务、铁路、医学、军事等专门学堂，改书院及淫祠（指滥设的祠庙）为学堂；派员赴外国留学；设立译书局，翻译外国新书；允许自由设立报馆、学会；奖励士民著作等事项。

光绪皇帝雷厉风行颁布的诸多新政上谕，其中部分事项得到了贯彻落实。如一些部门的有关则例得到了删改，拟裁的重叠闲散机构和相应官缺多已裁革，矿务总局、农工商总局、译书局等机构得以设立，擢用了一些新派人物如"军机四卿"，京师大学堂着手设立，地方上也有一些学堂着手操办等，这都属于比较典型的获办事项。

然而，新政上谕贯彻的情况令光绪皇帝很不满意，还有更多的上谕并没有得到贯彻和落实。这与谕办的新政事项本身缺乏可操作性，缺乏统筹安排和周密计划，不能稳扎稳打，没有循序渐进等诸多因素有关。但是，最根本的原因，还是有关臣工看到光绪皇帝没有实权，或存心等待观望，窥测慈禧太后实意；或是从骨子里就对新政仇恨憎恶，千方百计地明顶暗抗，进行抵制和破坏。从当时朝臣的总体状况看，守旧派势强人众。梁启超曾这样论说："综全国大臣之种类而论之，可分为数种类：其一瞢然不知有所谓五洲者，告以外国之名，犹不相信，语以外患之危急，则曰此汉奸之危言耸听耳，此一种也。其二则亦知外患之可忧矣，然自顾已七八十之老翁矣，风烛残年，但求此一二年之无事，以后虽天翻地覆，而非吾身之所及见矣，此又一种也。其三以为即使吾及身而遇亡国之事，而小朝廷一日尚在，则吾之富贵一日尚在，今若改革之论一倡，则吾目前已失舞弊之凭藉，且自顾老朽不能任新政，必见退黜，故出死力以争之，终不以他年之大害，易目前之小利也，此又一种也。"①总之，要么是昏蒙糊涂，要么是苟且偷安，由这样的朝臣"握持政柄"，新政所遇到的障碍、阻力之大，绝非局外人所能想象。这从七月初十（8月26日）光绪皇帝发布的一道上谕可见其一斑：

近来朝廷整顿庶务，如学堂、商务、铁路、矿务，一切新政，迭经谕令各将军督抚切实筹办，并令将办理情形先行具奏。该将军督抚等，自应仰体朝廷孜孜求治至意，内外一心，迅速办理，方为不负委任。乃各省积习相沿，因循玩愒，虽经严旨敦迫，犹复意存观望，即如刘坤一、谭钟麟身任封圻，于本年五六月间，谕令筹办之事，并无一字复奏。迫经电旨催问，刘坤一则借口部文未到，一电塞责。谭钟麟则并电旨未复，置若罔闻。该督等皆受恩深重，久膺疆寄之人，泄沓如此，朕复何望？倘再藉词宕延，必定予以严惩。直隶距京咫尺，荣禄于奉旨交办各件，尤当上紧赶办，陆

---

① 梁启超著：《戊戌政变记》，《饮冰室合集·专集之一》，中华书局 1989 年版，第 69—70 页。

续奏陈。其余各省督抚，亦当振刷精神，一体从速筹办，毋得迟玩，致干咎戾。①

从这道上谕中不难看出，当时，各将军督抚普遍对新政持相当冷漠、消极的态度，没有形成一种积极响应的氛围——要么敷衍塞责，要么干脆置若罔闻。这让光绪帝大为光火，公开指名道姓地批评了刘坤一、谭钟麟，也委婉地批评了荣禄。

荣禄当时已任直隶总督兼北洋大臣，"距京咫尺"，奉知朝命最为快捷便当。而直隶总督在各省督抚中又具有领首地位，对奉旨交办的新政各事，岂不"尤当赶紧办理"，带个好头？可是他能吗？

刘坤一、谭钟麟当时分别任两江总督和两广总督。两江总督管江苏、江西、安徽三省，两广总督管广东、广西两省，都是显要大员。刘坤一，湖南新宁人，湘军将领出身，同治四年（1865 年）便跻身疆吏之列（当时任江西巡抚），到此时他已有三十多年的封疆经历，年龄也已近古稀，是有名的地方实力派人物之一。他并不是一个顽固派人物，对慈禧太后也并不一味迎合，后来慈禧太后公然要废掉光绪皇帝，另立新君，对此他持反对态度。但此时他在对待新政的态度上，却使光绪皇帝颇不满意。至于谭钟麟，比刘坤一还要大好几岁，此时已是七十六的高龄，任封疆大吏也已二十余年，他对新政的态度似乎更让这位年轻的皇帝气恼。光绪皇帝点名指责他们，甚至以"倘再藉词宕延，必定予以严惩"来严厉警告，其意也许并不仅是针对这几个人，而是教谕各督抚大员，督促他们"振刷精神，一体从速筹办"新政事宜。

① ［清］朱寿朋编：《光绪朝东华录》（第 4 册），中华书局 1958 年版，总第 4164 页。

梁启超说:

自四月以来,明诏累下,举行新政,责成督抚,而除湖南巡抚陈宝箴外,寡有能奉行诏书者。上虽谆谕至于三令五申,仍复藐为具文,此先帝时之所无,观历朝圣训可见也。然上虽盛怒,数四严责,终不能去一人,或惩一人者,以督抚皆西后所用,皇上无用舍之权,故督抚皆藐视之,而不奉维新之令也……若令上有全权,用人行政,岂其若是! ①

梁启超特别强调了光绪皇帝因为没有实权,连督抚都敢于藐视他,这是新政推行不开的根本原因,此话自有一定的分量。梁启超还对这道上谕作了如下一番分析:

此谕虽明责谭、刘,实则深恶荣禄,而宣其罪,责其奉旨交办之件,而置之不顾,并不奏陈。荣禄之目无皇上,等诸儿戏,视王言如土苴刍狗,束阁不顾明矣。上深怒而不敢显词责之,上则牵谭、刘而云直隶距京师咫尺,下则引各督抚而云迟玩干咎,盖皆为荣禄说法也。不恶而严,溢于意表。荣禄于是畏皇上英明,恐不自保矣。先是荣禄出督抚直隶,沥陈地方办事情形,上折于西后,而不上折于皇上,皇上有电旨申饬之。已而荣禄保荐三十余人,皇上无一召见,无一拔用者。皇上于四五品小臣所荐,犹赐召见,而于荣禄独尔者,盖深恶其平日之跋扈也。至明发此谕,荣禄自知不保,而篡废之事益亟矣。此谕于改革困难情形,及政变原因,甚有关系,不可忽诸。②

① 梁启超著:《戊戌政变记》,广西师范大学出版社2011年版,第61页。
② 梁启超著:《戊戌政变记》,广西师范大学出版社2011年版,第61—62页。

按梁启超的意思，光绪皇帝的这道上谕主要是针对荣禄的，明里切责谭、刘只不过是条"引线"，醉翁之意不在酒。荣禄对光绪皇帝这道上谕的锋芒所指自然不会不清楚，因而加紧筹谋对策，以防范形势朝对己不利的事态发展。此后帝后、新旧政派之间的争斗也确实日趋白热化，梁启超诚非危言耸听。

光绪皇帝在发布此谕的隔日，即七月十二日（8月28日），针对枢廷及各部院大臣的消极怠工行为，又发一道十分严厉的谕旨：

> 现因时事多艰，朝廷振兴庶务，力图自强，尤赖枢廷及各部院大臣，共笃棐忱，竭力匡赞，以期挽救颓风，庶事可渐臻治理。乃诸大臣中恪共官守者，固亦有人，而狃于积习不知振作者，尤难悉数。即如部院官本应常川进署，不得无故请假，议奏事件，不准延搁逾限，皆经再三训诫，而犹阳奉阴违，似此蒙蔽因循，国事何所倚赖，用特重加申儆，凡在廷大小臣工，务当洗心革面，力任其艰，于应办各事，明定限期，不准稍涉迟玩。倘仍畏难苟且，自便身图，经朕觉察，必定严加惩处，毋谓宽典可屡邀也。钦此。①

由此可以体察，中央各部门大臣对于新政谕旨也多是持"阳奉阴违""蒙蔽因循"的态度，这使得光绪皇帝气恼地发出实际上没有任何作用的严厉警告。结合前引上谕所反映的督抚群体的状况，更可以看出当时从中央到地方，在对待新政上是怎样的消极态度了。光绪皇帝对此徒然忧急气恼，所谓"严加惩处"之类的怒言厉词，只是几声闷雷而已，有时一个雨点也

---

① 梁启超著：《戊戌政变记》，广西师范大学出版社 2011 年版，第 62 页。

掉不了。梁启超为此发出这样的感叹：

　　数月以来，新政之诏多矣，督责大臣之旨多矣，乃日日降旨严催而诸臣蒇然，日云必加严惩，而未闻一惩。盖上无权既久，大臣所共闻知，彼等有深宫之简畀，有宦寺之奥援，岂畏此守府之君，空文之诏哉！①

梁启超还言：

　　皇上自四月以来，屡次所下新政之诏，交疆臣施行，而疆臣皆西后所擢用，不知有皇上，皆置诏书于不问，皇上愤极而无如之何。②

　　因光绪皇帝没有实权而不具备推行新政的权威，所以内外臣工蒇君迟玩，甚至违旨抗命。这成了变法推行的巨大障碍。直到政变前夕的七月二十六日（9月11日），光绪皇帝还在下谕，激愤地试图改变这种状况，甚至表现出寄望于民的思想：

　　朕夙夜孜孜，改图新法，岂为崇尚新奇，乃眷怀赤子，皆上天之所畀，祖宗之所遗，非悉令其康乐和亲，朕躬未为尽职。加以各国环交陵迫，尤非取人之所长，不能全我之所有。朕用心之苦，而黎庶犹有未知。咎在不肖官吏与守旧之士夫不能广宣朕意，乃至胥动浮言，使小民摇惑警恐，山陬海澨之民有不获闻新政者，朕实为叹恨！今将改订新法之意，布告天下，务使百姓咸喻朕意，共知其法之可恃，上下同心，以成新政，以强中国，朕不胜厚

---

①　梁启超著：《戊戌政变记》，广西师范大学出版社 2011 年版，第 63 页。
②　梁启超著：《戊戌政变记》，广西师范大学出版社 2011 年版，第 111 页。

望。着查照四月二十三日以后所有关乎新政之谕旨，各省督抚，均迅速照录，刊刻誊黄，切实开导。着各省州县教官，详切宣讲，务令家喻户晓。各省藩臬道府，饬令上书言事，毋得隐默顾忌。其州县官应由督抚代递者，即由督抚将原封呈递，不得稍有阻格。总期民隐尽得上达，督抚无从营私作弊为要。此次谕旨，并着悬挂各省督抚衙门大堂，俾众共观，庶无壅隔。①

应该说，这是一道很值得注意的上谕。颁布此谕时，诏定国是已九十余天，可是，一系列的新政上谕，民间或不怎么知道，或闻知的是变了味儿、令各阶层人士困惑惊恐的消息。这一切，都是"不肖官吏与守旧之士夫"或封闭消息，或散布浮言所造成的恶果。光绪皇帝一方面自我剖白苦心，一方面严厉督责各级官员向民间宣传新政，畅通言路，乃至下令将此谕悬挂各省督抚衙门大堂。一位无权皇帝的苦心孤诣和忧急无奈在此表现得淋漓尽致！

二、奕劻在维新变法中的主要表现

在戊戌变法中，总理各国事务衙门是中央政府负责规划、制定与贯彻维新变法的十分关键的机构，"自军机处设，两内阁拥虚位……皆不得与闻朝政，唯总署以变法故，颇参与其间。"② 作为总理衙门大臣与这一机构的负责人，奕劻的身份与地位可谓十分重要。他在新政中的态度与作为，会直接影响维新变法的历史进程。

---

① 梁启超著：《戊戌政变记》，广西师范大学出版社 2010 年版，第 76—77 页。
② 胡思敬著：《戊戌履霜录》（卷一），中国近代史资料丛刊《戊戌变法》（一），上海人民出版社 1957 年版，第 358 页。

（一）奕劻是支持维新变法的

对于维新变法，奕劻是支持的，起码在言行上没有明确公开表示过反对，这也并不让人感到意外。

1. 从 1884 年 10 月奕劻代替奕䜣主持总理各国事务衙门工作以来，清朝在外交、商务、海军建设等方面所存在的弊端，奕劻比旁人看得更为清楚，这使他认识到了改革的必要性。

2. 弱国无外交。奕劻对此感同身受。清政府在甲午战争中的惨败以及战后列强在中国强占租借地与划分势力范围，让奕劻作为清政府最高层的外交长官，对列强的侵略行为十分不满与无奈。光绪二十四年（1898 年），在借款与租借地等问题上，奕劻与列强各国矛盾不断。当时，《时务报》载《欧洲诸国觊觎中土》说：

英国欲开大连湾为商埠，俄人阻焉。俄、德、法诸国包藏祸心于中国，英人亦不平之，论者遂谓将有决裂之势。然诸国已相商议，以维持一时之和局，英国撤去大连湾之要求，而俄人亦约谓如得地于中国，则必不垄断此地，当以为自由贸易之埠。于是乎欧洲诸国之于中国，稍持和平矣。然各国之要请于中国，是甚一日，未知所底。要之诸国得地于中国以为自由商埠，先得其商利者厥惟英国，故德、俄虽有所要请于中国，英必坐视以待其成。然英之所喜即德、俄之所忌，故俄、德不喜以其所得之地为自由商埠，想各国所要请于中国之事，必有少变矣。①

请看戊戌年的正月到三月间，翁同龢在其日记及其自订年谱中所记述

① 《时务报》，中华书局 1991 年影印版，第 57 册，第 3886 页。

的几个片段：

（正月初三）翁同龢记：未初到总署，两邸诸公毕至。俄使巴百罗福来，称奉国电，借款若中国不借俄而借英，伊国必问罪，致大为难之事。又极言英款万不可借，将以埃及待中国矣。辩论一时之久，而英使窦纳乐来，恭邸先往晤之，余与庆邸、荣、敬、崇、廖勉支巴使退。适窦语亦横，大略谓中国自主，何以不敢以一语诘俄，英何害于俄，而俄必阻止耶？且法国何与也。盖合肥专以俄毁英之语激动之，故致此咆哮也，亦勉支而去。噫，殆矣！传康有为到署，高谈时局，以变法为主。立制度局、新政局，练民兵，开铁路，广借洋债数大端，狂甚。灯后归，愤甚惫甚。钦天监奏日食，占日多疾病。①

（二月二十一日）翁同龢记：赴总署，法使吕班来，以四端利益要挟：龙州等处并长江照英例；邮政归法人管；铁路造至云南省；南海觅屯煤处，指琼州。以为奉本国训条如此，语重而貌为和平。庆邸空言敷衍之而去。晚与仪公、廖君斟酌复巴使照会。②

（三月初四）翁同龢记：沉阴惨淡，人心即天心也。……赴总署。庆邸来，诸公皆集，余发先开各口，先许各国屯船处所，然后定一大和会之约，务使不占中国之地，不侵中国之权，共保东方大局，庶几开心见诚，一洗各国之疑。诸公皆不谓然。法吕使来，四端利益，伊欲庆大臣与彼外部商办。……梁震东诚来见，嘱告英使暗助。③

---

① 《翁文恭公日记》，上海书店出版社1992年版，第621页。
② 《翁文恭公日记》，上海书店出版社1992年版，第619页。
③ 《翁文恭公日记》，上海书店出版社1992年版，第621页。

上述史料表明，列强各国侵略中国步伐加速，给身处清政府外交一线的奕劻带来了极大烦恼。落后就要挨打，奕劻在多年与列强打交道的过程中深深明白了这个道理。因此，奕劻应该属于稳健派中的改革派的行列。

（二）奕劻遵旨核议群臣奏折

改革初期，浓缩朝野臣工的每一道改革建议与主张的奏章，光绪皇帝也都几乎全部交给总理衙门核议并让其提出采纳与否的具体意见。当时，清政府的决策机构主要是军机处与总理衙门。军机处由顽固派首领刚毅把持，总理衙门则主要由奕劻、翁同龢、李鸿章、张荫桓等人共同主持。总体说来，与军机处比较，总理衙门则倾向务实。据统计，戊戌变法期间，从五月十四日到七月二十七日，奕劻遵照光绪皇帝的旨意核议群臣奏折或独自对奏折提出意见的达 16 件。其中，综合议奏工部主事康有为条陈 2 件，议奏湖南巡抚陈宝箴开矿、筑路、练兵、筹饷 1 件；荐举新政人才 1 件；添裁机构及官制吏治 1 件；筹设文武学堂及游学章程 4 件；农工商务 1 件；开矿筑路 2 件；设报馆译书局 4 件。[①]

（三）奕劻在维新上与康有为等人的区别

从百日维新期间奕劻的言行来看，奕劻属于务实渐进的改革派行列，与康有为等人的主张有着很大区别。从当时的朝局与形势变化来看，一方面，为了救亡，改革是一个总的发展方向，大势所趋，谁也改变不了；另一方面，如何改，改什么，这都是一个十分庞大、一时不能明确解决或者得出结论的问题。对于康有为"大变、全变、快变激进"的改革方案，从一开始，奕劻

---

① 参见国家档案局明清档案馆编：《戊戌变法档案史料》，中华书局 1958 年版，目录。

就明确表示了反对的态度。这从光绪二十四年五月十四日奕劻等人对康有为变法条陈遵旨妥议具奏一折中即可明显判断出来。

在这份奏章中，针对康有为的变法条陈，奕劻逐条加以批驳，几乎全盘否定了康有为的改革议案，归纳为以下三点：

1. 奕劻不赞成康有为在宫中开制度局的条策，认为"康有为所陈各节，事关创制，应由特旨举行，非臣下所敢擅请。他如置大学士于内阁，设军机处于内廷，领以王大臣出纳政令。国初设立登闻院，嗣归并通政司，又士民上书言事，俱准赴都察院呈递，酌核代奏。仰维成宪昭垂，法制大备，似不必另开制度局，设待诏所。迹涉纷更，未必即有实际"①。

2. 奕劻也不同意康有为提出的"举行新政，皆立专局以任其事"的主张。奕劻认为"臣等查我朝庶政分隶六部，佐以九卿；嗣因交涉日繁，复特设总理各国事务衙门，专办外交及通商事件。如法律隶刑部，税计、农商、矿政、造币事隶户部，学校事隶礼部，工务事隶工部，武备事隶兵部，铁路、邮政、游历、社会等项，亦均由臣衙门随时筹办。果使各勤职业，实事求是，既无废弛之虞，即不必更变名目"②。

3. 奕劻更不同意康有为提出的"各直省藩臬道府，皆为冗员，州县守令，选举既轻，习气极坏，与民无关，莫若变官为差，每道设一新政局，照主考学政及洋差体例，不拘官阶，随带京衔，准其专折奏事。每县设一民政局，会同地方士绅，公议新政，以厘金与之，其有道府缺出，皆令管理"这一关于地方官制改革的方案。奕劻明确回批："臣等查道府有表率之责，牧令为亲民之官，大小相维，各专责成，不得谓尽属冗员。若竟改官为差，加以京衔，准其奏事，设任非其人，其弊滋甚。该主事所请别开生

① 国家档案局明清档案馆编：《戊戌变法档案史料》，中华书局 1958 年版，第 7—8 页。

② 国家档案局明清档案馆编：《戊戌变法档案史料》，中华书局 1958 年版，第 7—8 页。

面，全系定章，亦未必有实效，应请毋庸置议。"①

总之，对于康有为的变法条陈，奕劻等以"墨守成规，固无以协经权；轻改旧章，亦易以滋纷扰"为由，加以批驳并全盘予以否定。对于奕劻的这种答复，光绪皇帝当然极不满意。他下旨要求再议。五月二十五日，奕劻等再次坚持自己的意见，递上不赞成康有为变法主张的奏折：

臣奕劻等跪奏，为奏闻请旨，仰祈圣鉴事。光绪二十四年五月十六日准军机处片交：本月十四日总理各国事务衙门议复工部主事康有为条陈一折，军机大臣面奉谕旨：着该衙门另行妥议，具奏。钦此。仰见皇上虚衷采纳，实事求是之至意，臣等自应悉心另议，以副圣怀。

惟查主事康有为条陈所称：请皇上大誓百司庶僚于太庙，置制度局于内廷，设待诏所于午门。又分设十二局于京师：一曰法律，二曰税计，三曰学校，四曰农商，五曰工务，六曰矿政，七曰铁路，八曰邮政，九曰造币，十曰游历，十一曰社会，十二曰武备。又外省每道设一新政局，每县设一民政局。将藩臬道府州县尽变为差，会同地方士绅，公议新政，即以厘金与之各节，均系变易内政，非仅条陈外交可比。事关重要，相应请旨，特派王大臣，会同臣衙门议奏，以期妥慎之处，出自圣裁。理合恭折陈明。伏乞皇上圣鉴，训示遵行。谨奏。②

这一次，在奏折中，奕劻干脆明言康有为的条陈是"均系变易内政，非仅条陈外交可比"，总理衙门担负不起这个责任，要求特派王大臣会同总理衙门一并议奏。可以想象光绪皇帝见到这份奏折时的恼怒模样。光绪皇帝

① 国家档案局明清档案馆编：《戊戌变法档案史料》，中华书局1958年版，第7—8页。
② 国家档案局明清档案馆编：《戊戌变法档案史料》，中华书局1958年版，第8—9页。

当天朱批：

着军机大臣，会同总理各国事务衙门王大臣，切实筹议具奏，毋得空言搪塞。钦此。①

（四）奕劻的"稳健式"改革

作为务实派，奕劻也主张变法，主张有限度的"稳健式"改革。从《戊戌变法档案史料》中的记载来看，他的变法主张主要集中在以下几个方面：引进与翻译西学，开风气、学技术；改造旧学堂，培养新式人才；进行军事改革，实现军事近代化；筑铁路、开矿产，等等。

1. 引进与翻译西学，以开风气

光绪二十四年五月初十，奕劻专为译书一事向光绪皇帝递上奏折。

在这份奏折中，奕劻提出三点建议：（1）"筹款开馆，翻译洋书，以开民智而造人才，自系当务之急，亟应及时举办，以开风气之先"②；（2）"所译之书，应先尽各国政治、法律、史传诸门，观其治乱兴衰之故，沿革得失之迹，俾可参观互证，以决从违。徐及兵制、医学、农矿、工商、天文、地质、声光化电等项，以收实用"③；（3）举荐梁启超经理译书事务。显然，光绪皇帝当即就批准了奕劻的建议。

光绪二十四年五月十三日，奕劻向光绪皇帝上奏，明确提出重用梁启超，让他全力从事译书与介绍西学的事情。奏折内容为：

---

① 国家档案局明清档案馆编：《戊戌变法档案史料》，中华书局 1958 年版，第 9 页。
② 国家档案局明清档案馆编：《戊戌变法档案史料》，中华书局 1958 年版，第 448—450 页。
③ 国家档案局明清档案馆编：《戊戌变法档案史料》，中华书局 1958 年版，第 448—450 页。

光绪二十四年四月二十五日奉上谕：广东举人梁启超，着总理各国事务衙门察看，具奏。钦此。臣等遵即传令来署，公同察看。该举人梁启超，志趣远大，学问淹通，尚属究心时务。前在上海筹设译书局，已具规模，业经臣衙门奏请拨给经费，将该局改为译书官局，责成该举人经理译书事务，奉旨允准在案。该举人平昔所著述，贯通中西之学，体用兼备，洵为有用之才，拟恳恩施酌予京秩，以资观感。并可否特赐召对之处，出自圣裁。所有遵旨察看缘由，谨陈片具陈，伏乞圣鉴。谨奏。[①]

在上述奏折中，奕劻集中表述了两个信息：（1）梁启超可用；（2）将上海译书局改为官办，由总理衙门直接管理。

除了在国内成立官办译书局，广印西学以开风气外，奕劻还建议清政府就地利用泰西各国方便条件，妥给经费，任命使臣就地搜集与翻译西学。

2. 添设经济特科，培养新式人才

对于添设经济特科，进行关于新式人才教育的改革，奕劻是赞成并极力践行的。光绪二十四年五月二十五日，奕劻上奏：

为遵旨议复，并遵议京畿特科详细章程，谨缮清单，请旨饬行，恭折仰祈圣鉴事。窃臣衙门会同礼部议复，贵州学政严修请设专科一折。光绪二十四年正月初六，奉上谕：国家造就人才，但期有裨实用，本可不拘一格，该衙门所议特科岁举两途，洵足以开风气而广登进，着照所准行。其详细章程，仍着该衙门会同礼部妥议具奏，等因。钦此。又浙江巡抚廖寿丰奏请饬妥议章程，以收实效一折。三月三十日奉朱批：该衙门议奏。钦此。

---

① 国家档案局明清档案馆编：《戊戌变法档案史料》，中华书局 1958 年版，第 160 页。

仰见皇上侧席求贤，权衡至当之意，钦佩莫名。臣等详译廖寿丰原奏，大抵以艺学精邃，非培养不能成材，而科场积弊已深，必需实事求是，酌量变通，始足以激励人才，一洗从前陋习。惟是特科旷典，原所以鼓舞群伦，自非克日举行，无以转移士习。所请分别器使诸法，自可行之于既试之后，不必律之于调考之先。至于岁举各节，按照特科六事，径由学堂选举，以修身明理绘图知算为根本，以《圣谕广训》《孝经》《四书》《朱子小学》为入门，酌改制艺书院为学堂，裁减例举乡会中额，以互相消息，本末兼赅，实能得古人论秀书升之遗意。

查宋世太学有积分之法，欧洲学堂有卒业之凭，亦并以平时考课，差其甲乙，参稽定论，不恃一日之短长，故得士多而无蹈虚之弊。若仍拘试四书文，附乡会试，则庸滥浮伪，怀挟枪替之弊，诚有如该抚所云，法愈变而弊愈滋者。盖特科为风声所树，不妨宽以相求，岁举实培养之基，不可泥于成法。臣等恭聆圣训，但期有裨实用，不敢以前次议办大略在先，稍涉回护。谨议特科章程六条，开列清单，恭呈御览。如蒙俞允，即由臣衙门咨行京外各衙门，一体遵行，如有未尽事宜，仍当随时奏办。所有遵旨议覆，并妥议经济特科详细章程缘由，理合恭折具陈。伏乞皇上圣鉴，训示。

再正缮折间，准礼部片称：本月十二日钦举上谕，乡会试既改试策论，经济岁举亦不外此，自应并为一科考试，以免分歧等因。查乡会试改试策论，既由礼部议覆，经济常科章程，亦应归入礼部议覆折内，一并议奏等语。是以经济特科章程，由臣衙门主稿，会同礼部具奏。至经济常科章程，应由礼部另行议覆，合并声明。谨奏。①

---

① 国家档案局明清档案馆编：《戊戌变法档案史料》，中华书局 1958 年版，第 228—229 页。

同日，奕劻亦上奏片。奕劻认为：

制造驾驶、声光化电诸学，非从外洋肄习，难语精专，而其人卒业言归，往往于中土文义，未能通畅，设一律试以策论，必致登进无门。拟请量为推广，仍令在京三品以上大员，外省督抚学政，及出使各国大臣，凡成就一艺者，确有所知，准其随时保荐，先由臣衙门考验，果系学业有成，堪资利用，再请钦派大臣复验，详勘得实，即因材器使，予以晋身之阶，似此博采宏收，庶片技必庸，而群才争奋矣。臣等管见所及，谨附片具陈，伏乞圣鉴训示。谨奏。①

光绪二十四年八月初四，奕劻又上奏：

七月二十日，准军机处钞交：军机大臣面奉谕旨，中书王景沂奏经济特科名实至重等语。着总理各国事务王大臣，妥议具奏。钦此。臣等查原奏内称：特科所举，已近百数，然草野之贤，非大臣所及知，举立之所知，不如其人之所知。拟请更下布告宇内，无论已仕未仕，于经济六目，确有专门，自信已深能见实用者，准其自赴总署报名，恭候御试。其已保之人，亦饬其自量能否，先行呈报，不愿与考者，即予撤销等语。

臣等查特科之举，叠奉诏旨，识拔真才，振兴士气，不得瞻徇情面，徒采虚誉。仰见朝廷慎重特科，既宽选举之例，复严滥保之防，权衡事当，责任事专。溯查康熙、乾隆年间，两举博学鸿词，仍由大臣荐举，号称得人。若如该中书所奏，准令自行报名，恭候御试，恐褊玉之徒，未必甘为

① 国家档案局明清档案馆编：《戊戌变法档案史料》，中华书局1958年版，第231页。

毛遂，而盘辟雅拜者，势将纷至沓来，欲广悬旌之招，转贻滥竽之诮。

臣等窃维特科六目，其内政、外交、理财、经武四目，留心时务者，类能慷慨直陈。能否征诸实用，恐言者亦概难自信。但使隋珠不湮，卞玉无刖，亦足仰副旁求盛典。其确有把握工拙立判者，惟考工格致二事，非有图说无缘彻宣，风檐寸晷，固难尽其所长。拟请习此二目，无论已仕未仕，如有撰注图说，准令赴臣衙门呈报，臣等详加考验，果有心得，即予存记，届时准令与试。已保之人，业经分咨原保大臣，饬于年内外，赴臣衙门报到，届时由臣等面加询问，自量能否？如果不愿与考，即予撤销，以昭核实。似此量为区别，庶于自行呈报之中，仍存实事求是之意。所有臣等遵议缘由，理合附片具陈，伏乞圣鉴，训示。谨奏。[①]

奕劻等人添设经济特科的建议，最终得到了朝廷的批准。

3. 改造旧学堂，培养新式人才

光绪二十四年五月十三日，奕劻等上奏片：

准军机处钞交，御史曾宗彦奏，矿利为当今急务，宜于天津、福州、广东各学堂中，精选聪颖学生，已通西国语言文字者数十人，赴欧美各国精习矿学，学成之日，予以优奖，回国效力。一面饬下南北洋大臣，设立矿学学堂，亦选已通西国语言文字者数十人聚其中，习之既久，必有出类拔萃之才，而供国家之用等语。光绪二十四年五月初五，奉旨：著总理各国事务衙门议奏。钦此。臣等查中国矿政，现惟漠河金矿开平煤矿办理较有成效。此外各省矿务，率皆时作时辍，动多亏折，良由周官卝人之政，年

---

① 国家档案局明清档案馆编：《戊戌变法档案史料》，中华书局1958年版，第240页。

久失传，礼失求野，自宜研究泰西新学，以扩矿利。该御史请派学生赴欧美各国精习矿业，并请饬下南北洋大臣，设立矿学学堂，自系为培养人才振兴矿学起见。惟欧美各国语言文字与中国迥异，非先精熟西文，无从考求西学。现在天津、福州、广东各学堂，已通西文者，若赴欧美两洲，道远用繁，经费较巨。日本自维新以来，讲求泰西各种学业，深得奥窍，出使大臣裕庚，前致臣衙门公函谓：该国矿学，尤有心得。若先选派学生前往日本学习，同洲同文，机势较顺。本年闰三月间，该国使臣矢野文雄函称：该国政府愿与中国倍敦友谊，请派学生前往肄业，该国支其经费等语。现经臣等公同商议，另行具奏。拟即咨行南北洋大臣，两广、湖广、闽浙各督抚，拣派年幼颖悟各学生，开具衔名，咨报臣衙门，派往日本矿务学堂专门学习，以归简易。仍一面由各大臣督抚，就现有学堂，酌增矿学一门，延聘各国上等矿师，切实教授，以期造就愈宏，成材愈众。所有臣等遵议缘由，是否有当，谨附片具陈，伏乞圣鉴，训示遵行。谨奏。光绪二十四年五月十三日奉朱批：依议。钦此。[①]

光绪二十四年六月初二，为开办京师大学堂事，奕劻等又上折：

臣奕劻、臣许应骙跪奏，为遵旨复奏，仰祈圣鉴事。光绪二十四年五月二十九日准军机处片交：本日管理大学堂大臣孙家鼐奏开办学堂，权假邸舍，应用何处官方，请饬督办大学堂工程王大臣，速即指拨知照等语。军机大臣面奉谕旨：着奕劻、许应骙迅即查照办理。钦此。

臣等奉命承修大学堂工程，业经电知出使日本大臣裕庚，将日本大学

---

① 国家档案局明清档案馆编：《戊戌变法档案史料》，中华书局 1958 年版，第 257—258 页。

堂规制广狭、学舍间数，详细绘图贴说，咨送臣衙门参酌办理。现在尚未寄到，将来按图查勘地基，庀材鸠工，亦尚需时日，自不得不权假邸舍，先行开办。臣等查地安门内马神庙地方，有空闲府第一所，房间尚属整齐，院落亦甚宽敞，略加修葺，即可作为大学堂暂时开办之所。如蒙俞允，应请饬下总管内务府大臣，遵照办理。所有开办大学堂，先行酌拨官房应用缘由，理合恭折覆陈，伏乞皇上圣鉴，训示遵行。谨奏。①

除了添设矿务学堂，筹办京师大学堂外，奕劻等人还主张在外洋就地设立中西学堂，"就寓洋华民中，令各使臣拨其颖异者，录为各原籍商籍生员，足裨救时之用"。同时，奕劻等也建议，除了京师大学堂外，饬各省也建立中小学堂，也讲求经济。这在光绪二十四年七月初五奕劻等折中，都有具体的反映。

光绪二十四年八月二十五日，奕劻等又上折，主张"推广游学章程，令有财力之文武各大员及各省富商，各选聪颖子弟，自备资斧报名，由各省咨送总理衙门，一体汇送外洋学堂肄业"。原折如下：

臣奕劻等跪奏，为遵议推广学堂章程，请旨通行饬遵，恭折仰祈圣鉴事。光绪二十四年八月初二，准军机处钞交：总理各国事务衙门代奏章京霍翔呈请推广游学章程等语，本日面奉谕旨，著总理各国事务衙门妥议具陈。钦此。查阅原呈称，朝廷变法自强，首以人才为根本，现普立学堂，复遴派内外职员，及各学生出洋游学，圣谟广运，薄海同钦。唯是学堂新立，规模草创，师承难确，观摩无资，即能收效，尚在十年以后。而所派游学各员

———————————

① 国家档案局明清档案馆编：《戊戌变法档案史料》，中华书局1958年版，第266页。

生，皆须国家资遣，即入外洋学堂，每年用项不赀，又皆官为接济。经费祗有此数，派往不示限制，既虑所费难支，过示限制，成材又嫌不广。且游学者，不出己资而用官款，中材以上或可感激自奋，否则，藉此糊口，虚靡经费，因循无成，恐亦不免。窃以为莫若推广游学章程，令有财力之文武各大员及各省富商，各选聪颖子弟，自备资斧报名，由各省咨送总理衙门，一体汇送外洋学堂肄业，似此推广，约有七便，请备陈之：有财力之家，出己资以造就子弟，国家无丝毫烦费，便一。乡邑善举，绅富好义，尚有乐输成人之美，今游学乃成其子弟之美，当不吝所费，便二。自出其资，远涉重洋，学无成就，子弟无以对父兄，必倍加勤奋，而学易成，便三。纨绔膏粱，积习颇深，贤而多才，犹损其志。然极其势力，以荫得官，入资出仕，均能夤缘要津，妨塞贤路，官常吏治，颇为所梗。今使之折节游学，阅历增而器识伟，化不才为有才，易庸吏为能吏，便四。大贵大富之家，皆凡民所系望，朝廷变法，颁行一切新政，富贵家先徘徊观望，阳奉阴违，凡民更甚。此皆囿于井蛙之见，虽三令五申，莫启聋聩。令其子弟亲历外洋，熟谙情形，晓谕父兄，昭若发蒙，风气易开，便五。凡农工商矿等学，学成后虽知举办，然购机置器等事，犹烦资本，寒素之家当难措手，而若辈则长袖善舞，咄嗟可办，为所欲为，无不如志，便六。其人皆身家殷实，必能轻利重名，学成录用，操守易端，便七。综此七便，亟应推广施行，然恒情难与谋始，华人安土重迁，虽有明昭，一律踊跃仍恐不能。唯有歆动鼓舞，特降谕旨，凡有才力之吏，或各大员及各省富商子弟，自备资斧学于外洋，卒业后领有学成文凭，经出使大臣验明，咨送回华，由总理衙门带领引见，询事考言，破格录用。一切新政，因才委任，功名所在，豪杰争趋。似此歆动，必有响应者。盖大贵大富之家，本与国家有休戚相关、安危与共之谊，国无绅富无以为国，绅富无国无以保家。值此时势，必以国家财力，事事代为之谋，不如使有财之家，各自为谋，人人自谋其私，而适成其为谋国之公等语。臣等查自强根本，系乎人才，现时学堂虽经开办，而造就尚难遽成，游学虽派员生，而资遣又多烦费。今该章京呈称，绅富与国家有休戚相关、安危与共之谊，请推广办法，令有财力之家，各选聪颖子弟，自备资斧出洋游学，胪陈七便，言皆切实，事属可行。拟请明降谕旨，凡有财力之文武各大员，及各省富商各选中学已通大义之聪颖子弟报名，由该省咨送臣衙门，一体汇送外洋各学堂肄业。卒业后领有学成文凭，经出使大臣验明咨送回华，由臣衙门考察。如果学业有成，带领引见，破格录用，当有真才蔚起，共济时艰，于世局不无裨益。如蒙俞允，即由臣衙门通行饬遵。所有遵议缘由，理合恭折覆陈，伏乞皇太后、皇上圣鉴，训示。谨奏。①

该折当日即得到朝廷的批准："光绪二十四年八月二十五日奉朱批：依议。钦此。"②

4. 主张进行军事改革，实现军事近代化

奕劻因深受慈禧太后信任，长期主掌海军衙门、八旗满洲蒙古汉军骁骑营与神机营，因此，他对清王朝军政所存在的弊端更有不同于常人的感受。在军事改革方面，他也表现得十分积极。

光绪二十四年五月二十一日，光绪皇帝下谕：

前据顺天府尹胡燏棻奏请精练陆军并神机营改用新法操演，出使大臣伍廷芳奏京营绿营参用西法各折片，先后谕令军机大臣会同神机营王大臣、八旗都统妥议，兹据该王大臣等会同议奏，改练洋操为练兵要著，各省绿

---

① 国家档案局明清档案馆编：《戊戌变法档案史料》，中华书局1958年版，第294—295页。
② 国家档案局明清档案馆编：《戊戌变法档案史料》，中华书局1958年版，第295页。

营练勇，迭经谕令认真裁并，一律挑练，著该将军督抚归入前次户部、兵部议复，御史曾宗彦请改操折内，一并迅速筹议，切实具奏。神机营业经挑选马步官兵一万人，勤加训练，即著汰弱留强，实力讲求，务成劲旅。八旗满洲蒙古汉军骁骑营、两翼前锋护军营，均著以五成改习洋枪，五成改习洋机抬枪，著派奕劻、色楞额、永隆管理八旗骁骑营，崇礼、载卓、苏鲁岱管理两翼前锋护军营，奕劻向来办事认真，熟谙武备，务须会同简派各员，并督同各旗营专操大臣，按照泰西兵制，更定新章，认真操演，其八旗汉军、炮营、藤牌营，著一并改用新法，挑练精壮，如式演练，以成有用之兵。更使日起有功，何惜宽筹饷项，各直省将军督抚及该管王大臣等，务当振刷精神，屏除积习，毋得始勤终怠，至一切阵法器械营制饷章，及挑选将弁教习各节，著按照胡燏棻等所奏，议定切实办法，奏明办理，用副朝廷整军经武至意，将此通谕知之。钦此。[①]

从上折可以看到，戊戌变法期间，奕劻正负责八旗满洲蒙古汉军骁骑营的军事领导工作。光绪皇帝在折中特意指明"奕劻向来办事认真，熟谙武备……其八旗汉军、炮营、藤牌营，著一并改用新法，挑练精壮，如式演练，以成有用之兵"。这表明，在当时高层旗人中，奕劻是被公认为"熟谙武备"的高官；同时也表明，在禁卫军的管理与训练方面，奕劻明显担任着重要的角色。"会同""并督同"等字样充分说明了奕劻当时在京师禁卫军中的重要地位与角色。

光绪二十四年六月二十三日，奕劻等人上奏。

在这一奏折中，奕劻与兵部一同审核湖南巡抚陈宝箴关于练兵等事宜

---

① 梁启超著：《戊戌政变记》，广西师范大学出版社 2011 年版，第 47—48 页。

的奏折，并在奏折中明确提出了自己的处理意见。

奕劻等人认为，陈宝箴关于"于外国借购大小战船、雷艇二三十艘，成一舰队。各国在华商务，英得十分之七，护商兵船"的办法并不可行，"同时并购二三十艘战舰，无论何国，不能立办。况五千万之款，分二十年偿还，本息并计，每年已约需五百万两，加以养船经费，岁需七八百万之谱，目今财力，安能筹此当年的款。水师制胜之道，固在船炮之精利，尤在将领之得人，任非其人，适以资敌"。"同时购置多舰，则需才之众，求才之难，更可想见。若如陈宝箴所请，将卒俱用英人，又恐一旦海上有事，彼守局外之例，纷纷告退，更从何处募补"。在此基础上，奕劻等人提出了自己的海防主张："臣等权衡缓急，拟请饬下南北洋大臣，先将水师学堂，增设学额练船，实力筹办。数年之后，人才辈出，彼时帑项稍裕，再行添购战船，庶运用不至乏才，而舟师可收实效。"

光绪二十四年七月二十七日，奕劻等上折，就武科改革一事进行核议。

在这份奏折中，对于武科改革，奕劻等"博采众长，酌中定制，综其大要，盖有三端：一曰稽名籍，二曰严考试，三曰杜流弊"。主张"合营伍学堂团练为一"，外场考试以枪技为主，仍不废传统的弓刀石；内场考试"试兵法论一道，舆地测算等学策问一道，以一论为完卷，字义通顺，即可入选；策论俱佳者，外场虽逊，亦可取中。其中额任缺毋滥"。"武乡试自光绪二十六年庚子科为始，会试自光绪二十七年辛丑科为始，童试自下届为始，悉按新章考试，以归划一"，由此可见奕劻对武科改制的热情与支持。

5. 主张经济改革，开辟利源

关于奕劻在戊戌变法期间的经济改革主张，可以从其议复的如下奏折中窥见一二。光绪二十四年五月十六日，奕劻在遵旨核议"御史曾宗彦奏农工二务，亟宜振兴"一折中提出了"铁路为自强要务，中国不能不时修造"的振兴经济的主张。原折如下：

臣奕劻等跪奏，为遵旨议奏事，光绪二十四年五月初五，准军机处钞交：御史曾宗彦奏农工二务，亟宜振兴一折，本日奉旨：着总理衙门议奏。钦此。查原奏称：欧西铁路之兴，所以便商旅，利行兵也。然必其国之利源已开，土货之销足敌外货之畅，故民利而国与俱利。中国人工物产，事事办无成效，所出只有此数，虽有铁路，无所利之。洋人自通商以来，机变百出，巧其艺以中吾之欲，毒其术以制商之命，无小无大，竭泽而渔，中国精华朘削殆尽。且新增条约，又准改土货为洋货，贩运愈捷，成本愈轻，销路愈广。今又佐以铁路，将以开中国之利源，适以竭中原之膏血，急筹抵制之术，厥有二端：一曰励农学以尽地力。中国地属温带，土宜最广，可耕之地，若以西法农学经营之，利可六倍。西人常谓尽地所受日之热力，每一英里可养一万六千人，计一英里仅中国三里三。又西人推算中国之地，若用西国农学新法，每年可增款六十九万万两有奇，今纵不必尽如其数，但能得半，而中国已岁增三十余万万，岂患贫哉。惟其事繁琐，购新器，授新法，穷乡僻壤，节节难周。责之官办，则文告系属空谈，听之民办，则愚贱惮于谋始，其势非绅办不可。查江浙士绅，邀集同志于上海，创设农学会，兼采中西各法，以树艺畜牧，倡导海内，在兴利之中，最为实际，行之一年，尚稍稍有应之者。惟以一二人士主持其间，功力有限。伏乞明降谕旨，将上海农学会，亟予激励，或饬地方官力为保护，或恩赏银两，以示特施，使天下闻风尽夺美天之利，计日可收，此兴农学之足筹抵制也。
一曰准专利以劝百工。欧洲凡出新意制器者，皆准呈官考验，予以专利年限，限满之日，方准他人仿造。中国未有专利明文，出奇者煞费苦心，效尤者立攘其利，以故人人自废。西人挟彼之功，乘我之虚，闾阎日用，半资洋货，民生安得不困，国用安得不虚。伏乞明降谕旨，饬下各直省督抚、将军，凡民间能出新意制造器物者，准呈所在地方官考验，以适用之大小，定专利之年限。其能制造新式军械，有益大计者，所在督抚、将军，专折奏明，破格奖励，此兴百工之足筹抵制也。二者皆兴，则铁路之通以富以强，二者有一不兴，则铁路之通以资以弱。各等语。

臣等查铁路为自强要务，中国不能不时修造，亦事会使然。惟土货之销不敌洋货之畅，自属实在情形，该御史拟筹抵制之法，系为开拓利源起见。其励农学以尽地力一节，查泰西农学渢有专书，中国拘守旧习，于西人种植畜牧之法，未及考求，实农政之未修，非地力之已尽。近日京师奏设大学堂，各省学堂次第设立，正宜广译外洋农学诸书，兼资肄习，以为试办之地。该御史谓官办、民办诸多窒碍，不如责成绅办，洵属扼要之论。所称上海农学会，由江浙绅士创设，行之有效，是风气业已渐开，惟该学会何人经理，一切章程未经呈报，无案可稽。应请旨饬下南洋大臣，查明该绅等姓名，及该会章程，咨送臣衙门备核。仍由南洋大臣就近考察，如果确著成效，请旨嘉奖，为直省农学之倡。其如何妥为保护，并应否筹给经费，以垂久远之处，统由该大臣酌核奏明办理。

至准专利以劝百工一节，查光绪八年，上海创设机器织布局，定限十年，只准华人附股，不准另行设局。光绪二十一年，烟台设立酒厂，采买葡萄酿酒，定限十五年，不准他人仿造，俾专执业。均经奏准有案。又本年四月，总税务司申送福州人陈紫绶所制纺织机器，经臣衙门查验，学有心得，援案准其专利十五年，亦在案。今该御史请定制器专利年限，事属可行，拟请饬下各直省督抚将军，嗣后民间自出新意制造货物，准其呈请考验。其适用之小者，仿照上海织布局成案，予以专利十年，其适用之大者，仿照烟台酿酒成案，予以专利十五年，各给印照，以为凭据。其有制造新式军械，不在利限之例，呈由该管官详加试验，如果裨益大计，随时奏请优奖，以资鼓励。

窃维播谷重虞廷之命，考工补周礼之书，当此时艰孔棘，即不参用西法，亦应整饬内治，于厚生利用诸要政，详加考究，力图自强。况铁路之通，既足以扩利源，西法之善，复足以资印证，诚能加意讲求，使地无旷土，工有良师，富国之道，孰大于是。又不仅抵制洋货，畅销土货之一端也。所有议复御史条奏农工二务亟宜振兴缘由，谨恭折具陈。是否有当？伏乞皇上圣鉴，训示。谨奏。①

光绪二十四年六月二十三日，奕劻等在妥议具奏湖南巡抚陈宝箴上奏的关于"时艰愈迫，谨拟兴事、练兵、筹款事宜，披沥密陈等因"一折中，也多少吐露出了他的一些经济改革的主张。折中写道：

臣等查陈宝箴所陈兴事、练兵、筹款三端，洵经国之远谋，自强之至计，语多切要，足备采择。惟其间有业经次第举行者，有尚须逐渐商办者，谨就臣等愚虑所及，为我皇上缕析陈之：

如原奏所称泰西富强之计，原于商务，目前所可仿行者，莫如铁路、矿务，然此两事，皆非巨款不成，非得人不办。与其暗以大利与人，不如明与共办，宜以现款先造铁路数段，一面议以抵借各国商款，次第兴造川、陕、滇、晋枝干之路，即芦汉、粤汉、苏镇等路工款，均一律官支官借。所有余利，以五成还借款，五成赡国用。又与洋商合开各省矿产，成本、余利均以我六彼四为则，数年之后，铁路渐成，矿产日辟，又成效可睹，

---

① 国家档案局明清档案馆编：《戊戌变法档案史料》，中华书局1958年版，第387—389页。

再集华股与民共之，此兴事之说等语。

臣等查东西富强之基，诚以铁路、矿务为要，中国津榆铁路，已造至奉天锦州地界，现正拨款接续兴造。此外芦汉铁路商借比款，粤汉铁路商借美款，宁沪铁路商借英款，山西铁路商借俄款，均已先后定议，克日开办，数年之后，当可陆续告成。矿务一项，现惟漠河金矿、开平煤矿，办理已有成效。山西、河南矿务，甫与义商议办，贵州矿务，甫派道员陈远明前往试办。将来能否收效，尚无把握。陈宝箴请以现款先造铁路数段，即以抵借各国商款，兴造川、陕、滇、晋之路。又与洋商合开各省矿产，成本余利，均以我六彼四为则，固为扩充矿路起见。惟现造各路，均系借款，本款未偿，何从另行抵借？川陕路长款巨，一时更无从筹措。至各省矿产，原应即时开采，但每开一省，其成本总在数百万之谱，若与洋商合办，各省并举，非有数千万金不足集事。当此库储支绌，实未敢轻易发端，且恐此议一定，各洋商此攘彼夺亦未已易收束。本年六月十五日钦奉谕旨：专设矿务、铁路总局，特派臣文韶、臣荫桓，专理其事，自应通筹全局，核实兴办。所有筹办情形，容臣文韶、臣荫桓另折具奏。凡兹要政，非人莫举，尤应先事储才，以备临事调用。本年五月间，臣等议复御史曾宗彦条陈折内，已请饬下南北洋大臣，于现设学堂中，添设矿务一门，并于议办山西、河南矿务章程，亦就地设立矿务学堂，俾资练习。拟再请旨饬下承办铁路大臣，各于铁路扼要之区，增设学堂，招集生徒，切实教导，其经费即由铁路项下开支，无须另筹。

原奏又称：款宜内外兼筹，外筹之策，日加洋税，西人商务，惟虑货物之不流通，而不甚计税之加减，欧洲通例，凡通商口岸，各国均不侵占，宜请饬下总理各国事务衙门，与各省将军、督抚会议，各省可以设埠之地，无论何国，悉准通商。惟须详定节目，不准划作租界，以保事权。

海口税则应议加增，以子口半税，加入正税，是为值百取七五，再加二五统为值百取十。子口半税以入口税每年六百余万计，应征三百余万，近十年只征五十万，弊在洋商报税偷漏，用单重复，如于入口时统征，此款即岁增三百余万。通商税则，今昔货价贵贱悬殊，宜将旧则货名、货价删除，统作为值百取十，照时值估算，此款又可增数百万。而英镑之贵，较前倍增，而海关收银加旧，若照各国通行之例，每值十镑，征税一镑，又可增二三百万，合计已增千万。今将值百取五改为取十，较旧数，骤增一倍，又况镑价、货价子口税，一概核实，名增二五，不啻实增七八，此实中国元气所关，当以全力注之。内筹之策，曰均民捐劝捐最多流弊，名虽为劝，实不免于抑勒。咸丰、同治年间，前两江总督曾国藩、湖南巡抚骆秉章，曾奏行随粮劝捐，每地丁一两，捐银数钱，漕称之名曰助饷捐，较之别项劝捐，无抑勒之苦，无不均之患。今若通饬一律仿行，仍稍为变通，每地丁一两，捐钱六百文，即名之曰兵船捐，非若税亩加征之永为定额可比，不背永不加赋之祖训，合各省计之，岁可得银五百万两，此款实为保民而设，食毛践土之伦，自无不甘心乐捐，此筹款之说等语。

臣等查加税之议，实为今日筹款要着，臣等已迭将前后商办情形，随时陈奏，陈宝箴所陈办法，均属切中肯綮，诚宜注以全力。其所指子口税，洋商贩运洋货到口，或即在本口销售，或另由华商运入内地，逢关纳税，遇卡抽厘，未必尽领子口税单。又津海关子口税银，向归子口征收，由常关另行具报，不归税司经理。同治年间，三口通商大臣崇厚任内，因常关缺额，迭由子口税项下奏明拨补，接任道员陈钦，以短征无多，情愿设法赔缴，毋庸拨补，又东海关，因出口货物稀少，恐碍洋税，亦向不加征子口税项，均经奏准有案，是子口半税，不敷入口税数。当非洋商偷漏，及用单重复之弊。今议归并正税，改为值百抽十，自可岁增巨款。但子单盛行，厘金必绌，并

120

筹当体察通商税则，今昔物价悬殊，亦属确论，臣等已饬总税务司，将各口货价查明汇报，据总税务司复称：各口税司，已将报齐，容迅造清册呈阅等语。俟呈送到臣，臣等可以详细核办。但中国税则，向与条约并行，非同各国之可以意为增减，欲将旧则尽废，亦须先向各国政府商允，方能定议。通商之初，计值定税，其时以关平银三两，抵算一镑。近年镑值倍增，税数仍旧，中国受亏，此为最巨。是以臣鸿章、臣荫桓，先后奉命与英国外部商议加税，均先主按镑收税之说，该外部但允加税，不允加镑，盖亦孰权轻重，合彼就此，今即再申前议，恐未必办到。至广开口岸，臣等亦早筹及，是以本年三月间，迭经奏请，将湖南之岳州府、福建之三都澳、直隶之秦王岛，开作口岸，奉旨允准，业经咨行各该省遵照。并于议复中允黄思永条陈折内声明，各该省如有形势扼要，商贾辐辏之区，不妨广设口岸，以均利益，而免觊觎。请饬各省将军、督抚，察看地方情形，咨会臣衙门核办，亦经通行遵照，应再由臣等，咨催各该省将军、督抚，查照前奏，迅速勘报。陈宝箴谓西人商务，惟冀货之流通，不计税之加减，但使展拓商埠，即可允我加税之议，恐未必尽然。西人立论，每谓中国厘金有累商务，若将厘金裁撤，则值百抽五之税，改为值百抽十，或值抽十五，均尚可商。惟各省百货厘金，每年报部约一千六百万两，外销之款，尚不在内，指拟各款，此为大宗。本年续借英德商款，亦以盐货各厘作抵，实未敢轻议裁撤，加税棘手，实由于此。臣等惟当俟开议时，援引各国税章，逐细磋磨，力与争办，得尺得寸，未敢预期。至陈宝箴所称，民捐一节，从前曾国藩、骆秉章原定办法，臣衙门无案可稽。惟自迭遭兵燹以后，民间元气未复，农民终岁勤动，仅资糊口，八口之家，经营数亩之地，年丰而饥，冬暖而寒，设遇水旱偏灾，则困苦情形，尤惟农民最甚。现在每一两仅易制钱一千余文，如征六百文，是已加至十分之六，穷民即使乐输，实亦无从筹措，州县自顾考成，追呼敲扑，势所不免。伏查药牙铺税，均已奉旨停办，行商坐贾，资本稍厚，犹得仰邀浩荡之仁，独于茅檐部屋，收此十分加六之捐，似非仰体皇上痌瘝在抱之意。陈宝箴原奏亦谓铁路、矿务、洋税三端，如能切实办理，则随粮捐费可停，臣等惟当将以上三端，次第筹办，所请随粮捐输，应毋庸议。又陈宝箴片奏内称，通商口岸，能使各国互相牵制，有裨地方，中国之人知此义者无多，若奉旨通饬各省一体举行，又于开办之处特降谕旨宣示，咸使周知，则人皆晓然于朝廷慈惠公溥为民兴利，自当蒸然向化。至于合办矿务，必集各国商股，公择华洋商董办理，声明系商民自图之利，不必由各国政府干预各节。查开设口岸，先期晓谕，自是解释愚民疑沮之心，惟准开之时，业经臣衙门奏奉谕旨准行，自应由该督抚恭录晓谕，俾众咸知，似毋庸另请宣示。至合办矿务，声明系商民自图利益，不必各国政府与闻，自是正办。臣等议办晋豫矿务，即系径与义商罗沙第订立合同，力阻英意使臣从中干预。惟各国使臣，责任护商，亦因此事时有照会诘难，往往一语不合，即已报其政府，臣等亦无从禁阻。惟于合同内注明，事由商办，设有亏折，不与中国国家干涉，以冀稍杜流弊，臣等目击时艰，心维国计，固不敢畏难苟安，亦不敢空言塞责。惟于一切应办事件，仰秉宸谟，实力整顿，以期无负我皇上孜孜求治之至意。所有臣等遵议缘由，理合恭折具陈，伏乞皇上圣鉴，训示遵行。谨奏。①

在上折中，奕劻针对陈宝箴的奏议主要提出了三点自己的看法：① "臣等查东西富强之基，诚以铁路、矿务为要"；② "臣等查加税之议，实为今日筹款要着"，但不同意民捐劝捐，指出 "民捐劝捐最多流弊，名虽为劝，

---

① 国家档案局明清档案馆编：《戊戌变法档案史料》，中华书局1958年版，第28—33页。

实不免于抑勒"；③不赞成中西商人合办开矿。害怕"合办矿务"会引发外交纠纷。

光绪二十四年九月初十，奕劻等又上折：

光绪二十四年七月二十六日准军机处钞交军机大臣面奉谕旨：胡燏棻奏各省开办路矿，订借洋款，须由铁路矿务总局核定，方能允准等语，著总理各国事务衙门酌核办理。钦此。自刘鹗、方孝杰勾结洋商，谋揽山西路矿，以致华人之桀黠者，咸思串合一二洋人步其后尘，以图一逞。此辈伎俩，俨同客贩，祇冀准办以后，先得厚酬，或逐年坐分余利，而国家之地土物产，即入外人掌握。应请饬下路矿总局明定画一章程，嗣后各省开办路矿，订借洋款，必须身家确系殷实，令将资本呈验，方准承办；并请饬下总理衙门知照各国驻京使臣，遇有造路开矿等事，借用洋款，非奉国家允准明文，其所立合同章程一概作废等语。臣等维矿务铁路，关系富强要政，果能自集资本次第开办，自可恢拓商务，开濬（浚）利源。无如中国商情涣散，集股为难，库储之绌，又未敢轻易指拨，不得不借资洋商，以期集事。而一二奸商，遂得因缘为利，与洋商私立合同，希图分润。流弊所至，诚有如胡燏棻所陈者。现钦奉谕旨，设立总理矿务总局，自应明定画一章程，俾资遵守。惟既准借用洋款，则章程一项，须统筹兼顾，保华商之利权，通洋商之情款。造端伊始，条理细密，容臣文韶、臣舒翘博访华洋成式，悉心核定，另行具奏。至胡燏棻所请矿路借用洋款非奉国家允准明文，所立合同章程一概作废一节，臣等已详叙情伪由总理衙门照会各国驻京使臣查照立案，以防流弊而免轇轕。所有臣等遵旨酌核办理缘由，理合恭折覆陈，伏乞皇太后、皇上圣鉴，训示。再此折系总理各国事务衙门主稿，会同矿务总局办理，合并声明。谨奏。光绪二十四年九月初十奉旨：

依议。钦此。①

　　这就是说，奕劻不赞成与洋商合办矿务，并利用"胡燏棻奏各省开办路矿，订借洋款，须由铁路矿务总局核定，方能允准"一事，让清政府通过了他提出的限制中外合办矿务的主张。

三、戊戌政变中的利害角色

　　关于戊戌政变发生的原因，梁启超在其《戊戌政变记》一书中曾经详细地分析过。他认为，戊戌政变的发生及结果，主要归咎于下列诸因素：

　　（1）保国会在全国上下激起大风浪："戊戌三月，康有为、李盛铎等同谋开演说恳亲之会于北京……已而京师大哗……"

　　（2）上书废八股之举引起社会动荡："当时会试举人集辇毂下者将及万人，皆与八股性命相依，闻启超等此举，嫉之如不共戴天之仇……"

　　（3）新旧势力冲突日益激烈："同在湖南大行改革，全省移风……而湖南旧党之焰益炽……积谋数月，以相倾轧。"

　　（4）面对改革态度，上下不同步："于四月二十三皇上下诏定国是，决行改革，于是诸臣上奏，虽不敢明言改革之非，而腹诽益甚。"

　　（5）帝后矛盾日益尖锐，改革措施无法有效推行："……屡次所下新政之诏，交疆臣施行，而疆臣皆西后所擢用，不知有皇上，皆置诏书于不问，皇上愤极而无如之何。"

---

① 国家档案局明清档案馆编：《戊戌变法档案史料》，中华书局1958年版，第441页。

（6）改寺庙祠堂为学堂引起激变："……将天下淫祠悉改为学堂。于是奸僧恶巫，咸怀咨怨……"

（7）大裁冗员引起权贵不满："于是前者尸位素禄、阘冗无能、妄自尊大之人，多失其所恃，人心皇皇，更与有维新诸臣不两立之势。"

（8）上下信息沟通渠道不畅："中国之大弊，莫甚于上下壅塞，下情不能上达。"

（9）改革推进速度过快："皇上至是时亦知守旧大臣与己不两立，有不顾利害，誓死以殉社稷之意，于是益放手办事……"

（10）袁世凯"临阵倒戈"导致的失败："于时袁世凯召见入京，亦共以密诏示之，冀其于阅兵时设法保护，而卒以此败事。"

梁启超上述分析的种种因素基本在理，有助于我们梳理出戊戌政变的种种祸源。

然而，说到底，导致这场政变发生的原因，最终还是慈禧太后与光绪皇帝之间有关最高权力的冲突与争斗无法调和。光绪皇帝要想实现变法目的，就必然要挑战长期以来慈禧对最高权力的独揽与掌控，要么成功，要么失败，没有第三条道路可走。要么是光绪皇帝甘愿无所作为，要么是慈禧太后甘心交出权力，这是一个双方谁也不愿意退缩且无法和平解决的两难问题。既然双方中的任何一方都不愿意服输、和平退让，那么这场血淋淋的政变也就不可避免。

按照梁启超的说法，光绪皇帝召见康有为，实为改革之一大关键，而废立之谋亦从此决矣。而恭亲王奕䜣之死，于改革及废立又是另外一大关键。诚然，这种看法有其一定的道理。恭亲王奕䜣无论是资历、人望、能力在当时朝臣中皆无人可以望其项背。年轻气盛的光绪皇帝能够听进他的忠告，而老谋深算的慈禧太后也对他多少有所忌惮。如果不是奕䜣在四月病逝，康有为断不能在如此短时间内就得到光绪皇帝的召见并掀起如此大的政潮；改革即使开始，恭亲王也有能力将其限制在一个不会触及慈禧太后的权力敏感部位的安全范围。

可是，能够起到平衡两宫作用的奕䜣永远地走了。张謇记："恭邸薨，朝局殆将变动。"① 接下来的事实是：填补奕䜣位置的庆亲王奕劻，在各方面都无法与之相比。

尤其重要的是，奕劻是太后安排在光绪皇帝身边的人。这一点，年轻的光绪皇帝心中十分清楚，当然就不会买他的账。而以中庸性格著称的庆亲王也不可能去担冒犯慈禧太后的危险去真正替光绪皇帝着想。

就这样，因为恭亲王奕䜣的突然离世，慈禧与光绪母子二人的冲突再也没有合适的人能够调和，也无人敢于调和。因此，有关最高权力的争夺所引发的变法的结局从一开始就埋下了不祥的伏线。

戊戌变法期间，慈禧太后与光绪皇帝之间究竟产生了怎样的矛盾？从政治权力的归属关系来分析，也许可以诠释母子二人最后翻脸的真正原因。

目前，学界已经形成共识：虽然光绪皇帝早已亲政，但其权力有限，真正的权力仍然掌控在慈禧太后的手中。二人之间的权力结构大致表现如下：

（1）事后报告制度。慈禧太后允许光绪皇帝在朝廷一般事务的处理上有朱批权、口谕权，并可以对谕旨形成相当程度的处置权。但在光绪皇帝颁布《定国是诏》后，准确说是在第二天，光绪皇帝对于重要的奏折及其前一日所作出的种种相关决定，必须及时向她报告。可以认为，光绪皇帝对一般事务有处理权，而慈禧太后则有监督权。

---

① 张謇著：《张謇全集》（第 6 卷），江苏古籍出版社 1994 年版，第 409 页。

（2）事前请示制度。慈禧太后在光绪皇帝亲政以前曾明确规定："简放大员及各项要差"由"皇上奏明皇太后"；满汉尚书、侍郎及地方布政使、按察使等重要官员的任命"拟请暂照现章"。也就是说，朝廷高级官员的任命最后仍然由慈禧太后说了算。

通过《清代起居注册》和其他宫中档案，我们可以看到，光绪皇帝亲政以后，他与慈禧同住一处的时间大大多于分开的时间。慈禧太后住颐和园时，光绪皇帝就要间日或几日，单程花 3 个小时，赶赴 15 公里的路程去颐和园请安与汇报政事；慈禧也时常回城，住西苑的仪鸾殿。无论是同住颐和园还是宫城，两人的住地都很近，光绪皇帝每日都要请安、侍膳（早、晚餐）和陪同看戏。按照宫中规定，光绪皇帝请安要下跪，慈禧太后来宫中或西苑，光绪皇帝也要跪接跪送。如此频繁地接触，使光绪皇帝在处理朝中事务时，事前请示慈禧太后并得到懿旨的允准便成为一种惯例。通过这样的方式，慈禧太后便可以通过光绪皇帝继续操纵朝廷的最高权力。"可以确认的是，在权力关系上，国家机器对光绪帝负责，而光绪帝要对慈禧负责。在光绪帝亲政以后的很长一段时间里，严格地说是戊戌变法以前，光绪帝一直恪守着这样的权力约定。在此前提下，'母子'之间相处比较融洽。"[①]

对于嗜权如命的慈禧太后而言，变法的前提是不能触动她的统治利益，这是她为变法所设置的底线。在七月上旬之前，变法主要是在经济、文化领域推行，在慈禧太后看来似乎还可以容忍。因此，"母子"之间没有发生剧烈的冲突。然而，进入七月中下旬以后，情况发生了逆转。光绪皇帝在没有事先得到慈禧太后允准的情况下，擅自颁布了维新变法以来最重要的两道谕旨：

（1）罢黜六部堂官。七月十九日，光绪皇帝颁下了罢免礼部尚书怀塔

---

① 隋丽娟著：《光绪皇帝》，故宫出版社 2016 年版，第 172 页。

布、许应骙以及侍郎、署侍郎共计六位堂官的官职；将礼部主事王照着赏给三品顶戴，以四品京堂候补。

（2）擢用军机四卿。七月二十日，授杨锐、刘光第、林旭、谭嗣同为四品卿衔，"在军机章京上行走，参与新政事宜"。

对慈禧太后而言，光绪皇帝无视她的权威而断然罢免二品级别的礼部堂官，无疑是对她绝对权威的一次公然挑战。光绪皇帝明知二品以上官员的任免权须由她决定，然而他竟然敢触碰禁区，这是慈禧太后绝不能允许的叛逆行为。

据胡思敬记载，慈禧太后曾当面质问并责问光绪皇帝曰："九列重臣，非有大故，不可弃；今以远间亲，新间旧，徇一人而乱家法，祖宗其谓我何？"照例，光绪皇帝马上就该叩头认错。然而，这次光绪皇帝却是一反常态的倔强，痛哭道："祖宗而在今日，其法必不若是；儿宁忍坏祖宗之法，不忍弃祖宗之民，失祖宗之地，为天下后世笑也。"[①] 这使得慈禧太后生气不已。在慈禧太后的眼里，光绪皇帝是自己二十余年中恩威并施所塑造出来的一个听话的傀儡，他对自己只有服从的义务和依赖的本分，任何有悖于自己意愿的言论和行为，都为离经叛道。尽管在种种不得已的形势之下，光绪皇帝必须亲政，但他亲政后皇权的行使必须符合自己所定下的规范。然而，变法以来，光绪皇帝越来越强硬的不合作态度，简直就是在否定自己的绝对权威。特别是光绪皇帝既然敢于不经请示就罢免了礼部六堂官，那么一旦光绪皇帝被人假手或假手于人，将自己置于可有可无或者更危险的位置，自己苦心经营了三十余年的最高权力大厦就会倾斜甚至坍塌。慈禧太后隐约感到了来自光绪皇帝及其身后维新党人的威胁。一句"小子以天下为玩弄，老妇无死所

---

① 胡思敬著：《戊戌履霜录》，中国近代史资料丛刊《戊戌变法》（一），上海人民出版社1959年版，第376页。

矣"^①的慨叹，无疑道出了慈禧太后当时的复杂心态。

嗜权如命的慈禧太后决不会任由他人藐视和挑战她的权力，对前来哭诉的怀塔布等人，她一方面"令其暂且忍耐"；一方面令怀塔布等人去天津与荣禄联系，密商对策。如果说，此前慈禧太后对变法的态度是限制变法规模、静观变法的动向的话，那么罢免六部堂官事件发生以后，为了维护自己的既得利益，慈禧太后就准备走马换将了。对于这样的结果，梁启超分析得十分到位。他认为："皇上于二品以上大员，无进退黜陟之权。彼军机大臣及各省督抚等屡抗旨，上愤极而不能黜之。此次乃仅择礼部闲曹、无关紧要之人，一试其黜陟，而大变已至矣。"^②

然而，认真仔细分析，罢免六部堂官事件似乎还不足以让慈禧太后骤然发动政变，接下来发生的另一件事，从慈禧的角度来看，才是对她权力基础的根本动摇。这就是在七月二十八日，光绪皇帝借去颐和园向慈禧请安之机，进一步直接提出要开懋勤殿一事。

懋勤殿是乾清宫西侧的一座配殿，原来是专供皇帝读书的地方。康有为等维新派建议：以开设皇帝读书的懋勤殿为名义，"选集通国英才数十人，并延聘东西各国政治专家，共议政治制度，将一切应兴应革之事，全盘筹算，定一详细规则，然后施行"。^③这个建议的实质就是：（1）在光绪皇帝的用人权受到极大限制的前提下，将诸如康有为等品秩较低的维新派人士，以议政的名义聚集到光绪皇帝的身边，成为一股新的政治核心力量。（2）从决定国家"应兴应革之事"的目的来看，开懋勤殿，名为议政机构，实为决策机关。如此，清朝政治机构中具有咨询和议政功能的军机处和总

---

① 胡思敬著：《戊戌履霜录》，中国近代史资料丛刊《戊戌变法》（一），上海人民出版社1959年版，第377页。
② 梁启超著：《戊戌政变记》，广西师范大学出版社2010年版，第112页。
③ 梁启超著：《戊戌政变记》，广西师范大学出版社2010年版，第113页。

理各国事务衙门的职能将被完全架空。

对于权力十分敏感的慈禧太后，清楚地知道开懋勤殿会导致的后果：维新派将云集于光绪皇帝身边成为枢臣，一个新的政治决策机构将应运而生。这不仅是对现存政治制度的挑战，也是对她把持了三十余年的清朝最高权力的最后挑战。一旦同意开懋勤殿，自己与光绪皇帝之间长期形成的权力依附关系就将发生根本性的改变。慈禧太后绝不允许任何动摇她权力根基的力量的存在。

据各种史料记载，此日，慈禧太后与光绪皇帝在颐和园之间发生了激烈的争论。这可从冲突发生之后，光绪皇帝紧急"召见杨锐，赐以密谕，有朕位且不能保，令其设法救护"① 一事中窥见当时两宫之间的权力斗争已经激烈到了剑拔弩张的程度。

八月初四，慈禧太后急忙从颐和园返回西苑。

西苑，又称"三海"，即北海、中海和南海合称，位于紫禁城的西、北侧，是一处重要的皇家园林。光绪皇帝亲政以后，慈禧在北京城里的时候，就常住在西苑的仪鸾殿。自从慈禧太后住到颐和园以后，她就将颐和园视为她的常住地，没有什么特殊的事情，慈禧太后往往不回城里。依据《内务府档案》，光绪二十四年的前八个月里，慈禧离开颐和园回到城里居住共计约六次。其中，三次是因为恭亲王奕䜣病危，她前去探望。另外三次则是在咸丰皇帝的生日、光绪皇帝的生日和咸丰皇帝的忌日。由此可以判断，慈禧太后轻易不回城，一旦回城，就一定是有特殊重大的事情。

原来，这次慈禧太后急忙回城，是因为她获悉在八月初五这天，光绪皇帝要在勤政殿接见前来北京访问的日本前首相伊藤博文。"七月二十五日，

① 梁启超著：《戊戌政变记》，广西师范大学出版社 2010 年版，第 113 页。

日本侯相伊藤博文过津。八月之变，幽禁皇上，株连新党，翻改新政，蓄此心固非一日，而藉口发难，实由于伊藤之来也。自御史李岳瑞、洪汝冲等上书请用客卿，朝臣斥为汉奸，将引外人从中取事；及至伊藤到津，皆云系康有为勾引而来，将入军机矣。王公卿相士庶皆言之凿凿，竟有陛见之督抚大员，曾谓军机章京曰：'公等好事新堂官也。'伊藤在津日，又值皇上电询可否在津多留数日，伊藤答以两礼拜，守旧者皆惶悚不安。荣相接待，宴于北洋医院，神色惨沮不欢，未遑终席，借事辞去，盖将藉此发难，以惑太后听耳。"[①]

伊藤博文是日本明治维新时期的重要人物，他作为明治天皇的顾问，直接参与和指导了明治维新，颇有维新变法的经验。戊戌变法期间，光绪皇帝根据康有为"楚才晋用"的设计，打算聘用一批富有政治经验的外国政治家作为顾问，参与中国变法。但是，此事在慈禧太后看来，如果任由光绪皇帝将伊藤博文留下作为变法的顾问，那么将会促成列强与光绪皇帝之间的联手，最后形成自己无法控制的局面。此刻，慈禧太后深深感觉到，自己多年来煞费心血好不容易才形成的稳固的最高权力格局，已经到了土崩瓦解的严重危急关头，再不出手，自己就会全盘皆输。这样，最终就有了戊戌政变的发生。

八月初五，光绪皇帝与伊藤博文的会面虽然如期进行，但种种史料表明，此时光绪皇帝已经完全处在慈禧太后的监控之下。

兹将其时接见伊藤语录如下：

伊藤博文（以下简称"伊"）：外臣博文此次前来贵国，原系自行游历。

---

① 苏继祖等著：《戊戌政变记》（外三种），广西师范大学出版社 2008 年版，第 21 页。

今蒙召见，殊为光荣，不胜荣幸。大皇帝近日变法自强，力图振作，此于东亚局面之保全，实关重要。博文回国当告知我国皇帝知之，当必欣悦。愿大皇帝永保盛业，长享景福。

光绪皇帝（以下简称"皇帝"）：久闻贵爵大名，今得延见，深感满意。

伊：今日召见，得见龙颜咫尺，蒙褒辞，荣幸之至。

皇帝：贵爵于何日由日本启程？

伊：于一月前就道。曾在朝鲜勾留十余日，再来贵国。

皇帝：一路平安否？

伊：托大皇帝洪福，一路平安。

皇帝：贵国大皇帝想必玉体康健？

伊：此次漫游，陛辞前，敝国皇帝甚为康健。

皇帝：贵国自维新后，庶绩咸熙，皆出自贵侯手定，各国无不钦仰，无不赞美，朕亦时佩于心。

伊：过分褒奖，何以克当。敝国政务皆由朝廷擘画，外臣惟靖供守职，为所当为而已。

（此时皇帝与庆亲王耳语移时）

皇帝：贵国与我国同洲，相距较近。我中国近日正当维新之时，贵爵曾手创大业，必知其中利弊，请为朕详晰言之，并望与总署王大臣会晤时，将改革顺序、方法告之。

伊：敬遵谕旨。他日如承王大臣下问，当竭其所知以告。

皇帝：愿今后两国邦交从此益敦。

伊：我国天皇陛下圣意实亦在此。比来两国臣民交谊日益加密，故邦交必能因之益固。

皇帝：贵爵拟在中国盘桓几时？

伊：原拟勾留两礼拜，据目下情况，尚须多留七八日。

皇帝：前时贵爵至我国系在何年?

伊：十四年前初诣京师，嗣后曾至上海及南方各处。

皇帝：现拟再游历何处?

伊：现拟至上海一行，再往长江游历。

皇帝：朕愿贵爵一路平安。

伊：敬谢大皇帝厚恩。

（觐见毕，再至朝房，赐酒果，与王大臣告别，循旧路归，时午后一时二十分）①

　　这次召见，光绪皇帝与伊藤博文的谈话时间并不长，因为从上午十一点开始到午后一点二十分伊藤一行返回，总共不过两小时二十分钟，而其中恐怕是晤谈完毕在朝房礼节性地品尝所赐酒果的时间居多。从晤谈内容看，礼节性的套话多，而实质性的内容，只有光绪皇帝和庆亲王奕劻耳语之后所说的"我中国近日正当维新之时，贵爵曾手创大业，必知其中利弊，请为朕详晰言之，并望与总署王大臣会晤时，将改革顺序、方法告之"这番话，而伊藤博文并没有当场向光绪皇帝详细明白地陈述维新方面的见解，只是答应日后如果王大臣们问到的话，一定尽其所知来作答。但事实上在他被光绪皇帝接见的第二日，政变的局势便已经明朗化。伊藤博文在华"赞助"维新已失去了可能。

　　如果我们再认真分析上述会见的种种细节，明显可以看到，最关键处还要当属"皇帝与庆亲王耳语移时"这句话。这句话表面上一带而过，没

---

① 汤志钧著:《乘桴新获——从戊戌到辛亥》，江苏古籍出版社1990年版，第17—19页。

有什么实质性意义，其实最能吐露当时的关键所在。既然一涉及询问关于变法实际事情，光绪皇帝还要耳语取得庆亲王奕劻的批准才能进行，那么这只能说明光绪皇帝当时实际上已经失去了行动的自由，庆亲王奕劻表面上是作为陪客参与会见伊藤，实际上则是代表慈禧太后来现场监督光绪皇帝的。光绪皇帝非常清楚这一点，因而才会有此小心翼翼的举动。

处理完上述种种棘手事情后，八月初六，慈禧太后以光绪皇帝的名义通谕全国，宣布训政，业已推行和将要推行的维新变法措施几乎全部终止。

种种史料说明，戊戌政变的发生，是光绪皇帝与慈禧太后二人围绕皇权争夺斗法的最终结果。

内外臣工，或站在年轻的皇帝一边，或站在铁腕的太后一边，都是这二帅权力进攻或退却斗争中的棋子，只能摇旗呐喊、击鼓助威，而无权决定权力的所有者。庆亲王奕劻同样如此。

这场变法，是维新派对守旧派的一场夺权运动。被康有为等维新派视为顽固派的奕劻当然也在他们驱逐的行列。

英国公使窦纳乐在致英国外交大臣备忘录中这样说道：

按照康的说法，西太后与光绪之间的关系没有别的，而只是僵持不让而已。西太后恨光绪企图掌握政权，光绪则深感自己地位的卑微与从属，迄至现在，他仍受制于西太后。在光绪热心变法以前，这期间他们之间的争斗，似乎主要的是为争政权，至于所争的是何种政权，彼此的目的并无显著的区别。而一般高级官吏，不论是倒向西太后这边，或倒向光绪那边，全凭他们猜测谁可得势，并非由于他们认为政治需要改革，或者他们决心守旧。换言之，西太后与光绪帝之间的冲突，并未涉及政见的不同。当光绪变成维新派后，这个形势就改变了。每个在职官员或许预觉到，假如依附光绪这边，等光绪排除西太后势力后，他们还能安稳照旧任职。然而很明显，支持光绪帝，即使不是热心拥护，也等于默认可能严重影响整个做官阶级的种种改革。这些改革，将削弱他们的权力，减少他们的薪俸，甚至使他们冒着免职的危险，以便让位给热烈赞同光绪意见的年轻人。光绪在维新道上寻求引导者，自然倾向职位较低，且染有自由思想的官员而不愿在代表保守党的高官中去寻找。高官中的旗人，多半是顽固的，新法对于他们，比对于高级汉官更不合意。他们的不满伴随着变法诏谕连续公布而逐渐加深。到光绪意欲改变中国辫子风俗的诏令一传出（据康说，这是真的），旗人的不满竟达到顶点。对满洲人说来，割掉象征旗人征服汉人的辫子，即等于否认旗人在中国的统治。西太后看清楚这种不满情绪正是她最可利用的好机会，于是自任反动派领袖。很难确定，他们是否意欲立刻行动。虽然他们打算把荣禄部下董权旅召进北京，但酿成事机的主因，则在光绪先宣称意欲去天津检阅军队，稍后，又召回带领天津洋法操练军队的袁世凯进京觐见。据康说来，这两个步骤表明光绪意在以足够的军力摧毁他的进步计划的障碍。以上记载，是我把康有为的片断谈话连缀成的。关于因光绪帝倾向维新而引起高级官员变更政治态度的分析，与其说是康的意见，倒毋宁说是我自己的。但康认为我的记载是全部事件发展的实际情形。[①]

按照窦纳乐的说法，庆亲王奕劻明显属于旗人顽固派的行列，理应是这场维新变法中的绊脚石。

事实上，前面已经提到，奕劻并不反对维新变法，但他也绝对不支持

---

① 王崇武译:《戊戌政变旁记》,中国近代史资料丛刊《戊戌变法》(三),上海人民出版社 1957 年版,第 536—537 页。

康有为等维新派所设计的全面变政的变法方案。

据苏继祖在《清廷戊戌朝变记》记载：

朱谕："军机大臣、总理衙门会议交议事件。"五月，康有为上书，力陈
变法条理，以除积弊、定官制为要义，请于京中先设制度局，并立十二局，
选拔英才充之一折，当交总署议奏，至四月底尚延宕未奏复。上自四月，日
日催之，继之以怒。庆邸暗将折内改官、换人诸大端，潜陈于太后，太后谕
以既不可行之事，只管议驳，于是总署奏驳。上愤，又令枢臣同总署切实再
议，未几复奏，仅将折内不关轻重之事议准，余仍议驳。京中已有裁撤六部
九卿，而设立鬼子衙门，用鬼子办事之谣。竟有老迈昏庸之堂官、懵懂无知
之司官，焦急欲死者，惟有诅谤皇上，痛骂康有为而已。据康有为此书，并
无裁官之说，仅言于京城设立制度局并十二局之议，而当时之物议沸腾，且
因新党中少年高兴，到处议论某官可裁、某人宜去，现已如何奏请皇上饬
办，而皇上发下何旨。肆意矜张，为守旧中有心相仇者听去遍传也。办大事
者，慎言语、慎用人，几事不密则害成，于人乎何尤？①

根据上述史料，从变法一开始，庆亲王奕劻就将康有为的变法条陈汇报
给了慈禧太后，得到了慈禧太后"以既不可行之事，只管议驳"的口头懿旨
后，他才敢于奏驳康有为的变法条陈，并指出康有为议案中种种不可行之处。

尽管奕劻不同意变法并公开反驳康有为的变法主张，但是，在慈禧太
后与光绪皇帝权力争斗白热化之前，并没有史料证明他跻身于政变的阴谋
者的行列。只是在七月末光绪皇帝罢免礼部六堂官、准备开懋勤殿之事发

① 苏继祖著：《清廷戊戌朝变记》，中国近代史资料丛刊《戊戌变法》（一），上海人民出版社 1957
年版，第 337 页。

生后，在高层旗人的裹挟下，他才卷进了这场政变的旋涡之中并无法自拔。

据康有为在《我史》中说法，庆亲王奕劻之所以参与政变，是荣禄"令杨崇伊持折见庆邸而面商之"的结果：

先是自怀塔布既黜，李鸿章、敬信亦撤去总署差，旧臣惶骇。内务府人皆环跪后前，谓上妄变祖法，请训政，后不许。立山等乃皆走天津，谒荣禄，请废立，旗人冠盖相望。御史杨崇伊，亦荣党也。草折请训政，出示荣禄。荣禄许之，令杨崇伊持折见庆邸而面商之。庆邸与李莲英皆跪请西后训政。立山等至谓上派太监往各使馆，请去西后。西后大怒。故上自廿八日还海，请开懋勤殿，都人士方侧望，而密诏遽下。荣禄见袁世凯被召，即调聂士成守天津，以断袁军入京之路。调董福祥军密入京师，以备举大事。杨崇伊于初二日至颐和园，遽请训政折，西后意定。上欲保全我，故促我出京也。①

荣禄与庆亲王奕劻联系策划政变一事在苏继祖的《清廷戊戌朝变记》中也可以得到证实：

七月三十日，伊藤到京。

派候补道王修直陪送到马家堡。

是日早车，有荣相密派候补道张翼进京谒庆邸，呈密信并禀要事。据有见此信者，言有四五十页八行书之多。

八月初二，召见袁世凯。

_____

① 康有为著：《我史》，中国人民大学出版社 2011 年版，第 94 页。

是日杨崇伊等赴颐和园，奏请训政。

是日，庆邸、端邸同赴颐和园，哭请太后训政；且言伊藤已定初五日觐见，俟中国事机一泄，恐不复为太后有矣。①

种种史料均表明，在戊戌政变的关键时刻，奕劻在推动训政一事上帮了慈禧太后的大忙。此中情节，在戊戌九月二十三日蔡金台致李盛铎书亦可找到佐证：

自七月下旬，即得至确之耗于云中，且属为之谋参奏。以告再芸，不之信。且行急无暇，间语问刍，则问刍已数言于清河，已拟发矣。而庆邸言宫中固无恙，遂复止，乃转以属之杨萃伯。盖惜足下之不与也。会袁世凯来，而谭嗣同说以调兵，入见语亦云然。袁乃密白略园（荣禄），电庆邸达之，而杨萃伯乃手训政疏叩庆邸，俱赴湖呈递。时慈意以为此等大政，必有联章，乃成规模，且须大臣言之。萃伯乃告其师王仁和。仁和以书戒之，有"无牵帅老夫"语。②

对晚清掌故了若指掌的邓之诚先生，在解读此密札时指出："世间记戊戌事，多传闻之辞，时日先后，不免颠倒。唯此所述政变全由庆王布置，最关筋节。其他亦较为得实，盖金台亦在事之人也。"③邓氏所言，可作为一家之言，说明了庆亲王奕劻乃是帮助慈禧太后筹划与发动戊戌政变的核心成员之一。

---

① 苏继祖等著：《清廷戊戌朝变记》（外三种），广西师范大学出版社 2008 年版，第 23、24 页。
② 邓之诚著，邓珂点校：《骨董琐记全编》，北京出版社 1996 年版，第 602—604 页。
③ 邓之诚著，邓珂点校：《骨董琐记全编》，北京出版社 1996 年版，第 602—604 页；孔祥吉：《奕劻在义和团运动中的庐山真面目》，《近代史研究》，2011 年第 5 期。

06

第六章
主持《辛丑条约》的议和谈判

　　八国联军侵占北京、慈禧太后与光绪皇帝西逃后，慈禧太后令奕劻留京主持与列强的议和谈判。作为清政府的全权议和大臣，奕劻参与了辛丑议和的全部过程，最终屈服于各方面压力，与列强签订了丧权辱国的《辛丑条约》，几乎将中国陷入万劫不复之境地。

一、京师失陷后交涉之门的重启

光绪二十六年七月二十一日（1900 年 8 月 15 日）清晨，八国联军破城，慈禧太后携光绪皇帝仓皇出逃。由于此行极其仓促，随行人员极少。慈禧一行逃至颐和园喘息之际，端郡王载漪、庆亲王奕劻、肃亲王善耆才匆忙赶上。军机大臣王文韶也是后来才赶上"两宫"逃难队伍的。"此次嫔妃均未带出，太监亦不多，诸王贝勒随行亦少，其余一概未来。礼王、荣相、启秀未来，所随行者不过庆、端、那、肃四王，櫨、伦二贝子，及公爷几位而已。堂官刚相、赵（舒翘）、英（年）、王（文韶）、溥兴五人，各部员司员共十三人，满小军机二人，汉小军机一人"。[①] 随从者以近支王公、御前大臣为主，汉大臣尤为寥寥，可见此行之匆忙与狼狈。以京城陷落、慈禧与光绪出逃为标志，奕劻与各国驻华使馆的交涉暂时搁浅。

七月二十三日（8 月 17 日），喘息未定的慈禧太后在怀来县城颁发谕令："荣禄、徐桐、崇绮均著留京办事。所有军务地方情形，随时奏报，以慰廑悉"。[②] 这是"两宫"在流亡途中首次对外发出谕旨指定留守大臣。京城陷落前夕，奕劻曾经以总理衙门的名义一度与使馆约期会晤，商议停战，旋因"大臣相顾葸缩，不敢往"告罢。[③] 此刻慈禧旧事重提，以

---

① 王文韶：《庚子两宫蒙尘纪实》，左舜生（选辑）：《中国近百年史资料续编》（下册），中华书局 1933 年版，第 501 页。

② 中国第一历史档案馆编：《庚子事变清宫档案汇编》（第 7 册），中国人民大学出版社 2003 年版，第 5 页。

③ 王彦威：《清季外交史料·西巡大事记》，卷首，第 16 页。关于此事情节，荣禄事后专门奏闻："查致英窦使函十六日，非十九日也，是时局尚未糜烂，窦使复函于次日九点钟在馆拱候会晤，乃该大臣启秀、赵舒翘等恐其扣留不敢往晤，托词有违，不及前往。又函复之，至二十日夜间又复迁延，遂有二十一日之变。"见国家档案局明清档案部编：《义和团档案史料》（上册），中华书局，第 531 页。

140

奕劻评传——庆亲王与晚清政局

为"现在局势大坏，只此一线可以援为向议之据，著荣禄、徐桐、崇绮彼此熟商，迅速设法办理，是所至盼"①。然而，徐桐于京师城破当日自缢而绝，荣禄、崇绮同行出京，取道良乡、涿州，逃至保定，不久崇绮亦在保定自缢。三位留京大臣俱不在京，议和之事根本无从谈起。在谕令荣禄等人留京"彼此熟商，迅速设法办理"的同时，慈禧亦意识到京师乏人，秩序未定，"恐在京未能遽与开议"，又于七月二十五日（8月19日）谕令在上海的李鸿章"迅筹办法，或电各国外部，或商上海各总领事，从中转圜"。②二十六日（8月20日），在武昌的湖广总督张之洞获"两宫"西逃的确信，即以"京城无人议和"为患，他也将挽救时局危机的希望寄托于滞留在上海的李鸿章身上："两宫出险固可喜，然京城无人议和则大可忧。西例虽至兵败都破，但有大臣求和，虽在瓦砾上犹可议。若无人与议，便是无主之国，任便施为，京城不能还我矣。此时拟请傅相领衔合各将军督抚联衔电奏。"③但截至此时，李鸿章的全权议和资格并未得到外人认可，列强质疑其任命出自"拳党"把持之政府，不具有合法性，尤其英、日、德诸国视李鸿章为亲俄派，相信由他主持谈判将只会有利于俄国在中国的利益。在议和时机不成熟的情况下，李鸿章也只能滞沪观望，他在奏折中不无心酸地写道："窃自七月十六日以后，臣鸿章遵旨屡向各国电商，先行停战。距洋兵入京仅止数日，深恨无可挽救。七月二十一日以后，复以停战撤兵，分电切商各国，皆以剿匪弭衅各节，中国未能照行，两宫离京，情形迥异，设词推延，未允各派全权议事……查西例，国

---

① 中国第一历史档案馆编：《庚子事变清宫档案汇编》（第9册），中国人民大学出版社2003年版，第5页。
② 中国第一历史档案馆编：《庚子事变清宫档案汇编》（第9册），中国人民大学出版社2003年版，第4页。
③ 苑书义等主编：《张之洞全集》（第10册），河北人民出版社1998年版，第8239页。

君不在京，便是无主之国，任敌兵施为，故必有留守便宜行事之全权大臣，方能督办和局……臣鸿章前据日本所请，奏恳饬令庆亲王奕劻、大学士荣禄，星夜回京会议，此实万不可缓之举。如蒙俞允，臣鸿章即当借乘俄舰，航海先赴天津，专俟庆亲王、荣禄回京，便可催各国派使会议。"①这并不是李鸿章卸责之言，更多流露出的是他的力不从心。京城沦陷，"两宫"出亡，"伴随着皇帝离京避难，北京政府瓦解，朝中百官或逃亡或自杀，一时陷入无政府状态"。②在京城"无主"情势下，如何寻找到出口，开辟由战争通向和平的道路，已成为当时清廷刻不容缓的任务。显然，在清王朝这一危急关头，庆亲王奕劻成为中外各方瞩目与心仪的议和代表人选。

八国联军攻入北京后，清政府的官员与各国驻华公使失去了联系，要使中外矛盾赶快得到有效解决，急需有人出面使双方恢复联系。而在很长一段时间（至少是奕劻正式出面主持工作前）内，京城的局面都处于混乱无序的状态，试看下列史料：

恽毓鼎在《庚子日记》中写道："自此日至二十八日，吉凶之信瞬息百变。或言太后西幸，皇上实留宫中，二十一日午刻，已御大清门下，与洋使相见，仍归和好。……或云全权大臣李傅相已到京，议款和约凡四条（或云六条八条），洋兵即撤出城。或云两宫均已西幸，留守无人，都城将沦为左衽。或云宗庙被毁，各衙署、王府皆焚。……遣人四探，言人人殊，皆不得真消息。"③

---

① 《调补直隶总督李鸿章等折》，故宫博物院明清档案部编：《义和团档案史料》（上册），中华书局 1959 年版，第 538—539 页。

② 日本参谋本部编纂：《明治三十三年清国事变战史》，路遥主编：《义和团运动文献资料汇编·日译文卷（日本参谋本部文件）》，山东大学出版社 2012 年版，第 354 页。

③ 《恽毓鼎庚子日记》，北京大学历史系中国近代史教研室编：《义和团运动史料丛编》（第一辑），中华书局 1964 年版，第 62 页。

八月初一（8月25日），避难于昌平的侍讲学士叶昌炽的日记写道："洋人之陷都城，逾十日矣。中国君臣堕甑不顾，闻洋人颇欲言归于好，举朝无接谈者。"[1]这项资料表明，联军破城后，形势有所变化。赫德亦曾言：联军进城后，"现状极其紊乱，解围并未使我们的处境改善。邮电不通，供应仍缺，对于平民顾及更少。抢劫、强奸和自杀经常发生。各国军事当局正考虑应在此地做些什么"。[2]京城乱局也让联军头痛，他们也在急于寻找中国方面议和的合适人选，以改变他们当下的尴尬处境。叶氏续记："又闻留京大小诸臣，各树标帜，崑相、裕寿田、阿允亭诸公为一班，敬子斋、恽薇孙为一班，郭春畬与枢曹诸君为一班，于翆若、李亦元诸君为一班，徐颂阁太宰与汉员数十人，联名具折请安，并请议抚。"[3]

以上传闻固不尽确，然空穴来风，非为无因。它说明了在庆亲王奕劻回京前，留京官员各树一帜、各行其是的局面，尤其是在京师善后过程中表现出来的人生众相。

当时的在京官僚中，满大臣以大学士、宗室崑冈（字筱峰）品位最高，余有敬信（字子斋，吏部尚书）、裕德（字寿田，兵部尚书）、崇礼（字受之，步军统领）、怀塔布（左都御史）、世续（字伯轩，工部侍郎、总管内务府大臣）、溥善（吏部侍郎）、阿克丹（字允亭，兵部侍郎）、那桐（字琴轩，理藩院侍郎）等。汉族官员除徐郙（字寿蘅，吏部尚书）、陈夔龙（字小石，署太仆寺卿）少数几人外，皆品位较低，多属六部司员或翰林院学士。御史陈恒庆在记述联军入城后京官的动向时说："京官大员，亦有未行

---

① 叶昌炽：《缘督庐日记》，中国史学会主编：中国近代史资料丛刊《义和团》（第2册），上海人民出版社2000年版，第459页。

② 中国近代经济史资料丛刊编辑委员会主编：《中国海关与义和团运动》，中华书局1983年版，第9页。

③ 叶昌炽：《缘督庐日记》，中国近代史资料丛刊《义和团》（第2册），上海人民出版社2000年版，第461页。

者，如崇中堂、左（曾）小侯、怀尚书、世侍郎，尚有十余人，或行或止，茫茫无策。洋帅意在议和，而不见中华大员来议，无从着手。海关总办赫德，顾问官也，乃出见总理衙门掌印司员舒龄（"舒龄"系"舒文"之误，其人为总署总办章京，是城破后最早与外国人联系的京官之一），示以议和之意。舒公乃邀请大员七八人至其寓，商量谒见洋使。"[1]陈氏所述事实中有三点值得特别注意：（1）当时未随扈的京官大员多"茫茫无策"；（2）西方有议和之心，无奈清政府方面无对接之人；（3）当时身在京师的英人赫德是英国使馆的"顾问官"。他出面示以议和之意，很可能有列强使节的背后很强大的背景。

陈夔龙亦在《梦蕉亭杂记》中有相似的记述："困处胡宅三日，一无所知，但闻洋人并无恶念，亟觅庆邸议和。偶思译署总办舒君文，在署资格最深，与总税司赫德颇有交谊，所居东四牌楼九条胡同，与余宅望衡相对，中仅隔于甬道，爰命仆向彼探问各方消息。维时敬尚书信、裕尚书德、那侍郎桐均在彼处，苦不知余之住址，闻余尚在京，均各欣然约余速往会商要事。缘舒与赫德已经浃洽数次，又得日兵驻宅保护，隐然成为办事机关。"[2]

八国联军攻入北京的第三天，舒文等即致函赫德，请其帮助议和。舒文在总署供职前后约四十年，光绪二年（1876年）后一直为总办章京，并一度任领班，是不折不扣的老资历。总税务司赫德来署办理事务，均由总办章京接待，舒文因长期主办文案，与之往来最多，交情匪浅。使馆解围后，赫德以崇文门内高井庙为海关临时公所，恢复理事。据海关档案显示，联军入城后第三日，即七月二十二日（8月16日），舒文已设法找到了赫

---

[1]　陈恒庆：《清季野闻》，《义和团史料》（下册），中国社会科学出版社1982年版，第639—640页。
[2]　陈夔龙：《梦蕉亭杂记》，中华书局2007年版，第44页。

德，并函询各国意向，请赫德用自己的特殊身份出面，帮助中国与列强之间搭起沟通的桥梁。函中言："前因民教相仇，种种败坏，其故总因权臣擅政，皇太后、皇上几无自主之权，遂大局决裂至此。现在日本护兵已入京城，阖城居民岌岌可危。阁下久任中国，素受皇太后皇上恩礼优加，睹此情形，定思挽救，俾使宗社转危为安，京城生灵不致同归于尽。缘与执事同事多年，用敢告援，以冀挽此大劫，至各国主见若何，和局应如何酌议，均望大力维持。"① 两天后（8 月 18 日），赫德复函称："函内所谓各国主见若何，和局应如何酌议，均望维持赐复，等因。窃以为此事不如请列位总办于二十五日下午四点钟时到崇文门内高井庙面商一切。总税务司在彼拱候。否则，应请贵署当轴大宪，自请面会各国驻京大臣晤商一切，或备文照知，均无不可。各国并无害国、伤民之主见。如有大臣出头商办，定可转危为安，惟应愈速愈妙，迟则不堪设想矣。"② 赫德答应面商，这使以崑冈为首且陷入困境的留守京官们看到了一丝希望。

七月二十五日（8 月 19 日），舒文如约往晤，但是双方因故未能见面。③ 但舒文与赫德的联络渠道已经建立起来，赫德同意"面商一切"，也答应出示安民，更重要的是他提议"大臣出头商定"，即由总署大臣或有正式地位的外交代表出面，这为下一步超越个人关系性质的交涉铺垫了道路。

七月二十七日（8 月 21 日），总理衙门翻译张德彝拜访赫德，带

① 中国近代经济史资料丛刊编辑委员会主编：《中国海关与义和团运动》，中华书局 1983 年版，第25—26 页。

② 中国近代经济史资料丛刊编辑委员会主编：《中国海关与义和团运动》，中华书局 1983 年版，第26 页。

③ 赫德在当天的日记中写道："唐（唐家桢，总理衙门行走）8 点来访……交给他一封写给总办的信，并让他们下午四点到高井庙——等他们等到五点半，但是他们没有来。"（《1900 年 8 月 21日总署总办致赫德函》，中国近代经济史资料丛刊编辑委员会主编：《中国海关与义和团运动》，中华书局 1983 年版，第 26 页）那桐于 8 月 20 日在其日记中也记道："赫税司来信告知和局可以筹商，定明日申刻会晤"，8 月 21 日那桐又记道："春舫到高井庙，未得见赫税司。"（《那桐日记（1890—1912 年）》，《北京档案史料》，2002 年第 3 期，第 149 页，光绪二十六年七月廿四日、廿五日条）

给他舒文的一封信，解释他们 8 月 19 日去了高井庙，但是赫德已经走了，并相约当日下午见面。即日，赫德将其正与中方官员接触一事电告金登干，并嘱其将该电送交英国外交部："援军 8 月 14 日到达，避难的人们现正陆续离去，城内大乱，宫廷逃避，不知去向，各使馆已与中国官方失去接触。我幸而找到几位中国大臣，今晚将与他们会晤，希望能借此商定办法，或为取得谅解开一途径。只有英国公使知道我们做的事。"①

崑冈等在京官员极重视这一条渠道。据崑冈奏称："七月二十日洋兵进城……次日传闻皇上銮舆西狩，未能深悉随扈王大臣系何人。西南各城道路梗阻，惟臣等均住东四牌楼迤北，当即会面商议，并闻总理衙门章京舒文等已函询总税司赫德，探各国意向所在。"②那桐也在七月二十三日的日记中记载："接裕寿田信，拟托总税务司赫德见各国公使为之代商和局，知舒春舫文，昨已有信致赫，尚无回信。"③二十六日（8 月 20 日），那桐又在日记中记述道："到舒春舫处，崑中堂、敬子斋、崇受之、裕寿田、阿允亭、溥小峰共七人议定，明日申正（编者注：下午四点）往晤赫德。"④当天舒文缮函致赫德："现在本衙门崇大人暨崑中堂、敬大人共有五六位堂官向本总办等云，此事既承赫大人分心，我们应当先去晤面方合情理，您们总办无须再去，徒事耽延，即专函商订今日下午五点钟，请赫大人派兵二名前来保护我们前去一谈，似为妥速，等因。特此专函奉布，即希阁下于两三点钟派洋兵到东四牌楼九条胡同舒宅，以便保护各堂会同前往，届时务望台

① 《赫致金第 643 号电，1900 年 9 月 2 日》，中国第二历史档案馆、中国社会科学院近代史研究所合编：《中国海关密档》（第九卷），中华书局 1995 年版，第 289 页。
② 《大学士崑冈等折》，故宫博物院明清档案部编：《义和团档案史料》（上册），中华书局 1959 年版，第 495 页。
③ 北京市档案馆编：《那桐日记》（上册），新华出版社 2006 年版，第 350 页。
④ 北京市档案馆编：《那桐日记》（上册），新华出版社 2006 年版，第 350 页。

端在高井庙内等候，是为至祷。"① 在这次重要的会晤中，在崑冈等人说明来意，请求赫德从中斡旋、促成议和时，赫德吐露出了英、法、日等国使节所希望传递的一些重要信息。赫德直言："外洋向以百姓为第一，宗社尚在其次，所说数事，尚不甚难，但必须庆王爷急速回京，李中堂来与不来均可。缘庆王爷在总署办事多年，谨慎和平，为各国所钦佩，是以各国均愿与庆王爷早日商议和局大事。倘若迟迟不来，恐大内一切不堪设想。"② 经过这次会晤，可得到这样一些信息：（1）赫德背后，尚有英国公使窦纳乐等使节，而他本人实际扮演了缓冲器兼传话筒的角色；（2）英法等国对已受命为议和全权的李鸿章存在意见，再三敦促庆亲王出面和谈，并以三日为限；（3）崑冈声称请旨尚需时日，请放宽期限，最后商定八月初一在高井庙再次会晤。

七月二十八日（8 月 22 日），崑冈等人"午刻到春舫处具折，请派庆邸来京议和。列衔者余七人，又陈小石夔龙、许子元祐身、舒春舫文共十人，又与庆邸公函求其速来"。③ 是日，崑冈等于舒文宅集会商议，拟奏请庆亲王回京，措辞以援引赫德言论为重心。据赫德云，"各国素与庆亲王奕劻办事多年，最为信服。现在北洋大臣李鸿章到京尚需时期，恐缓不济急，必须三日内请庆亲王迅速会晤，以安宗社而救万民。若稍迟缓，则大局不堪设想，虽总税司亦无能为力……""臣等因期限促迫，告以庆亲王业已出京，即使请旨饬回，总需数日之期。该税司仍复再三敦促。……臣等公同商议，惟有吁请谕旨，迅即饬下庆亲王奕劻，并请简派一二亲信大臣，兼程回京，

---

① 中国近代经济史资料丛刊编辑委员会主编：《中国海关与义和团运动》，中华书局 1983 年版，第 26 页。
② 《照录与总税务司赫德问答节略》，故宫博物院明清档案部编：《义和团档案史料》（上册），中华书局 1959 年版，第 497 页。
③ 北京市档案馆编：《那桐日记》（上册），新华出版社 2006 年版，第 351 页。

与各驻使速定大计，以便转危为安，上保宗社，下拯生灵，天下臣民幸甚。臣等不胜急切待命之至。"①

该折于二十九日奏上，由崑冈领衔，余列名者为敬信、崇礼、裕德、溥善、阿克丹、那桐、陈夔龙、许祐身（山东道监察御史）、舒文，共计十人，同时有公函致庆亲王奕劻。折、函均由陈夔龙拟稿，据他记述："诸公述赫德言，各公使寻觅庆邸甚急，意在出而议款，甚至邸宅探寻多次，不如据此联衔具奏，请饬令庆邸回京议约，便宜行事，与各国公使浃洽。……由余拟就奏稿。时圣驾已抵山西大同，庆邸因病留滞怀来行馆，稿虽拟就，无人赍投。译署旧友吏部郎朴君寿，亦在座。余谓朴君曰：君欲建功立业，此其时矣，盍冒险一行？众亦怂恿之，朴遂允。由余另拟上庆邸公函，详述原委，所具奏折，即请庆邸专弁径达行在，守候恩命。"②

折稿拟就后，崑冈等即赴庆亲王府探询奕劻下落，知其已随扈出城，究竟行抵何处则无从确知。二十九日（8月23日），在崑冈的安排下，总署章京朴寿偕庆亲王府家人，持折、函由京城出发，西向沿途寻访。同日，崑冈函告赫德，已派员往觅庆亲王，并请"转达各国大臣，稍宽日期以候确音"。③事实上，在与赫德会晤以后，奕劻的去向，就已经成为崑冈等人最为关心的问题。这在绍英七月二十九日的日记中也可以得到证明："至舒宅，总署公所见崑、裕、阿三位与赫税务司问答，携问答步行至白秀峰家，探听庆邸消息。"④

① 《大学士崑冈等折》，故宫博物院明清档案部编：《义和团档案史料》（上册），中华书局1959年版，第495页。
② 陈夔龙：《梦蕉亭杂记》，中华书局2007年版，第44页。
③ 中国近代经济史资料丛刊编辑委员会主编：《中国海关与义和团运动》，中华书局1983年版，第23页。
④ 《绍英日记》（第1册），国家图书馆出版社2009年版，第9页。

当时，奕劻随扈西行，途中因病请假，正滞留于怀来行馆①。三十日（8月24日），朴寿至怀来县，面见奕劻，禀闻一切。据《高枏日记》记载："朴寿廿九捧崑、敬等折出京至怀来，见庆邸。回明各国议和，须其到京。庆命其先回，请各国展缓。初五复往贯市等候，俟赴行在请训后，再到贯市，一同入京。"②奕劻将原折驰递行在，朴寿旋返京复命。

八月初一（8月25日），崑冈如约往晤赫德，同行者敬信、裕德、阿克丹、那桐，面交节略八条，列举京城善后诸事，并建议订期约晤各国公使。

崑冈等对于所商各事作一节略，现将此节略照录如下，从中可见其所商内容：

现在庆亲王、李中堂暂时尚未来京，可否求总税司订期约同崑中堂诸公往拜各国大臣，表明中国此次系因拳教相仇，中国内乱，致使各国派兵前来保护，深为抱歉之意，以资联络。

前据总税司函云，各国大臣并无他意，仍愿和好等语。可否由崑中堂诸公往晤各大臣时婉词致谢，并请各国大臣将此次致谢之意转达外部。

各国已到之兵刻下弹压地面，居民安堵，实深感激。至于续发未到之兵，应请各国大臣速为发电拦阻，以免城内外人心惊惶。

城内居民经各国妥为保护，业已照常步行往来，惟商贾运货必需车辆，应请总税司转商各国大臣出示晓谕洋兵毋庸拦阻，以为和好凭据。

现已联名奏请简派庆亲王速行来京维持和局，总税司在中国四十余年，为皇太后、皇上及王大臣夙所倚重，若得总税司具一申呈，表明各国大臣

---

① 吴永口述、刘治襄记：《庚子西狩丛谈》，岳麓书社1985年版，第65页。
② 《高枏日记》，仲芳氏著：《庚子记事》，中华书局1978年版，第186页。

愿请庆亲王还京商订和约之事，据以转奏，于大局实有裨益。

大内供给，向系逐日采买，现在日本兵护住东西华各门，大内人役至今不能出入。现在皇宫以内，先皇老妃嫔多有者，应请总税司转商设法开禁，准大内人役购买食物，应如何商定章程，求速办理，以救大内生命。

闻外国兵在城内有抢掳奸淫，并用刑逼取银物等事，以致居民均不聊生，素知各国于奸淫等事最为鄙恨，应请总税司设法转请严禁淫掳之事，以重人命。

城中人民众多，粮石为重，现在虽经各国张贴告示，令各粮店照常生理，特恐存粮无多，不久必致缺乏。拟请总税司转求各国大臣设法保护运粮车辆入城，并猪羊食物求设法保护进城，以资救济。[1]

从双方商议的内容可以看出，赫德此时成为中外之间联系的桥梁，清朝官员倚重他取得各国在某些问题上的让步。该节略的第五款表明，此时留京的清政府官员急于求和，为了使清政府重视他们先前提出的请派庆亲王奕劻来京议和的建议，他们希望赫德能够利用其长期以来对于清政府的影响力，写一申呈，表明各国公使希望庆亲王来京议和，以尽快促成和局。

根据崑冈等人的要求，赫德于光绪二十六年八月初三（1900年8月27日）向总理衙门写了一个申呈，建议清政府谕令庆亲王奕劻来京议和，及早开议。内称："大局虽甚可危，尚可极力设法收拾。惟办理此事欲有成效，最宜及早开议，若推诿迟延，致其中另生他变，则挽回更难。查贵衙门之庆亲王久办交涉事件，各国大臣均与和睦。若能奏请皇上速行简派来京，或一人独办，或督同前派尚未到京之李中堂会办，其事虽属甚难，然亦必

150

奕劻评传——庆亲王与晚清政局

---

① 中国近代经济史资料丛刊编辑委员会主编：《中国海关与义和团运动》，中华书局1983年版，第28页。

有办法。"①

初四（8月28日），舒文致函赫德，转达朴寿回禀各节："现在本署朴章京业已旋京。据云至怀来县面见庆亲王，将京内情形暨阁下维持国家宗社、救援百万生灵雅意，详细禀闻。庆亲王极为感荷，并谕云，目前因患腹泻，请假暂息，未赴行在，今时局艰危，深幸赫大人肯为援手，欣喜之中愈生惭愧。即拟克日恭赴行在，代递在京各大臣奏折，请旨偕派出之员即速回京，与赫大人面商一切，大约初十日可以进京，嘱为专函道达，并希先代致各国钦差大人，等语。"②

值得注意的是，崑冈等留京官员在竭力经营赫德渠道的同时，也与日本占领军有所接触。日本参谋本部的文件曾披露这样一个重要事实："北京陷落后，城内纷乱实不可名状。……此时有清人携带日本国旗，冒死来到公使馆内的第五师团司令部，请求面见福岛少将。此人是汉军正白旗的参领，与少将相识已二十余年，名为申鸟珍，正是从此人处得知了皇室离京避难的确切方向，时为8月17日。……少将嘱咐鸟珍，让其寻找城内朝中大员，并让其转达如下之言：火速迎接庆亲王，并打开同各国使臣的交涉之途，否则以今日之状况旷日持久，则北京终将化为一片焦土。鸟珍深领其意，奔走于危险之中，结果于20日少将在我占领区内的军事警务衙门秘密会见了敬信、阿克丹。此次会见中商讨了及早会见在北京城内外隐匿的朝中大员，以制定善后之策，以及迎接庆亲王的事宜。"③据此可知，由一位名为"申鸟珍"的汉军旗参领从中牵线，敬信、阿克丹在会见赫德的前一

---

① 中国近代经济史资料丛刊编辑委员会主编：《中国海关与义和团运动》，中华书局1983年版，第29页。

② 中国近代经济史资料丛刊编辑委员会主编：《中国海关与义和团运动》，中华书局1983年版，第29—30页。

③ 日本参谋部编纂：《明治三十三年清国事变战史》，路遥主编：《义和团运动文献资料汇编·日译文卷》，山东大学出版社2012年版，第355页。

日，已经与福岛安正秘密会晤，在高官会谈、迎接庆亲王等问题上达成了共识。

除此之外，崑冈等人还想方设法，一度尝试由美国人毕格德与各国公使接洽，企图打通与各国使馆的直接联系。毕格德曾任李鸿章的外文秘书，崑冈等人想利用这一层关系："崑、敬等托贤良祠和尚寻毕子明，请致意使臣，将往会。毕以七人中无王爷，又无全权，不往。"[①] 毕格德拒绝的态度实际上代表了美国的态度。种种迹象说明，要想重新开启议和之门，就必须让庆亲王奕劻尽快回京。

联军入城后，除以崑冈为首的京官大员在东奔西走外，时居南城的汉族京官也有挺身而出者，其中以翰林院侍讲学士恽毓鼎最为活跃。

七月二十九日（8月23日）恽毓鼎在其日记中记载："洋兵入城已数日，王公大臣无出见者，觅庆王不得，欲得三品以上大员会晤，先通彼此之情。余乃与敬子斋尚书分头纠合满汉诸公。"恽毓鼎等人通过华俄道胜银行经理俄国人璞科第，与俄国公使格尔思取得联系。八月初一（8月25日），敬信、恽毓鼎等与格尔思会晤。在会晤中，"格使语意和平，极致仍归和好之意，且言各国均可调停。惟余与敬老，既无留守之责，又无议和之权，仅复以此事须待全权大臣李中堂方能作主。因托其电催李相，格使允即发电。敬老请其暂时停战，格使答以未见全权开议，无从电致外部停战"。[②]

前已述及，崑冈与赫德会晤，请订期约见各使；恽毓鼎、敬信则主张另单约俄使会面，似有事出两歧之嫌。崑冈与赫德、日本人的交谈内容，始

① 《高枏日记》，仲芳氏著：《庚子记事》，中华书局1978年版，第178页。
② 《恽毓鼎庚子日记》，北京大学历史系中国近代史教研室编：《义和团运动史料丛编》（第一辑），中华书局1964年版，第62页。

终以庆亲王奕劻回京为重心；而敬信、恽毓鼎同俄使交谈的基调则迥异，李鸿章成为双方寄望的关键人物。这与义和团运动中，俄国政府对华政策有意区别于他国，将其核心利益定位于东三省，而在华北战场则自觉扮演了"次等的普通参加者和敏锐观察者的角色"有关。[①] 这反映出列强在华利益争夺上的矛盾与冲突。俄使格尔思希望李鸿章迅速入京，故对敬信、恽毓鼎提出"托其电催李相"，态度积极，并答应给予其人身庇护。

总之，北京城陷落后，既有崑冈等人经赫德疏通与公使建立关系，又有恽毓鼎等人与俄使直接交往。所有信息渠道表明，庆亲王奕劻与直隶总督李鸿章是列强使节最欣赏的两位议和人选。在留守京官的努力下，奕劻、李鸿章回京已经势在必行。

对于京师陷落后的艰难，以及庆亲王奕劻回京主持议和期间的往事，光绪二十六年十二月十九日（1901年2月7日），崑冈在给荣禄的信中曾不无沧桑感地写道："回忆神州陆沉之日，弟实有效死勿去之心。联军入城，谓国无一人，向谁与议。弟即纠集崇敬诸人之在京者，往见赫德，以保护宗社大内为请，复请旨饬催庆邸晋京。及八月初十庆邸还辕，弟等已支撑二十余日矣。"[②]

其时，对于慈禧太后来说，当务之急莫过于赶紧与列强议和。前述崑冈等人会奏折于八月初三（8月27日）抵太原行在，当天清廷就颁布上谕："崑冈等身处危城，力维大局，洵属可嘉。着奕劻即日驰回京城，便宜行事，毋庸再赴行在。该亲王谊属懿亲，与国同休戚，当此宗社安危所系，必自当立任其难，无所畏避。全权大臣李鸿章现亦有旨令其迅速来京，仍会同妥商办理。此旨著派载澜刻即驰付奕劻，并促其立时北上。关系如此

---

① 张蓉初译：《红档杂志有关中国交涉史料选译》，生活·读书·新知三联书店1957年版，第221页。
② 《崑冈札》，杜春和、耿来金、张秀清编：《荣禄存札》，齐鲁书社1986年版，第14页。

之重,该亲王谅不致稍有迟逾也。钦此。"① 除命庆亲王奕劻回京办理议和外,清廷也有谕寄赫德,谓"知该总税司目击艰难,力维大局,数十年借才异地,至此具见悃忱,朕心实深嘉慰。现已派庆亲王即日回京,会同该总税务司与各国妥商一切。又寄全权大臣李鸿章谕旨一道,即由该税司,向各国商借轮船,派员将谕旨赍送上海,俾李鸿章得以迅速来京,会同庆亲王商办事宜"。② 同日另下旨:"崑冈、崇礼、裕德、敬信、溥善、阿克丹、那桐、陈夔龙均著作为留京办事大臣,随时商办一切事宜。"③ 清廷一面指定留守王大臣,一面责成"自京师以至行在,挨站安设马拨,专司递送",着手建立京师至行在可靠的通信渠道。八月初九(9月2日),谕旨抵京城,这是自城破以来,京城第一次明确得到来自朝廷的指令。那桐在其日记中记道:"初九日,早到春舫处,知庆邸初十日必到,同人恭阅廷寄……此旨初三日所发也。"④ 这意味着,行在从此时开始"遥控"京城,中国与列强各国的重新交涉之门即将重新开启。

接下来,就是奕劻、李鸿章的回京日程问题。

崑冈、舒文与赫德之间函件往返,就庆亲王回京事多次协商,而行期屡延。总署章京朴寿奉命再赴怀来,迎接庆亲王。《高枏日记》中记载:"有璞(朴)君者,洋兵百人送至清河,往寻庆邸回。盖即崑师所专制人也。"⑤ 此处"洋兵百人",实系日兵。据日文档案,朴寿再次动身前,已向日方通报:"明日将再度前往亲王处,伴随亲王前来,抵达清河时请求贵军予以保

① 《军机处寄庆亲王奕劻等上谕》,故宫博物院明清档案部编:《义和团档案史料》(上册),中华书局1959年版,第513页。
② 《军机处寄总税司赫德上谕》,故宫博物院明清档案部编:《义和团档案史料》(上册),中华书局1959年版,第513页。
③ 《军机处寄大学士崑冈等上谕》,故宫博物院明清档案部编:《义和团档案史料》(上册),中华书局1959年版,第514页。
④ 北京市档案馆编:《那桐日记》(上册),新华出版社2006年版,第351—352页。
⑤ 《高枏日记》,仲芳氏著:《庚子记事》,中华书局1978年版,第184页。

护。"① 这说明,对于京官"动员"庆亲王奕劻回京的内情,日本方面是完全知情的。崑冈等人在打开与各国使臣交涉之路径的同时,紧急派遣总署章京朴寿向庆亲王上报北京的状况,以催促其返京。庆亲王在接到朝廷令他"即日驰回京城,便宜行事,毋庸再赴行在"的谕令后,也决意启程。在此情况下,崑冈、敬信、裕德、崇礼、阿克丹、那桐联名写信给日军福岛少将,称"前日已派总理衙门章京朴寿请庆亲王返京,今据该章京之复命,已经向亲王禀明情况,亲王已于当日向皇太后请求旨意(当时在宣化府),将于9月3日返京,并向各国使臣一一告知"。②

八月初八(9月1日),庆亲王奕劻一行抵京郊昌平之贯市,派朴寿先行传谕,次日由总署函达赫德暨各国公使:"现奉庆亲王传谕,刻已奉派入京,因事关紧急,本拟兼程前来,于本月初八九日即可进城,乃途间连日遇雨,又抱微恙,一致未克如愿。兹仍拟于初十日到京,再当与贵总税司订期相晤,嘱为道达,等因。本总办等遵谕达知阁下可也。"③ 奕劻回京途中迁延,稽费时日,背后实有隐情。他接奉谕旨时,已在由怀来往宣化的路上。奏称"奴才于本月初三,在宣化府途次,准辅国公载澜面交初三日谕旨一道。奴才跪读之下,遵即折回",可见其本意是想继续西行,实则不情愿回京,是不得已才折回。奉旨后,奕劻并未立即动身,他给出的表面理由是"因连日雨水阻滞,又兼病体未瘳,未克兼程前进"④。实际上,奕劻滞留不归,就客观原因论,这与日、英与俄三国对他的拉拢有关,此点于日

---

① 日本参谋部编纂:《明治三十三年清国事变战史》,路遥主编:《义和团运动文献资料汇编·日译文卷》,山东大学出版社2012年版,第356页。
② 日本参谋部编纂:《明治三十三年清国事变战史》,路遥主编:《义和团运动文献资料汇编·日译文卷》,山东大学出版社2012年版,第356页。
③ 中国近代经济史资料丛刊编辑委员会主编:《中国海关与义和团运动》,中华书局1983年版,第32页。
④ 《庆亲王奕劻折》,故宫博物院明清档案部编:《义和团档案史料》(上册),中华书局1959年版,第550页。

本外交档案可印证:"在此之前,英国公使窦纳乐致信少将,称有紧急之事,请前来相商。少将抵达公使馆时,公使言道:'据可靠消息,俄国拉拢亲俄派的联芳,正设法将庆亲王请到俄国占领的万寿山,在俄军的护卫下自阜成门入城,欲将庆亲王置于自己的掌控之中。'于是少将认为,俄国要实现其意图并非易事,在与公使反复商量后作如下议定:(1)说服清朝官员让庆亲王不要听从俄军的指使;(2)庆亲王一旦为俄军所诱惑,在俄军的保护下入城,日军将派骑兵于途中强行将亲王接到位于日军占领区内的亲王府;(3)英军骑兵在西直门内集合,一旦得到日军骑兵的报告,马上赶赴途中迎接亲王,与日军一起行动。此协议得到山口师团长及西德二郎公使之同意,并着手准备。首先派朴寿、唐家桢等警告庆亲王,并且师团长于9月1日命令骑兵第五联队派出一个骑兵中队到西直门,另外派柴中佐到清河迎接亲王。"①

八月初十(9月3日),庆亲王奕劻在英、日两国军队的迎护下回到北京,其奏称:"是日由贯市启程,进德胜门。英、日使臣各派兵队至城外迎接。奴才亦慰劳如礼。"②此事在日本人看来,相当于与英国人联手挫败"俄国密谋"的一次胜利:"俄国密谋抢在日、英两国之前,但最终未能实现。庆亲王断然决定取直路自德胜门入城,因此9月3日柴中佐率骑兵一中队抵达清河,亲王如约于凌晨2点抵达,一行包括家属侍从计六十余人。……是日,英军一个骑兵中队亦赶至德胜门外迎接亲王回到府邸,亲王下午4时30分面见中佐,再三感谢我军之好意。另外亲王言称,在会见各国公使之前,先会见总税务司英人罗伯特·赫德。亲王与皇室分散后,西太后

① 日本参谋部编纂:《明治三十三年清国事变战史》,路遥主编:《义和团运动文献资料汇编·日译文卷》,山东大学出版社2012年版,第356页。
② 《庆亲王奕劻折》,故宫博物院明清档案部编:《义和团档案史料》(上册),中华书局1959年版,第550页。

将亲王爱子载振贝子留下做人质，而后军事警务衙门派卫队保护亲王府。"①
对于这一情况，从 1900 年 9 月 3 日窦纳乐再致索尔兹伯理的电文中亦可得
到佐证："庆亲王在英国孟加拉骑兵和日本骑兵的护送下进入北京内城，并
决定住在日本占领区内的他的寓所。"②

　　八月初十（9 月 3 日），庆亲王奕劻回到北京，翌日致函赫德，约其下
午两点在广化寺相见③。当日下午赫德与奕劻进行了晤谈，④奕劻告其此次遵
旨回京，便宜行事，一俟全权大臣李鸿章来京，即可定期开议，并嘱赫德
随时帮助。⑤对于如何帮助清政府进行议和，赫德已作了充分准备。在奕劻
回京前，赫德已于八月初八（9 月 1 日）准备了一份节略和谈草案，奕劻
一回京，赫德马上将其面呈，向其提出自己对于此次中外失和的看法。赫
德认为清政府无法推卸此事的责任，必须为此给予赔偿。而欲了此事，有
两种方法，一系交战到底，一系设法乘机说和停战。但是从交战情形来看，
交战到底一法显然不行，而设法说和一法，也不容易办到。但赫德认为如
进行谈判，总有解决的希望。他希望奕劻能够马上与各国进行谈判，并拟
订了和约草稿，但赫德立即进行谈判的意见没有被奕劻采纳⑥。在赫德所参
与的一系列中英交涉中，他总是希望中英双方能够按照自己的建议行事，
由自己来操控整个交涉局面，此次庚辛议和也不例外，尽管已不再是单纯

---

① 日本参谋部编纂：《明治三十三年清国事变战史》，路遥主编：《义和团运动文献资料汇编·日译文卷》，山东大学出版社 2012 年版，第 356 页。

② 《窦纳乐爵士致索尔兹伯理侯爵电》，胡滨译，丁名楠、余绳武校：《英国蓝皮书有关义和团运动资料选译》，中华书局 1980 年版，第 212 页。

③ 《1900 年 9 月 4 日庆亲王致赫德函》，中国近代经济史资料丛刊编辑委员会主编：《中国海关与义和团运动》，中华书局 1983 年版，第 32 页。

④ "4 September, 1900", Hart's Journals, Vol. 57.

⑤ 《庆亲王奕劻折》，故宫博物院明清档案部编：《义和团档案史料》（上册），中华书局 1959 年版，第 550 页。

⑥ 《赫德围攻使臣始末节略一》（1900 年 9 月 1 日），中国近代经济史资料丛刊编辑委员会主编：《中国海关与义和团运动》，中华书局 1983 年版，第 30—32 页。

的中英交涉，赫德仍然希望和谈能够按照自己设计的轨迹发展，但是他的这一设想却遭到了来自中外的种种阻力。此次会晤后，张德彝告诉赫德，庆亲王奕劻准备拜访各国公使。翌日，赫德致函张德彝，要求奕劻分别给各国公使写信，告之他将在9月6日分别拜访他们。为此赫德致函各国驻华公使领衔葛络干，告之庆亲王奕劻将分别拜访他和各国公使，同时他还向葛络干建议第一次访问时最好不谈公事，或者提出要求，以使庆亲王安心，以后的会谈自然可以更圆满①。此时赫德仍然希望自己可以发挥"调停"功能，使列强按照自己的建议行事。奕劻按照赫德所说，在9月6日分别拜访了各国公使，其中在拜访意大利公使时，对方提出了逮捕端亲王的要求②。

八月十五日（9月8日），赫德再次与奕劻会面，奕劻告诉了赫德他拜访各国使馆的经过，并对惩罚支持义和团的各级官员的要求表示出乎意料，说如果这是进行谈判的一个条件的话，恐怕还要等好长时间才能够开始谈判。赫德称他自己认为惩罚的问题最好以后再提，但是他知道列强会坚持这一要求的。奕劻要求赫德对此作出安排不要使其阻挠或延误谈判。③

八月十六日（9月9日），赫德又向奕劻提出建议：设法使中国官兵不再攻击八国联军；设法使慈禧太后与光绪皇帝回銮。他认为此二端与停战议和、保全大局实有关系，并且他仍然认为应该尽快开始和谈④。

① 《1900年9月5日赫德致领袖公使葛络干函》，中国近代经济史资料丛刊编辑委员会主编：《中国海关与义和团运动》，中华书局1983年版，第63页。

② "Memorandum No.3，September 4，1900"，Sir Robert Hart Collection. 见张志勇著：《赫德与晚清中英外交》，上海书店出版社2012年版，第246页。

③ "Memorandum No.5，September 8，1900"，Sir Robert Hart Collection. 见张志勇著：《赫德与晚清中英外交》，上海书店出版社2012年版，第247页。

④ 《赫德围攻使臣始末节略二》（1900年9月9日），中国近代经济史资料丛刊编辑委员会主编：《中国海关与义和团运动》，中华书局1983年版，第32—33页。

八月二十日（9 月 13 日），翰林院学士恽毓鼎受奕劻之托拜访赫德。恽毓鼎告诉赫德，奕劻已知道各国提出的在谈判之前惩办某些义和团支持者等要求，奕劻非常愿意看到他们受到惩罚，问赫德能否将这一要求写下来，这样清政府就知道这一要求是来自外国代表，而不是奕劻自己提出的建议。赫德答称可以这样做，但是据他所知，列强还没有将这一要求作为谈判的必要条件，他认为这件事最好在李鸿章到来之后再说。对此，恽毓鼎称李鸿章可能要耽搁甚至是不来了，并问是否可让奕劻单独开始谈判。赫德认为这样做恐怕奕劻会有困难。①

赫德在向清政府提出各种建议的同时，也与金登干继续函电往来，交换有关信息。金登干相继将赫德的来电送往英国外交部，以使其及时了解中外议和的动向与赫德对议和的意见。赫德始终认为应从速议和，并且反对德国所提以惩办祸首作为和谈的先决条件，他认为谈判可能做到惩办祸首，但作为先决条件恐将造成僵局，使战争扩大、商业停顿、外债停付。谈判成功以后缉拿祸首，比谈判之前更为容易。②闰八月初三（9 月 26 日），金登干从英国外交部了解到，各国已一致同意，惩办罪魁祸首等绝对必要，现在只是如何做法的问题。③据此，金登干电告赫德，俄、日原则上接受德国建议，英国须待驻北京公使提供情况后才能答复。由此可见，各国都一致认为惩办祸首乃绝对必要。金登干所电告有关信息，赫德除了作为自己判断时局的依据外，还将一部分信息透露给庆亲王奕劻，意在说明此次议

---

① "Memorandum No.6, September 13, 1900", Sir Robert Hart ColLection. 见张志勇著：《赫德与晚清中英外交》，上海书店出版社 2012 年版，第 247 页。

② 《赫致金第 635 号电》（1900 年 9 月 27 日），中国第二历史档案馆、中国社会科学院近代史研究所合编：《中国海关密档》（第九卷），中华书局 1995 年版，第 294 页。

③ 《金致赫 Z/1239 函》（1900 年 9 月 28 日），中国第二历史档案馆、中国社会科学院近代史研究所合编：《中国海关密档》（第九卷），中华书局 1995 年版，第 95—96 页。

和的艰难，让奕劻早做让步的准备。①

　　奕劻回到京师取代崑冈成为在京官员之最高代表，但在李鸿章到来前，仍无法全面开启交涉和谈之门。"庆亲王于 9 月 3 日到达北京；除德国代办外，拜访了各国使节。他除了就有关北京行政管理问题临时写了一封信给外交团领袖西班牙公使之外，按照他已宣布的等候李鸿章到达的意图，避免作开始和谈的任何尝试。"② 胡思敬说："当时能主持和局者，非鸿章莫属……奕劻虽亲臣，威望距鸿章远甚。"③ 叶昌炽亦记："闻庆邸回京，因合肥未到，不能主持和议。"④ 八月十八日（9 月 11 日），奕劻向清廷奏报："奴才以款事一时未能开议，而各国使臣现在北京，自应先行接洽，以资联络……李鸿章现尚在沪，虽经奴才电催，到京尚需时日。而各使均以尚未奉到本国国家训条为词，意存叵测，难保无恫吓要挟各情事。当此时势忧危，大局糜烂，办事艰窘情状，自在圣明洞鉴之中。奴才受恩深重，谊同休戚，惟有殚竭愚忱。俟李鸿章到京，即将一切应议事宜和衷商榷，与各国使臣订期会议。但能补救一分，庶获一分之益。"⑤ 据赫德光绪二十六年闰八月初五（1900 年 9 月 28 日）在致李鸿章的信函中解释，庆亲王奕劻刚回到北京，"德国于数日前已有先行治罪方准开议之难题宣布各国"，赫德认为："在德国出此难题，自系甚易，而在中国按题作去，实属甚难。"因

① 《1900 年 9 月 24 日赫德致庆亲王函》，中国近代经济史资料丛刊编辑委员会主编：《中国海关与义和团运动》，中华书局 1983 年版，第 34 页。

② 《窦纳乐爵士致索尔兹伯理侯爵函》，胡滨译，丁名楠、余绳武校：《英国蓝皮书有关义和团运动资料选译》，中华书局 1980 年版，第 378 页。

③ 胡思敬：《驴背集》，中国史学会主编：中国近代史资料丛刊《义和团》（第 2 册），上海人民出版社 2000 年版，第 481 页。

④ 金梁辑录：《近世人物志》，北京图书馆出版社 2007 年版，第 223 页。

⑤ 《庆亲王奕劻折》，故宫博物院明清档案部编：《义和团档案史料》（上册），中华书局 1959 年版，第 574—575 页。

为有此突发事故，故"庆王回京有必俟中堂到京方能开议之语"。① 种种
事实表明，奕劻虽然回京，但因其性格中谨慎持重、世故圆滑等种种因
素的影响，他不可能去独自承担全部议和的风险和责任。在惩凶的问题上
与列强的初次接触所表现出的态度就已经说明了这一点。实际上，他也
承认，在赔款等事上，他无能为力，只能等李鸿章到京后一同商量。庆
亲王奕劻到京以后，李鸿章也开始奉谕北上。光绪二十六年八月二十日
（1900 年 9 月 13 日），在上海的英国代总领事霍必澜在致索尔兹伯理侯爵
电中说："李鸿章将于明天动身前往天津。他希望与他的同僚荣禄和庆亲王
一起开始进行和谈。他极力劝告荣禄私下觐见皇帝，并且坚持对那些煽动
义和团运动的亲王和其他大臣进行惩罚，作为和谈的准备。他担心他的使
命将遭到失败，除非他能够对外国人提出一项保证说：犯罪者将受到应得的
惩罚。"②

　　李鸿章北行前，9 月 3 日，湖广总督张之洞致函刚刚到达上海的德国驻
华公使穆默，请其倡议停战议和。穆默回电称，他认为此次事发，某王及
某大臣实为罪魁，必俟中国朝廷明降诏书，切实谕示声明其甚恶既往之事，
以昭信实而保将来，如此则可望有开议之端。③ 根据这一情形，李鸿章在上
海先后会晤德国公使穆默、荷兰公使克罗伯、副总税务司裴式楷与各国总
领事，得到列强将惩凶问题作为开议前提的相同答复。因此，根据列强开
出的惩凶名单，李鸿章于 9 月 15 日奏请严惩祸首。④ 光绪二十六年闰八月

① 《1900 年 9 月 28 日赫德致李鸿章函》，中国近代经济史资料丛刊编辑委员会主编：《中国海关与
　义和团运动》，中华书局 1983 年版，第 34、35 页。

② 《代总领事霍必澜致索尔兹伯理侯爵电》，胡滨译，丁名楠、余绳武校：《英国蓝皮书有关义和
　团运动资料选译》，中华书局 1980 年版，第 214 页。

③ 《致上海李中堂、盛京堂，江宁刘制台，济南袁抚台，光绪二十六年八月十六日发》，《张之洞全集》
　（第十册，卷二百三十八），河北人民出版社 1998 年版，第 8275 页。

④ 《李中堂来电并致刘制台、袁抚台，光绪二十六年八月二十二日》，《张之洞全集》（第十册，卷
　二百三十九），河北人民出版社 1998 年版，第 8286 页。

初二（1900 年 9 月 25 日），清政府同意惩办此次致祸元凶，颁布上谕，惩处支持义和团运动的亲王与大臣："此次中外开衅，变出非常，推其致祸之由，实非朝廷本意。皆因诸王大臣等纵庇拳匪，启衅友邦，以致贻忧宗社，乘舆播迁。朕固不能不引咎自责，而诸王大臣等无端肇祸，亦亟应分别轻重，加以惩处：庄亲王载勋、怡亲王溥静、贝勒载濂、载滢，均着革去爵职；端郡王载漪，着从宽撤去一切差使，交宗人府严加议处，并着停俸；辅国公载澜、都察院左都御史英年，均着交该衙门严加议处；协办大学士、吏部尚书刚毅，刑部尚书赵舒翘，着交都察院、吏部议处，以示惩戒。"① 同日，清廷又派崑冈致祭克林德②。由此可见，李鸿章与奕劻二人行事作风不同。善于充当老好人，娴熟官场平衡术的奕劻，在李鸿章之前，是不可能主动向清廷提出"开列惩凶名单"这样的要求的。庆、李二人各有其长处与短处，只有和衷共济，议和之门才能打开，而且结果肯定不会比此前形势更为糟糕。光绪二十六年闰八月十九日（1900 年 10 月 11 日），李鸿章到达北京。第二天，奕劻即前往拜访李鸿章，二人商定接受赫德所拟订的谈判的计划。

赫德所拟照会稿如下：

为照会事。照得本年入春后，义和拳匪扰及近畿一带，以致向所未闻之奇祸，层见迭出，始则各国使馆被围，继则西兵大队汇至京中，随致内廷君臣播迁远地。试忆此事未出以前，若语人曰，数月后当有此事，谁其信之。今者朝廷始知左右诸王大臣之庇纵拳匪，妄启祸端，是以一面将该

---

① 《上谕》，故宫博物院明清档案部编：《义和团档案史料》（上册），中华书局 1959 年版，第 642 页。
② 《致德国书》，故宫博物院明清档案部编：《义和团档案史料》（上册），中华书局 1959 年版，第 643 页。

王大臣等照中国例交各该衙门严议，一面派本王大臣为全权大臣便宜行事，俾得迅速开议和局，以了此事。惟应与议者并非一国，且应议之事，各国又有不同，加以事出非常，应议一切种种较难，再四思维，不若先将其事之纲领由与议各国会定通行之专约后，将其事之详细按照各国情形各定分约；此外俟通商条约应否改定均已办妥，再将约内关系各省应行事宜者，另定善后章程，以期彼此获益，永无窒碍。兹将拟先议之通行专约，特拟底稿，附送查阅，以便各国大臣会阅，并请将中国现在如何拟办各情形电达贵国外部，俾期速将应办之事早日完结。除将拟稿附送并抄录分送各国使臣查阅外，合即照会。为此照会贵大臣请烦查照赐复可也。须至照会者。附抄件。①

该照会底稿中明确提出了此次议和的程序，应先由各国共同拟一适用于各国的专约，再由各国分别与中国拟定分约。此后赫德在给总理衙门的有关建议中也是基于专约、分约立论。但实际上最终各国与中国只签订了专约，而未签订分约。

赫德所拟随文信函底稿为：

敬启者，开议一事本王大臣本日已备文照会贵领袖大臣，并分行各国大臣在案。现拟于某月某日趋赴贵大臣署中面商一切，应请贵领袖大臣转知各国大臣，请其届期同临贵署，或另定会晤日期之处，请即示复，以期两便为祷。②

---

① 《照会拟稿》，中国近代经济史资料丛刊编辑委员会主编：《中国海关与义和团运动》，中华书局1983年版，第36—37页。

② 《随文信函底稿》，中国近代经济史资料丛刊编辑委员会主编：《中国海关与义和团运动》，中华书局1983年版，第37页。

此稿反映了赫德一直主张的"和议早开，和局早定"。庆亲王奕劻刚刚回京时，赫德即建议马上开始议和，但是奕劻称须等李鸿章来京之后才能开议。赫德本以为李鸿章来京后就可开议了，但是各国公使与赫德的想法却并不一致，由于他们在"应向清政府提出的要求"这一方面无法达成共识，即便在李鸿章来京并拜访过他们之后，开议之事仍然显得遥遥无期。

赫德所拟通行专约底稿如下：

现在皇上因此数月内节节出有意外之变，心中甚为愁闷不爽，是以特派庆亲王回京面陈此意，并与庆亲王、李中堂以全权便宜行事，俾得商议一切，先将后开之条款作为各国会同与中国订立专约之底稿。

计开：

一、围攻使臣公馆极犯万国公法之要条，为各国万不准行之事，中国一面自认此次之大误，并应许以后必不致再有如此之事。

二、所有此次应行赔偿之各事各款，中国即全行认赔，一面由各国分派人员查明开单送交照办。

三、至日后贸易交涉一切事宜，应由各国择定如何办理，或照旧约，或另定专条将旧约略为增改，或将旧约全行作废另议新约均可，即由中国照行，复将善后章程分别酌定办理。

四、此次所定之专约，系中国与各国通行之大纲领，俟此大纲领定妥后，各国大臣在总署各处所加之封条均可起去，一面由办交涉之各大臣照旧赴署办公。此外另应由各国将此事之详细与中国分定某国之分约，俟各分约议定后，方由各京官在京中照旧供职。俟应赔之各事各款全行办妥或定有如何办理之法后，方由各国陆续退兵。

再第四条内之各国分约与第三条内之各通商条约无涉，各有各办法。至专约首页各国衔名次序应如何书写列定，一切即可于会议时面定。①

此底稿设想了中国对于此次中外失和的补偿，包括悔过、赔款、商约。应该说，是一份精心策划的意见书，但是对于列强的欲望而言，这些还远远不够。

对于为什么中方要选择赫德来拟定给各国的照会、信函及通行专约，奕劻与李鸿章在事后的奏折中作了解释：

以总税务司赫德系倡办款事之人，于中外交涉事体重轻极有体会，因令酌拟照会底稿，表明中国仍愿与各国永敦和好本意，并附专约五款，为开办之纲领。大致以围攻使馆极违万国公法，允许嗣后永无此事。而商认赔款次之。修改条约以重商务，收回衙署以维政权，两款又次之。其究竟则趋重于撤兵停战。臣等酌商定稿后，通行照会在京各驻使，并函订日期会议，请其公商见复。②

奕劻与李鸿章给出的原因是赫德屡次参与条约的谈判与拟定，深悉中外交涉要领，所以此次才利用赫德来拟定给各国的照会、信函及通行专约底稿，以充分表达中国求和之意。在清政府命运攸关的重要时刻，如李鸿章这样熟悉国际大势、久历中外交涉的清政府大员都将事关国运的照会、

---

① 《通行专约拟稿》，中国近代经济史资料丛刊编辑委员会主编：《中国海关与义和团运动》，中华书局 1983 年版，第 37—38 页。
② 《全权大臣奕劻等折》，国家档案局明清档案部编：《义和团档案史料》（下册），中华书局 1990 年版，第 742 页。

信函及通行专约交给赫德去拟定，表明清政府对于赫德的信任与倚重，希望能够借助他与各国公使相熟的有利条件，早日取得议和成功，同时也表明清政府缺乏真正能够运筹帷幄、掌控时局的外交家①。

光绪二十六年闰八月二十五日（1900 年 10 月 18 日），李鸿章拜访赫德，称已收到各国对照会的答复，20 日各国公使不能够与奕劻和李鸿章会议，会议的时间不需要确定下来。法国回复称谈判只有在惩办祸首之后才能开始，李鸿章问赫德对此的意见，赫德答称列强已得到了他们希望得到的，各国使馆都已电告本国政府称中国政府已经提出条约草案，各国政府越来越希望有个了结，他们不会反对进行谈判，所以最好是静静地等待所有公使都来北京，那时开始谈判也不算晚②。

为了使和议早开并且能够顺利进行，在各国公使拒绝马上开始与李鸿章、奕劻会议后，赫德将他从金登干以及各国公使那儿得知的各国将要提出的条款告知奕劻与李鸿章："一、军火不准运销中华；二、公私两项赔款宜定明妥办；三、大沽炮台均须拆平；四、天津、北京暨由津至京之途次，须择数处暂时留兵驻守；五、驻京大臣各公馆，均自派护馆洋兵；六、前门以东，崇文门以西，长安街以南，应作为使馆租界；七、戕害教士之各省、府、州、县应停科考若干年；八、各国事务应只派大臣一员以专责成；九、各国驻京大臣所指之人应如何治罪。"赫德认为各国所提各款并不难办，但是要注意如何对待各国所提要求，他的意见是："最要者系各国所索倘可照办，立即应允，毋庸辩论，缘应允之一事，辩论必致有另索两事之累；俟开议时，可允者即刻应许，其难允者切勿当时辩论，只先云此层

---

① 参引张志勇：《赫德与晚清中英外交》，上海书店出版社 2012 年版，第 250—253 页。

② 《赫致金第 634 号电》（1900 年 10 月 19 日），中国第二历史档案馆、中国社会科学院近代史研究所合编：《中国海关密档》（第九卷），中华书局 1995 年版，第 298 页。

俟斟酌妥协再说可也。"① 在各方协商下，十月十三日（12 月 4 日），列强最终就所提各款达成一致意见。② 十一月三日（12 月 24 日），奕劻到西班牙使馆与各国公使会晤，领袖公使葛络干将包含十二条要求的联合照会交给奕劻，③ 随后光绪二十六年十一月初六（1900 年 12 月 27 日），清政府即批准了此联合照会："所有十二条大纲，应即照允。"④ 议和之门，至此得以重开。

今天看来，奕劻可谓是当时与列强从事交涉的领袖人物，其象征地位正如同奕䜣在第二次鸦片战争议和中的地位。他之回京不是可有可无。他代表清政府返回京城，首先给列强各国发出了议和的信号，使混乱无序的形势开始出现转机；其次，他返回北京成为当时整个滞京官员群体的领头人。这一点无论在议和期间或是议和之后，都对清末政局产生了重大影响。

二、奕劻与列强的议和进程

奕劻与列强谈判及其一系列善后问题，其时间进程情况大致总结如下⑤：

光绪二十六年八月初一（1900 年 8 月 25 日），李鸿章电请派奕劻、荣禄、刘坤一、张之洞为全权大臣；初二（26 日），留京大学士崑冈等请饬

---

① 《赫德围攻使臣始末节略四》，中国近代经济史资料丛刊编辑委员会主编：《中国海关与义和团运动》，中华书局 1983 年版，第 39—40 页。

② 《康格致海函》（1900 年 12 月 23 日），天津社会科学院历史研究所编：《1901 年美国对华外交档案》，齐鲁书社 1983 年版，第 67 页。

③ 《康格致海电》（1900 年 12 月 4 日），天津社会科学院历史研究所编：《1901 年美国对华外交档案》，齐鲁书社 1983 年版，第 421 页。

④ 《军机处寄全权大臣奕劻李鸿章电旨》，国家档案局明清档案部编：《义和团档案史料》（下册），中华书局 1990 年版，第 853 页。

⑤ 参见贾熟村著：《义和团时期的奕劻》，《菏泽学院学报》，2010 年第 3 期。

奕劻回京，速定大计；初三（27日），慈禧太后命奕劻回京，便宜行事，会同李鸿章妥商办理议和之事；初四（28日），俄军进攻齐齐哈尔，将军寿山自杀；初七（31日），慈禧以载漪为军机大臣，载澜为御前大臣[1]；初十（9月3日），奕劻自宣化回抵北京，英国、日本派兵迎护；十一日（9月4日），奕劻晤总税务司英国人赫德，并照会领衔西班牙公使葛络干；十二日（9月5日），奕劻由日军司令福岛代发电催促李鸿章来京；十三日（9月6日），奕劻偕那桐拜会俄、英、美、西、意、比及日本公使，俄使格尔思与奕劻商东三省停战；十五日（9月8日），清廷谕李鸿章，称此次到京，安危存亡所系，旋乾转坤，匪异人任，勉为其难；十六日（9月9日），奕劻与李鸿章、荣禄均被授为全权大臣，刘坤一、张之洞均会办议约事宜，均准便宜行事；二十二日（9月15日），比利时公使致函奕劻，劝朝廷回京；二十三日（9月16日），俄使函奕劻，劝朝廷回京；二十四日（9月17日），英、日、西班牙公使函奕劻，劝太后、皇帝回銮。李鸿章也电请回銮。清廷不允，命奕劻先劝各国撤兵，并命李鸿章即进京会商一切；二十五日（9月18日），美使函奕劻，劝"两宫"还京；闰八月初三（9月26日），奕劻等奏请回銮，以固根本。诏命与李鸿章妥商。命毓贤开缺，以锡良为山西巡抚；初五（9月28日），俄军陷奉天辽阳；初九（10月2日），陷沈阳；初十（10月3日），法使致函奕劻，劝"两宫"回京；十八日（10月11日），李鸿章抵北京；二十日（10月13日），清廷授奕劻为全权大臣，便宜行事，会同李鸿章妥商应议事宜；二十二日（10月15日），奕劻与李鸿章照会各使，自认围攻使馆最违公法，承认赔款，修改商约，请交出总署，撤兵停战；二十五日（10月18日），刚毅病卒；二十六日（10月19日），联军占

---

[1] 中国第一历史档案馆编：《义和团档案史料续编》（上册），中华书局1990年版，第746页。

领保定；九月初三（10月25日），清廷命奕劻、李鸿章诘阻洋兵西犯；初四（10月26日），慈禧太后、光绪皇帝等抵西安；载漪等留潼关。清廷命奕劻、李鸿章确询洋兵西向，用意何在？十二日（11月3日），奕劻、李鸿章电请惩处载漪、董福祥，各国公使要求祸首十一人正法，并速定回銮日期；十六日（11月7日），上谕奕劻、李鸿章：一俟款议就绪，即定期回銮，并无久居长安之意。以毓贤办事荒谬，命革职查办，交地方官严加看管，不许前来行在；十九日（11月10日），奕劻、李鸿章奏：各使意在严办祸首，十一人必须正法；二十日（11月11日），荣禄抵西安；二十二日（11月13日），清廷加重惩治庇纵拳匪诸臣。命奕劻、李鸿章切实向各使商明，克日开议。荣禄另电奕、李，董福祥宜缓图；二十四日（11月15日），奕劻、李鸿章晤联军统师瓦德西，盼和局早日开议；二十八日（11月19日），命奕劻、李鸿章速即会商刘坤一、张之洞开议条款；二十九日（11月20日），奕劻、李鸿章电荣禄：各使坚持惩办董福祥。密电复：董福祥久握兵符，陕甘汉回倾向，稍涉操切，恐成巨祸，将来断不轻纵，唯须相机妥办。当时，传说刘坤一、张之洞将被撤任，美、英、德使先后通知奕劻、李鸿章：刘坤一、张之洞万不可动；三十日（11月21日），清廷以事机紧迫，命奕劻、李鸿章相机审势补救，得一分是一分，款议可成不可败；十月初三（11月24日），奕劻、李鸿章电荣禄：各使认董福祥为肇祸最要，且疑荣禄袒护；初四（11月25日），再电：不办毓贤、董福祥，和议断难望成，请速回天听。清廷密谕奕劻、李鸿章，准其便宜行事，不必往返稽延，致生他变，应以宗社为重，力维大局，毓贤即将置重典，唯懿亲不能加刑。荣禄电复，否认刘坤一、张之洞有撤任之说；初六（11月27日），奕劻、李鸿章电称：各国公使坚持惩董福祥，应驱逐远离，不得仍在朝廷左右；初七（11月28日），意、法兵西进不止，命奕劻等与法使商阻；十二日（12月3日），甘肃提督董福祥革职留任，命带所部回甘；十四日（12月5日），谕奕劻、李鸿章，如有为难之处，可据实直陈，切勿迁延日久。因各使抗议，奕劻、李鸿章电请撤销李秉衡恤典；十五日（12月6日），清廷命奕劻、李鸿章会商各国将康有为羁禁；十六日（12月7日），清廷命奕劻等仍速催开议；二十日（12月11日），清廷从奕劻、李鸿章奏请，慰问俄主病，并谢交还东三省；十一月初一（12月22日），奕劻、李鸿章与十一国公使会商于西班牙使馆，议和大纲十二条，大致决定；初三（12月24日），各国公使将联合通牒面交奕劻、李鸿章，提出和约大纲十二条：一、戕害德使一事，由中国派亲王专使往德国谢罪，并于被害处建铭碑；二、严惩祸首，其戕害凌虐各国人民之城镇，五年内停止科考；三、戕害日本书记生事，须用优荣之典，以谢日本政府；四、于污渎发掘各国人民坟墓之处，建立碣碑；五、军火及专为制造军火之材料，不准运入中国；六、赔补外人及为外人执事之华人身家财产所受损失；七、各国驻兵护卫使馆；八、北京至海边须留出畅行通道，大沽炮台一律削平；九、由各国驻兵留守通道；十、张贴永禁军民人等仇视各国之谕旨；十一、修改通商、行船各约；十二、改变总理各国事务衙门及各国公使觐见礼节；初四（12月25日），西安行在接到和约大纲；初五（12月26日），荣禄等电奕劻、李鸿章磋议和款；初六（12月27日），诏允和议大纲，仍望磋磨补救。接着，张之洞指陈大沽撤炮台、京津驻洋兵等不妥，诏命奕劻、李鸿章酌办；十四日（1901年1月4日），奕劻、李鸿章电驳张之洞，称："不料张督在外多年，稍有阅历，仍是二十年前在京书生之习，盖局外论事易也。"[①] 十六日（1月6日），又电，称："臣等只有遵旨办理，刘、张（刘坤一、张之洞）等相距已远，情形未能周知，若随时电商，恐误事

170

① 故宫博物院明清档案部编：《义和团档案史料》（下册），中华书局1959年版，第865页。

机。"①十七日（1月7日），清廷命奕劻、李鸿章婉告各使，董福祥事恐激而生变，非有意庇护；二十日（1月10日），旨准画押和约大纲；二十五日（1月15日），奕劻、李鸿章将和约大纲画押；十二月初四（1月23日），奕劻写信给荣禄，两人同岁，奕劻却称荣禄为二哥，可能荣禄比奕劻生月大。他在信中写道："密启者：未开议之先，笔舌往返，几费经营。仰荷两宫圣明，洞烛此事办理之艰，俯如所请，实中外臣民之庆。嗣南皮（张之洞）忽发高论，各使哗然，又添许多波折。幸得执事仰赞庙谟，俾已定之局，不致功亏一篑。……禁止军火，于中国治军、剿匪不无窒碍。弟与各国力争，奈事由法廷发端，各使无从驳改。俄使言：'此论虽列条款，将来仍系空文……况洋商惟利是图，暗中运售，政府亦无从查禁，'"大沽炮台，昔为要区，今成虚器。通海畅道既有洋兵留守，我虽有坚台巨炮巍然排立，亦属徒具外观。似不如化险为夷，使彼人无所猜忌，冀可暂图目前之安，徐筹自强之策。"②初十（1月29日），清廷下诏变法；十九日（2月7日），以各国要求加重惩办祸首，命奕劻、李鸿章切实剖辩；二十日（2月8日），各国公使为惩办祸首，再照会奕劻、李鸿章。光绪二十七年正月初三（1901年2月21日），清廷加重惩治肇祸诸臣，命奕劻、李鸿章照会各国，将启秀、徐承煜交回，即行正法；初四（2月22日），毓贤在兰州正法；初六（2月24日），命奕劻、李鸿章统筹兼顾，将俄与各国不相下之处，销融无迹；十八日（3月8日），清廷下诏奕劻、李鸿章相机与俄婉商，择要补救；二十五日（3月15日），奕劻、李鸿章电军机处，俄约已驳改，请照准；二十七日（3月17日），命奕劻、李鸿章展限画押；二月初八（3月27日），奕劻、李鸿章电、若不画押，俄必决裂，祸患即在目前，乞速定大计；初九（3月28日），清廷谕

---

① 故宫博物院明清档案部编：《义和团档案史料》（下册），中华书局 1959 年版，第 866 页。

② 杜春和等编：《荣禄存札》，齐鲁书社 1986 年版，第 7—8 页。

奕劻、李鸿章，仍先定公约，再议专约。在与俄国议和问题上，奕劻与李鸿章存在分歧。他曾经为此专门写密信向荣禄倾诉："东三省事关系中外大局……合肥极盼东约早成，以为他事可以迎刃而解。殊不知各国环伺，已有责言，若竟草草画押，必致纷纷效尤。合肥更事之久，谋国之忠，弟夙所钦佩，独中俄定约一事，不免过有成见。即以近日电奏而论，大都于会衔发电后抄稿送阅，弟亦无从置词。其前后电陈不无矛盾，谅在朝廷洞鉴。当此时局岌岌，弟膺兹艰巨，原不必苟为异同，致烦宸廑。惟此事画押与否，关系中国安危，亦何敢随声附和，徇一国而触各国之怒。昨于庚午电奏，单衔密陈，惟盼朝廷权衡利害，慎重施行。此刻东约断难处定，弟惟催促各使早议公约，仍与合肥和衷商办。但恐奉职无状，或此后会衔电奏中，语句稍有未当之处，不妨由执事请旨申饬，庶几共知儆惧，不敢草草从事，于议款确有裨益。弟虽同受诃谴，所不敢辞。"[①] 在西安行在主持军机处的荣禄，一面电慰奕劻，一面劝李鸿章勿过执己见。三月初三（4月21日），清政府设督办政务处，派奕劻、李鸿章、荣禄、王文韶等为大臣，刘坤一、张之洞亦参与，将一切因革事宜，悉心评议次第奏闻；四月初一（5月18日），清廷谕奕劻、李鸿章迅将和约议结，以便定期回銮；二十一日（6月7日），诏择于七月十九日由河南、直隶一带回京；六月初九（7月24日），改总理各国事务衙门为外务部，派奕劻总理外务部事务；十四日（7月29日），谕奕劻、李鸿章，秉公约既成之际，再向俄使婉商东三省交地约章，务与刘坤一、张之洞各捐除意见，和衷经画。当时，李鸿章谓刘、张为日本所愚，刘、张谓李为俄人所愚。奕劻站在刘、张这一边。在此期间，奕劻还写信给荣禄，称美国全权代表柔克义曾两次照会，美使康格又具照会，为已革侍

---

① 杜春和等编：《荣禄存札》，齐鲁书社1986年版，第12页。

郎张荫桓乞恩，还称张荫桓曾充该国驻使，经其总统赏给宝星，若不开复原官，有碍该国体面。请荣禄于召对时委婉陈请，将张荫桓开复原官，庶免另生枝节。光绪二十七年七月二十五日（1901 年 9 月 7 日），奕劻、李鸿章与德、奥、比、西、美、法、英、意、日、荷、俄十一国代表签订《辛丑条约》，共十二款：一、对德谢罪；二、惩办祸首；三、对日谢罪；四、于外国坟墓被掘处建碑；五、禁止军火运入；六、赔款；七、使馆驻军；八、削平大沽炮台；九、各国于北京、山海关间驻兵；十、张贴禁止仇外之上谕；十一、修浚白河、黄浦江；十二、改总理衙门为外务部。按照与列强达成的协议，早在六月初九（7 月 24 日），清廷即已经下谕改总理衙门为外务部。原谕说："从来设官分职，惟在因时制宜。现当重定和约之时，首以邦交为重，一切讲信修睦，尤赖得人而理。从前设立总理各国事务衙门，办理交涉，虽历有年，惟所派王大臣等多系兼差，恐未能殚心职守，自应特设员缺，以专责成。总理各国事务衙门着改为外务部，班列六部之前简派和硕庆亲王奕劻总理外务部事务。"①上谕所提的理由并未清楚说明改名之真正原因。实际上，是因为过去总理衙门不能满足列强各国的外交要求，因此，在光绪二十七年（1901 年）三月间，才会有美、日国两公使即代表各国向奕劻、李鸿章等交涉改组总理衙门问题的事。旋由领衔公使葛络干（西班牙公使）来照会说："将总理各国事务衙门改为外务部，冠于六部之首。管部大臣以近支王公充之。另设尚书二人，侍郎二人。尚书中必须有一人兼军机大臣。侍郎中必须有一人通西文西语。均作为额缺，予以厚禄。"所以在议《辛丑条约》时，即在和议大纲中提出"总理各国事务衙门必须革故鼎新……其如何变通之处，由诸国大臣酌定，中国照允施行"。②这说明，总理衙门改名为

---

① 《上谕》，国家档案局明清档案部编：《义和团档案史料》（下册），中华书局 1990 年版，第 1256 页。
② 张德泽著：《清代国家机关考略》，学苑出版社 2001 年版，第 283 页。

外务部实是列强各国干涉的结果。《辛丑条约》签订后，奕劻出任清政府外务部管部大臣，继续与列强各国商量其他善后问题，主要是日、俄侵占东三省及其他一系列问题。光绪末年与宣统年间，奕劻在清政府外交事务上继续发挥作用。清亡前夕，清政府与列强驻华公使的一系列交涉，载沣与隆裕太后也一直全权委托奕劻办理。

三、奕劻在《辛丑条约》谈判中的作用

在开始本部分的探讨之前，我们必须清楚一点，庚子议和是在极不平等的条件下进行的。弱国无外交，作为战败国，在谈判桌前，中国几乎没有置喙的余地。作为清政府的全权议和大臣，奕劻等人在谈判桌上同样也没有多大的商谈空间。但是不能忽视一个事实，那就是这场议和谈判对于慈禧重新确立统治地位与形象是非常重要的。慈禧的要求是否得到满足，从当时的情况来看，也应是这场议和能否顺利进行并且达成的关键。如何应对列强各国经过反复商量而提出的谈判要求，如何保全慈禧即清廷的权威，这是奕劻在庚子议和过程中要面对的。中方谈判的最后决定者是慈禧，奕劻等人在议和过程中发挥作用的程度与空间是与之密切相关的。

1. 列强各国都在争取各自的最大利益

八国联军占领北京后，与中国政府和谈以争取到他们的最大利益，成为摆在列强各国公使面前的首位问题。

1900 年 10 月 17 日，英国外交部部长索尔兹伯理在致英国谈判代表窦

纳乐的电文中这样说道："昨天，法国大使告诉我说：由于所有国家在原则上都坚决支持德卡赛先生（法国外交部部长）的建议，他的政府认为，现在各国驻北京使节可以向中国全权大臣提出该建议作为谈判的基础；此项行动将不妨碍对某些国家提出保留意见的那些问题进行讨论修改。按照我对康邦先生提出的诺言，我现在授权您同其他有关国家使节一起向中国全权大臣提出同文照会，目的是把各国已经同意的谈判基础通知他们。可是，您应从我 10 月 11 日致女王陛下驻巴黎大使的电报中注意到，关于在北京至大沽途中驻守设防据点一事，我已提出保留意见。在提出您的照会之前，您应把大家普遍同意所作的任何修改或补充用电报通知我。"① 索尔兹伯理所说的 "所有国家在原则上都坚决支持德卡赛先生的建议"，是指法国驻华使馆所拟的一个与中国谈判议和的基础性文件，内容主要包括："一、惩罚那些由各国驻北京使节指名的主要罪犯；二、根据各国之间所决定的那些条件，继续禁止军火入口；三、对各个国家、团体和个人做出公正的赔偿；四、各国为了保护它驻北京的使馆而建立一支永久性的卫队；五、拆除大沽炮台；六、由于各国使馆希望前往沿海或各国部队想要从沿海前往首都，为了保持道路始终畅通起见，各国对某些地方进行军事占领，那些地方由各国之间协商后决定。"②

在 1900 年 10 月 16 日美国驻华使节康邦送交本国的备忘录中，也明确提到支持法国照会中所提出的原则。他说："所有国家都坚决支持法国照会中所提出的原则。引起某些政府方面提出说明的那些问题，可以在谈判过程中由各国之间或他们的驻北京公使之间进行讨论，并且为了更迅速地达

---

① 《索尔兹伯理侯爵致窦纳乐爵士电》，胡滨译，丁名楠、余绳武校：《英国蓝皮书有关义和团运动资料选译》，中华书局 1980 年版，第 352 页。
② 《1900 年 10 月 19 日法国大使馆送交的备忘录同文照会的草稿》，胡滨译，丁名楠、余绳武校：《英国蓝皮书有关义和团运动资料选译》，中华书局 1980 年版，第 353—354 页。

到共同的目的起见，可以采取他们认为必要的方式修改。中国政府既然已经声明它自己准备谈判，现在重要的事情是向它表明：各国的想法是完全一致的；虽然他们坚决尊重中国的完整和中国政府的独立，但他们仍然决定获得他们有权利得到的赔偿。由各国驻北京公使或首席公使作他们的代表向中国全权大臣提出那项作为谈判基础的建议，对中国皇帝及其政府的决定毫无疑问地将产生适当的影响。这个集体的步骤将不妨碍对法国建议中的一些问题进行审查，因为某些国家对那些问题曾提出保留意见。"①

实际上，在法国提出对中国的议和条件后，各国使节即一直对此在进行补充和协商。1900 年 11 月 5 日，萨道义在致索尔兹伯理的电文中有这样的记载：

在今天举行的各国公使会议上，德国公使提出下列建议作为对谈判基础的一项补充，已获得一致赞同："中国政府派遣使臣前往柏林，对德国公使被杀表示惋惜，并建立一座纪念碑。"然后，我提议，我们应向我们的政府建议按下列意思加入一项条款："中国政府应允今后将根据各国全权代表可能认为便于提出的那些原则，商谈对通商条约及其他有关贸易航行问题作必要的修改。"意大利公使建议加入下列词句作为对法国建议第三款的补充："中国为了保证支付赔款和借款利息，应按照各全权代表所指出的那些原则采取财政措施。"对谈判基础所作的一切补充和修改现已结束；我们仅等待各本国政府批准，以便开始草拟照会。我已电告的那些措辞，除了各全权代表所提出的修改之外，大都将用于照会中。前言将列举中国所犯的

---

① 《1900 年 10 月 16 日康邦大使送交的备忘录》，胡滨译，丁名楠、余绳武校：《英国蓝皮书有关义和团运动资料选译》，中华书局 1980 年版，第 351—352 页。

罪行，它促使各国派遣部队，并使各国有必要提出目前的要求。①

1900 年 11 月 8 日，萨道义在致索尔兹伯理的函信中详细地记载了列强各国对法国 10 月 4 日的建议所进行的讨论情况。全文如下：

阁下：

我荣幸地送呈一份关于各国驻北京使节之间对法国 10 月 4 日的建议所进行的讨论情况的报告，该建议是作为同中国朝廷所任命的全权大臣进行谈判的基础的。

简单地说，法国政府的建议如下：

一、对各国使节所指名的那些主要罪犯予以惩罚。

二、对输入武器继续予以禁止。

三、需要对各国政府、个人及团体偿付公正的赔款。

四、为了各国使馆的安全而在北京驻扎一支永久性的卫队。

五、拆除大沽炮台。

六、占领大沽至北京铁路线上的两三处地方。因此，这些地方能够为部队自沿海至首都以及为各国使馆本身前往沿海保持畅通。

阁下 10 月 6 日传达此项建议的电报，这里是 10 月 8 日收到的；窦纳乐爵士于 10 日召开了当时各国驻北京使节的会议，俄、奥、荷等国使馆没有代表出席这次会议。

一、有人建议说：应把所有那些在农村积极参与煽动屠杀的官员们包括在惩罚的范围之内，那些官员的姓名以后由各国使节查明。此外，作为防

① 《萨道义爵士致索尔兹伯理侯爵电》，胡滨译，丁名楠、余绳武校：《英国蓝皮书有关义和团运动资料选译》，中华书局 1980 年版，第 358 页。

止今后骚乱的一项措施（它或许比任何其他措施更为有效），在五年内，凡外国人曾遭受虐待的地区和城镇停止举行任何正式考试。

二、禁止输入武器是很必要的。

三、关于偿付赔款，列强应对付给各国政府的赔款范围达成一项初步协议，对偿付方式及赔款的担保也是如此。可以设立一个"债务库房"性质的机构，虽然它不把全部岁入包括在内。对那些由于同外国人有联系而丧命的中国人的赔偿，应包括在赔款之内。

关于第四、五、六款，如果有一个可防守的使馆区，对所建议的那些措施说来，将是一项有益的补充。

有人建议，对上述条款应作下列补充：

七、中国政府应同意两年内在各个地区张贴一道上谕，禁止任何人参加"义和拳"会，违者处死，同时说明它已经施加的各种惩罚，其中包括上面所建议的停止考试在内。

八、应任命一位外交大臣，并撤销总理衙门。

九、同朝廷的关系应建立在合理的基础上。

窦纳乐爵士又说："鉴于全体外交使节进行谈判所具有的困难，宁可给中国谈判大臣发言的机会，然后用最后通牒的形式提出列强的要求。"

我应说明：这次会议没有做记录；每位出席会议的使节对会议情况由他本人做笔记。因此，在送交各国政府的报告中或许可能发现一些微小的差异，但我相信所发现的这些差异将是较次要的。我于10月25日接管本使馆之后，在所有的会议上，都严格遵守我所看到的窦纳乐爵士在第一次会议上所使用的词句。

各国使节的第二次会议于10月26日举行。在这期间，这里收到了阁下10月17日的电报，该电说，阁下已接受法国提出的谈判基础，但有某些修改意见。

在经过一些讨论后，大家一致同意：对那些犯有直接攻击各国使馆及在内地屠杀外国人的罪行的人们，我们要求的刑罚是应处以死刑；同时，除了上谕（我在上月27日的信中已附上该上谕的副本）中所提到的那些亲王及官员们之外，罪犯名单应把董福祥和毓贤的名字包括在内。这两人，前者是应对继续不断地袭击各国使馆负责的提督，然而他们对阁下和其他各国政府却提出保证说，中国政府仍继续保护各国公使。后者是声名狼藉的山西巡抚，据说他曾向中国政府夸耀说：他在太原府的衙门中杀死了五十一名外国人。除了这两人之外，我们认为有必要增加那些官员的姓名，他们对那些正在逐渐查明的本省保定府和浙江省衢州府杀害及虐待外国人的事件负有责任，同时还必须增加那些可能向我们提出确凿报告关于犯有同样罪行的其他官员的姓名。

在后来的一次会议（10月31日的会议）上，大家同意在"被杀害"字样后面，应增加"或曾遭到残酷虐待的人们"等字样。

第三次会议于10月28日举行。

对谈判基础第二款，即继续禁止输入武器问题，我们进行了讨论，并一致同意：关于禁止输入武器的期限问题，我们应留待我们的政府以后做出决定，因为我们认为，该条款是企图防止输入弹药及专供制造弹药之用的任何物资。毫无疑问，联军各国关于输出武器问题，至今是它们按照各自采取的措施企图实现的，但是，看来很明显，通过不参与目前谈判的那些国家可以出卖武器和弹药运往中国。因此，采用"输入"字样似乎是适于达到所希望的目的。

对谈判基础第三款，一致同意增加"并对那些在最近骚乱中由于他们为外国人服务而使生命财产遭受损害的中国人"等字样。

至于那些受各国使馆、居住在北京或其他地方的外侨雇用的中国文书和仆役，由于遭受损害而要求赔偿，这看来显然是正当的；至于那些为保卫使馆而不辞劳苦，大大有助于对敌人的围攻进行有效抵抗的难民，情况也是如此。

10月31日，举行了另一次会议。美国公使指出：虽然条约规定对在华外侨提供保护，但近几年内发生了许多攻击他们生命和财产的事件，对这些事件没有获得适当的赔偿。至于那些由于纵容或漠不关心而有助于这些攻击的官员，当我们达到使他们免职的目的后，他们常常被调往其他地方，而且甚至被提升。因此，他建议对谈判基础第一款增加下列条款：

"作为防止今后骚乱的另一个保证，应发布一道上谕，并在全国各处张贴，使所有总督及各省地方官员对他们各管辖地区内的秩序负责，而且无论什么时候有排外骚乱或任何其他违反条约事件在该地区内发生，他们那些官员应立即撤职，并永远不得担任公职或保有勋位。"

后来，对这个条款作了修改，即在"在该地区内发生"字样之后，加上"如果那些事件没有立即被镇压，而且那些罪犯没有立即受到惩罚"等语。

关于谈判基础第三款，我在前些时候曾作了一些说明，即不希望把赔款要求交给由各有关国家领事组成的委员会进行调查，并建议把它们委托给中立国家如瑞士、丹麦、瑞典等国派出的不在中国居住的人们所组成的委员会。康格先生也说：他的政府收到俄国政府的一项建议，将赔款总额提交海牙法庭确定；这个意见在10月31日的会议上获得普遍的赞同。

关于谈判基础第四款，一致同意采纳下列原则："每个国家有权为它的使馆留驻一支永久性的卫队，并将使馆置于可防守的地位，而该地区内的居住权不得给予中国人。"

关于谈判基础第五款，有些使节认为，关于大沽炮台的措辞，很可以用来包括其他的炮台，如北塘和天津以及天津至大沽之间的那些炮台，因为那些炮台将危及沿海至首都之间的自由联系。因此，对那项规定作了修改。

向我们提供的谈判基础第六款的形式，意味着是否有可能选择从沿海以及从北京都可到达的炮台的位置。在讨论该款的时候，有人指出：至少在12月、1月及2月这三个月期间，大沽是不容易从海上到达的；在那个季节中，唯一切实可行的登陆地点是秦皇岛和山海关。同时，由于自北京至大沽的距离为107英里，至山海关的距离还有153英里，在这两个地方附近设防的阵地对我们不会有很大的帮助。我冒昧地说出了一位高级军方人士提供给我的一项意见，即在今后若干年内，在天津建立一支卫队并占领自北京至山海关间某些主要火车站或许将适合这个情况。人们记得，在1860年的战争之后，天津由英法两国部队一直占领到1862年；直到1865年，联军才最后撤出大沽炮台。因此，为了将这些地点完全留待各国政府今后自由决定，我建议作下列修改："为了保持首都至沿海之间的联系，各国之间可商定对某些地点进行军事占领。"这项修改获得一致赞同。

然后，我们着手考虑10月10日会议上所建议的补充的谈判基础。大家都同意第七款，没有不同的意见。有些使节具有这样的印象，即在那次会议上有人提出一项建议，要求宣布宗教自由，但我在窦纳乐爵士的笔记中没有找到关于此事的线索，所以没有采纳它。各国使节认为，在目前的谈判中以避免插入宗教问题为宜。

第八款和第九款，最初是意大利公使所建议的，在原则上获得普遍接受，但是，对于把它们列入用我们政府的名义提出的照会中是否合适的问题，存在着分歧意见。奥匈、德、意、美等国使节和我本人赞成把它们列入其中，法、日、俄等国使节反对列入，而比利时和西班牙公使声称将建议他们的政府采纳大多数国家最后所采取的意见。

在本月5日的会议上，德国使节建议加入下列补充条款：

"派遣一个以亲王为首的特别使团前往柏林，表示中国皇帝陛下和中国政府对克林德男爵被害一事的惋惜。"

"为了纪念已故公使，在遇害地方建立一座与他的职位相称的纪念碑，碑文用拉丁文、德文和中文写成，表示中国皇帝对他被害一事的惋惜。"

这个条款被大家一致接受，没有进行讨论。

日本公使询问说：如果他以后必须要求中国政府建立一座纪念碑，以纪念被中国政府军队于6月11日杀害的日本使馆的书记生，其他使节是否将支持他的行动？此事获得了我们全体使节的同意。

然后，我提出以前曾通知过的那项动议，即希望列入一项条款，使列强有权对现行通商行船条约获得令人满意的修改，并对各悬而未决的那些有关商务利益的重要问题获得解决。我荣幸地随信附上我发言的英文原文。

我没有打算使这些问题的目录包罗无遗。然而，如果各国赞成将它包含在要求事项之内，无疑将给各商会及类似团体提供时间，以指出对这些条约进行有益修改的方向。

俄国公使说：他认为，贸易问题不属于目前谈判的范围之内。

我回答时指出：中国政府不仅致力于消灭各国使馆和使馆内的居民以及根绝内地的外侨，而且要毁灭天津各国租界并完全断绝所有各国同该国各个地区的贸易关系。因此，据我看来，各全权代表有权在照会中包含一项想促进贸易利益的条款，因为这种利益也受到了无情的攻击。这个问题被提出来投票表决，奥匈、比、德、意、日、美等国的使节给予无条件的支持。俄国公使坚持他的反对意见；毕盛先生没有出席，法国使馆秘书支持俄国公使。

意大利公使在重新提到上面所说的窦纳乐爵士于 10 月 10 日会议上对谈判基础第三款提出的建议时，指出：现有的海关岁入几乎完全被既存的对外借款利息所占用。中国为了准备偿付各全权代表的政府和臣民对它所要求的赔款，大概将不得不在国外另行举借贷款，而对这些借款将必须拨出其他的财源。这些岁入可以留置下来，集中交付给被正式任命的委员。如果各全权代表保留对必要的协议享有发言权，那么，应获得对履行这些协议的保证。因此，他建议列入如下的一项条款：

"中国为了保证支付赔款及借款利息，应按照各全权代表所指出的那些原则采取财政措施。"

俄国公使鉴于赔款确定后，各全权代表将在他们相互间商议保证支付赔款的方法，认为没有必要劝告我们的政府把这项建议包含在内。法国使馆秘书同意他的意见。

日本公使为他的政府保留对此问题发表意见。

其他使节，即奥匈帝国、比利时、德国、意大利、美国等使节和我本人声明：我们将向我们的政府建议采纳它。

由于对谈判基础没有提出其他补充意见，我们目前讨论的阶段被认为已经结束。但是，因为我们希望在收到我们的政府关于照会内容的最后训令之后，尽可能不拖延地为提出该照会进行准备工作，所以由奥匈帝国和意大利的公使及法国使馆秘书组成的一个委员会，被任命起草一个前言。前言中将详细说明中国政府方面对国际法的违犯，从而使联军有必要进行登陆，并开往北京。

我应说明：外交团对原来建议所作的修改以及补充条款的措辞，当获得批准之后，自然将采取使它们直接适合于照会本身之用的形式。

最后，我应补充说：在最后的一次会议上，我在我们的讨论中对使用"最后通牒"字样作了某些说明。我说：应当注意的是，通常最后通牒的形式包含着一个期限，过了这个期限之后，如果所强加的条件未被接受，便将采取敌对行动。我认为，我的同事们所要达到的目的，更确切地说，是要表示他们的信念，即全权代表们的要求一旦提交给中国全权大臣之后，便应当毫无异议地予以接受。

各国使节接受这个说明，认为在使用"最后通牒的形式"这个措辞时它完全表达了他们的意图。[①]

1900 年 12 月 24 日，各国使节将商定后的议和条件送交奕劻。"在递交照会的时候，首席公使要求庆亲王把它送交皇帝，并努力获得对它的迅速答复。庆亲王在答词中说：他将立即把该照会电告西安；一旦收到答复后，他便马上通知。他提出了十一份全权证书，授权他和李鸿章同各国的每一位使节进行谈判。我个人对全权证书是十分满意的；我想各国使节将抱有同样的看法。然后，他要求各国使节提出他们的全权证书；会议于是结束"。[②]

以上诸多史料证明，列强恃强凌弱，极尽索要中国之能事，但除了答应它们提出的任何要求，清政府还有什么办法吗？

2. 奕劻等人在保全清廷权威方面尽了全力

---

① 《萨道义爵士致索尔兹伯理侯爵函》，胡滨译，丁名楠、余绳武校：《英国蓝皮书有关义和团运动资料选译》，中华书局 1980 年版，第 391—398 页。

② 《萨道义爵士致兰士敦侯爵电》，胡滨译，丁名楠、余绳武校：《英国蓝皮书有关义和团运动资料选译》，中华书局 1980 年版，第 398—399 页。

奕劻等人作为清政府的全权议和大臣，与列强在谈判桌上折冲樽俎主要集中在惩凶与赔款两大问题上。最重要的交涉还是集中在保全慈禧即清廷的权威以及惩凶问题上。可以说，在这个问题上，奕劻、李鸿章他们可谓是尽了全力。1901年2月5日早晨，在英国使馆举行了各国使节与奕劻、李鸿章等两位中国全权大臣的会议。1901年2月6日，萨道义在致兰士敦函中曾记载有关于此次会议中奕劻、李鸿章与各国使节们的一次详细的交锋。情形如下：

会议开始时，外交团首席公使用法文宣读了对那些罪犯的控告书。然后，该控告书又有人用中文宣读，但是，按照事前的安排，该文件的副本不交给中国全权大臣。

庆亲王和李鸿章答复说，控告是公正的，但他们指出：遵照列强所规定的条件，对罪犯的惩罚应与所犯罪行的轻重程度成比例。

首席公使回答说：各国使节已经说明，对他们的惩罚是处以死刑。当中国全权大臣询问按照他们的罪行区别轻重不同的惩罚应采取什么方法时，我说：根据我所收到的我国政府的训令，对控告书内所包括的那些罪行最轻的人，适当的刑罚是死刑；由于我们不知道有更重的刑罚，所以我们不能指出对那些罪行最重的人施以任何更严重的刑罚；因此，在他们之间不能有所区别。

法国公使补充说：各国使节已仔细地审查了控告书内所指名的那些人的罪行，并得出结论说，他们都应处死。

中国全权大臣说：他们已收到朝廷的谕旨，尽可能详细地指出了对某些人所判处的刑罚。

各国使节回答说：他们现在希望知道究竟打算给予什么惩罚，以便他们可以对这些建议予以考虑。

庆亲王说：联合照会第二款中特别指出的那些人，已经证明他们自己对中国犯有罪行，对各国也是如此，但中国全权大臣本身无权同意我们所建议的对他们判处死刑。他询问说：我们是否打算立即执行这些惩罚，还是晚些时候执行。

法国公使坚决主张，中国人应说明关于惩罚的建议。

中国全权大臣的答复简单地说来如下：

庄亲王应赐令自尽。

端郡王应流放新疆，永远监禁。

当法国公使询问这个判决是否包含没收其财产时，中国全权大臣答复说：他没有可没收的财产，因为他的财产都已被毁坏。

关于澜公（载澜），中国全权大臣说：他是北京步军统领衙门的副统领，遵照他所得到的该衙门统领庄亲王的命令行事。由于这个原因，他的罪行比其他某些人的罪行较轻。他应被撤职和流放，流放的地点尚未决定——或许是黑龙江省。

由于他是皇室的近亲，对他处以死刑是不能执行的。

关于刚毅，中国全权大臣说：由于他已死亡，所以不必进行更多的讨论。法国公使要求对他施行死后的惩罚。中国全权大臣答复说：肯定可以将他撤职。首席公使再三询问：这种撤职所具有的作用和法律上的后果，是否同刚毅被判处死刑所产生的作用和后果相同？

李鸿章回答说：后果将是一样的；他将丧失一切。

关于赵舒翘，他所处的地位和所受的惩罚与澜公的情况是相同的。（首席公使说：各国使节认为他们都犯有最严重的罪行，应受到尽可能最严厉的惩罚。）

关于英年，其地位同澜公和赵舒翘一样，因为他充任一名僚属，因此，中国全权大臣建议，对他的惩罚应与对澜公的惩罚相同。

法国公使说，各国使节一致要求对英年处以死刑，对此中国全权大臣答复说：对相同的罪行不能施以不同的惩罚。

当中国全权大臣谈到所拟议的惩罚对赵舒翘太严厉的时候，我提出了庄亲王、澜公、英年和刚毅所发布的一道命令，它表明这四个人对于他们作为义和拳首领的行为负有同样的责任，同时我还提出了应由前三人负责的另一道告示，它对俘获欧洲人者给予奖赏，并宣布对保护欧洲人的任何中国人处以死刑。

中国全权大臣回答说：他们的法律区分首犯和从犯。我答复说：他们所犯罪行不是违犯了中国的法律，而是违犯了国际法和人道的准则。我们对中国的法律不能予以考虑。

中国全权大臣又说：该被告英年和载澜是遵照他们的首领的命令行事的，因为他们只不过是副统领和僚属而已。

德国公使询问，关于英年，他被放逐是不是长期性质的？对此中国全权大臣答复说：如果希望如此办理，他们准备补充，不许召还端郡王、赵舒翘、载澜和英年。

然后，德国公使询问说：中国全权大臣为什么不能建议对端郡王处以死刑，端郡王是公认的首领，因此犯有最严重的罪行。有什么理由区别端郡王和庄亲王？

中国全权大臣答复说：端郡王是皇帝的近亲，而且被认为同皇帝和太后的关系最为密切。建议对他予以放逐，实际上是等于死刑。

德国公使提醒中国全权大臣：1861年，皇帝的一位近亲被判处了死刑。

庆亲王答复说：那个亲王是一名逆贼，而且是叛乱的教唆犯，因此他应当受到比端郡王更严重的惩罚。

德国公使问道：中国政府不是始终告诉我们端郡王是一名逆贼吗？

庆亲王说：他必须请求各国体谅中国。他曾经说过，端郡王是皇帝和太后的亲人。端郡王确实给他的国家带来了灾难，但是，如果把他处死，将对皇室产生悲惨的后果；所拟议的那种流放是一种缓慢的死刑。

我问道：端郡王究竟是不是应对他的行动负责的一名逆贼，或是他们认为应由中国政府承担责任？对于这个意见，庆亲王答复说：端郡王对他的国家或政府并未图谋反叛，虽然他曾提出过坏意见。我进一步询问说：他提出这些意见后，是否根据他的政府的命令执行这些意见。庆亲王回答说：全权大臣只不过是提出他们的想法而已。他们并不想保护那些犯罪的人；最重要的是，他们想探明各国使节关于应施刑罚的意见。

关于毓贤，可施行死刑。

关于董福祥，中国全权大臣争辩说：他统率着军队，而且在回民中间享有很高的个人声望。他们抱有一切希望，以后将对他进行惩罚。

法国公使说：中国全权大臣了解，董福祥是最恶劣的罪犯之一，他曾率领军队，而且当其他将领松劲的时候，他仍然坚持不懈。各国使节不能容许他免除死刑。

关于李秉衡，将剥夺他死后的一切荣誉。当首席公使询问这是否将产生同刚毅的情况一样的后果时，中国全权大臣作了肯定的答复。

关于徐桐，对他处以同刚毅和李秉衡一样的刑罚。

关于徐桐的儿子（徐承煜），中国全权大臣说，以前没有提及他的名字。他们说：他的地位使他不能提出任何有重要意义的建议。

法国公使说：袁昶（上折反对攻击各国使馆者之一）被押往刑场的时候，发觉徐桐的儿子在场，向他预示以后将轮到他被处死，这意味着他应对那些已经发生的事情负责。徐承煜已落入外国人手中，可以交给中国人处死。

李鸿章答复说：可对他处以死刑之外的任何刑罚，但不能处以死刑，因为他仅是一名僚属，特别是因为我们未能提出关于他犯有罪行的证据。

法国公使说：中国全权大臣的论点是对僚属不能处以死刑，而与此同时，他们却拒绝建议对那些首领判处死刑。各国全权代表掌握了这个人物所犯罪行的确切情报，因此要求将他处死。

意大利公使用尖锐的态度说：他对李鸿章不愿意接受各国使节对这个问题的要求感到惊讶，因为李鸿章本人在一次私下的会晤中曾表示徐桐的儿子应当处死，而且还补充说明他已经落入外国人手中。

李鸿章在被迫对徐桐的儿子表示他的意见时说：他们建议将他监禁，并请求撤除他的职务。关于启秀，他们将提出类似的建议。（徐承煜和启秀两人现在都在日本警察手中）

关于中国全权大臣提出的另一个反对意见，即上述两人的名字现在都是第一次提出来，我说：12月22日的联合照会曾经说明，9月25日上谕中所提及的人物，以及各国使节日后将指名的那些人，都应予以惩罚。我又说：各国使节还必须提出一份各省官员的名单，因为那些官员对两百名以上的男人、妇女和儿童被杀害负有责任；同时我说：这是我第一次有机会向中国全权大臣提出任何名单。法国公使支持我的意见。

庆亲王答应把我所说的话上奏朝廷，虽然他不能够建议对他们处以死刑。

李鸿章同意庆亲王的意见，表示希望各国使节不坚持较中国全权大臣现在所建议的更为严厉的刑罚。

德国公使警告中国全权大臣说：拖延谈判将对中国产生更严重的

祸害，因为直隶驻军的费用将显著地增加，而这些支出将包括在赔款之内。

然后，法国公使对中国全权大臣说：如果他们认为各国全权代表会同意接受中国提出的那些建议，那他们便错了。各国将不会满足于那些人犯了许多罪行之后仅有两人处以死刑，那些罪行所表现的形式是在两个月的时间内继续不断地攻击各国使馆，杀害一位外国使节，以及杀死许多保卫各国使馆的守军。

……

然后，接着进行了一些闲谈：各国公使认为列强将不满足于中国政府采取这一微不足道的措施抵偿所犯的罪行；中国全权大臣声称，他们不能给予更多的东西。我提出继续谈下去是无益的；会议在持续三个小时之后宣告结束。①

鉴于中国全权议和大臣在惩凶方面提出的不同意见，同中国全权大臣的会谈之后，各国使节举行了一次会议，考虑关于他们要求对控告书中所说的那些人进行的惩罚，最后究竟应采取什么形式。

萨道义在致兰士敦的函件中汇报了这一讨论的情节。据他记载：

关于庄亲王，大家决定接受中国全权大臣的建议，即允许他按照中国习惯所承认的礼仪自尽。

关于对端郡王和澜公应要求如何惩罚的问题，我们注意到已经出现分歧意见。在以前的一次会议上，日、俄、美三国公使曾经说过，虽然他们

---

① 《萨道义爵士致兰士敦侯爵函》，胡滨译，丁名楠、余绳武校：《英国蓝皮书有关义和团运动资料选译》，中华书局 1980 年版，第 453—458 页。

认为对这些皇室成员应处以死刑，但他们不准备坚持这个意见；而其他五国使节，包括我本人在内，无任何保留地赞成处以死刑。

法国公使通知我们说：自那次会议以来，他已收到他本国政府的训令，要他不坚持该意见。因此，有四国使节不能继续坚持，而另一方面仍有奥匈、德、意三国公使和我本人。由于显然不可能在这个问题上获得一致意见，所以毕盛先生认为，我们应当谋求一项中间条款，从而使我们能够采取共同行动。

我说：英王陛下政府从开始以来便认为，关于端郡王和澜公这两个人的案件，死刑是适当的刑罚；我的训令对我所作的指示，就是我每次所说的那些话。因此，如果我将要提出的那个建议没有被普遍接受，当我为自己保留继续坚持处以死刑意见的同时，我认为有一个摆脱困难的方法。中国人的惯例规定了一个宣判死刑而有减免余地的办法。因此，我建议我们可获得一项措辞如下的判决：

"端郡王应予斩首。但如果日后作为一项恩典予以减刑，那他应流放新疆监禁，绝不许放回。"

俄国公使反对实际使用"斩首"字样。他认为，使用控告书中"应予处死"等字，便可达到目的。我说：我不打算同意削弱我所建议的那种形式，我认为该形式大概不会遭到中国全权大臣的反对。

法国公使建议说：我们可以派遣我们中间的两个人立即前往庆亲王官邸，向他提出这个问题，但德国公使很公正地回答说：这个行动的结果肯定是得到否定的答复。

美国公使从中国全权大臣在那天上午所说的话中推断说：他们的目的只不过是想避免必须处以死刑。如果有此明确谅解，即给皇帝保留减刑的权力，那么，他准备接受我的建议。

奥匈、德、意等国公使也赞成我所建议的解决办法。

日本公使认为皇帝很难对这两个案件宣判任何死刑，但是，他将接受这个方案，如果其中加入"立即"字样，从而给予皇帝立即进行减刑的权力。

当我同意这项修改之后，俄国公使撤回了他的反对意见；大家一致采纳下述形式的判决：

"关于端郡王，应判为斩监候。如果作了这个判决之后，皇帝立即认为应赦免他的性命，端郡王应遣往新疆，永远在该处监禁，以后无任何可能减免对他的这项判决。"

对于澜公，大家采纳了相同的判决。

对于英年和赵舒翘，我们坚持控告书中我们所提出的斩首的要求。

关于太原府惨案的凶手毓贤，没有讨论的必要，因为中国全权大臣已同意将他斩首。

关于李秉衡、刚毅和徐桐，他们都已死去，我们同意要求采取这些措施，其效果将使人们对他们的回忆停留在好像他们是根据上谕被实际处决的。虽然这一行动是我们的法律中所没有的，但它有些类似法国的"缺席裁判"。

在讨论董福祥的情况时，中国全权大臣曾经向我们提出关于最后对他进行惩罚的口头保证。在这种情况下，由于看来不可能希望立即惩罚他，所以我建议我们应通知中国全权大臣说，我们希望履行他们的保证。大家同意了下列的方案：

"各国全权代表注意到中国全权大臣对他们提出的关于对董福祥施以刑罚的保证；他们表示意见说：为了执行这项判决，有理由尽快地剥夺他的指挥权。"

关于徐承煜和启秀，我们作了许多讨论，因为他们的名字只是在最近才加入名单的。

日本公使主张对徐承煜处以死刑，但满足于对启秀判处流放或终身监禁。可是，美国公使说：他有情报使他深信，他们两人对攻击使馆同样负有责任；他认为，对他们两人处以死刑是适当的。当这个问题付诸表决的时候，一致赞成对徐承煜处以死刑，而对启秀有五票赞成死刑。俄国公使同日本公使一样，投票赞成监禁，但日本公使说，他将同意多数人的意见。我没有掌握关于他所犯罪行的任何情报，所以拒绝表示意见。

接着，我们讨论了能使我们确信这些惩罚已实际执行的方式。俄国公使说：如果上谕说明他们已按照命令施加惩罚，他将感到满意，但我的德国同事和我本人认为，宁可保留派遣正式代表观看执行的权利。从这封信的第一号附件中将可看到最后解决这个问题的方式，该附件是外交团首席公使致中国全权大臣的照会底稿。我们在照会中说明：应立即颁布宣告施行惩罚的上谕；关于实际执行判决的问题，我们为自己保留派遣代表出席的权利，无论判决是在北京或在各省执行。我自己的意见是，就其切实可行而言，为了这个目的应把那些被判处死刑的人押至北京。

各国使节还决定坚决要求发布一道上谕，为总理衙门的四位成员及户部尚书 [①] 恢复名誉，像我在 1 月 24 日信中所报告的那样，他们因为勇敢地反对攻击各国使馆，被端郡王及其同伙残酷处死。我附上外交团首席公使关于这个问题致中国全权大臣的照会底稿。

由于不可能说服我的同事们坚持对端郡王和澜公实际处以死刑，同时由于董福祥提督的特殊地位，我相信阁下将批准我关于要求判决前两人所

---

① 总理衙门的四位成员分别是：徐用仪、许景澄、联元、袁昶；户部尚书是立山。

采取的行动，而且同意目前暂缓对后者进行惩罚。①

　　在惩凶问题达成一致后，接着又是关于赔款及其他方面的谈判，因为奕劻等人在这些方面所起作用极为有限，在此只能作一简单的探讨。

　　庚辛议和中一个非常重要的问题就是战争赔款。对此，奕劻等人很早就委托赫德予以帮助筹划对策。在各国提出赔款问题之前，为避免此次赔款的借款被他人揽走，赫德即曾劝奕劻不要商办国内外关于此次赔款的借款②。同时，赫德还专门就赔款问题向奕劻与李鸿章反复阐述了自己的意见，他认为中国赔款必在四万万两左右；中国认此赔款数额，无论是借外债或有其他什么办法，四五十年内，每年必须筹出约三千万两之巨。为了取信于外人，他建议应立即查明进出各款③。对于赫德关于赔款总额的估计及他就此问题所提建议，清政府十分重视。因为奕劻和李鸿章深知赔款在议和中的重要地位，而以后如何赔付还要指望久握海关大权的赫德为其出谋划策，所以李鸿章于 1900 年 11 月 7 日致电盛宣怀，请其电知各省，按照指查各节将进出款各项实数认真查明迅速电复。④

　　除了赫德主动向奕劻等人提出关于赔款的意见之外，同时外国公使也向其咨询赔款问题。1901 年 1 月 4 日，美国驻华公使康格拜访赫德，询问中国能够赔付的数额与方法。赫德认为列强应该要求一个总数，然后再将其分配。之后，英国驻华公使萨道义派一名英国外交官向赫德询问同样的问题。

① 《萨道义爵士致兰士敦侯爵函》，胡滨译，丁名楠、余绳武校：《英国蓝皮书有关义和团运动资料选译》，中华书局 1980 年版，第 458—461 页。

② 《赫德围攻使臣始末节略五》（1900 年 10 月 25 日），中国近代经济史资料丛刊编辑委员会主编：《中国海关与义和团运动》，中华书局 1983 年版，第 41 页。

③ 《赫德围攻使臣始末节略六》，中国近代经济史资料丛刊编辑委员会主编：《中国海关与义和团运动》，中华书局 1983 年版，第 42 页。

④ 《寄盛京堂》（光绪二十六年九月十六日），国家清史编纂委员会文献丛刊《李鸿章全集》（第八册，电稿卷二十八），安徽教育出版社 2007 年版，第 28—29 页，总第 4234 页。

赫德答称，最简单的办法就是告诉中国一个赔款总额，然后让其赔付。①
1月7日，德国公使穆默拜访赫德，讨论中国支付赔款的能力。1月28日，赫德拜访了萨道义，他们二人关于赔款的意见是一致的，即分期赔付，不需借款。萨道义认为中国应赔付总额为三千二百万英镑，分四十年来付清，并认为应该将盐、常关、贡米作为担保，部分常关可以并入海关。赫德非常赞同，认为这是最好的赔款计划。1月30日，赫德将中国报纸上所发表有关中国的收支情况函告了萨道义。3月1日，萨道义拜访赫德，问以盐作担保，是否有碍收税与改革。赫德答称肯定是这样，所以应该在外国的监督下仍然沿用中国的体制。3月5日，萨道义再次拜访赫德，咨询关于盐和常关的问题。另外，英国外交部也向赫德咨询铁路在赔款中的作用。赫德认为以铁路担保赔款将引起麻烦，会耽搁赔款问题的解决。

从上面几则史料中可以看出，在赔款问题上，无论中方还是列强，都很重视赫德的作用。因为赫德久任中国海关总税务司，深悉中国的财政状况及财税来源，所以对列强来说，他关于中国的赔付能力、最容易取得的税收的说明是非常可信的，他关于赔付方式、监督方式的建议也是值得重视的。从中国方面来讲，在列强不可能降低或取消中国赔款的前提下，赫德所作的备忘录是非常有可行性的。实际上，赫德的备忘录完全是他向清政府所提有关赔款建议的翻版。所以，该备忘录受到了各国的重视，成为各国确定赔款总额的重要参照。②

对于赫德所提有关赔款的建议，清政府官员的意见不尽一致，但奕劻、李鸿章与盛宣怀等人则坚决支持赫德所提的赔款建议。5月2日，奕劻、李鸿章将有关赫德对于赔款的意见电告西安行在军机处称："臣奕劻面询赫德，

---

① "4 January，1901"，Harts' Journals，Vol.58.
② 张志勇著：《赫德与晚清中英外交》，上海书店出版社 2012 年版，第 259、260、262 页。

据称：各使意见不一，有愿听摊还者，有愿索现银者。如付现银，必须借债，付四百五十兆之款，必须借六百兆方能敷用，以周息四厘计之，三十年须加息七百二十兆，大不合算。又称：断不可以抵款难筹推托，恐各国借口占地自筹，为害尤大。各使约，须至四月底方与全权会议。莫如及此闲暇，先与政府、户部、各督抚通盘筹划，速定大计。总期能指有款作抵，先办撤兵，是为要著。至自用，无论如何为难，于撤兵后另筹，则不受加费之累。若俟会议时，再行往复筹商，各督抚意见不同，多烦商酌，恐议论未定而赔费又增数千万矣。所言极为有理。"[①]

经过激烈的争论，各国在中国赔款总额问题上逐渐达成一致。5月7日，外交团决定照会中国全权大臣奕劻与李鸿章，告之中国赔款总额约为四亿五千万两，请清政府指明为偿付赔款所采取的财政措施。5月8日，奕劻、李鸿章接到该照会后让总理衙门章京将其送赫德阅，并让他负责起草回复的照会。翌日，赫德完成起草照会，送交奕劻、李鸿章。5月11日，奕劻与李鸿章照复各国公使，告之以盐课厘每年银一千万两，常税三百万两，厘金二百万两，共一千五百万两，分三十年还清。5月28日，清政府颁布谕旨："各国偿款四百五十兆，四厘息，应准照办。"[②] 因为中方的照会中所提赔付方式只是赔付了赔款本金，未提如何赔付利息，所以葛络干于5月23日又询问如何赔付利息。经过再次反复协商，最终，列强按照自己的要求提出了赔付方式。7月27日，德国公使穆默拜访赫德，告之赔款问题已经解决，问中国能否在1901年7月至12月支付半年的赔款利息九百万两。赫德给予了否定的回答，因为他认为这样做会使中国的财政瘫痪，建

<hr>

[①] 《全权大臣奕劻李鸿章电报》，故宫博物院明清档案部编：《义和团档案史料》（下册），中华书局1959年版，第1082页。

[②] 《军机处寄全权大臣奕劻李鸿章电旨》，故宫博物院明清档案部编：《义和团档案史料》（下册），中华书局1959年版，第1159页。

议将这半年的利息分摊到头三年中。即日，外交团接受了赫德的建议，并通过"致中国全权大臣关于赔款问题"的照会。[①] 该照会规定，各国要求赔款的最后总数为四亿五千万海关两，按 1901 年 4 月 1 日的汇率用金币支付，利息四厘，采取分期摊还方式，从 1902 年 1 月 1 日开始实行，持续偿还到 1940 年为止。中国在 1902 年 1 月 1 日，只需要偿付从 1901 年 7 月 1 日到 1902 年 1 月 1 日这六个月内的赔款总数应付利息。不过，为便于中国偿清这笔欠债，各国愿意中国在 1902 年至 1905 年的三年期间分期偿还，条件是要支付复利。赔款担保为：将海关进口税率提高到切实值百抽五后所增收的关税余额、海关掌管的常关税和盐税。[②] 7 月 30 日，奕劻与李鸿章接到外交团关于赔款问题的照会。[③] 至此，中国与列强有关赔款问题的谈判宣告结束。

为了尽快与列强达成协议，在与列强交涉的同时，奕劻还要不断说服清廷降低同各国公使的谈判条件，在自己力所能及的范围内力争利权。有关这方面的信息可在谈判期间他与荣禄的数封通信中窥见一二，如下。

第一封甚长，是奕劻光绪二十六年十二月初四所作。函中就条约谈判诸细节与荣禄商量，并谨慎表明自己对诸事的观点。值得注意的是，在信的末尾，奕劻还格外请求荣禄帮助他关照自己的家小。从信中的内容来看，奕劻与荣禄之间的交谊甚笃，这从字里行间明显可以感受到。全函内容如下：

---

① 《柔克义致海函》(1901 年 7 月 27 日)，天津社会科学院历史研究所编：《1901 年美国对华外交档案》，齐鲁书社 1983 年版，第 380 页。

② 《葛络干致中国全权大臣照会》，天津社会科学院历史研究所编：《1901 年美国对华外交档案》，齐鲁书社 1983 年版，第 381 页。

③ 《寄西安行在军机处》(光绪二十七年六月二十日)，国家清史编纂委员会文献丛刊《李鸿章全集》(第八册，电稿卷三十九)，安徽教育出版社 2007 年版，第 26 页，总第 4463 页。

仲华二哥中堂阁下：

密启者：重阳节后，曾贡一书，计入青览。……此间款事大端，业经揭晓。未开议之先，笔舌往返，几费经营。仰荷两宫圣明，洞烛此事办理之艰，俯如所请，实中外臣民之庆。嗣南皮（张之洞）忽发高论，各使哗然，又添许多波折。幸得执事仰赞庙谟，俾已定之局，不致功亏一篑。刻将钦奉谕旨，盖用御宝，署名画押。另具照会，就十二款逐条引申，大致本尊处支电指商各条，参以弟等之见，敷陈其义。而总以撤退联军，收回园廷、衙署、仓库等事为宗旨，业于二十六日派员送交领衔大臣。传闻各使尚需公同妥商，再请会晤。此开议画押之大概情形也。

查第一款，亲王出使，德使谓必须近支天潢，方适彼国君民之愿，其意在于醇王。若遴派得力参、译各员随同前往，联两国之邦交，开八旗之风气，计亦良得。竖碑一节，已酌拟碑文，不日电呈御览。

第二款，惩办祸首，虽有分别轻重之词，赫德来言："各使不专言重者，正尝试中国之是否有意从轻。此节办理得宜，以后诸事均易就商，否则仍虑决裂。"弟每向各使言，庄、澜亦系懿亲，英、赵并非首要，难以一概而论。彼最注意者毓、董，而于他人亦少恕词。昨弟与傅相电请将星五革查，冀可了此公案。而各使意犹悻悻，须俟下次会晤，查看情形，办理方有端倪。弟极知星五公忠素抱，深得秦、陇民心，如此良将，雅宜加意护惜，奈各使成见胶执，难以理喻。至端邸安置沈阳，各使均不谓然，佥拟编管新疆为是。统祈察存。

第三款，杉山彬事，虽无遣使明文，日使西德二郎奉命回国，濒行亲向弟言："若中国允派大臣前往慰问，益征两国交谊。"琴轩侍郎曾奉旨致祭，将来奏派前往，于交涉亦大有益。

第四款，外国坟墓建碑昭雪，此事尚易措办。

第五款，禁止军火，于中国治军、剿匪不无窒碍。弟与各国力争，奈事由法廷发端，各使无从驳改。俄使言："此论虽列条款，将来仍系空文。禁购出之议约各国，而无约之国仍可向中国贩卖。况洋商惟利是图，暗中运售，政府亦无从查禁。"词虽近辩，细思亦尚有理。

第六款，应赔之费，略分三类，为数不赀。已向各使申明："勿论将来如何分年分款赔还，但款项出之中国，利权应由我操，无劳外人借箸。至中国财赋所入，只有此数，亦各国所深知：现既重缔邦交，此项应赔款目，亦应推情酌减，总使中国力能办到。"闻各使因款目繁琐，一时难以定议，应俟会晤时，再为详询。

第七、第八、第九三款，极有关系。愚意亦早虑及。先是外边传言前门东一带衙署官地均须圈入租界。昨义使来言，愿将现居之堂子让出，可为不占官地之据。京、津畅道驻兵，应由各国妥为约束，以免附近该处居民惊惧。并声明中国力任保护各国人民由京师至海边不使有断绝之虞，如果保护得力，一二年后，各国亦可酌量情形撤去驻守兵队。大沽炮台，昔为要区，今成虚器。通海畅道既有洋兵留守，我虽有坚台巨炮巍然排立，亦属徒具外观。似不如化险为夷，使彼人无所猜忌，冀可暂图目前之安，徐筹自强之策。

第十款，禁止军民入会，自是正办。各省大小官吏，固有保持平安之责；然民教不和，积非一日，若不妥筹相安之法，诚如尊指所云，必致民不堪命，官不胜参。此节已向各使极力申说，统俟事定后妥筹办法。第积重难返，补救殊非易易耳。

第十一款，修约事宜，江、鄂两督奏请勿庸修改，其言不为无见。按之公法，参以时势，实难照行。盛京堂新拜帮办商务之命，力陈修约之论，自系深知彼己之言。愚谓旧约不妨修改，总宜中外均有利益。此说亦向各使关说，当无异议。

第十二款，译署鼎新，彼如不言，中国亦宜自加整顿。观见礼节虽有酌改，要不过阳存优待，隐示羁縻。愚见如此，不识执事以为然否？

而弟见有鳃鳃过虑者，各国既允议和，业经就款办事，勿论如何艰窘，尽可徐就范围；惟东三省交割一事，不能不重烦筹划。秋间，俄兵入京，旋即撤退，意在经营东陲。自英德订立密约，日本亦以重兵屯扎榆关内外，俄人雄心稍戢，于是有归我三省之说。维时委员周冕与旅顺俄员贸贸订约，致将暂准俄国官及增设护道兵丁两条列入约内。日本新旧使臣，以此约有碍中国政权，来相商问。彼谓："中国若徇俄请，拥接收之虚名，受把持之实祸，不独害延三省，必致震动五洲。比时英必注意长江，法必垂涎滇、桂，德必侵陵东、直。日本虽与中国同洲，谊关唇齿，恐难旁观袖手，让人著鞭。勿谓各国绝无瓜分之心，和局永远可恃等语。"俄、日素相猜忌，言虽过激，痛切剥肤，未可置之不议。刻已电致杨使，嘱其相机改定，极力坚持，毋徇周冕原约，致贻国家无穷之患。知关荩念，特以密陈。

总之，时局难棘，至斯已极。举凡善后应办之事甚多，如用人、理财诸大端。弟与执事受国厚恩，责无旁贷，惟有勉竭血忱，力支危局。刻间专俟各使订期再晤，议款一有端绪，即当电请宣示回銮日期。仰仗两宫威福，远及重瀛，大驾一经言旋，诸事更易措手。此则专恃执事之造膝力陈，俾薄海臣民得以重瞻天日。大局所关，良非浅鲜，谅荩虑已筹之熟矣。此后应议条款甚多，非一时所能商定。邮筒甚便，容续函达。

世兄闻随侍长安，甚慰甚慰！枢垣任重事烦，劳勚可想，诸惟珍重。专此，敬请崇安，顺贺春禧，诸维心照，不宣。

愚弟奕劻顿首

十二月初四

再启者：现时小兜载振，随扈行在当差，年幼无知，务恳推情关垂，随时指教，有所遵循，俾免愆尤，是所切祷。耑此，再请时安。谨又启。[①]

第二封没有注明日期，但就函中"腊月初间寄去专函，计已察入"等内容来看，两封信之间相隔时间不会过长，很可能也就是十二月末所作。信函中的内容与第一封主旨相同，还是就议和谈判之事进行磋商。函尾处顺带附有举荐荫昌之意。全文内容如下：

仲华二哥中堂阁下：

腊月初间寄去专函，计已察入。献岁以来，即维调元赞化，荩履日新，至深企颂。此间和议情形随时电奏，谅均达览。各使注重尤在第二、第十两条，意在先办，为惩前毖后之计。

第二条，惩办首祸诸臣，十二月二十五日所奉谕旨，各使未能满意，几至复开兵衅，情势岌岌。幸续奉谕旨，曲从所请，得以消患无形。款内所称日后指出之人，现闻各使尚有议论各省外官之说。此款定后，即可接商他款，徐议撤兵。京城地面自遭拳匪扰乱以来，土匪蜂起，肆行抢劫。将来洋兵退后，若无重兵镇慑，必致匪势复炽，受害无穷。现已会同李相奏调袁、马各军，分扎京城内外，以资弹压。俟奉谕旨，务希先行电示，以便豫筹布置。

第六款，赔款一节，闻所索五千万磅，合银三万五千万两，分五十年

---

① 《奕劻札》，杜春和、耿来金、张秀清编：《荣禄存札》，齐鲁书社1986年版，第7—10页。

偿还，本利合计约七万万两，较之甲午之役，所增不及一倍。各使注意在代管盐、漕、常税、土药以为抵押。鄙意拟仍息借洋债，以免外人干预内政。俟接得照会明文，再与商酌，能争得一分，即免受一分之亏。京城被毁教堂、医院、坟茔等项，现与各使商明剔出另议，已派张燕谋学士径向各国主教相商，并妥立传教详细章程，彼此遵守，以期民教日久相安，永弥嫌隙。

第七款，使馆租界，昨由葛使送来界图：北至皇城根、霞公府，南至城根，东至崇文门大街，西至棋盘街，将东长安门及各项衙署尽行划去。现与极力磋商，未知能否争回。惟堂子为祀典所关，前已商明义使让归，谅不至再生异议。

第十款，应颁谕旨两道，先未持示，各使以致故意挑剔，现已按照所改字句补行发钞，并已通行各省，转饬所属府、厅、州、县一律张贴两年，以符原约。

此外各款，当不难次第商议，惟东三省名虽交还，实同暗据，各国因此借口，预为均沾利益地步，殊费调停。现拟商同李相，明告各使，万一俄事决裂，各国果能实力相助，俄约自可缓定；若仅钤制中国，希图效尤，并无切实办法，则仍不能不与俄国订立专约。当就所索各款，细与磋磨，去其太甚。弟肩此重任，惟日惴惴，全赖执事遇事维持，庶几诸事顺手，济此艰难。但愿事局早定，两宫驾旋，实为薄海臣民之福。

副都统荫昌，去年九月经弟电调来京，随同当差，其时德兵初到，意在复仇，情势凶狠，德界居民几至逃亡殆尽。该员联络德国将士，随同管理地面各官，设法安民，数月之间，居民复业，安堵如常，是该员实心诚朴，才堪应变，即此可见。上年经袁慰庭中丞奏调赴东与德官商定路矿章程，亦能赞画得宜，有稗时局。现在奏调袁军驻扎京城，尤须该员随时照料，以期绥辑兵民。该员本系以副都统记名之员，倘能简任京旗籍，可令其随办地面事宜，弟亦得收指臂之助，尚祈留意及之。专此布达。即请勋安，诸维心照，不备。

愚弟奕劻顿首[①]

第三封也未标注具体时间，但就信中"昨于庚午电奏，单衔密陈，惟盼朝廷权衡利害，慎重施行"一语来看，此函当是光绪二十七年（1901 年）《辛丑条约》未签订时所写。这封信的内容十分重要，反映出奕劻与李鸿章这两位清政府当时全权议和大臣就东三省问题在与俄国的交涉上存在严重分歧。"合肥极盼东约早成，以为他事可以迎刃而解"，但奕劻则不然。他认为李鸿章此举不免过有成见，向清廷指出如果独与俄国签约，"殊不知各国环伺，已有责言，若竟草草画押，必致纷纷效尤。合肥更事之久，谋国之忠，弟夙所钦佩，独中俄定约一事，不免过有成见"。进而，奕劻又向荣禄抱怨李鸿章在一些重大问题上不与他商量，"即以近日电奏而论，大都于会衔发电后抄稿送阅，弟亦无从置词。其前后电陈不无矛盾，谅在朝廷洞鉴"。不过，虽然奕劻对李鸿章擅权不满，但并未与李鸿章正面冲突，而是小心翼翼将自己意见倾吐给当时在行在军机当值的荣禄，希望荣禄能够将他的意见，"单衔密陈，惟盼朝廷权衡利害，慎重施行"。

第四函则作于条约签订以后，内容也较为简单，主要是"因美国全权柔克义两次照会，为已革张侍郎荫桓乞恩"事函达荣禄，希望荣禄能在"召对时委婉陈请。如蒙天恩逾格赏准，开复原官，庶免另生枝节。弟为慎重

---

① 《奕劻札》，杜春和、耿来金、张秀清编：《荣禄存札》，齐鲁书社 1986 年版，第 10—11 页。

交涉起见，特此附陈"。也可将此事视为谈判签约之一余波。全文如下：

再启者：

前因美国全权柔克义两次照会，为已革张侍郎荫桓乞恩，曾经电奏在案。弟到京之前数日，美使康格又具照会，重申前请，并向春卿侍郎面称"张大臣曾充该国驻使，经其总统赏给宝星，若不开复原官，有碍该国国家体面"等情。查中美交谊最笃，上年联军入城，该国军队首先派兵保护朝廷，其暂管界内居民财产保全尤多。公约未定以前，尚能稍存公道，不似他国任意刁难。今以张侍郎之事再三敦请，若一意拒绝，恐于邦交有碍；万一纠约各使联衔照请，非特失一国之好，必生各国之嫌，此后转圜更为棘手。兹将来照钞寄台阅，望于召对时委婉陈请。如蒙天恩逾格赏准，开复原官，庶免另生枝节。弟为慎重交涉起见，特此附陈。至此事如应由敝处具奏，亦希电示遵行。再颂台祺。弟又及。①

总之，在庚辛议和期间，列强最主要的两项要求就是惩凶与赔款，这两个问题解决后，条约的签订就只是时间的问题了。

经过近一年的议和谈判，奕劻、李鸿章与各国使节终于就双方争议的各种问题达成一致意见。

1901 年 9 月 7 日，"由德、奥匈、比、西、法、英、意、日、荷、俄等国公使以及美国全权专使组成的外交团，在团长葛络干先生主持下，于 11 时在西班牙使馆举行会谈，签署和谈最后议定书。各国代表大都由本使馆的一等秘书和翻译陪同。中国全权大臣庆亲王和李鸿章由外务秘书联芳

① 《奕劻札》，杜春和、耿来金、张秀清编：《荣禄存札》，齐鲁书社 1986 年版，第 13 页。

先生以及李鸿章总督的秘书、翻译曾（广铨）先生陪同"。① 由各国公使及两位中国全权大臣签订最后议定书的印本及其附件。《辛丑条约》共有十二款，另有十九个附件，主要内容为人们所熟知，此不赘述。关于这次会谈的记录，英国公使萨道义在致兰士敦函中这样记道："本月7日在外交团首席公使葛络干官邸举行的各国公使与中国全权大臣之间的会议上，出席者有下列人员：十一国外交使节；陪同者有会议的四位秘书：法国公使馆一等秘书安苏尔德男爵、俄国公使馆一等秘书库鲁朋斯齐先生、英王陛下公使馆秘书道威尔先生，以及德国公使馆二等秘书哈尔巴赫先生。在整个谈判期间接受委托从事翻译中国文件工作的中文秘书，也出席了会议，他们是：英王陛下公使馆代理中文秘书甘伯乐先生、日本公使馆中文秘书郑先生以及法国公使馆的莫理斯先生。庆亲王和李鸿章，由最近被任命为新成立的外务部侍郎联芳先生及李鸿章的秘书曾先生（即曾国藩的孙子曾广铨，时为李鸿章的英文秘书——笔者注）陪同。我附上这次会议的记录稿，它记载了当时外交团首席公使代表他的同事们所作的讲话以及庆亲王的答词。这次会议的特点，是各方面亲切友好地庆贺结束了过去十个月中拖延已久的会谈工作。"② "中国全权大臣在议定书的十二份副本上签字盖章之后，外国公使们也签署了这些文件。之后，外交团团长起立讲话：'殿下、阁下，我们刚刚签署了一份极为重要的文件，它确立了各国和中华帝国之间和睦的正常关系。此举是这次非常事件所造成的后果，在这里重提这次事件是令人不愉快的。我尊贵的同僚们和我本人都诚挚地希望，随着时间的流逝，这次事件将愈来愈成为过去。通过忠实履行本议定书的各项条款，中

---

① 《各国代表与中国全权大臣第三次会谈记录》，天津社会科学院历史研究所编：《1901年美国对华外交档案》，齐鲁书社1984年版，第404页。

② 《萨道义爵士致兰士敦侯爵函》，胡滨译，丁名楠、余绳武校：《英国蓝皮书有关义和团运动资料选译》，中华书局1980年版，第492—493页。

国将证明她真心实意打算建立良好的国际关系，同时也使本议定书在今后结出友好真诚的和睦之果。这就是各国政府以及在座的各位代表的真实愿望。他们在与你们——中国全权大臣举行长期谈判期间，尽最大的努力作出了所有可能的让步，来表明他们对你们的友好意愿。我们为能有助于实现这一渴望的结果而感到欣喜，同时我荣幸地向殿下和阁下表示，我们最诚挚地祝愿帝国和平与幸福。'莫里斯先生翻译了葛络干先生的讲话。庆亲王用中文致答词，联芳先生做翻译：'公使先生们，我以我的同僚和我本人的名义，愉快地感谢贵团长在签订这份重建各国和中国之间和睦正常关系的重要文件的时刻，适时地发表了这些讲话。这一文件具有极其重大的作用，它将消除去年发生的那些罪恶的、前所未有的事件所造成的后果，并将维护我们的友好关系。我们向你们正式保证，这样的事件绝不会再发生。我们感谢各国代表在长期谈判过程中所表示出的友好意愿和对我们作出的让步。我们对各国元首和政府首脑致以最真诚的祝愿。我们诚挚地希望我们和各国政府之间保持持久和平，永远和睦，诚挚希望各位阁下幸福康健。'讲话后，庆亲王和李鸿章告退。会议于 11 时 30 分结束。"①

　　作为中国全权议和大臣的领衔人物，奕劻在近一年的议和谈判中，虽然没能使"中国在赔款等方面减少损失"，但他在同列强的谈判中，始终能以保全慈禧、荣禄等人为原则，这为他在议和后仕途的飞黄腾达奠定了坚实的基础。

---

① 《各国代表与中国全权大臣第三次会谈记录》，天津社会科学院历史研究所编：《1901 年美国对华外交档案》，齐鲁书社 1984 年版，第 404—405 页。

07

第七章
主持清末军事改革

在清末新政中，编练新军成为清政府军事改革最重要的内容。慈禧太后重用奕劻主持中央练兵处，让他监督袁世凯编练北洋六镇，此后又让他担任新成立的陆军部管部大臣以主持陆军部工作。在这场清末军事改革运动中，奕劻与袁世凯结党，从此牢牢控制了清政府的军事大权直到宣统逊位。

一、不堪回首的晚清军事

《清史稿·兵志一》记载：

有清以武功定天下，太祖高皇帝崛起东方，初定旗兵制，八旗子弟人尽为兵，不啻举国皆兵焉。太宗征藩部，世祖定中原，八旗兵力最强。圣祖平南服，世宗征青海，高宗定西疆，以旗兵为主，而辅之以绿营。仁宗剿教匪，宣宗御外寇，兼用防军，而以乡兵助之。文宗、穆宗先后平粤、捻，湘军初起，淮军继之，而练勇之功始著，至是兵制盖数变矣。道、咸以后，海禁大开，德宗复立海军，内江外海，与水师并行，而练军、陆军又相继以起，扰攘数年，卒酿新军之变。

很明显，依靠强大军事力量建立起来的清政权，带有明显的军事统治的性质。另外，从兵制上也体现出清廷以满洲贵族为核心，加强对以汉族为主体的广大民众统治力度的特点。

清前中期，正规军分为八旗和绿营。八旗兵包括满洲八旗、蒙古八旗和由入关前降清明军组成的汉军八旗，共二十余万人。八旗兵兵籍世袭，占有圈占的土地，不同于一般军队，是享有一定封建特权的军事集团。入关后，八旗仍沿用"以旗统兵"的建制，分为"禁旅八旗"和"驻防八旗"两种，但已不归旗主所有，而直属国家指挥调动，构成清王朝军队的主力。禁旅八旗接近十万人，负责守卫宫廷和京师；驻防八旗十多万人分布于全国各军事要地。绿营兵则是入关后清政府招募和收编的汉族地主武装，以绿旗为标志，约六十万人，配合驻防八旗屯戍全国各地。驻防地方的绿营兵要受驻防八旗监视、控制，绿营中的重要官职规定为满官缺，必须由满洲将领担任。八旗兵的训练、装备、兵饷待遇都远比绿营兵优越。八旗和绿营这两支正规军直接归皇帝统辖，不另设统一指挥全国军队的统帅。所有军队调防均须向皇帝奏报，各级武官的任命亦须经皇帝批准。皇帝直接通过军机处控制军队，比起历代，清朝的军权更加集中。除正规军外，尚有西南少数民族地区的士兵、西藏的番兵等地方武装，汉族地区则有当地招募的乡兵团练。一般战事结束，团练即告解散，并非正规军队。

1. 清政府将军权下放地方督抚

嘉庆、道光以来，清王朝逐渐走向衰败：政治腐败、军备废弛、国防空虚、财政拮据……伴随着种种社会问题不断显现，阶级、民族等矛盾日益加重与尖锐，特别是白莲教、天地会等民间造反组织不断活动和第一次鸦片战争的爆发，中央集权政体的运转开始失灵，这其中尤以军事体制的运转失灵表现得最为明显。

由于军队腐败和军事体制存在的弊病，清政府在镇压白莲教、天地会等农民起义的过程中，过去纵横天下的八旗军能征善战的气象早已不复存在，有军事需要时已不得不用绿营佐以乡勇；鸦片战争中，清军更是一败涂地。咸丰元年（1851年），太平天国运动爆发，太平军以摧枯拉朽之势对清王朝的经制军八旗及绿营给予了毁灭性的打击。形势已发展到不改变现有国家的政治、军事体制，清政府就无法生存的地步。

为了应对严重的统治危机，清政府不得不从自己手中分出一部分权力，授予地方督抚，从而最大限度地调动和发挥他们与太平军作战的积极性。当然，这个政策的实施也有一个逐渐变化的过程。

面对摧枯拉朽的太平天国运动，清政府已经无能为力，地方疆吏要想避免重蹈失地亡身的覆辙，就不能不设法自筹救亡之策。面对中央政府的经制兵已被太平天国瓦解的局面，清政府也只能是无可奈何地任由中央权力的流失，容忍地方督抚在自救的过程中侵夺原本属于中央政府的权力，而当围攻太平军的江北大营与江南大营的兵力被太平军消灭以后，清政府为了自救，再次转变了政策：它们较为主动地将中央一部分权力下放给以曾国藩为代表的地方督抚了。以此为标志，清朝国家的权力结构就由高度中央集权体制转变为中央与地方二元权力结构体制，权力重心也逐渐由中央下移地方，直至清亡，这种不正常的状况一直未能扭转过来。

清王朝是满洲贵族建立的高度集权的一代政权。二百多年来，清王朝历代君主都极力限制地方督抚大员、统兵将帅的权力，将军事、行政、财政、司法、人事大权进行条块分割，分别交由地方大员掌管，互相牵制，谁都不能自行独立决策，只能听命于中央，从而使中央集权强化到空前绝后的程度。用兵打仗，将则临时授符，兵则从各处抽调搭配，粮饷则另委大臣设立粮台，专门负责掌管，使他们相互牵制，谁都不能反叛朝廷。但是，在太平天国军队的强大攻势面前，这套成法不但完全失效，而且成为取得战争胜利的严重阻碍。这是因为清王朝镇压以太平天国运动为中心的各地民众造反行动时的情况，同嘉庆初年平定白莲教起义时已经大不相同。彼时清王朝兵饷充裕，而此时清王朝则财政拮据，国库空虚。国家经制兵八旗、绿营已腐败不堪大用，清政府既无可用之兵，又无可筹之饷。这样，对付太平天国的重任就不得不落在地方督抚自己所筹练的勇营上面。

咸丰十年（1860 年），太平军再破江南大营并夺取苏、常等富庶地区后，清政府已经无饷可筹，清王朝要想继续维持统治，镇压太平天国运动，就不得不完全依赖地方督抚自募军队、自筹军饷。然而要自募自练勇营，则地方督抚必须具有统兵决断之权，而粮饷自筹则统兵将帅必须兼领地方官职，否则，他们不仅难以为功，而且还难以自存。曾国藩所说的“细察今日局势，非位任巡抚，有察吏之权者，决不能以治军。纵能治军，决不能兼及筹饷”，[①] 就是他多年实践经验的总结。

咸丰三年（1853 年），为了对付太平军，曾国藩出任湖南团练大臣，仅奉“帮同办理本省团练乡民搜查土匪诸事务”的谕令，借此机会创办了湘军。而担任镇压太平天国运动的重任，完全是他自作主张，并未接奉明确的圣谕。因此，他所创办的湘军最初只处于半合法的地位，一旦军事受挫，就会马上出现生存危机。咸丰四年（1854 年），曾国藩率军东征之初，一败岳州、再败靖港，长沙立刻出现一片要求其解散的喧嚣声，朝中也有人大肆诋毁，咸丰皇帝也要对曾国藩从重治罪，如果不是湘潭取胜，湘军很可能就会从此夭折，曾国藩也会受到严谴。后来，咸丰皇帝虽然迫于太平天国的军事压力，准许曾国藩独自带兵，但绝不允许他兼领地方。一直到咸丰十年（1860 年），江南大营再次被毁，清政府再也无力调集大规模军队的时候，咸丰皇帝才从“湘军苦战、绿营收功”的美梦中觉醒过来，不得不将两江大权交给湘军首领曾国藩，以激励他努力与太平军作战，确保清王朝度过严重的生存危机。咸丰皇帝死后，咸丰十一年（1861 年）十月，清政府发生人事变动，形成了两宫太后垂帘、奕䜣议政的暂时联合政体。慈禧太后、奕䜣在放权地方、重用汉人方面，较咸丰皇帝时走得更远，对曾国藩为代表的地方督抚，开始由重用变为依赖，使用起来更加放手，授予的权力也越来越大。主要表现在以下几个方面：

（1）中央给曾国藩下放的权力不断增加，使之承担的责任也越来越重。继咸丰十年（1860 年）曾国藩被任命为两江总督、钦差大臣，督办江南军

① 曾国藩:《曾文正公全集》(第 9 卷)，岳麓书社 1987 年版，第 76 页。

务、宁国军务、徽州军务之后，咸丰十一年（1861年）十月他又奉命督办江、皖、赣、浙四省军务，巡抚、提、镇以下官员皆归其节制。同时，上谕中一再强调："江浙等处军务，朕唯曾国藩是赖。"①

（2）清政府在授予曾国藩种种军政大权的同时，在用人方面也为曾国藩大开方便之门。咸丰十年（1860年）以前，曾国藩保奏的僚属很少获准。咸丰九年（1859年），曾国藩先是保奏李鸿章补授两淮盐运使而不可得，随后，保奏其在江西南丰原籍办理团练的老友吴嘉宾升为候补同知，亦遭吏部议驳。慈禧太后执政以来，曾国藩大批保奏其部将、属吏与幕僚，则几乎无不批准。有时所保人员有违成例，被吏部驳回，曾国藩就稍加以修改，再次上奏，吏部最后也只好照准。不仅如此，清政府还应曾国藩之请，特批在每年分发外省的新进士中为安徽一省增额16名，"他省不得援以为例"，②以鼓励战争重灾区的安徽进行自救。

（3）在筹饷方面，清政府也给予曾国藩以大力支持。同治元年（1862年）五月，曾国藩奏请征集广东厘金以济江苏、浙江之饷，受到两广总督劳崇光的坚决反对。清廷立刻罢免劳崇光，以奉命赴粤办理厘金的曾国藩同年晏端书接任粤督，并任命曾国藩的好友黄赞汤为粤抚。不久，曾国藩又因粤厘征管不力、所入太少，与晏、黄二人发生矛盾，清政府又罢免晏、黄，以曾国藩好友毛鸿宾、郭嵩焘分别补授广东督、抚。如果不是清政府的支持，作为两江总督的曾国藩怎么可能到广东抽收厘金，更不可能征足定额。而没有这一部分厘金用来扩充饷源，曾国藩也就难以完成攻陷天京的最后一篑之功。

另外，清政府还大批任命曾国藩集团的骨干成员担任战区各省的督、

---

① 曾国藩:《曾国藩全集》(第4册)，岳麓书社1987年版，第21—22页。
② 曾国藩:《曾国藩全集》(第6册)，岳麓书社1987年版，第3219页。

抚、藩司及提、镇大员。咸丰三年（1853年）任命江忠源为安徽巡抚；咸丰五年（1855年）任命胡林翼为湖北巡抚；咸丰十年（1860年）闰三月任命刘长佑为广西巡抚；十月任命严树森为河南巡抚；咸丰十一年（1861年）正月任命李续宜为安徽按察使署理巡抚；二月任命毛鸿宾署理湖南巡抚；五月任命张运兰为福建按察使；七月，实授毛鸿宾湖南巡抚，补授骆秉章四川总督；九月，任命彭玉麟为安徽巡抚，李续宜调任湖北巡抚，刘坤一补授广东按察使；十二月，任命左宗棠为浙江巡抚，沈葆桢为江西巡抚，李桓为江西布政使，李续宜调任安徽巡抚，严树森调任湖北巡抚，彭玉麟辞安徽巡抚改任兵部侍郎；同治元年（1862年）正月任命曾国藩为两江总督协办大学士，任命鲍超为浙江提督，任命蒋益澧为浙江布政使，任命曾国荃为浙江按察使，任命陈士杰为江苏按察使；三月，命李鸿章署理江苏巡抚；五月，曾国荃升浙江布政使，刘典补授浙江按察使；闰八月，刘长佑补授两广总督；十月，李鸿章实授江苏巡抚，阎敬铭署理山东巡抚；十一月，丁宝桢补授山东按察使，厉云官补授湖北按察使；十二月，刘长佑调任直隶总督；同治二年（1863年）三月，左宗棠晋升闽浙总督，曾国荃升补浙江巡抚，万启琛补授江苏布政使；四月，唐训方补授安徽巡抚；五月，毛鸿宾迁两广总督，恽世临补授湖南巡抚；六月，郭嵩焘补授广东巡抚；七月，刘蓉补授陕西巡抚；十一月，阎敬铭实授山东巡抚；同治三年（1864年）五月，杨载福补授陕甘总督；六月，曾国藩授一等侯爵，曾国荃、李臣典、萧孚泗依次授一等伯、子、男爵；九月，左宗棠授一等伯爵，鲍超授一等子爵；在此前后，李鸿章亦授一等伯爵。这样，曾国藩集团以三江两湖为基地，势力不断壮大。南至两广、云、贵、川，北至直隶、山东，东至苏、浙、闽，西至陕、甘，都进入他们的视野范围之内。长江三千里，几乎无一处不挂曾国藩的旗帜。

曾国藩集团一发而不可收拾，暂时形成尾大不掉之局。①

在清王朝的政治体制中，兵权、财权、人事权是最重要的事权，这些事权的变化对于封建中央政治体制的影响极为重大。而在咸丰、同治两朝，恰恰是这三项事权变动最为显著的时刻。太平天国时期，清政府虽然利用曾国藩等汉人地方督抚将太平天国及捻军起义镇压下去，使清王朝摇而不坠、危而复安，度过了危机。但是，在这场长达 14 年之久的战争过程中，很大一部分原属于中央政府的权力，如军事、财政、人事等项大权，都渐渐落入地方督抚，尤其是以曾国藩、李鸿章、左宗棠等为首领的地方集团的手中，内轻外重的局面终于形成。

2. 清政府控制地方督抚势力膨胀

据资料表明，从 1861 年到 1890 年，全国 44 名总督中，汉人有 34 名；同一时期，挑选来担任巡抚的 117 人中，汉人占了 104 个。② 这说明，自太平天国运动发生以来，汉人已经在国家政权结构的数量上占了绝对的多数，满洲贵族在国家政权中占绝对优势的时代已一去不复返。对此，最高统治者并不甘心，他们在等待时机，伺机要恢复自己失去的权力，这种情形，给日后政局的稳定，埋下了祸根。

曾国藩的心腹幕僚赵烈文曾根据当时的实际情况作出了如下判断：

> 天下治安一统久矣，势必驯至分剖。然主威素重，风气未开，若非抽心一烂，则土崩瓦解之局不成。以烈度之，异日之祸必先根本颠仆，而后方州无主，人自为政，殆不出五十年矣。③

---

① 朱东安著：《曾国藩集团与晚清政局》，华文出版社 2003 年版，第 45—46 页。
② ［美］拉尔夫·尔·鲍威尔著，陈泽宪、陈霞飞译：《1895—1912 年中国军事力量的兴起》，中华民国史资料丛稿，译稿，第一辑，中华书局 1978 年版，第 20 页。
③ 赵烈文：《能静居日记》，同治六年六月二十日。

后来的历史发展事实表明，这个预见是正确的。

太平天国时期，中央与地方权力结构发生变化的情况表明，清王朝的根本制度，即君主专制的中央集权制度，已经在很大程度上为督抚把持的地方分权所破坏。清政府虽然依靠督抚的力量暂时度过了统治危机，表面上仍然高高在上，似乎恢复了昔日的尊荣，但实际上，清政府对各省军政事务既起不了决定作用，又不了解情况，一切只好悉听督抚之所为。此后，地方督抚一脉相承，依然置清政府的中央集权于不顾，垄断了各省军政、财经、人事大权。这样，太平天国时期的战时地方分权体制，就变成了日后中央与地方二元权力分配的正常权力运作机制。在镇压了太平天国，度过了统治危机之后，以慈禧太后为首的清朝中央政府，面对内轻外重的现状，立刻就开始了力争改变其软弱无力的处境，最大限度地恢复中央政府昔日的权威，重新调整统治阶级内部的权力分配关系，采取了一系列控制地方督抚势力膨胀的政策：

（1）裁湘军恢复绿营。攻陷天京硝烟方散，满汉统治阶级之间就开始了极为激烈的争夺兵权的斗争。这包括削弱勇营和恢复绿营两个方面的内容。湘军集团拥有强大的军政实权，几与清廷形成双峰对峙，因而出现相当紧张的局面。不仅如此，积累已久的其他内外矛盾，这时也一并爆发出来。作为湘军集团首领，战功高、军权大、地盘广的曾国藩，自然就成为众矢之的。正如赵烈文所说："同治改元至今，东南大局日有起色，泄沓之流以为已安已治，故态复萌，以私乱公，爱憎是非，风起泉涌。修往日之文法，以济予夺之权。数月之间，朝政一变。于是天下识时俊杰之士，皆结故旧，弛竿牍，揣摩迎合以固权势而便兴作，外之风气亦一变……大难即稍夷矣，事功见不鲜矣，袖手之徒改而争先，忌惮之心亦为慢易，则疑谤渐生，事多掣肘，必然之势，初不因权重之故也。"① 尤其是以满洲贵族为主体的清朝中央政府直接掌握的军队——八旗、绿营在太平天国的打击下，早已基本瓦解，唯一可依赖的僧格林沁军，在质与量两个方面，又大大落后于湘军。力量对比上的明显劣势，使满洲贵族对湘军集团，特别是对曾国藩兄弟，不能不产生戒备的心理。这样，曾国藩集团就面临着两种选择：要么赶快裁军，以打消清政府的忌惮；要么起来反叛朝廷，进而取而代之。曾国藩既然不愿反抗和冒险，就必须赶快裁撤自己的军队，以打消清廷的疑忌心理。事实上，富有政治经验的曾国藩，在攻下天京、硝烟未散尽之时，即奏请裁撤最让清廷不放心的曾国荃军，紧接着又让乃弟告病乞休，带所部先撤之勇回籍。至同治五年（1866 年），不仅曾国藩直辖军两万人裁撤几尽，就连左宗棠湘军及湖南、湖北、江西、四川等省湘军也相继大量裁撤，五十多万湘军，除李鸿章的淮军已自成体系不计外，留存的不过十余万人，而且这十多万人又是驻防各地必不可少的。这样，清廷的戒备与疑忌心理，自然也就大为缓解。言官等对曾国藩湘军集团的多方责难，也就烟消云散。

与此同时，清政府还为恢复绿营额兵进行了一系列努力。

自湘军攻陷安庆，对太平军稳操胜券以来，清政府内部，就不断有人奏请恢复绿营额兵。

同治元年（1862 年），江西巡抚沈葆桢奏请整顿江西绿营，其后未能按计划实施。

同治二年（1863 年），又有人要求恢复浙江绿营，左宗棠以暂行裁汰绿营额兵复奏。

同治三年（1864 年），先是安徽巡抚唐训方，转呈僧格林沁的咨文于两

---

① 赵烈文：《能静居日记》，同治三年四月八日。

江总督曾国藩，要求恢复安徽绿营，接着湖北巡抚严树森又奏请补充江苏、浙江、安徽等省的绿营额兵，清廷令各省督抚"妥议具奏"。两江总督曾国藩会同安徽巡抚上奏提出，安徽"原设绿营额兵散亡殆尽"，应"仿照浙江成案，溃卒不准收伍，间存零星孱弱之兵，即予一律裁撤。其营汛将弁缺出，并请暂缓叙补，统俟一二年后军事大定，或挑选勇丁，或招募乡民，次第简补，以实营伍而复旧制"。[①]

同治三年（1864年），山东巡抚阎敬铭还曾奏请"饬多隆阿募北方将士，教之战阵，择其忠勇者，补授提、镇、参、游，俾绿营均成劲旅"，以矫"专用南勇"之弊，兼杜"轻视朝廷之渐"。[②] 不料，多隆阿该年战死于陕西周至，僧格林沁次年战死于山东菏泽，这一切使清廷撤开湘淮将领而恢复绿营旧制的幻想化为泡影。

与此同时，清政府还曾令直隶总督刘长佑挑练直隶绿营，组建六军，冀成劲旅。但由于兵、户两部的干预，改造很不彻底，致使腐败频生，战斗力太差，在西捻军面前一触即溃。

同治七年（1868年），捻军彻底失败，清廷下令裁撤淮军，但很快发现撤勇之后别无劲旅护卫政权，不仅京畿空虚，整个清王朝亦将失去军事支柱，最后只好收回成命，令湘淮军驻扎各地，维持统治秩序。迨至同治八年（1869年）曾国藩就任直隶总督重新练兵时，清廷只好同意奏请，挑选绿营精壮，完全按照湘军营制，由湘军将领进行训练，彻底割断同原绿营的一切联系。虽兵源来自绿营，但营制、风气全变，故而改名练军，再不是原来的绿营额兵。此后，虽仍保有一部分绿营，但总的来讲，清政府

---

① 《曾文正公全集》（第20卷），岳麓书社1987年版，第17、18页。
② 《清史稿·阎敬铭传》，中华书局1976年标点本。

恢复绿营额兵旧制的努力遭到了失败。[1]

（2）抑制、利用、打击、分化、瓦解地方实力派集团。清朝中央政府既无法收回在战争过程中失落到地方督抚手中的军政权力，又不愿意使自己就这样处于软弱的地位，因此，就要利用自己至高无上的地位，千方百计地抑制地方督抚，借以维护上下平衡的权力格局。其主要措施就是利用与制造各种矛盾，运用驾驭之术，使地方督抚，特别是湘淮两大集团，相互制约，以达到分而治之的目的。主要表现在以下几个方面：

第一，袒沈压曾。沈葆桢本属曾国藩的幕僚，曾国藩曾经重用他征收厘金、办理营务，后又保奏他担任江西巡抚。同治三年（1864 年）三月，正当曾国藩粮饷困难、日夜忧惧、围攻天京之役功亏一篑之时，沈葆桢未经协商，突然奏准将原解安庆粮台的江西厘金全部截留，留充本省之饷。曾国藩闻讯惊慌，上疏力争。清政府乘机偏袒沈葆桢，不仅将曾国藩经办的江西厘金全部划拨归沈葆桢使用，还指示户部对曾国藩加以刁难，使曾国藩背上"广揽利权、贪得无厌"的恶名。由此引发了曾、沈之间的一场内争，致使二人关系从此破裂，而清政府则坐收渔人之利。

第二，抑曾扬左。清政府分化曾国藩集团的政策，除了袒沈压曾之外，还有一条，就是抑曾扬左。左宗棠生性狂傲，自视甚高，长期以来，对曾国藩在这个集团中的首领地位，很不服气，不时发起挑战。清廷正好利用这种矛盾，一方面对曾氏兄弟加以抑制；另一方面，又不断对左宗棠加以重用。在使曾国藩的亲信纷纷落职的同时，又将左宗棠及其亲信安置到曾氏亲信原来的位置上，从而达到分而治之的目的。

第三，抑湘扬淮。李鸿章及其淮系军队本为曾国藩一手提拔而成，但

---

[1]　朱东安：《太平天国与咸同政局》，《近代史研究》，1999 年第 2 期，第 54—55 页。

李鸿章自成山头后便对曾国藩阳奉阴违。正是根据这种情况，清政府设下抑湘扬淮之策。即利用李鸿章打击曾国藩与其他湘军将领，从而达到分而治之的目的。从同治八年（1869年）到同治十三年（1874年）总督的任命中便可充分看出这一点。在这六年中，两江、陕甘和云贵三处总督，分别为湘军集团曾国藩、左宗棠、刘岳昭等人出任，而直隶除了曾国藩有一年多担任总督外，和湖广一起则归李瀚章、李鸿章二兄弟。而在同治三年（1864年）时，湘军集团已有六位总督，淮军集团还无一人。清廷这样的安排自有其深意，让李氏兄弟同膺重任，不仅是以罕见的殊荣笼络之，而且还有平衡湘淮二集团的用意。更何况李鸿章在同治十三年（1874年）又升至殿阁最高的文华殿大学士，而此时曾国藩还只是等级稍次的武英殿大学士。不仅如此，清廷还重用李鸿章为直隶总督兼北洋大臣，让其参与中枢大政。这样抑湘扬淮，除了李鸿章为人圆滑、长袖善舞外，更主要是淮军集团为后起之秀，资历声望与军政实力等都还远不如湘军集团，让其处于较为有利的地位，就可以起到有力的平衡作用。

（3）扶植清流派，从舆论上抑制地方实力派。清廷制约地方实力派的招数还有以文制武，即以言官、御史、词臣从舆论上制约地方实力派。在清朝中央政府中，除掌握实权及津要的军政官员外，还有一部分可以制造舆论的力量，如都察院六科十三道监察御史、詹事府所属词臣等。他们地位虽然不高，既无决策权又无执行权，但他们却可以接近朝廷，上书言事，参与一些问题的讨论。而御史还可以风闻奏事，不会因言而获罪。所以，他们所奏无论对与不对，朝廷采纳与否，一旦内阁发抄，便经由《京报》风闻全国，形成一种舆论的力量，即所谓的"清议"。任何官员，一旦受到舆论的贬损，便会在政治上处于被动，重者丢官，轻者降调，至少也会影响自己的前程。因而，一般人都害怕受到清议的指责。掌握皇权的慈禧太后，不可能不对此加以充分运用。事实上，面对积重难返、外重内轻的权力格局。同治三年（1864年）以来，慈禧太后即开始注意刻意培植和利用清议的力量，制造舆论，操纵形势，以达到打击和控制握有重权的地方实力派的目的。同治四年（1865年），醇亲王奕譞指示其爪牙蔡寿祺首先发难，毫无根据地指责湘军元老之一、陕西巡抚刘蓉向权贵行贿，并对曾国藩、曾国荃、骆秉章、李元度等人大加非议责难，要求清廷"振纪纲"，对他们严加训诫，甚至给予处分。其打击湘军集团、剥夺他们的权力、树立清廷的纪纲之意图十分明显。同治五年（1866年），正当清廷与曾国藩集团之间因曾国荃参劾满员湖广总督官文而关系骤然紧张之际，曾国藩剿捻又受挫。京中御史乘机纷纷上疏弹劾曾国藩，致使曾国藩心怀惊惧，有苦难言。同治九年（1870年），曾国藩因办理天津教案对外妥协，又受到清流派的猛烈攻击，致使曾国藩忧惧成病，从此心灰意冷。清廷用清流派制约地方实力派的做法，令曾国藩集团大为不满。郭嵩焘在给曾国荃的信中就说："历观言路得失，敢直断言曰：自宋以来，乱天下者言官也。废言官，而后可以言治。""唐宋之言官虽嚣，尚不敢及兵政。南渡以后，张复仇之议、推陈兵事，自诸大儒倡之。有明至今承其风，持兵事之短长尤急。末流之世，无知道之君子正其意而息其辩，覆辙相循，终以不悟。""文宗初基，东南糜烂。天下岌岌。朝廷怀恐惧之意而出之以端简，百官慑于大难之骤兴，瞻顾却立，而抑不敢肆其嚣嚣。金陵之功甫成，士大夫谓自是可以长享无事，而议论嚣然。言路之气日张，时事亦愈棘矣。"[①] 对清流派的无端攻击，曾国藩虽然心中不满，但也不敢据理抗争。他在给李鸿章的信中解释说："王侍御疏中竟有'罪不容诛'等语，自无忍而不辩之理。""然如

---

① 　郭嵩焘：《养知书屋文集》光绪十八年刊，第10卷，第28—30页。

左公之强梁，乃由禀诸天赋，而人事又足以济之。鄙人本无子路好强之资，又恐运气不济，每讼辄输，用是敛手而退。"① 曾国藩之所以这样做，正是他老于仕道的表现。因为在仕途上，越是功高权重，就越是要小心谨慎，稍有不慎，就会被御史所弹劾。如要上疏抗辩，又往往言多必失，愈加被动，甚而招来他祸，受屈更大。在宦海中沉浮几十年的曾国藩深知其中三昧，因此，"舆论"本身便引起他及其他地方实力派首领的警惧。如此看来，慈禧挟居高临下之势，行以言官压制地方实力派之策，在内轻外重已成定局的情况下求得中央与地方之间的某种平衡和暂时的稳定，还是行之有效的。

（4）设立海军衙门，把几支由地方分掌的海军权力收回中央政府管辖。中国创建海军，始于曾国藩的购舰之建议。前文讲过（见第三章"一、中法战争前的中国水师"），从西方直接购买舰船，以图整套移植引进近代化海军的尝试失败后，曾氏调整了视角，认为与其购买外国舰船，还不如自己购其机器自行制造为宜，于是开始选觅能工巧匠，进行战船制造的尝试。同治五年（1866年），左宗棠设立福州船政局；与此同时，李鸿章在上海开办江南机器制造总局，中国海军开始筹办。到光绪十年（1884年），由地方创办的水师已经初具规模，北洋海军有战舰14艘，分驻大沽、旅顺、营口，管辖直隶、奉天、山东海面；南洋海军有战舰17艘，分驻江宁、吴淞、浙江等地，负责东南沿海一带海面；福建海军有战舰11艘，负责守卫海口与巡守台湾、厦门及琼崖海面。在这种情况下，光绪十一年（1885年），清政府决定设立海军衙门，把地方控制的水师大权收归中央。光绪十一年九月五日（1885年10月12日），清廷任命醇亲王奕譞为总理海军大臣，庆亲王奕劻、李鸿章为会办大臣，满人善庆及曾纪泽为帮办。清政府这样的

①　曾国藩：《曾文正公全集》（第24卷），岳麓书社1987年版，第44页。

人事安排，用意很深，一方面加强了统一领导，大权归于中央；另一方面又限制了李鸿章、曾纪泽、左宗棠、刘坤一等地方汉人督抚制约海军的权力。但是，由于醇亲王奕䜣昏庸无能，对海军事务一窍不通，奕劻又唯唯诺诺，加之善庆地位很低，因此海军衙门名义上是管理和指挥全国海军的机构，实则无权，权力仍聚集在当时最大的地方实力派——淮军集团首领李鸿章等人的手中。

（5）成立督办军务处，编练新军，企图重建中央集权的军事支柱。甲午之战，湘淮同悲。李鸿章苦心经营 20 年的淮军，在与日军的决战中，陆路溃败、丧师失地、一溃千里，海军则全军覆灭。这给中国近代社会带来了巨大的影响。甲午战争后，淮军基本上退出了国家的军事政治中心，这给清政府加强中央集权、重新调整中央与地方的关系提供了契机。但是，清政府重建国家军事力量的结果，却未能达到自己的目的。相反，导致了另一个新的汉人地方政治军事集团——北洋集团的崛起，这是甲午战争后中央与地方关系变化中的一个新特点。

甲午战争后，清政府决心编练自己绝对能够掌控的军事力量，企图恢复太平天国前的政治局面，于是成立了以荣禄为中心的"督办军务处"，试图编练中央控制下的新军以取代地方的勇营，达到重建中央集权的军事支柱的目的。这是从地方实力派手中夺回从太平天国时期就流失到地方督抚手中的军事大权的一种努力和尝试。

光绪二十年（1894 年）十月，清政府设立督办军务处，以恭亲王奕䜣为督办，庆亲王奕劻为帮办，户部尚书翁同龢、礼部尚书李鸿藻、步兵统领荣禄、右翼总兵礼部左侍郎长麟会同商办，而袁世凯亦调在督办军务处差委。清政府成立督办军务处的要旨，是想培植一个像汉人军阀一样的能控制整个大局的满洲亲贵。结果承继李鸿章势力的，不是满洲亲贵而是袁世凯。光绪二十一年（1895年）冬，袁世凯在小站开始练兵，建立新式陆军，全面推行军事现代化，以此为标志，中国军事现代化进程正式开启。在决定是否让袁世凯主持编练新军的事情上，作为督办军务处帮办的奕劻显然是投了赞成票的。

戊戌政变后，袁世凯向荣禄献策，以京畿地区五大军合编为武卫全军。以宋庆为武卫左军，以袁世凯为武卫右军，以聂士成为武卫前军，以董福祥为武卫后军，其中军则荣相自领之，兼总统武卫全军。袁主动将新建陆军并入武卫军，既可摆脱孤立无援的局面以避风险，又可得到荣禄的翼护，巩固自己的地位，尤其可以满足清廷集权中央，将主帅统辖的权力收归满人的目的。而荣禄也"乐其推戴，且可弋取统属文武之名也，德项城甚，有相逢恨晚之感"。① 不久，荣禄保奏袁世凯升为工部右侍郎兼管钱法堂事务，仍令之专统率武卫右军，所部增至1万人。

1900至1901年的八国联军庚子之役，除了袁世凯的武卫右军外，原属中央统辖的其他各军基本上已经溃败。庚子之役后，护卫京畿、保卫朝廷的任务已不可避免地落到了在战争中未伤毫毛的袁世凯掌握的军事力量上面。

为了将庚子战后中国仅剩下的两支军队收归己有，光绪二十七年（1901年）七月初二，清廷谕令："江南自强一军，著刘坤一饬调前往山东，交袁世凯酌量分布，督饬训练，务成劲旅。"② 清廷此举，用意深远。甲午战争后，清廷好不容易经营起来的武卫军，都在与八国联军的战斗中损失殆尽，只有袁世凯训练的武卫右军与张之洞建立的江南自强军因没有参战而

───

① 《小站练兵缘起》，徐凌霄、徐一士：《凌霄一士随笔》（三），山西古籍出版社1997年版，第1032页。
② 《请收回督练自强军成命折》，天津图书馆、天津社会科学院历史研究所编，廖一中、罗真容整理：《袁世凯奏议》（上），天津古籍出版社1987年版，第293页。

完好无损地保存了下来。因此，夺取并扩展这两支新式军队就成为清廷在新政期间收回兵权的重要一步。但是，老于世故的慈禧，知道内轻外重之势已成，并不直接去剥夺张之洞、刘坤一作为东南督抚的兵权，而是不着痕迹地交给山东巡抚袁世凯，美其名曰"江南自强一军，素练洋操，本系备调之队，现在山东武卫右军调派三千人赴京弹压地方，该省未免空虚"，[①]因为此任务如此重要，才要调派这支军队。这样做，不仅洗清了清廷急于剥夺东南督抚兵权的嫌疑，而且，在调袁世凯为直隶总督不久后，这两支当时中国最强的军队就自然而然地随袁世凯承担起了护卫清廷的任务，成为清朝中央政府的主要军事支柱。

总的来看，同光年间，经过慈禧太后的努力调整，中央政府的权威的确有所回升，地方督抚的任免大权仍然牢牢操于中央政府的手中，地方督抚虽然权大势重，但还不敢公然与中央政府抵抗。但这并不能，也不可能改变清政府军事大权旁落地方的这一严峻事实。中央与地方关于军事权力的争夺，直到清末新政十年时期，仍然在不断冲突与调整中发生着变化。

二、主持练兵处

光绪二十九年（1903 年）春，袁世凯奏请统一军政，建议中央政府在京师设立练兵处，以收回和统一指挥各地的军权。这一奏折因与慈禧太后的集权思路相同，故立刻获得了清廷的认可与批准。

光绪二十九年（1903 年）十月十六日，清政府下诏，宣布在京师设立练兵处，作为中央统筹全国的军事机关。

---

① 来新夏主编：《北洋军阀》（一），上海人民出版社 1988 年版，第 349 页。

练兵处的领导班底如下：庆亲王奕劻任总理，直隶总督袁世凯任会办，户部右侍郎铁良任襄办，候补内阁学士徐世昌任练兵处提调，直隶即补道刘永庆任军政司正使，候选道王士珍任军学司正使。为此，清廷明下诏书说：

前因各直省军制、操法、器械未能一律，迭经降旨，饬各督抚认真讲求训练，以期划一。乃历时既久，尚少成效，必须于京师特设总汇之处，随时考查督练，以期整齐而重戎政，著派庆亲王奕劻总理练兵事务，袁世凯近在北洋，著派充会办练兵大臣，并著铁良襄同办理。该王大臣等受恩深重，务当任劳任怨，认真筹办，以副朝廷力图自强之至意。其应办事宜，着诸王大臣等随时妥议具奏，钦此。[①]

练兵处的设立，成为清末军事改革的一个重要里程碑。其领导成员的组成、军制的厘定、新军的编练，均与此后政局的发展关系甚重。

从必要性与重要性的角度来看，练兵处对于清末新政时期军事改革的影响是重大而明显的。就各省的新军编练状况而言，在新政初期，清廷设立练兵处是非常必要的。当时的实际情况是，除了直隶总督袁世凯和湖广总督张之洞外，其他督抚所编练的新军参差不齐，或由改编现存的旧军而成，或由临时募集新兵而成，由此造成了编练的新军各自为政、领导不一的局面，且在训练、装备和军事素质等诸方面没有统一的标准，这就和清廷努力改革军制、创建新的军事力量的政策意图发生了冲突。练兵处作为考查和督练新军的总汇机关，适应了统一全国军队编练的客观要求。此外，

① 奕劻：《奏为遵旨特设练兵处拟定分设司科管理章程事》，中国第一历史档案馆编藏，档号03—5763—101，微缩号433—3010。

练兵处之设亦有清廷裁抑各省督抚的军权，实现军权集中于中央政府的意图。"国朝初设军机处，原以承受方略，承平日久，渐专政务，咸同军兴以后，京外大臣有戡乱之功，于是兵权又渐移而分寄于督抚，故先朝谕旨有各省练兵自为风气语。光绪二十九年设练兵处，专司其政，遂编练陆军，使归一政，原有归复旧法之意。"①

光绪三十年（1904年）《东方杂志》在《论朝局将有变动》一文中说：

朝廷近日注意练兵一事，其坚毅勇决，为向来所无。论者或以为朝廷将认真变法，然以观他事，如教育、外交、财政诸要政，其窳败废弛依然如故，或且加甚焉，则又何哉？窃谓于此可证政府之权之分，而朝局亦将有变动也。夫练兵一事，其主动之力，似不在政府，而在政府以外之人。而此人者，其权势魄力转足以驱使政府。又所建之策，极契上意，故悍然以令天下而不疑。所谋之事，与主谋之人，皆俨然与政府不相属矣。与政府不相属，而其所谋之事又必假政府之手，以令天下，则政府之失位可想而知。其事既终不能与政府相离，而关系之巨，头绪之繁，又终不能不与谙此道者谋，递演递推，因果相生，而朝局之波澜必起矣。夫中国政府常为政党内阁之形，同列虽有多人，其中必有领袖者主持一切，同列皆听命于下，而公卿之据要津者又必为此领袖或同列之私人焉，行一政策皆有同党附和，俨如外国之政党然，特其攀附之迹不于显而于隐耳。故领袖一易，前之徒党除宗旨素同，或工于谄附者外，其余多致失权。若领袖者，抱特别之宗旨，推排异己，而其力又足广置私人，则多取旧时期列锄而去之，而其余亦有相从风靡之势。数百年来，其事之见于私家记载、野老遗闻者，

---

① 刘锦藻：《清朝续文献通考》卷二百三，上海商务印书馆1936年版，第9515页。

不可胜数。最近之事，如翁同龢、荣禄即其例也。自庚子后，政府乃无主权之人，虽执政之中，庆邸实为领袖，然庆邸秉政，本不由于特简，且其办事又无特别之宗旨，不足以显其权。于是政府之权，遂滥溢旁出，而为他人所掠取矣。夫今日朝廷办事之宗旨，果在何点，虽不可得而知。然朝廷既有励精图治之心，则凡嘉猷嘉谟，其有裨时艰者，宜为当宁之所取。以朝廷办事之心，与政府不办事之心，不期而遇，则朝廷之于政府，固已不能释然。况其徒党，亦不以办事为心，则政府虽有勉力图报之忱，亦必不能成一事。而此时有能办事者出，其声望，其才调，其徒党，皆远出政府上，而其办事之宗旨，又最为朝廷之所乐闻，则其契合之深，倚任之切，驾政府而上，夫何徒言。此权力消长之机，所为至今而益露也。①

清廷自咸丰以后，国家形成内轻外重之势已久，五十年来，积重难返，中枢没有挽救的对策。袁世凯当慈禧太后于创巨痛深、欲励精图治之日，适政府复庸碌尸居其位，乃独以中央集权之策上陈，故练兵一事，因极契慈禧太后的意旨，遂能悍然以令全国而不疑，毅然施行而义无返顾。但这其中最关键的因素，还是因为奕劻特受慈禧信任并委派他总理全国练兵处的缘故。

奕劻平日办事稳重，颇能体会慈禧内心深处的用意，明白"伏维中国幅员广大，各省兵制庞杂分歧，其势散漫，不能精整，以致流为积弱。今朝廷鉴于此弊，特为居中策驭之法，以力求划一整齐之规"。② 因而，庚子以后，面对内忧外患日益加重的残酷现实，慈禧太后在中央高层起用奕劻主持清王朝的内政外交工作，决然"委以练兵事务并勉之以任劳任怨，期

---

① 《论朝局将有变动》，《东方杂志》1904 年第 11 期。
② 奕劻：《奏为遵旨特设练兵处拟定分设司科管理章程事》，中国第一历史档案馆编藏，军机处档，档号 03—5763—101，微缩号 433—3010。

之以认真筹办"。① 在清末编练新军的过程中，奕劻在人事、筹饷等方面积极支持袁世凯编练北洋新军，认真落实慈禧太后"练全国之兵、逐渐集权中央"的军政政策。

三、对编练全国新军的规划

1. 编练新军的"三十六镇"计划

清末新政从一开始，清政府就屡颁谕旨，强调编练新军时要划一营制，力图打破地方督抚赖以自重的军事力量。奕劻主持的练兵处所进行的军事改革，其中一个目的即在于此。

光绪二十九年（1903 年）十一月初六，练兵处《奏定练兵处分设司科职掌章程折》规定了练兵处的内部机构设置：练兵处专设提调一员，掌管庶务、综理文牍。分设三司：一曰军政司，统辖所属各科，考查官兵、筹备军需、凡司例行公事，径咨各军重要事件，禀请本处核夺；一曰军令司，统辖所属各科，运筹机宜，策划防守，赞佐本处，出纳号令，暨用兵机密事务；一曰军学司，统辖所属各科，训练各军操法、整饬武备学校、定期选员呈请分派各处、校阅队伍考试、学堂等事。各司各设正使一员、副使一员。各司下面又分科，各科主管名监督，各一员。练兵处内部机构详见表 7–1。②

---

① 奕劻：《奏为拟定练兵处办事简要章程》，中国第一历史档案馆编藏，军机处档，档号 03—5763—100，微缩号 433—3008。
② 表 7–1 与表 7–2，参考张亚斌：《晚清练兵处初步研究》，《首都师范大学学报（社会科学版）》，2009 年增刊。

表 7-1　练兵处内部机构

练兵处提调	练兵处专设提调一员，掌管庶务、综理文牍	
军政司	考功科	
	搜讨科	制度股
		步队股
		炮队股
		马队股
		工队股
	粮饷科	支发股
		军需股
		建造股
	医务科	
	法律科	
	器械科	
军令司	运筹科	
	向导科	
	测绘科	
	储材科	
军学司	编译科	
	训练科	
	教育科	
	水师科	

练兵处成立后，从以下四个方面对全国的军务进行指导与管理：

（1）初步建立起新型的军官制度。光绪三十年十一月（1904年12月），清廷批准了练兵处与兵部会奏的新军官制章程。练兵处奏定颁布《新军官制》和《陆军人员任职等级及补官体制》，将军官制度区分为三等九级，初步建立起新型的军官制度。"计军官自正都统以下九级，各任其职，以类相从，非由陆军学成及曾带新军资及三年，通晓兵事者，不得与选、除授、补署，各有限制。""至军官之外，经理饷械、医务、法律等军佐所司事务重要且繁，必各有专门之学，始能胜任，与军官视同一体，其品秩官阶亦应相似，惟于官名之首冠以同字，以示区别，界限暨清，庶可各专职务。"新军陆军人员任职等级见表7-2。

表7-2　新军陆军人员任职等级

上等	第一级	陆军正都统	职任：总统官
	第二级	陆军副都统	职任：统制官
	第三级	陆军协都统	职任：统领官、总参谋官、炮队协领官
中等	第一级	陆军正参领	职任：统带官、正参谋官、工队参领官、总机械官、护军官
		陆军同正参领	职任：总军需官、总军医官、总执法官
	第二级	陆军副参领	职任：教练官、一等参谋官、正机械官、中军官
		陆军同副参领	职任：正军需官、正军医官、正执法官、总马医官、一等书记官
	第三级	陆军协参领	职任：管带官、二等参谋官、副机械官、参军官
		陆军同协参领	职任：副军需官、副军医官、正马医官、二等书记官
下等	第一级	陆军正军校	职任：督队官、队官、三等参谋官、查马长、军械长、执事官
		陆军同正军校	职任：军需长、军医长、稽查官、军乐队官、副马医官、三等书记官
	第二级	陆军副军校	职任：排长、掌旗官
		陆军同副军校	职任：司事生、医生、司号官、军乐排长、马医长、书记长
	第三级	陆军协军校	职任：司务长
		陆军同协军校	职任：司号长、医生、司书生

（2）规划军事教育体制。光绪三十年（1904年），练兵处颁布《新订陆军学堂办法》，提出在全国建立陆军小学到陆军大学，包括专业性、技术性军事学堂和讲武堂在内的一整套军事教育体制。清政府遂命令将全国军事学堂分为四级，即陆军小学堂、陆军中学堂、陆军兵官学堂和陆军大学堂，由此确立了"四级三类"的军事教育体制。练兵处积极规划军事学堂制度，督促各地的军事学堂建设，并使之规范化，明确了全国军事学堂建设的统一标准，将其制度化，使各省陆军学堂有章可循，有利于扭转军事学堂建设的混乱局面。

（3）组织和选派学生出国学习军事。光绪三十年（1904 年），练兵处奏定《选派陆军学生游学章程》，五月经清廷批准颁发。其中以赴日陆军留学生为主，所占数量最多。光绪三十年（1904 年），清政府派往日本的军事留学生共计 108 名，到 1906 年，在日本士官学校和其他军事学校留学者已达 671 人。军事留学生接受了国外先进、系统的军事教育，他们在促进国内新式教育、编练新军和整顿军事机构的军事变革中，发挥了重要作用，推动了中国军事近代化的进程，成为推动中国军事改革的重要力量。

（4）制定和颁布陆军营制饷章等各种军事制度，初步规划了清末的国防建设力量。光绪三十年（1904 年）练兵处奏："勇营窳废兵事，日益艰难，臣等仰体宵旰之焦劳，深维军事之得失，参仿各国之成法，默察各省之情形，详审折中，厘为章制，一曰各项制略，删繁举要，规模为之粗具焉；一曰营制部分，层束编配，期于适宜焉；一曰饷章，计费制用，丰俭求其得中焉。"[1] 同年又奏《新定陆军学堂办法》，初定了全国常备军的编练数额和编练方法，声明中国常备军兵额约需三十六镇，"先就各省已练之新军，由练兵处、兵部会同奏请，简派大员前往考验，依次编号，以昭核实。编次之先后，视练成之迟速为定"。[2] 此外，还奏定《陆军退伍章程》《陆军服制章程》《陆军各镇赛枪章程》《标旗及阅兵旗式》《陆军枪炮等项程式》《贵胄学堂章程》等一系列新军规章制度，全国新军编练走上统一和正规化的轨道。

在奕劻等人规划的基础上，光绪三十年（1904 年）六月二十八日，清廷谕令各省筹款练兵。谕旨谓：

---

[1]　刘锦藻：《清朝续文献通考》（卷二百四），上海商务印书馆 1936 年版，第 9517 页。

[2]　刘锦藻：《清朝续文献通考》（卷二百四），上海商务印书馆 1936 年版，第 9526 页。

自日俄开衅，中国势处两难，将来两国战事定后，一切因应必多棘手。现在各省空虚，西北边防，尤关紧要。近畿一带，非有数支劲旅难期巩固。朝廷思维再四，上年特设练兵处，整齐军制，以资筹划。惟军制以整齐为要，练兵尤以筹饷为先。数月以来，迭经谕令各直省通力合作，现虽陆续奏到，除安徽每年认解十万，其余各省虽有报解，不无敷衍之处。……兹特将此次练兵关系之重，密为宣示，各督抚膺兹重寄，素矢公忠，务须审大局之安危，知事机之紧迫，不分畛域，共济艰难，以身作则，崇俭去奢，为属吏倡率，各就本省财力，实心筹措。外销之款，核实腾挪；中饱之数，从严厘剔；并归并局所，裁汰冗员，清提陋规，力除靡费，以资挹注。每年匀出的款若干，以为练兵之用。现在时艰日棘，除宽筹的款，速练劲兵，实无救急之策。又嘱各省官员：事关重要，不得稍有漏泄。并将筹办情形，限一月内具奏。经此密切晓谕之后，倘竟视为具文，仍前敷衍，一奏塞责，恐该督抚难当此重咎也。

光绪三十年（1904 年），《陆军营制饷章》《陆军学堂办法》经清政府批准颁行，奠定了新军军制的基础，成为我国近代军事史上两项重要的军事章程。《陆军营制饷章》将陆军分为常备、后备、续备三等，其常备军制为：平时编制以两镇为一军，两协为一镇（一镇官兵 12512 人）。其中，每镇步队二协（一协官兵 4038 人）。每镇还辖马队一标（共三营，每营四队，共计官兵 1117 名）、炮队一标（共三营，每营三队，共计官兵 1756 名）、辎重队一营（共四队，官兵 754 名）、工程队一营（共四队，官兵 667 名）。要注意，同样是"队"的编制，不同的"队"所辖的"排"不完全相同，其中，步、炮、工每队皆三排，每排三棚；马队二排，每排二棚；辎重队三排，每排三棚。各种队伍每棚目兵 14 名。综上所述，计全镇官长及司书人等748名，弁目兵丁10436名，夫役1328名，共12512名。

常备军的编制与中国传统营制已完全不同，成为一个步、骑、炮、工、辎各兵种协同作战的单位，这是一种适合形势需要的现代化编制。清政府计划编练常备军三十六镇，并在全国统一番号。光绪三十三年（1907年）清廷正式批准了陆军部奏定的《全国陆军三十六镇按省分配限年编成方案》，计划到1912年完成，具体如下：

近畿四镇。畿辅拱卫京师，宜宿重兵以操居中御外之势。现在已成四镇，内一镇移驻山东，又经东三省奏准调往一镇，并混成一协。除俟各该省自编成镇，或自筹的饷，再由陆军部照原拨镇数分别调回，及添练补足，以符定额。

直隶两镇、山东一镇。山东、直隶两省，屏蔽畿疆，濒临渤海，应互相联络，以固神京右辅。现在直隶两镇业经编定。山东一镇，系以近畿第五镇移驻，应令该省另筹的饷自编一镇，将原镇调回，或腾出第五镇现饷，由陆军部另编一镇，即以原镇改属该省，均由督抚详细参酌，咨商度支部陆军部奏明办理，仍以三年为限。

江苏两镇。江苏值江海之冲，督抚分治苏、宁，均称要地。现在江宁已成一镇，应令按照章制，认真编练，以待考验。江苏已编步队一协，马炮队各二队，工程一队，并拟编辎重一队，应限三年编成一镇。

江北一镇。江北专设提督，屯驻清江，值鲁、豫、苏、皖之冲，扼东南孔道。现已编成步队一协，炮队二营，应由南洋大臣会同江苏、山东、河南、安徽四省巡抚、江北提督协筹的饷，限四年编成一镇。

安徽、江西、河南、湖南各一镇。此四省皆居腹地，各编一镇，平时足资镇摄，有事时并可出境相助。现在安徽已编成步队一协，马队一营，炮队二队，辎工各一队，军乐半队；江西已编成步队一协，马队二队；河南已编成步队一协，马炮队各二营，军乐一队；湖南已编成步队一协。应统限四年一律编练足额。

湖北两镇。湖北居全国适中之地，宜厚兵力，以资策应。现已编成一镇，又混成一协，应限三年编练足额。

浙江、福建各一镇。浙江、福建两省地处海疆，必须联络一气，以固东南门户。现在浙江已编一协，据奏拟编一镇，福建已成步队一协，拟编步队一协，炮队一营，工程二队，应均限二年各编足一镇，以符定额。

广东二镇、广西一镇。广东、广西两省当海陆边要，须通力合作，以固南服藩维。现在广东已编混成一协，广西已编步队三营，炮队一营，应限以五年一律编练足额。

云南两镇。云南控制西南边徼，亟宜厚集兵势，以资防守。现在已编步队一协，炮队二营，应限五年，筹饷添练，于限内编练足额。

贵州一镇。贵州尚属腹地，编设一镇，足资分布。现已编步队一标，应限五年编练足额。

四川三镇。四川为长江上游，与滇藏接壤，且物产富实，较诸他省，款尚易筹。现在已编成一协，应限三年编足两镇。其余一镇，另由度支陆军两部商筹协拨，统于限内编练足额。

山西、陕西各一镇。山西、陕西两省，虽近西北诸边，尚据山川形势，各编一镇，可以扼要分驻。现在山西拟编混成一协，已成步队一协，陕西已编步队一协，炮队一队，均应限三年一律编练足额。

甘肃两镇、新疆一镇。甘肃、新疆两省，为西北门户，必须关内外联络一气，以控边陲。现在甘肃已编步队一协，马队二营，炮队各一营，应限五年编足两镇。新疆已编步队一标，马队二营，炮队一营，应限三年编足一镇。

热河一镇。热河为京畿外辅，控引蒙旗，须专设一镇，以资扼守。唯创始非易，应令该都统妥为筹划，限四年内编练足额。

奉天、吉林、黑龙江各一镇。三省地方辽阔，亟须各编一镇，俾资分布。现在该省除奏调近畿一镇及混成二协外，其自行编练者，唯吉林步队一协，其余均未编设。应责成该督抚等速行筹划，统限二年一律编练足额。[①]

虽然在光绪三十三年（1907 年），"三十六镇"计划开始实施，但到辛亥革命爆发为止，只编成了十四镇、十八混成协和禁卫军二协。

2. 奕劻的军事思想与练兵思想

清末新政时期，作为清政府主要军政负责人，奕劻的军事思想与练兵思想主要体现在他在光绪二十九年（1903 年）十一月初六《奏为立国练兵敬陈管见并拟筹饷办法五则事》《奏为拟定练兵处办事简要章程》《呈拟定练兵处办事简要章程清单》《呈酌拟筹饷办法五则清单》；光绪三十一年（1905 年）九月二十一日的《奏为拟定陆军贵胄学堂章程并拟现行试办请旨事》《呈拟定陆军贵胄学堂试办章程清单》；光绪三十三年（1907 年）七月二十一日《呈拟定陆军三十六镇按省分配限年编练章程清单》以及同年七月三十一日《奏为拟定全国陆军应编镇数按省分配立定年限以期依次扩充事》这些重要的奏折上面。

光绪二十九年（1903 年）十一月初六，奕劻上《奏为立国练兵敬陈管见并拟筹饷办法五则事》。这个奏折颇能反映奕劻对清末新军建设的紧迫性与必要性的认识，同时也道出了他筹饷练兵的方法与思路。奕劻在这个奏

---

① 罗尔纲著：《晚清兵志》（第三卷，"陆军志"），中华书局 1997 年版，第 198—201 页。

折中很详细地说道：

　　窃维方今大势，已同战国争雄，竞胜全恃兵力。兵强则国势强，强者转至绝少战事。兵弱则国势弱，弱者不免时被侵凌。强弱所关，即存亡所伏，各国于此莫不兢兢。日本一岛国耳，其兵制精者不下五十万。俄罗斯地瘠民贫，而养兵至四百六十万。欧美各国大者养兵数百万，小者亦数十万。往往厚敛于民，重征其下，以充其饷而赡其军。即日本全国地方仅抵我之四省，而每年赋税所入计二万数千两，几两倍于我矣。综核各国岁支大要，以兵饷为最多，亦以兵饷为最急。在各该国独不虑烦苛病民哉？两害相形则从其轻，彼盖熟识深虑而知非此不能保其土地，全其人民，安其宗社也。而其民甘被厚敛重征而无怨者，亦知非此不能保其身命，全其财产，安其室家也。中国地大物博，久为列强所窥伺，近年以来，创痛屡膺，愈逼愈紧。德规山东，法谋滇、桂，英国长江、西藏，俄在东三省已根深蒂固，日本注意闽、浙，亦将待时而动，顷者蕞尔韩国，亦且藉端扰我东边，外人之侮我者甚矣。所以然者，亦侮我之弱耳。如不奋发图强，我之弱也日甚，人之侮我也亦必日渐其甚。纵使东三省事此次能迁就了结，不出数年，俄必仍图进步。即全举东三省以畀之，亦不能保其欲壑，止其贪心，仍将得寸进尺，狡焉思启，各国效尤，分裂立见，土地恐不复能自完，人民恐不复为我有，沦胥之祸，可为寒心。由是言之，今日不知图强，异日将并不能图存。图强之道，他务未遑，惟有练兵而已，惟有筹饷以练兵而已。夫筹饷非仅筹百十万，练兵非仅练数万人，遂足济事也。必须通盘筹划，筹的款至数千万，练精兵至数十万，方足以资其用耳得其力。但兹事体大，亦非一蹴可及，要在牢持定见，坚守恒心。饷未易筹，务多方设法以裕饷。兵未易集，务日增月益以添兵。百折不回，一定不移，必期于成而后已。是以有众一旅，夏少康卒以之中兴。训练十年，越勾践遂因而雪耻也。而说者曰，兵者，第强固之一端，制治保邦，岂无有重于此者乎？固也。近来迭奉诏书，振兴庶务、学校、财政、工艺、农商，凡可以利国利民者，意美法良，粲然备具。然起视各国，鹰瞵虎视，早已环逼而前，必不肯假我以宽闲之岁月，待我以从容而经理。即使诸务粗有端绪，薄收效益，而无兵以保守之，一旦有警，终成画饼。譬如里有富室，群盗垂涎，而不募养勇士壮丁防卫巡护，纵男耕妇织，饶有余赀，仓促寇至，亦惟坐视其捆载而去耳。说者曰，物力方艰，巨饷难集，亦是也。然中国患贫，为日久矣，负债累累，尚未清偿，不料有甲午一役之赔款，更不料有庚子一役之赔款，当议赔时，举国蹙额，咸虑弗给于供，乃迫于强敌，既皆如数应之矣。倘自兹以往，我仍相安于积弱，人将益肆其要求，索赔之案，又何能免欤？与其取以资敌，受无穷之害，何若用以自强，谋万世之安。说者又曰，筹饷非取诸民即取诸商，怨言易滋，人心或失，亦似也。不知今日时局，正所谓危急存亡之秋。苟不能庇民卫民，将民之性命莫由存，身家无所托，虽日市恩惠，亦无从固结人心。且即使人心不失，而戎马倥偬，无人御侮，国且不国，何有于民？此徐偃王徒言仁义所以卒为天下后人笑也。不但此也，外人以我国之积弱，愈益蔑视吾民，远而征之，美人则迫逐华工，不使入境。檀香山之验疫，独举华人处肆，一举而焚之。鞭笞梃击，若驱牛豕。近而征之，德之入胶州，英之入九龙，俄之入东三省，莫不轰焚庐舍，劫掠村落，蹂躏戕害，惨不忍闻。日本之割台湾，暴敛横征，百倍于我。而韩人近亦毁我民居，虐杀多命。国步不振，一至于此。然则谋国者与其因循姑息而任人侵削我疆土，残贼我元元，何若集款图强而得以捍卫我边陲，全活我氓庶。且所谓筹饷者亦非苛派之谓也。量民力所能为者而因势以利导，择民生所不需者而多取不为虐，并使天下臣民晓然于国家之筹饷练兵，实具万不得已之苦衷，不但卫国，正以卫民，并非浪费虚糜，何至拂众召怨。即如日本赋税极重，琐细必征，闻尝接见该国士民，每以其征敛之纷繁，考询其舆情之向背，皆答称赋税虽重，无非用于保民，民命民产于焉托庇。下至妇孺，咸识此意，莫不以该国日臻强盛感颂天皇之圣明。遐迩欣欣，毫无怨望。此可见取之有道，用之得当，断不至因此而失人心也。惟自来创办一事，得人颇难，办理或乖其方，流弊因而丛出，然奉行之不善，易其人可也。弊端之或生，祛其失可也。断不可因人而废法，尤之不可因噎而废食也。此全在皇太后、皇上垂顾时艰，洞观大局，灼然知非强兵无以立国，非筹饷不能练兵，始终主持，务责成效，行见三五年间，劲旅如林，士马腾饱。语云，山有猛兽，藜藿为之不采。国有重兵，强敌望而却步。从此国势日强，觊觎泯绝，向之敌国外患群起而与我为难者，今为契友良朋，争与我讲信修睦。凌我者变而敬我，欺我者从而昵我亦如士庶之家。当其穷因不支，动辄遭人轻侮，及其门祚兴盛，孰不乐与交亲。人之恒情大都如是。小固有之，大亦宜然，我国家建威销萌，在此一举。伏惟皇太后、皇上仰承列圣付托之重而为宗社奠亿万年不拔之基，俯念群黎望治之殷而为四海造亿万姓升平之福。臣等虽至愚鲁，然受恩优渥，具有天良，敢不殚竭驽庸，赞成圣治。谨就愚虑所及沥陈。[①]

在这个奏折中，奕劻详细分析了编练新军、重建国防的重要性与紧迫性，并援引各国筹饷案例，主张重征民利作为练兵的费用。在折后所附的清单中，奕劻提出了自己的五项筹饷办法。由此，奕劻在清末新政中关于军事建设方面的主张与意见得到了充分反映。

此后数年，奕劻又就陆军贵胄学堂的筹办以及在全国建立三十六镇陆

① 奕劻：《奏为立国练兵敬陈管见并拟筹饷办法五则事》，中国第一历史档案馆编藏，军机处档，档号03—5763—099，微缩号433—3002。

军一事多次给朝廷提出自己的建议，并运用自己的特殊身份努力推动新式陆军的编练与建设。

光绪三十一年（1905 年）九月二十一日，奕劻上《奏为拟订陆军贵胄学堂章程并拟现行试办请旨事》与《呈拟订陆军贵胄学堂试办章程清单》两折。根据奕劻的建议，陆军贵胄学堂主要招收满汉高级官员的子弟，专门培养高级军事官员。"陆军贵胄学堂设于京师，隶于练兵处，专考收王公世爵及四品以上宗室，现任二品以上京外满汉文武大员之聪明子弟，教以普通学术及陆军初级军事并入军队观览学习。统计学期以五年为毕业"。[①]

光绪三十三年（1907 年）七月二十一日，奕劻上奏《呈拟定陆军三十六镇按省分配限年编练章程清单》，详细说明了清政府具体分配于三十六镇的练兵计划。

光绪三十三年（1907 年）七月三十一日，奕劻又上奏《奏为拟定全国陆军应编镇数按省分配立定年限以期依次扩充事》，更详细地向清廷说明了全国陆军按省分配的应编镇数以及立定的年限。

事实上，清末陆军三十六镇的编练计划，虽然由清朝中央政府制定，但成军的操办则由地方各省自己想方设法。因经费难筹、官员不力以及清政府很快灭亡等因素，除了北洋六镇与湖北二镇编练成效卓著外，其余各省新军的编练几乎没有达到目标的。

总之，清末创办新式陆军，"在其建军纲领中首定建军名号归于一律，与训练制度的统一，以树中央集权的基础"[②] 这一方面，奕劻确实起到了一定程度的积极推动作用，对此应该给予肯定。

---

① 奕劻：《奏为拟订陆军贵胄学堂章程并拟现行试办请旨事》，中国第一历史档案馆编藏，军机处档，档号 03—5764—045，微缩号 433—3308。

② 罗尔纲著：《晚清兵志》（第四卷，"陆军志"），中华书局 1997 年版，第 244 页。

四、支持袁世凯练兵

练兵处时代，奕劻在军事改革方面最显著的成就是运用自己手中的权力与资源，全力支持袁世凯对北洋六镇的编练。

光绪二十八年（1902 年）一月，袁世凯向清政府上奏说："直隶幅员辽阔，又值兵燹以后，伏莽未靖，门户洞开，亟须简练师徒，方足以销萌固圄。""惟入手之初，必须先募精壮，赶速操练，分布填扎，然后依次汰去冗弱，始可兼顾，而免空虚。现拟在顺直善后赈捐结存项下，拨款一百万两，作为募练新军之需。"① 清政府批准了他的奏请。于是，袁世凯立即派王英楷、王士珍等人分别到直隶的正定、大名、广平、顺德、赵州、深州、冀州等地，精选壮丁六千人，集中在保定进行训练。这支军队被称为"新练军"。不久，袁世凯在这支军队的基础上又增募了两个营，同时又续添充马队、炮队各一标，工程队、辎重队各一营，新编成了北洋常备军左镇。此镇后改称为北洋常备军第一镇，驻永平府迁安县。

光绪三十年（1904 年），日本与俄国为抢夺在中国东北地区的利益而发生了尖锐冲突，日俄在中国东北地区进行战争已经不可避免。袁世凯认为，这是他继续扩充军队的又一次大好机会，于是他又上奏说，日俄"两大构兵，逼处堂奥，变幻叵测，亦不得不预筹地步。畿辅为根本重地，防范尤须稳固"。又说："如欲慎固封守计，非十数万人不克周密。"② 这些上奏又得到了

① 《拟拨顺直善后赈捐存款募练新军片》，天津图书馆、天津社会科学院历史研究所编，廖一中、罗真容整理：《袁世凯奏议》（上），天津古籍出版社 1987 年版，第 428 页。
② 《密陈遵照传谕统筹布置防守情形折》，天津图书馆、天津社会科学院历史研究所编，廖一中、罗真容整理：《袁世凯奏议》（中），天津古籍出版社 1987 年版，第 876 页。

慈禧太后的同意。同年，袁世凯以原北洋新军为基础，进行裁改归并，又派人到河南、山东、安徽等地招募新兵，练成有步队、马队、炮队的北洋常备军右镇。此镇后改称为北洋常备军第二镇，驻马厂。同年 4 月，他又从北方几省招募新兵，编成北洋常备军第三镇，开始驻保定，后来驻扎在山海关至奉天一带。光绪三十一年（1905 年），袁世凯经练兵处奏准，将驻北京的武卫右军和自强军编成北洋常备军第四镇，驻扎在南苑、海淀一带。同年 5 月，他又以山东武卫右军先锋队为基础，另招募了一些新兵，合编为北洋常备军第五镇，驻扎山东济南府及潍县一带。同年 6 月，袁世凯又将光绪二十八年（1902 年）编练的京旗常备军扩编为独立的一个镇，先驻保定，后移驻京北仰山洼。

这样，从 1901 年到 1905 年，袁世凯完成了北洋新军六镇的编练。不久，清政府下令全国新军改称陆军，并统一番号。据此，北洋各镇重新编了番号。京旗常备军因是旗兵，地位最高，编为陆军第一镇，驻迁安之原北洋常备军第一镇编为第二镇，驻马厂之原北洋第二镇编为陆军第四镇，驻保定之原北洋第三镇仍为陆军第三镇，原北洋常备军第四镇编为陆军第六镇，驻山东的一镇改为陆军第五镇。至此，北洋六镇全部编成，袁世凯的军事实力和北洋军阀的基础完全形成。

北洋新军在全国各省新军中人数最多，官兵达七万之众，而且其武器装备最先进，训练也相当正规，可以说是当时中国最强大的一支近代化武装力量。更重要的是，在扩编六镇的过程中，已经形成了以袁世凯为中心的比较完整的北洋派系。

袁世凯能在短短几年中迅速地完成北洋六镇的编练，这与他得到奕劻的全力支持有着极大的关系。

光绪二十九年（1903 年）12 月练兵处成立后，奕劻、袁世凯即通过练兵处奏请朝廷向各省摊派练兵经费960万两。光绪三十一年（1905年），各省实际交练兵处的白银为911万两，而其中六百多万两用于扩编北洋六镇。袁世凯通过练兵处，征天下之饷，练兵一省，使北洋六镇迅速成军，也从而真正奠定了他在清末民初军界强人的地位。

有资料表明，北洋军费的78.3%都是由各省提供的，仅这个数字在很大程度上即可以说明奕劻对北洋六镇编练的支持程度了。[①] 晚清时期，经济拮据、财政匮乏，清政府集全国财力，练北洋一省之兵，使北洋六镇迅速成军，形成了继湘淮集团之后地位举足轻重的袁世凯集团，但其政治后果的严重性远远出乎慈禧太后、奕劻等人的意料。从此，在风雨飘摇中艰难度日的清政府不得不依赖这个异己的军事政治集团来维护自己的统治。

五、监管陆军部军事改革

光绪三十二年（1906年），清政府效仿西方近代国家的体制，实行官制改革。根据慈禧太后的懿旨，"兵部着改为陆军部，以练兵处、太仆寺并入，应设之海军部及军咨府，未设以前，均暂归陆军部办理"。[②] 练兵处归入陆军部后，奕劻又兼任陆军部管部大臣，清末陆军重大事务，同样离不开奕劻的支持与推动。

陆军部尚书为铁良，左侍郎为寿勋，右侍郎为荫昌，陆军部握大权者，均为满洲贵族。陆军部成立后，根据清廷的要求，除设有专管陆军的两厅、

---

① 周育民著：《晚清财政与社会变迁》，上海人民出版社2000年版，第394页。
② 奕劻：《奏为练兵处并入陆军部移交各项事》，中国第一历史档案馆编藏，军机处档，档号03—5765—075，微缩号434—0164。

十司之外，尚设有海军处，筹备海军，管理海军；设军咨处，掌国防用兵大权。陆军部时代，随着袁世凯集团军事力量的不断壮大，满洲贵族与袁世凯集团之间的矛盾骤然激化，最突出的表现便是袁世凯与铁良之间的军权之争。为了调处其间，防止矛盾扩大，光绪三十二年（1906 年），慈禧太后又任命奕劻为陆军部管部大臣，从事整顿与调整工作。

陆军部时代的军事改革，主要集中在铁良夺取地方的财权和军权上面：

1. 夺取东南督抚财权归中央练兵处所有

铁良确有一定的军事才能。荣禄任兵部尚书时，于汉人之中最器重袁世凯，而于满司员中，独器重铁良的才识。庚子后，创练新军之议，虽然发端于袁世凯，但在满人大臣中支持最力者，即是铁良。但铁良能入练兵处，最主要是由于他代表了满洲贵族的利益，是荣禄、慈禧太后企图通过他收回咸、同以来掌握在汉人督抚手中的军权，以削弱汉族地方督抚的势力，使满人重掌军权。由于铁良"才长心细，器识阔通"（袁世凯语），满族亲贵便把希望寄托在铁良身上，想在练兵处再培养一个"荣禄式"的人物。由此可见，铁良是满族亲贵势力在练兵处的代表人物。而袁、铁皆主张中央集权政策，因此练兵处一开始实际上是袁世凯和满族亲贵共同实行中央集权政策的一个军事机构。但是，对于铁良来说，推行中央集权并非易事。咸、同以后，地方督抚已经形成了独立而牢固的地方分权系统，任何集权的企图都必然遭到他们的强烈抵制。练兵处成立后，首先遇到的便是练兵经费问题。直隶在财政上一向为缺额省份，无法供清廷扩充军事力量之用。因而，练兵处刚刚成立，袁世凯就动员庆亲王奕劻奏请慈禧太后批准，向各省摊派练兵经费 960 万两。清廷为此下旨要求各督抚务须"不分畛域，共济艰难，合力通筹，共济时艰"。但在各省督抚的把持下，地方财政早已自成一体，收入"多隐匿不令部知"，支出也非中央政府所能控制。

两江总督刘坤一曾公开宣称：地方收支不能和盘托出，必须稍留余地。湖广总督张之洞也多次因为财政问题与中央政府争执不休。刘、张态度如此，其他各省督抚自然更不愿中央分羹。因而，这次所派练兵经费也很快就成了一纸空文。练兵以筹款为先，经费没有着落，清政府重建军事支柱的练兵计划也就必然落空，慈禧太后为此甚至到了寝食皆废的程度。经过反复统筹考虑，清廷决心打破督抚对地方财源的把持，恢复和加强中央对地方财政的控制。

当时的情况是，抵拒最力的是两江总督魏光焘与湖广总督张之洞。刘坤一病逝后，魏光焘继承刘坤一衣钵，以湘系首领身份坐镇两江，成为勇营制度的主要维护者。针对清廷以新军代替勇营的政策，魏光焘以"江南为湘楚昔日建功之地"，"一旦遽予屏弃，势必有所不能"为由，认为"将由学堂、兵皆土籍"的新军制度，其效尚非旦夕所能图成，要求保留湘军选拔、招募的传统制度。同时，魏光焘又以江南兵力不足为由，按湘军营制又回湖南招募士兵3000人，编为6个营，由其宗亲魏荣斌带领，湘军势力因此进一步扩充。练兵处制订按顺序编练陆军三十六镇计划以后，魏光焘仍然不顾练兵处"同条共贯、脉络相联"的编制原则，不让中央政府有任何插手两江军务的机会。同魏光焘相比，张之洞抵制中央集权的方式则显得圆滑而世故。张之洞也不愿清廷插手湖北的新军训练，此前为制定新军营制之事，张之洞即与代表清廷中央利益的袁世凯各执己见，相持不下。练兵处准备制定统一章程后，张之洞抢先以"练兵处章程尚未奏准通行，只可暂就湖北向日所操营制，参酌北洋现行营制，及本省财力、人才、地势、民风，先行酌拟章程，及早开练"，并准备日后将湖北章程渐次推广于东南其他各省，视练兵处章程为可有可无。由此可见，清廷要想实现集权也绝非易事。两江、湖广与直隶三足鼎立，如果魏光焘、张之洞联合抵制中央练兵处的集权计划，慈禧太后用练兵处集权的算盘就会落空。如何排除集权的障碍，打破魏光焘、张之洞的联合成为清廷必须解决的问题。恰在此时，江南制造局的迁移问题给清廷集权措施的实施提供了机会。

江南制造局位于上海海滨，极易因为一些突发情况而导致军火制造、转运皆不得自由，因而李鸿章早有过移厂内地的设想。光绪二十八年（1902年），张之洞署理两江总督后，再次奏请将制造局迁到内地。政务处议准后，光绪三十年（1904年）三月，已回湖广总督本任的张之洞奉命赴江南与两江总督魏光焘会商移厂之事。四月，张、魏将详细情况具奏并着手准备移厂。不料，当张、魏之折发交练兵处阅看时，练兵处突然以"军械所关，影响甚巨"为由，要求派员赴江南勘察。江南制造局同其他洋务企业一样，隶属地方督抚而不是为中央所有。从移建新厂一事的经过来看，此时控制制造局的是湖广总督张之洞和两江总督魏光焘。军械为军队命脉所关，对于清政府来说，要想打破地方督抚对军队的垄断，就必须将制造局置于中央政府的直接控制之下。因而，当张之洞、魏光焘奏请移厂时，对制造局窥伺已久的练兵处便乘机插手其间，想借迁移之际，控制制造局。这样，光绪三十年（1904年）六月，清政府下旨："谕军机大臣等，前据张之洞等奏，江南制造局移建新厂一折。制造局关系紧要，究竟应否移建，地方是否合宜，枪炮诸制若何尽利，着派铁良前往各该处，详细考求，通盘筹划，据实复奏。并着顺道将各该省进出款项，及各司库局所利弊，逐一查明，并行具奏。"[①] 铁良南下，大出张之洞、魏光焘意料之外。张之洞、魏光焘此时也已经意识到，铁良南下是为了用集权手段强行解决清中央政府与地方督抚之间的矛盾，同时也有筹措军费的目的。七月十九日，铁良

---

① 朱寿朋编：《光绪朝东华录》，中华书局 1958 年版，总 5200 页。

抵达上海，开始查办事情。七月二十二日，清廷忽然下令，以魏光焘调署闽浙总督，以闽浙总督李兴锐调署两江总督。正当铁良在两江清查制造局、府库，抽查营制之时，身为两江总督并具体负责制造局迁移事宜的魏光焘却突然被调，其中关系自然耐人寻味。这表明清廷要想完成军事集权，首先就必须打破湘系势力对江南的垄断，改变湘军独树一帜、不受清廷中央领导的局面。魏光焘的去职，标志着湘军盘踞江南四十余年历史的正式结束。铁良查明江南营制后，即电致清廷陈述察访情况，并提出将江南营制加以改良的意见。练兵处按铁良意见，即以"江南水陆各军营制紊乱已极，且与京师新章不合"为由，要求两江营务处速将江南各营现行兵制妥为厘定，务与京师练兵处新章相合，以期划一。结果是，湘军旧部，或被解散，或被改编，魏光焘去职时留下统领湘军的魏荣斌也被清廷斥革。自此，湘系不复构成一种势力。湘系势力去后，张之洞独木难支，不久便被迫向练兵处作出让步，提出南、北、中三厂的调停之策。最后，张、魏赖以开办新厂的沪局节余70万两被全部夺去。不仅如此，练兵处又以"南北两厂经营伊始，全在总办得人"为由，令直隶、两江、湖广三督各举所知二三员，"咨由练兵处汇核开单，奏请简派"，用人之权，也落入了练兵处之手。

至此，铁良南下使命中"划一营制"与"夺取制造局"两项，基本完成，而第三项以所谓"查库"为名的筹款也取得了可观的成绩。在两江，铁良搜刮到的款项有：制造局逐年正款及各杂项余银80万两，上海三年未解武卫军协饷78万两，苏州藩库中沙洲常年出息银17万两，共计175万两；在两湖提取的款项有：张之洞原备提取银100万两，湖北土膏捐200万两，共计300万两。两地合计，已达现银475万两。当然，其中最大的收获则是将原为鄂、湘、皖、赣合办的土膏捐税收归中央，并推广至滇、苏、粤、桂四省亦一律办理，名曰"统捐"，由户部派员统一抽收。户部遂派柯逢时"管理八省土膏事宜",设立八省总局,总局下设分局,由总局派员经理。统捐收数,除按各省定额拨给外,溢收之数另储候解,专作练兵经费,不得挪移。各省督抚所恃为财源的土膏捐税,于是大半被中央政府夺走,练兵处因而得到了一个稳定的经费来源,从而保证了袁世凯练兵计划的顺利完成。更重要的是,咸、同以后地方督抚对地方财政的垄断至此被打破。不久,各省地方上的盐税、铸币余利等项财源,也被中央以"统办"形式夺去。由此,八省土膏统捐的开办,也就成了清末财政集权的发端。

对于清廷来说,铁良南下,确实在一定程度上改变了咸、同以来尤其是"东南互保"以后东南督抚所表现出来的明显的自重倾向。然而,铁良南下的最大受益者不是清廷,而是直隶总督袁世凯。在奕劻为首的军机处的庇护下,制造局归于北洋控制之下,练兵经费大半为袁世凯所得,而在魏光焘去职、李兴锐署理江督不久病故出缺后,袁世凯即动员奕劻乘湘系已去、两江空虚之际,将姻亲周馥以巡抚之位调署两江,使两江之地归入北洋势力范围。周馥出任两江总督后,立即按练兵处章程改订江南营制,派员赴直隶学习,并奏请派统辖北洋海军的叶祖珪"统御南北洋海军"。这实际是将南洋海军拱手交给北洋,袁世凯的影响因此日益扩大。在这种情况下,袁世凯与代表清廷利益的铁良之间潜伏的矛盾开始激化。[①]

2. 从地方督抚手中收回兵权

从地方督抚手中收回兵权,主要表现在铁良任陆军部尚书后夺取直隶总督袁世凯编练的北洋六镇这件事上。

铁良替代袁世凯掌握兵权,实际上是慈禧太后"以满制汉",抑制庆袁势力的一个制衡策略。铁良曾为荣禄幕僚,因此得以与袁世凯交往;但

---

① 宫玉振:《铁良南下与清末中央集权》,《江海学刊》,1994 年第 1 期。

是后来，铁良有了"夺世凯之权"的想法。因为"粮饷收放权的争夺"，袁世凯与铁良交恶。铁良一度在"袁铁交锋"中取得优势，掌管陆军，并着手削夺袁世凯手中的兵权，先收各省军队归陆军部统辖，继收高级军官的任免权，再收北洋学堂归陆军部管辖，最后收回袁世凯的筹饷之权。然而，不久以后，袁铁斗争升级，袁上奏参劾铁良任用私人，将北洋数镇搞得乌烟瘴气。庆袁势力中的庆王这一边，奕劻也在发力，极力诋毁铁良。在各种势力的打压排挤下，铁良最终落败，兵权之争以庆袁势力取胜落下帷幕。

这部分内容，属于清末军事改革的范畴；但从更深的层面来看，其本质是慈禧对"庆袁结党"的防范。因此，关于此部分内容，将在本书第九章中详细剖析。

248

08

第八章
推进清末预备立宪

　　光绪二十九年四月十一日（1903 年 5 月 7 日），主持军机处工作的荣禄病逝。慈禧太后环顾朝廷之内，能继荣禄者无人。众皇族中，载沣、载泽等人太过年轻，只有庆亲王奕劻差强人意：他从主持总署工作开始进入政治舞台，至今已近二十年，熟悉外交事务，在各国驻华公使中尚有口碑；他在光绪十年（1884 年）与李鸿章一起办理过海军衙门事务，光绪二十年（1894年）也参与过荣禄主持的督办军务处的建军工作，比较熟悉军事方面的业务；因为他是宗室旁支，对皇位继承构不成威胁；更重要的是，他为人谨慎，对慈禧太后十分忠诚，能唯慈禧太后马首是瞻。经过慎重考虑，慈禧太后决定让奕劻补荣禄之缺，担负起清政府负责人的职责。这样，在光绪末年与宣统年间，奕劻就以亲王之尊成为主持清朝全面推进新政、深化体制改革的政府首脑，在清末预备立宪的过程中，起到了十分重要的作用。

一、推动五大臣出国考察

在推动五大臣出国考察方面，奕劻起到了重要的作用。从光绪三十年（1904年）开始，中国的立宪运动开始走向高涨。这一年，日俄战争发生在中国东三省的广阔土地上。清政府无力制止日俄两国在中国的领土上相互厮杀，只好于2月12日宣布保持局外中立。次日，清政府又发表声明，无论日俄双方胜负如何，东三省主权永为中国所有。日俄战争进一步刺激了国内的立宪运动。以此为契机，国内立宪派作为一种政治力量迅速登上近代中国的历史舞台。

日俄战争极大地促进了中国人的觉醒。日俄战争后，相信立宪可以救亡图存的人们，以极大的热情投入到立宪运动的洪流中。

其时，东南工商界翘楚张謇开始注意立宪问题，只是"但求如日本耳，不敢遽望德，尤不敢望英"。[①] 张謇既是在籍的状元，又是兴办近代工业和教育卓有成效的东南社会名流，与社会上层人士和官场大员均有密切交往。这种地位优势使他的意见易于为督抚大员所接受，也是他得以领导东南群伦的一个客观条件。

光绪三十年（1904年）5月，张謇不断与魏光焘、张之洞等封疆大吏讨论立宪问题，游说他们奏请立宪，并愿意为他们代拟立宪奏稿。这其中，汤寿潜、赵凤昌等人也参加了这项劝说的活动。折稿大意谓：日俄战后，中国必有极大危险，欲加预防，只有实行立宪。胆小谨慎的张之洞没有立即出奏，嘱张謇探询直隶总督袁世凯的态度以决进止。张謇也认为如能得袁

---

① 上海社科院历史所编：《辛亥革命在上海史料选辑》，上海人民出版社1981年版，第1057页。

世凯倡导，对推动立宪十分有利，乃于 6 月致袁一函，请其赞助立宪，但袁世凯认为气候不到，答以"尚需缓以俟时"。张之洞、魏光焘于是知反对者尚多，未敢将折稿呈进。

其时，正是袁世凯集团在直隶的势力扶摇直上之时。而此时，清政府却面临着来自两方面的挑战：一是以孙中山为首的革命党人多次发动武装起义，企图推翻清政府，建立民国政权；二是国内立宪派集团随着自己经济实力的壮大，也不再甘心像往日那样无权无势，而是希望通过比较稳健的手段在清政府内部推行有利于工商业界发展的变革，进而从体制外走进体制内，获取渴望已久的权力。他们鉴于袁世凯在新政中的非凡政绩及其在当时国内政坛上迅速建立的军事权威地位，在立宪浪潮一开始就迫不及待地吁请袁世凯出山，认为他是代表民族资产阶级利益的最合适的人选。张謇和许多民族工商业者一样，希望袁世凯能够推动比较激进的改革。在光绪三十年（1904 年）致袁世凯的一封信中直把袁世凯与日本明治维新时期重臣伊藤博文、板垣退助等人相提并论，忙不迭声地呼唤他出马赞襄立宪。光绪三十一年（1905 年）初，张謇又急切地告诉袁世凯："公但执牛耳一呼，各省殆无不响应者。安上全下，不朽盛业，公独无意乎？及时不图，他日他人构此伟业，公不自惜乎？"[1] 张謇如此这般费尽口舌地"既劝且诱"，正反映了当时民族资产阶级的心态：既想夺权，但又苦于势单力薄，于是只好依靠袁世凯这样有政治实力的人物来实现自己的愿望。此时的袁世凯审时度势，也感到权力转换的时机已经到来，他一方面对资产阶级工商业者的拥戴表示接受，另一方面"奏请简派权贵，分赴各国，考察政治，以为改政张本"。在袁世凯的推动下，"枢臣懿亲，亦稍稍有持其说者"。[2] 这个"枢臣懿亲"，显然指的

251

① 《为抵制美货事致袁直督函》，张孝若编：《张季子九录·政闻录》（卷三），中华书局 1931 年版。
② 《立宪纪闻》，《中国近代史》丛书编写组：《辛亥革命》（四），上海人民出版社 2000 年版，第 12 页。

就是奕劻。

关于袁世凯能够在立宪问题上说动奕劻这件事，其实并不难理解，因为庆袁结党在角逐权力的利益上是一致的。

在立宪已成为大势所趋的情况下，光绪三十一年（1905年），直隶总督袁世凯联合两江总督周馥和湖广总督张之洞一同电奏，请实行立宪政体，以12年为期。7月初，周馥又单衔奏请实行"立法、行法、执法"三权分立和地方自治的立宪政体。不久，两广总督岑春煊也电奏："欲图自强，必先变法；欲变法，必先改革政体。为今之计，惟有举行立宪，方可救亡。"①作为深受立宪派影响的军机大臣瞿鸿禨，更是在慈禧太后面前"造膝密陈"，奏请派员出洋，自请亲赴欧美考察政治。在立宪派与地方疆臣的合力推动下，奕劻及其他亲贵的态度也开始发生变化，转而赞成立宪。至此，在立宪派的推动下，清朝八位总督中就有滇、粤、江、鄂、直五位奏请立宪，一位川督请派员游历各国。军机大臣则有奕劻和瞿鸿禨，加上林绍年、孙宝琦等巡抚以及出使使臣的奏请，"出洋考察政治"于是被提上了清政府的议事日程。

自7月初起，枢府大员连日会议，讨论立宪，商讨派员出洋考察政治的问题。9日，正式决定了遣使出洋考察政治的大事。

关于出使人选，清廷最初定为商部尚书载振（奕劻之子）、军机大臣荣庆、户部尚书张百熙、湖南巡抚端方，即宗室、军机大臣、部院大臣、巡抚各一。后荣庆不愿前往，改为瞿鸿禨；张百熙以头晕辞，荐户部左侍郎戴鸿慈代替。7月15日商部值日，载振面奏："臣父在枢廷日久，瞿某以外部兼军机，一与外人直接，遇有交涉事件，恐难转圜，不如另派他人前往。"②

---

① 《中外日报》，1905年8月3日。
② 《中外日报》，1905年8月4日。

慈禧以为然，命载振、瞿鸿禨留京。16 日，慈禧召见大臣重新研究，确定派宗室镇国公载泽和刚入军机的徐世昌以及戴鸿慈、端方四人前往。同日，清廷下谕："方今时局艰难，百端待理，朝廷屡下明诏，力图变法，锐意振兴，数年以来，规模虽具而实效未彰，总由承办人员向无讲求，未能洞悉原委。似此因循敷衍，何由起衰弱而救颠危。兹特简载泽、戴鸿慈、徐世昌、端方等随带人员，分赴东西洋各国，考求一切政治，以期择善而从。嗣后再行选派，分班前往。"[1]

在立宪派与众权要的推动下，慈禧太后终于在立宪问题上点了头。

9 月 24 日上午，载泽、徐世昌、绍英、戴鸿慈、端方五大臣在北京正阳门车站登车出国考察时，遭到革命党人吴樾的炸弹袭击而行程延迟。10 月 8 日，为了预防革命党人的破坏，清廷设立巡警部，任命徐世昌为尚书，徐一时难得脱身；绍英创伤未愈，不便再远涉重洋。26 日下谕，清廷改派山东布政使尚其亨、新任命的出使比利时国大臣李盛铎代之，会同载泽、戴鸿慈、端方，凑足了五大臣，准备再次启程。

事实上，从光绪三十一年六月（1905 年 7 月）起，庆亲王奕劻就不断召开军机大臣会议，"商派员考察政治事"与"商遣使考察政治"。[2]

以载泽为首的五大臣出游考察政治，从此拉开了中国政治制度由纯粹的君主专制政治向资产阶级民主政治过渡的序幕。

在预备立宪方面，奕劻的积极态度影响了慈禧太后的决策思路。在朝野上下掀起的强烈要求立宪的热潮推动下，慈禧太后召开了一系列御前会议，听取王公大臣关于立宪的意见。在众王公大臣中，庆亲王奕劻的"从

---

[1]　故宫博物院明清档案部编：《清末筹备立宪档案史料》（上册），中华书局 1979 年版，第 1 页。

[2]　荣庆著，谢兴尧整理：《荣庆日记》，西北大学出版社 1986 年版，第 84、85 页。

速立宪”主张对慈禧太后决定实施预备立起到了十分重要的作用。

这是因为：（1）庆亲王奕劻当时任外务部的管部大臣，同时在军机处任领班军机大臣，集内政外交大权于一身，他的地位之重是其他王公大臣无法替代的；（2）在慈禧太后眼里，奕劻老成持重，行事稳健，比年轻一代的亲贵们更具有政治阅历。因而，当这位清朝最高掌舵人接到奕劻"从速立宪"的主张后，必然是顾虑减少。

实际上，奕劻的立宪主张是持续升温的。先是源于袁世凯等人的推动，然后在立宪潮流推动下，他的态度不断转变，到颐和园廷辩时，奕劻已经成为最倾向于立即立宪的亲贵权臣。他在立宪问题上的态度，对慈禧太后最终决定预备立宪可谓起到了关键性的作用。

光绪三十二年七月初九（1906年8月28日），清廷在颐和园第二次召开御前会议，商讨立宪问题。奕劻在会上首先发言：

> 今读泽公及戴（鸿慈）、端（方）两大臣折，历陈各国宪政之善，力言宪法一立，全国之人，皆受治于法，无有差别，既同享权利，即各尽义务。且言立宪国之君主，虽权力略有限制，而威荣则有增无减等语。是立宪一事，固有利而无弊也。比者全国新党议论，及中外各报海外留学各生所指陈所盼望者，胥在于是。我国自古以来，朝廷大政，咸以民之趋向为趋向。今举国趋向在此，足见现在应措施之策，即莫要于此。若必舍此他图，即拂民意，是舍安而趋危，避福而就祸也。以吾之意，似应决定立宪，从速宣布，以顺民心而副圣意。①

---

① 中国史学会主编：《辛亥革命》（四），上海人民出版社1957年版，第14—15页。

由此可见，奕劻的政见非常明确："立宪一事，固有利而无弊"，主张清政府从速立宪。

在奕劻等王公大臣的推动下，光绪三十二年七月十三日（1906 年 9 月 1 日），清廷谕令京师和地方高级官员开始宪政的准备工作，颁发《宣示预备立宪先行厘定官制谕》。该上谕比较详细叙述了中国国势不振和各国富强的原因以及政府准备实行的措施，指出：

我朝自开国以来，列圣相承，谟烈昭垂，无不因时损益，著为宪典。现时各国交通，政治法度，皆有彼此相因之势，而我国政令积久相仍，日处阽危，忧患迫切，非广求智识，更订法制，上无以承祖宗缔造之心，下无以慰臣庶治平之望，是以前派大臣赴各国考察政治。现载泽等回国陈奏，皆以国势不振，实由于上下相睽，内外隔阂，官不知所以保民，民不知所以卫国。而各国之所以富强者，实由于实行宪法，取决公论，君民一体，呼吸相通，博采众长，明定权限，以及筹备财用，经画政务，无不公之于黎庶。又兼各国相师，变通尽利，政通民和，有由来矣。时处今日，惟有及时详晰甄核，仿行宪政，大权统于朝廷，庶政公诸舆论，以立国家万年有道之基。但目前规制未备，民智未开，若操切从事，涂饰空文，何以对国民而昭大信。故廓清积弊，明定责成，必从官制入手，亟应先将官制分别议定，次第更张，并将各项法律详慎厘定，而又广兴教育，清理财务，整饬武备，普设巡警，使绅民明悉国政，以预备立宪基础。著内外臣工，切实振兴，力求成效，俟数年后规模粗具，查看情形，参用各国成法，妥议立宪实行期限，再行宣布天下，视进步之迟速，定期限之远近。[①]

255

---

① 故宫博物院明清档案部编：《清末筹备立宪档案史料》（上册），中华书局 1979 年版，第 43—44 页。

这道上谕确立了清廷实行立宪的基本国策，国家由此全面进入预备立宪时期。这是清末朝廷全方位推行政治体制改革的开始。

在清廷宣布预备立宪后，奕劻又进一步促使慈禧太后宣布九年立宪。

光绪三十四年（1908年），民间立宪派团体、各省督抚和出使各国大臣陆续要求清廷召开国会，制定宪法。一直主张"从速立宪"的奕劻也力促慈禧太后早日宣布立宪年限，以慰民望。奕劻亲自向慈禧太后、光绪皇帝奏陈："若不及早将国是决定，使宪政克期实行，万一人心不固，外患愈深，陷中国于朝鲜地位，臣等不足惜，其如太后、皇上何！"慈禧太后大为动容，当即答应宣布立宪年限。为使慈禧太后最后下定决心，奕劻又奏陈："此事关系国家存亡，大诏一下，即须实行。惟实行宪政利于君利于民而不利于官，将来不肖官吏恐不免尚有希冀阻挠者。请圣上十分决心，然后可以颁布，否则将来稍有摇动，恐失信于民，即危及君上，国家大局必败于阻挠者之手。"慈禧太后"毅然俞允"。[1] 随后，奕劻掌管的宪政编查馆于光绪三十四年八月初一（1908年8月27日），向慈禧太后进呈宪法大纲及议院选举各纲要，提议预备立宪期限为九年。同年八月二十七日（9月22日），清廷宣布以九年为期筹办立宪预备事项，并颁布了中国历史上第一部宪法性文件——《钦定宪法大纲》，以及《议院法要领》《选举法要领》和《逐年筹备宪政事宜清单》。

二、建设宪政编查馆

在宪政编查馆建设方面，奕劻也起到了关键性的作用。

---

① 《时报》，1908年9月6日。

宪政编查馆是清末预备立宪期间在中央设立的一个专门负责宪政改革的机构，其前身是考察政治馆。光绪三十三年七月初五（1907 年 8 月 13 日），为适应开展预备立宪各项工作，奕劻等奏请《改考察政治馆为宪政编查馆》一折，"预备立宪以来，天下臣民，喁喁望治。现在入手办法，总以研究为主，研究之要，不外编译东西洋各国宪法，以为借镜之资，调查中国各行省政俗，以为更张之渐。凡此两端，皆为至当不易、刻不容缓之事"。宪政编查馆"专办编制法规，统计政要各事项。嗣后遇有关系宪政及各种法规条陈，并请饬交该馆议覆，以归一律"。① 同日，清政府发布上谕，同意了奕劻的请求，改考察政治馆为宪政编查馆，专办宪政一事。

宪政编查馆的设立，使清王朝有了实施预备立宪的办事机构，成为清末"宪政之枢纽"②。

光绪三十三年七月十六日（1907 年 8 月 24 日），奕劻奏准宪政编查馆办事章程。宪政编查馆归军机大臣直接领导，性质类似立宪国家责任内阁的法制局，与资政院的关系是"一司编纂，一主赞定"，资政院成立后，该馆"核定之稿送由院中陆续议决"。③

宪政编查馆主要有四个方面的职责：一是议复奉旨交议有关宪政折件及承拟军机大臣交付调查各件；二是调查各国宪法，编订宪法草案；三是考核法律馆所订法典草案，各部院各省所订各项单行法及行政法规；四是调查各国统计，颁定格式，汇成全国统计表及各国比较统计表。④ 宪政编查馆下设总务处及编制、统计两局，另有官报局，后增设考核专科。为使宪政编

---

① 故宫博物院明清档案部编：《清末筹备立宪档案史料》（上册），中华书局 1979 年版，第 45 页。
② 故宫博物院明清档案部编：《清末筹备立宪档案史料》（上册），中华书局 1979 年版，第 47 页。
③ 故宫博物院明清档案部编：《清末筹备立宪档案史料》（上册），中华书局 1979 年版，第 48 页。
④ 《政治官报》光绪三十三年九月二十日第 1 号，折奏类，十一。

查馆将来编订各种法案有所依据，九月十六日（10月22日），奕劻等又奏请让各省设立调查，考察调查本省民情风俗、历史现状，随时汇报编查馆。九月二十日（10月26日），《政治官报》创刊，除军机、外交秘密，凡立法、行政之上谕，官员奏折及咨牍，各项章程，均予选登。旨在公开庶政，增加透明度。

宪政编查馆在奕劻的领导下，网罗了一大批留学归国的法政学生和积极主张立宪的代表人物。主要人物有：提调宝熙、刘若曾，总核王庆平、曹广桢，编制局正副局长吴廷燮、章宗祥，统计局正副局长沈林一、钱承锐，官报局局长华世奎，总务处总办左孝同，编制局正科员汪荣宝、曹汝霖、恩华，统计局正科员延鸿、林棨、陈毅。副科员之中，留学归国的法政学生几乎占了一半。光绪三十四年三月二十日（1908年4月20日），清末主张立宪的代表人物杨度经袁世凯和张之洞推荐，赏加四品京堂候补，在宪政编查馆行走。四月二十四日（5月23日），劳乃宣被授为同样职衔。

宪政编查馆作为清末宪政改革的枢纽机关，在清末预备立宪运动中发挥了重要的作用。在其存在的四年间，经由此处起草了《钦定宪法大纲》《议院法要领》《选举法要领》《各省咨议局章程》《咨议局议员选举章程》《各省会议厅规则》《城镇乡地方自治选举章程》等文件；拟定了《九年预备立宪逐年推行筹备事宜》《修正逐年筹备事宜》，还与会议政务处一同拟定了《内阁官制》《内阁办事暂行章程》，与民政部一并编订了《户籍法》《结社集会律》等。另外，宪政编查馆还编译了大量宪法类书籍，如《日本宪政略论》《日本丙午议会》《日本议院法》《英国议院答问》《法国政治要览》《比利时司法制度》等，这些介绍法律法规的书籍为清末宪政改革提供了借鉴的依据。宪政编查馆于光绪三十四年（1908年）设立了"考核专科"，分两期派人分赴各省考察筹备宪政情形。可以说，宪政编查馆为筹备立宪做了许多基础性的工作。①

三、设计清末官制改革方案

在设计清末官制改革方案方面，奕劻同样并不保守。

官制改革是晚清推行预备立宪的首要步骤，清廷命奕劻、瞿鸿禨、袁世凯等人总司核定官制。

光绪三十二年九月十六日（1906 年 11 月 2 日），奕劻等人向慈禧太后递交了《奏厘定中央各衙门官制缮单进呈折》，该奏折对官制改革进行了周详的设计。

在奏折中，奕劻首先指出此次官制改革的目的是清除行政体制的弊端，建立责任内阁，以期提高政府的行政效能。"此次改定官制既为预备立宪之基，自以所定官制与宪政相近为要义。按立宪国官制，不外立法、行政、司法三权并峙，各有专属，相辅而行，其意美法良，则谕旨所谓廓清积弊，明定责成，两言尽之矣。"②

1. 奕劻等人提出清朝官制存在三大积弊

根据西方三权分立的宪政原则，奕劻等认为清朝官制存在以下三个方面的问题：

（1）权限不分，行政官兼有立法权和司法权，司法官兼有立法权。"一则权限之不分。以行政官而兼有立法权，则必有藉行政之名义，创为不平

① 参引谭义军等：《奕劻与清末宪政改革》，《华南理工大学学报》（社会科学版），第 13 卷，第 78—79 页。
② 故宫博物院明清档案部编：《清末筹备立宪档案史料》（上册），中华书局 1979 年版，第 463 页。

之法律，而未协舆情。以行政官而兼有司法权，则必有徇平时之爱憎，变更一定之法律，以意为出入。以司法官而兼有立法权，则必有谋听断之便利，制为严峻之法律，以肆行武健，而法律寖失其本意，举人民之权利生命，遂妨害于无形。此权限不分，责成之不能定者一也。"

（2）职任不明，冗员过半。"一则职任之不明。政以分职而理，谋以专任而成，今则一堂而设有六官，是数人共一职也，其半为冗员可知，一人而官各部，是一人更数职也，其必无专长可见，数人分一任，则筑室道谋，弊在玩时，一人兼数差，则日不暇给，弊在发事。是故贤者累于牵制，不肖者安于推诿。此职任不明，责成之不能定者二也。"

（3）名不副实，职责不确定。"一则实名之不副。名为吏部，但司签掣之事，并无铨衡之权。名为户部，但司出纳之事，并无统计之权。名为礼部，但司典礼之事，并无礼教之权。名为兵部，但司绿营兵籍、武职升转之事，并无统御之权。此名实不副，责成之不能定者三也"。①

2. 奕劻等人提出官制改革涉及的主要内容

（1）分权以定限。"立法、行政、司法三者，除立法当属议院，今日尚难实行，拟暂设资政院以为预备外，行政之事，则专属之内阁各部大臣。内阁有总理大臣，各部尚书亦为内阁政务大臣，改分之为各部，合之皆为政府，而情无隔阂，入则同参阁议，出则各治部务，而事可贯通。如是则中央集权之势成，政策统一之效着。司法之权，则专属之法部，以大理院任审判，而法部监督之，均与行政官相对峙，而不为所节制。此三权分立之梗概也。此外有资政院以持公论，有都察院以任纠弹，有审计院以查滥费，亦皆独立，不为内阁所节制，而转能监督阁臣。此分权定限

---

① 故宫博物院明清档案部编：《清末筹备立宪档案史料》（上册），中华书局1979年版，第463—464页。

之大要也。"

（2）分职以专任。"分职之法，凡旧有各衙门与行政无关系者，自可切于事情，首外务部，次吏部，次民政部，次度支部，次礼部，次学部，次陆军部，次法部，次农工商部，次邮传部，次理藩院。专任之法，内阁各大臣同负责任，除外务部载在公约，其余均不得兼充繁重差缺。各部尚书只设一人，侍郎只设二人，皆归一律，至新设之丞参，事权不明，尚多窒碍，故特设承政厅，使左右丞任一部总汇之事。设参议厅，使左右参议任一部谋议之事，其郎中、员外郎、主事以下，视事务之繁简，定额缺之多寡，要使责有专归，官无滥设。此分职专任之大要也。"

（3）正名以核实。"巡警为民政之一端，拟正名为民政部；户部综天下财赋，拟正名为度支部，以财政处、税务处并入；兵部徒拥虚名，拟正名为陆军部，以练兵处、太仆寺并入，而海军部暂隶焉；既设陆军部，则练兵处之军令司，拟正名为军咨府，以握全国军政之要枢；刑部为司法之行政衙门，徒名曰刑，义有未尽，拟正名为法部；商部本兼掌农工，拟正名为农工商部；理藩院为理藩部；太常寺、光禄寺、鸿胪寺三寺，同为执礼之官，拟并入礼部；工部所掌，半已分隶他部，而以轮路邮电并入，拟改为邮传部。此正名核实之大要也。"①

3. 官制改革取得的成就

通过分析奕劻等人拟订的官制改革方案，以及奕劻在清末预备立宪进程中所从事的一系列宪政活动，可以概括出奕劻的宪政思想体现为"从速立宪思想""三权分立宪政思想""宪法具有最高权威性思想"三个方面。当然，奕劻的立宪思想的形成，主要是基于其个人利益的考虑——立宪之

---

① 故宫博物院明清档案部编：《清末筹备立宪档案史料》（上册），中华书局 1979 年版，第 464—465 页。

后他能够获得更多的实权。奕劻等人拟订的官制改革方案，也得到了当时清朝最高统治者慈禧太后的首肯。

光绪三十二年九月二十日（1906年11月6日），清政府宣谕按照奕劻等厘定的新官制进行改革。奕劻等人推动的官制改革，虽未设立责任内阁，但对晚清的封建中央集权官僚体制进行了较大的改革，初步建立了三权分立的宪政体制。此次官制改革所取得的成就如下：

（1）取消立法、行政、司法三权混同的体制，在一定程度上实现了三权分立。在立法、行政和司法三权中，司法权首先独立出来，行政权分立也有一定程度的体现。"在各部以外单独成立了大理院、审计院和资政院。大理院的权力是与纯粹作为行政机关的法部明确地分开的。从前，法庭和司法行政机构并不分开。审计院独立于各部之外，因为它负责审计它们的账目。虽然已经决定暂不涉及立法机构的事项，但深切感到有征求民意的必要，因此，在将来召开国会之前，计划把资政院试作立法机关。"①

（2）废除了各部大臣兼任军机大臣的做法，减少军机大臣的名额，使各部尚书成为专职，可以加强责任心，集中精力办理部务，提高行政效率。各部尚书均充参与政务大臣，责任权限加重，有向责任内阁过渡的意图。

（3）各部都建立了单一的领导。在此以前，清朝给各部都任命两位尚书，一般是满、汉各一人。此法的目的在于让满人与汉人互相制约，但也使大臣们有不负责任的趋势。通过此次官制改革，废除了各部"双头"领导制度，各部堂官只设尚书1员，侍郎2员，不分满汉，侍郎为尚书的辅佐官，名额有所减少，各部机构设置趋于一致。

---

① ［美］费正清、刘广京编：《剑桥中国晚清史》（下卷），中国社会科学出版社1985年版，第385页。

（4）从行政机构的设置看，增设一些与社会经济发展相适应的机构，如农工商部、邮传部等，使中央各部数量达到 11 个，扩大了政府功能的范围，适应了社会的需要。将职能重复、相近的机构合并，有利于机构设置的合理化。就部内机构而言，设置承政厅、参议厅和若干职能司，其下再设置若干科，使政府结构更趋合理与科学，有利于提高行政效率，促进了传统官僚机构的现代化。①

四、筹办咨议局与地方自治

在咨议局和地方自治建设方面，奕劻也并不落于人后。

光绪三十三年（1907 年）九月十三日，清廷发布上谕："着各省督抚均在省会速设咨议局，慎选公正明达官绅创办其事……其各府州县议事会一并预为筹划，务期取材日宏，进步较速，庶与庶政公诸舆论之实相符，以副朝廷勤求治理之意。"②

清廷上谕颁布后，奕劻立即响应慈禧太后的懿旨，通过宪政编查馆近一年的筹划和努力，于光绪三十四年（1908 年）六月二十四日完成了《各省咨议局并议员选举章程》并以奏折形式呈报清廷。奕劻在这份奏折中说："臣等窃维立宪政体之要义，在予民人以与闻政事之权，而使为行政官吏之监察，故不可无议院以为人民闻政之地。东西立宪各国，虽国体不同，法制各异，而要之无不设立议院，使人民选举议员，代表舆论，是以上下之

---

① 参引谭义军等：《奕劻与清末宪政改革》，《华南理工大学学报》（社会科学版），第 13 卷，第 77—78 页。

② 《著各省速设咨议局谕》，故宫博物院明清档案部编：《清末筹备立宪档案史料》（下），中华书局 1979 年版，第 667 页。

情通，而暌隔之弊少……伏查各国立宪制度，皆设上下议院于国都，其下多直接地方自治之议会……兹经臣等督饬馆员，仰体圣训，博考列国立法之意，兼采外省所拟章程，参伍折中，悉心编纂，谨拟成各省咨议局章程十二章六十二条。第一章总述纲要，明咨议局之缘起及其设立之宗旨。第二章至第五章，定咨议局议员之额数、资格、分类任期，兼及补缺、改选、辞职之事。第六章至第八章，定咨议局之职任权限，及其会议监督之法。第九章以下，定经理本局庶务、筹支经费、保持纪律之事。而以章程之施行修改，列为附条殿焉。所有条项文句，均经斟酌再三，屡成屡易。椎轮之作，不敢即谓精密无遗，而因时制宜，斟酌亦不敢不力求详慎。谨疏通证明，加具案语，附于各条之后，以便解释，而免疑误。其议员选举事宜，端绪繁杂，非局章所能备载，若不详细筹拟，另定专条，诚恐办理纷歧，漫无把握，故别为选举章程一百十五条，以与局章相辅而行，庶几范围不过，率由有章。谨分别缮具清单，恭呈御览。如蒙俞允，拟请明降谕旨，颁行各省，即由臣馆分咨各省督抚钦遵办理。"[1] 在附后的清单中，奕劻明确将"为各省采取舆论之地，以指陈通省利病，筹计地方治安"为宗旨。

光绪三十四年（1908 年）十二月二十七日，奕劻又在《宪政编查馆奏核议城镇乡地方自治章程并另拟选举章程折》中，将地方自治办理要点概括为：（1）明示自治名义；（2）划清自治范围；（3）慎重自治经费；（4）责重自治监督。[2] 由此可见，在筹办地方自治方面，奕劻的态度是积极的，其举措亦可圈可点。

---

① 《宪政编查馆等奏拟定各省咨议局选举章程折》，故宫博物院明清档案部编：《清末筹备立宪档案史料》（下），中华书局 1979 年版，第 668—670 页。

② 《宪政编查馆奏核议城镇乡地方自治章程并另拟选举章程折》，故宫博物院明清档案部编：《清末筹备立宪档案史料》（下），中华书局 1979 年版，第 726—727 页。

五、在预备立宪方案设计方面的作用

宣统二年（1910年）十月二十九日，奕劻在奏折中具体讲到了他设计的逐年预备立宪框架。奕劻认为，"宪政之进行，如行舟然，不进则退，万无中立之理"。[①] 因此，在潮流面前，奕劻主张继续推进宪政。

至于立宪推进的范围，奕劻主要定在以下方面：（1）吏政，主要是厘定官制；（2）民政，主要是办理城镇乡地方自治；（3）财政，主要是覆查各省岁出入总数；（4）法律，主要是制定与颁布新刑律；（5）司法，主要是在各省设立各级审判厅。[②]

为了贯彻与落实上述规划，宣统二年（1910年）十二月十七日，奕劻又向清廷呈上《修正宪政逐年筹备事宜折》。在这个奏折的清单中，奕劻将宪政筹备进程的计划进行了详细说明。为了更加直观，在此将奏折所附清单整理为表8-1。[③]

表 8-1 奕劻的宪政逐年推进计划

时间	计划筹备事宜
宣统二年	（1）厘定内阁官制；（2）厘定弼德院官制；（3）颁布新刑律；（4）续办地方自治；（5）续办各级审判庭；（6）续筹八旗生计。

---

① 《宪政编查馆大臣奕劻等奏考核京外各衙门第三年第一次筹办宪政情形折》，故宫博物院明清档案部编：《清末筹备立宪档案史料》（上），中华书局1979年版，第80页。
② 参见《宪政编查馆大臣奕劻等奏考核京外各衙门第三年第一次筹办宪政情形折》，故宫博物院明清档案部编：《清末筹备立宪档案史料》（上），中华书局1979年版，第80—88页。
③ 此表参考《宪政编查馆大臣奕劻等拟呈修正宪政逐年筹备事宜折·附清单》，故宫博物院明清档案部编：《清末筹备立宪档案史料》（上），中华书局1979年版，第90—92页。

时间	计划筹备事宜
宣统三年	（1）颁布内阁官制，设立内阁；（2）颁布弼德院官制，设立弼德院；（3）颁布施行内外官制；（4）颁布施行各项官规；（5）颁布会计法；（6）厘定国家税、地方税各项章程；（7）厘定皇室经费；（8）颁布行政审判院法，设立行政审判院；（9）颁布审计院法；（10）颁布民律、商律、刑事民事诉讼律；（11）颁布户籍法；（12）汇报各省户口总数；（13）续办地方自治；（14）续办各级审判庭；（15）续筹八旗生计。
宣统四年	（1）颁布宪法；（2）颁布皇室大典；（3）颁布议院法；（4）颁布上下议院议员选举法；（5）举行上下议院议员选举；（6）确定预算决算；（7）设立审计院；（8）实行新刑律、民律、商律、刑事民事诉讼律；（9）续办地方自治；（10）直省府厅州县城治各级审判厅一律成立；（11）续筹八旗生计。
宣统五年	（1）颁布召集议员之诏；（2）实行开设议院。

从表8-1中拟订的逐年推进宪政计划来看，奕劻似乎并不保守。虽然因为权力斗争的需要，他经常将"预备立宪"作为自己操纵政治的工具。但在立宪进程上，总的来看，奕劻是一位务实派，主张一步步逐年推进。

宣统二年（1910年）1月21日，在第一次国会请愿代表晋谒军机大臣、要求提前召开国会时，奕劻对请愿代表明确表示了对召开国会支持的态度。他说："各国均行宪政，我国断无不行之理，定当竭力。"[①]10月15日，在第三次国会请愿代表晋谒军机大臣、要求提前召开国会时，奕劻仍明确表示"支持召开国会"。他说："诸君之血忱，朝廷早已洞鉴。余与朝廷休戚同体，国家果有不幸，余之受祸较诸君为尤切。"召开国会"关国家兴亡大计，余更何忍阻难"，"今舆论既以速开国会为救亡之第一要著，余必无反对，诸君其勿疑。"[②]假设，如果不是清王朝迅速灭亡，奕劻的宪政逐年推进计划也

---

① 侯宜杰著：《二十世纪初中国政治改革风潮》，中国人民大学出版社2011年版，第195页。
② 《时报》，1910年10月24日。

许倒真有几分实现的可能性。

总的来看，在清末预备立宪进程中，奕劻并不像人们通常认定的那样顽固保守，从历史上看，他是一个十分矛盾的人物。作为清末一位政坛领袖，奕劻的历练使他注定有顺应潮流、赢取民心的一面；但作为一位权力在握者，他又常常从自身利益角度考虑，十分务实，害怕民气嚣张，害怕自己手中的权力旁落，因而亦有压制民气的一些主张。

光绪三十三年（1908年）十二月十一日，奕劻代递《宪政编查馆大臣奕劻等代递吴寿全呈请宣示宪法规则以杜民气嚣张折》。在这份奏折中，奕劻明显表露出对宪政进程过速导致的"民气嚣张"的担心，因而主张"亟须预防，以杜后患"。[①]

光绪三十四年，奕劻又向清廷呈上《庆亲王奕劻为开设议院不可预定年限据实直陈折》。在这份奏折中，奕劻说：

奴才奕劻跪奏，为据实声明请旨事。窃查实行立宪，屡奉慈谕，天下臣民，仰望甚殷。近日各省绅民，复有要求开国会年限之事，其中有乱党勾结，无非使权柄下移。迫不得已，宪政编查馆严定君权宪法大纲，实行立宪预备应办各事，庶可保全治安。今张之洞、袁世凯拟以预定年限，即开议院。据奴才愚见，不可预定年限。在军机处详细妥商，张之洞等总以定准年限为是。查日本明治十三年宣布立宪，二十四年宣布开设议院。今本朝立宪，一切应办各事，尚未举办，先宣布开设议院年限，无此办法。此事关系甚大，惟有据实声明，恭请圣意坚持，总以应办各事实力奉行后，届时再行宣布开设议院期限，不可先定准期，庶权操自上，于大局有益。

_____

① 　参见《宪政编查馆大臣奕劻等代递吴寿全呈请宣示宪法规则以杜民气嚣张折》，故宫博物院明清档案部编：《清末筹备立宪档案史料》（上），中华书局1979年版，第315页。

谨此据实直陈，伏乞慈鉴。谨奏。①

以上材料又说明奕劻对于西方宪政的一套模式并不是完全理解和赞同。他之所以积极推进宪政进程，可以视为他为挽救王朝颓势、巩固清室统治而不得已为之的一种施政手段或结果；也可以视为他将宪政作为自己攫取与扩大在政府的权势的一种策略。但是，不管怎样说，作为一个在政坛上经历了数十年风雨的人物，奕劻对于中国国情自有他的见解与认识，自有他深层次与多方面的考虑，我们不能简单地对之予以肯定或是否定。不管怎样理解，奕劻积极推进清末预备立宪的事实俱在，不能轻易抹杀，尽管他的立宪动机与在立宪进程中的摇摆现象值得探讨与争论。

从光绪三十二年（1906年）清政府宣布预备立宪到宣统三年（1911年）辛亥革命的发生，其间不过数年时间。在短短数年间，清政府在立宪派的鼓动下，先后派考察团出国学习，进而在中央与地方推行官制改革，在各省建立咨议局并创办地方自治，颁布《钦定宪法大纲》等一系列宪法性文件，先后建立资政院与设立责任内阁，逐步推行政治体制改革，应该说是有一定诚意，也取得了一定成效的。作为领班军机大臣与内阁总理大臣的奕劻，自然在其中也起到了一定的作用。

盖棺论定，在清末预备立宪历史上，奕劻应该占有一席之地。

---

① 《庆亲王奕劻为开设议院不可预定年限据实直陈折》，光绪三十四年，《光绪朝朱批奏折》（第33辑），中华书局1995年版，第163页。

09

第九章
庆袁结党与慈禧的防范

在清末新政中，奕劻与袁世凯结党形成强大同盟，这是慈禧太后没有预料到的。面对这种情况，慈禧太后一方面提拔新的力量以加强对庆袁两人的抑制，另一方面继续利用袁世凯集团来巩固清王朝的统治。可以说，精于权术的慈禧太后的策略是有效的。

一、慈禧晚年对高层人事之架构

经过庚子事变，清朝统治集团内部的人事结构发生了重大的变化。保守派基本上退出了核心政治舞台，加之一批长期追随慈禧太后的满汉重臣如荣禄、刘坤一、李鸿章等人相继离世，清朝最高统治集团开始面临人才交替青黄不接的严重危机。对此，慈禧太后不得不强打精神，为重建高层统治集团的人事结构煞费苦心。

1. 着眼长远，潜移默化安排身后皇统事

同治十三年（1874 年）十二月，十九岁的同治帝病逝。同治无子，两宫太后慈禧与慈安召集王公大臣会议立嗣，以懿旨令醇亲王奕譞之子，年仅四岁的载湉入嗣咸丰皇帝，承继大统。虽然随后两宫太后又降懿旨，"俟嗣皇帝生有皇子，即承继大行皇帝（同治皇帝——著者加）为嗣"，[①] 但光绪五年（1879 年）闰三月还是发生了同治老师吴可读"尸谏"，要求为同治立嗣的事件。四月初十，慈禧、慈安不得不再降懿旨："皇帝受穆宗毅皇帝付托之重，将来诞生皇子，自能慎选元良，缵承统绪，其继大统者为穆宗毅皇帝嗣子。"[②] 光绪二十四年（1898 年）的戊戌变法激化了慈禧与光绪的矛盾，慈禧发动政变，囚禁光绪皇帝。随后，慈禧伙同载漪意图废掉光绪皇帝，但遭到列强与刘坤一等大臣的强烈反对。但慈禧、载漪并没有放弃这种想法。光绪二十五年（1899 年）十二月，慈禧太后以光绪皇帝的名义发布上谕："以多罗端郡王载漪之子溥儁承继穆宗毅皇帝为嗣，钦承旨成性英

---

① 朱寿朋主编：《光绪朝东华录》（第 1 册），中华书局 1958 年版，第 4 页。
② 第一历史档案馆编：《光绪宣统两朝上谕档》（第五册），广西师范大学出版社 1996 年版，第 150 页。

名，谨当仰遵慈训，封载漪之子溥儁为皇子，以绵统绪。"① 慈禧意图明确，先立溥儁为大阿哥，然后再找机会废掉光绪帝，最后让溥儁继位。庚子之役后，载漪被定为祸首，革爵遣戍，永远监禁。载漪被定为祸首，其子溥儁就不可能再待在"大阿哥"的位子上了。光绪二十七年（1901年）十月，回銮途中经过开封，慈禧发布懿旨："溥儁著撤去大阿哥名号，并即出宫，加恩赏给入八分公衔俸，毋庸当差。至承嗣穆宗毅皇帝一节，关系甚重，应俟选择元良，再降懿旨，以纯统绪，用昭慎重。"② 接着，回銮途中又途经保定，慈禧太后突然宣布了指定载沣同荣禄的女儿瓜尔佳氏结婚的懿旨："将大学士荣禄之女，指为醇亲王福晋。钦此。"③

当时，据外电传说，光绪皇帝年已三十，结婚多年并无子嗣，而且体弱多病。因此，慈禧太后与光绪皇帝都在为将来皇位的继承问题而内心困扰。他们让载沣完婚，生子以继承帝位。如果此说成立的话，这就说明，早在光绪二十七年（1901年），慈禧就已经开始了嗣统的布局。慈禧指婚载沣后，西方报纸即猜测，如果载沣有子，其子将会继承皇位。还有西方报纸称慈禧在指婚时曾有让载沣子继承皇位的许诺。④

我们如今难以找到更准确的档案材料来证明外面所传慈禧让载沣与荣禄之女结婚是她早已拿定的主意。但外面所传慈禧让载沣结婚是与皇室继承人问题有关，这绝不是无稽之谈。可以肯定的是，慈禧指定载沣与她的

---

① 第一历史档案馆编：《光绪宣统两朝上谕档》（第二十五册），广西师范大学出版社1996年版，第396—397页。

② 第一历史档案馆编：《光绪宣统两朝上谕档》（第二十七册），广西师范大学出版社1996年版，第217页。

③ 《醇亲王载沣日记》，光绪二十七年十一月二十六日，群众出版社2014年版，第75页。

④ 1908年11月16日，《纽约时报》题为《清国独裁者慈禧逝世，北京政局令人关注》的新闻专稿中说："今天早上8点钟，清廷颁布诏书，宣布溥仪王子殿下已登基成为新皇帝。溥仪是大清帝国摄政王醇亲王的儿子，今年才三岁。这项诏书是依照皇太后在醇亲王成亲所做成的承诺而颁布的。上星期五颁布的一项诏书宣布溥仪为清国皇位继承人。"见郑曦原编：《帝国的回忆》，当代中国出版社2007年版，第152页。

宠臣荣禄的女儿结婚，这绝不是一时兴起，而是她长时间深思熟虑后作出的明智决断。

瓜尔佳氏是荣禄的女儿，据说长得相当漂亮，在家中十分受宠。她长期随侍在慈禧身边，深受这位以严苛著称的老太后的喜爱，还被慈禧收为义女。慈禧曾对人说过："这姑娘连我也不怕。"[①] 语气中毫无责备却满含怜爱之意，可见二人关系非同一般。慈禧太后这次指婚，"当然首先是为了酬功"。载沣当时已经承袭醇亲王的爵位，瓜尔佳氏一过门就是一个现成的王爷福晋，这对于勋旧重臣荣禄来说，无疑是一种荣耀。不过，如果仅仅是为了酬功，慈禧太后大可将荣禄之女指配给其他宗室。但作为一位成熟的政治家，慈禧太后或许在谋划更大的布局。她既然不想将身后事托付给自己不放心的光绪皇帝，那么就应当早做决断。尤其是经过"庚子国变"，慈禧太后也知道"光绪皇帝"这个名号轻易动摇不得，于是就索性在皇亲国戚中寻找下一代皇位继承人，这本亦是情理中的事情。环顾四周，宗室后辈乏人。载沣为光绪皇帝兄弟，其子继位不会引起臣民们的疑虑。尤其是载沣谨慎听话，颇合慈禧的心意。瓜尔佳氏又是自己亲眼看着长大的义女，让二人结合，慈禧无疑也最为放心。另外，载沣为光绪之弟，慈禧为载沣指婚与安排后事，也在一定程度上有和缓与光绪皇帝之间关系的意思。因此，为载沣择偶，从某种意义上讲，就是为今后的新皇帝择母。这项决策，很可能是在流亡西安期间，慈禧太后就已经拿定的主意。

正因为如此，光绪二十六年（1900 年），慈禧开始起用载沣，命他为内廷行走。光绪二十七年（1901 年）春，又让载沣做阅兵大臣。随后，进一步任命载沣管理镶红旗觉罗学事务。同年夏，又命载沣为正蓝旗总族长。

---

① 爱新觉罗·溥仪著：《我的前半生》，群众出版社 1964 年版，第 32 页。

接着，又让他出使德国。光绪二十九年（1903 年），载沣刚满 20 岁，就被慈禧任命为随扈大臣。光绪三十二年（1906 年），载沣受命管理对守卫京师负有重要责任的健锐营事务，同年秋又升任正红旗满洲都统。光绪三十三年（1907 年），慈禧太后即让刚刚二十四岁的载沣在军机大臣一职上学习行走。这样，到光绪三十四年（1908 年）慈禧太后与光绪皇帝病危之时，载沣的权力交接已经基本成熟。在这种情况下，慈禧一语定乾坤，选定载沣之子溥仪入承大统，并让载沣摄政监国，比较自然地度过了皇权继承与交接时的所有危机。

2. 架构新一轮高层满汉合作关系模式

清入关以前，满洲贵族就非常重视与汉人官僚的联盟。努尔哈赤、皇太极在发展过程中十分注重笼络有才干的汉人。在汉人文官方面，有范文程、洪承畴等人为清政权的统一出谋划策；武将方面，有耿精忠、尚可喜、孔有德、吴三桂等人为清政权驰骋疆场。这是清王朝满汉合作的雏形。

事实证明，在清统一全国的过程中，加强满汉合作、重用汉族官僚成为满洲贵族能够步步取胜，最后得以问鼎中原的一个重要原因。

清问鼎中原后，康熙、雍正、乾隆、嘉庆、道光各朝，统治者继续重视高层满汉之间的合作，重用汉族官僚，这也是康乾盛世得以出现的一个重要因素。

进入咸丰朝，民间大规模的反清运动——太平天国运动爆发。清王朝的经制军八旗、绿营在这场战争中消耗殆尽，清政权一时处于风雨飘摇的局面中。由于统治者高层满人肃顺[①]、奕䜣，与以曾国藩为首的汉人官僚联

---

① 肃顺（1816—1861），满洲镶蓝旗人，清朝宗室贵族，爱新觉罗氏，字雨亭，郑献亲王济尔哈朗七世孙，郑慎亲王乌尔恭阿子。历任御前大臣、总管内务府大臣、户部尚书、协办大学士等职。深受咸丰帝的信任和重用，与其兄郑亲王端华及怡亲王载垣相互倚重，煊赫一时。是同治帝"顾命八大臣"之一。他掌权期间，主张重用汉族官僚，如曾国藩、左宗棠、胡林翼等湘军大员均为他一手拔擢。1861 年，恭亲王奕䜣与两宫太后联手发动"辛酉政变"，八大臣垮台，肃顺被杀。

手合作，清王朝才得以在这场长达 14 年的动荡中转危为安。

庚子国变，因为义和团运动与八国联军侵华，使清王朝再一次面临土崩瓦解的严重统治危机，又因为汉族大员李鸿章、刘坤一、张之洞、袁世凯等人与满洲贵族荣禄、奕劻的联合应对，清王朝再一次在这场几乎倾覆的变局中得以度过统治的危机。

历史进入清末十年，从庚子国变到宣统初年（1909 年）这段时期，上层统治阶层内部出现新老交替的断层现象。这种变故，严重地影响到了清朝政权运作的实际效能。政治中心的权威资源与治理能力由于高层满汉关系迅速变动的原因而急剧流失，这就使清朝中央政权在辛亥革命中丧失了对时局的控制能力而迅速走向灭亡。

这种政治断层现象，早在庚子国变以后（1900 年）就开始出现。从1900 年到 1910 年间，清政府失去了这些重臣：李鸿章，1901 年逝世；刘坤一，1902 年逝世；荣禄，1903 年逝世；王文韶，1908 年逝世；张之洞，1909 年 10 月逝世；孙家鼐，1909 年 11 月逝世；戴鸿慈，1910 年 2 月逝世；鹿传霖，1910 年 8 月逝世。1901 年，也就是李鸿章去世那年，奕劻也已经是一位六十多岁的老人了。

李鸿章、刘坤一等人都是在同治中兴时代就进入统治集团上层的颇具威望的汉族重臣，他们在为清王朝效忠的数十年中，积聚了雄厚的政治资源。他们对这一王朝的价值在于：一方面，他们深得最高统治者慈禧太后的信任，忠心耿耿，久经历练，与满洲统治者建立了相当牢固的政治合作关系；另一方面，他们又在汉族士绅中享有很高的威信。由于他们的存在，使这个以满族为统治民族的王朝至少在汉族地主士绅阶层中尚享有相当权威的合法性。另外，像奕䜣、荣禄这样一些富有经验与威望的满洲官僚，长期以来与汉族士绅上层也建立了相当密切的合作关系，他们与刘、李、张一样，是维系汉族士绅与满洲统治者之间联盟关系的重要纽带。

随着这批建立了较为牢固的满汉合作关系的人物相继谢世，调和满汉两者之间矛盾的有影响力的重臣、官僚就越来越少了。这批人物离开政治舞台以后，清王朝的统治高层中失去了一批可以对各种政治势力进行平衡，并可以在日益尖锐的满汉矛盾方面起缓冲作用的中流砥柱。

面对此种现状，光绪末年，饱经风霜的慈禧太后深感忧虑，在哀叹老臣凋谢的同时，这位富有统治经验的掌舵人不得不重新精心设计新的高层权力结构。在"构建统治者高层新一轮满汉权力结构"这一问题上，慈禧太后可谓绞尽脑汁，费尽心血。在此，笔者从"重用奕劻""用袁世凯练兵""用瞿岑平衡庆袁"三个方面浅析慈禧是对新一轮的高层满汉合作关系的架构：

（1）以奕劻主掌中枢行政大权，担任领班军机大臣，主持清政府日常行政工作。

慈禧晚年对中央政府的行政人事安排早就属意奕劻，这从她在督办政务处的人事安排一事上即可见端倪。

光绪二十七年（1901 年）三月，慈禧太后设立督办政务处，决定改弦易辙，实行富国强兵的改革。上谕说："上年十二月初十，因变通政治，力图自强，通饬京、外各大臣，各抒所见，剀切敷陈，以待甄择。……此举事体重大，条件繁多，奏牍纷繁，务在体察时势，抉择精当，分别可行不可行，并考察其行之力不力，非有统汇之区，不足以专责成而挈纲领，着设立督办政务处，派庆亲王奕劻、大学士李鸿章、荣禄、崑冈、王文韶、户部尚书鹿传霖为督办政务大臣，刘坤一、张之洞亦着遥为参与。该王大臣等于一切因革事宜，务当和衷商榷，悉心详议，次第奏闻。"[①] 督办政务处

---

① 朱寿朋主编:《光绪朝东华录》，中华书局 1958 年版，总 4655 页。

为清末十年清政府总办改革政治之特设机关，到宣统三年设责任内阁，该机构才被撤销。在督办政务处大臣的任命上，奕劻居于首位，可见慈禧对奕劻的信任与倚重。

军机处为清王朝行政总汇之地。清承明制，"章疏票拟，主之内阁。军国机要，主之议政处"①。到雍正七年（1729年），因用兵西北，往返军报频繁，因内阁距内廷过远，不便其亲授机宜，在这一年的六月，雍正皇帝在内廷设立军机处，以期入值承旨，办事密速。军机处之设，实质上是清朝统治者加强君权的需要。雍正十三年（1735年），也就是乾隆皇帝登基的当年十月，曾一度废除军机处，改设"总理事务处"。但到乾隆二年（1737年）十一月，乾隆皇帝又谕令大学士鄂尔泰等人仍办理军机事务，停了两年的军机处又得恢复，直到光绪二十七年（1901年）清政府另设督办政务处，才略分其职。到宣统三年（1911年）四月，清廷改设责任内阁，存续了一百八十多年的军机处才彻底废止。军机处为用人行政枢纽，执掌清王朝国家大政。"军机者，宰相之职，天下事无所不综。"②"军国大计，罔不总揽。自雍、乾后百八十年，威命所寄，不予内阁而于军机处，盖隐然执政之府矣。"③正是因为军机处在清代国家机关中的地位是如此的重要，清朝历代统治者对于军机大臣，特别是领班军机大臣的任命，都是慎之又慎，非其十分信任与欣赏的人，是不可能得到此位的。

正是因为奕劻长期得到慈禧的信任与依赖，因此在荣禄死后，她才会果断起用奕劻为领班军机大臣，主持清朝全面行政工作。

慈禧重视奕劻，除了奕劻的宗室身份与效忠于她这两个因素外，列强

---

① 张德泽著：《清代国家机关考略》，学苑出版社2001年版，第16页。
② 张德泽著：《清代国家机关考略》，学苑出版社2001年版，第20页。
③ 赵尔巽等编撰：《清史稿·军机大臣年表·序》，中华书局1976年标点本。

对奕劻的信任与支持也是慈禧不得不依赖奕劻的另外一个重要因素。

奕劻因为慈禧太后的倚重而在清末期国内外皆享有很高的知名度。遍查当时的西方报纸，"Prince Ching"（当时"庆亲王"的普遍翻译）的曝光度仅次于李鸿章、袁世凯和慈禧太后，奕劻由此成为清末政坛上的一个极其关键的人物。

（2）用袁世凯练兵，重新培植清王朝的国家机器。

庚子国变中，武卫军五大主力，除袁世凯的武卫右军外，全部在八国联军的侵华战争中丧失殆尽。回銮后，面对清王朝的统治机器亟须重建的现实，慈禧太后将这个重任寄托在了袁世凯身上。

自甲午战争以来，袁世凯的影响力一路走高。小站练兵，他成绩斐然；戊戌变法，他抵抗住了光绪皇帝的权力诱惑，坚定地站在了"后党"一边；义和团运动时期，他主政山东因为保境安民，为中外瞩目；李鸿章死后，慈禧已经将他作为了新一轮权力结构中汉族大臣的头领而刻意加以笼络和培养。

"戊戌政变后，西太后对袁世凯一方面是十分重视的，几年工夫把他由直隶按察使、山东巡抚提到直隶总督、外务部尚书，恩遇之隆，汉族大臣中过去只有曾、胡、左、李才数得上。"[①]

李鸿章去世后，慈禧太后扶植袁世凯，希望袁世凯能够像曾国藩、李鸿章那样，形成一个能够为清王朝统治尽心尽力的汉族官僚集团。由于得到慈禧太后的扶植与卵翼，袁世凯不仅升任直隶总督，而且还身兼北洋大臣、参与政务大臣、会办练兵事务大臣、办理京旗练兵大臣、督办电政大臣、督办山海关内外铁路大臣、督办津镇铁路大臣、督办京汉铁路大臣、

---

① 爱新觉罗·溥仪著：《我的前半生》，群众出版社1964年版，第19页。

会议商约大臣等多项重要职务，权倾中外，很快形成了以他为核心的北洋军事官僚集团。

庚子国变后，清王朝在政治、经济、军事、文化等各方面的衰败已无可掩饰地暴露出来。清政府为了保住自己的统治地位，开始逐步实行国策的转移。首先从军事、经济改革入手，真正迈开了新政的步伐，冀望以此来实现王朝的自救。

光绪二十七年（1901年）1月，清政府颁布了筹办新政的上谕，4月成立了推行新政的主持机关——督办政务处，并陆续颁布了一系列关于新政的法令。

对于这次新政，许多官吏鉴于戊戌变法的教训，一开始都表现得不太积极。然而袁世凯却敏锐地察觉到，王朝衰微，革命党人排满运动日益高涨，如再不改弦易辙、谋求新的对策，清王朝很难再继续维持其统治。只有抓住时机，努力推进各方面的革新，才是攫取更大权力的最佳办法。正因为这样，袁世凯不仅在山东时期就积极联络当时富有声望的地方督抚刘坤一、张之洞等人努力促成清廷举办新政，而且在整个新政期间，他还以激进者的面貌出现，不仅为推行新政出谋划策，并且在他主政的直隶身体力行，将新政事业办得卓有成效。

编练新军、创建北洋六镇，是清末新政的重要内容，也是袁世凯最热衷的改革。由于袁世凯在镇压义和团和庚子国变中的"良好"表现，受到列强的赏识和慈禧太后的信赖，光绪二十七年（1901年）11月，他被任命为直隶总督兼北洋大臣。袁世凯抓住"新政"这一重要机会，竭尽全力训练和扩充其军队。光绪二十八年（1902年），袁世凯兼任参与新政大臣、练兵大臣，负责办理新政，这就为他扩军提供了有利的条件。从光绪二十七年到光绪三十一年（1901年至1905年），袁世凯完成了北洋新军六镇的编练工作，至此他的军事实力和北洋军阀的基础完全形成。前文中（见第七章"四、支持袁世凯练兵"）已提到，拥有官兵7万之众的北洋新军已成为当时中国最强大的武装力量。

从表面上看，练兵处大权是由奕劻所掌握，但实际上大权却落在袁世凯的手里。因为练兵处成立不久，奕劻就以自己年老多病，奏请慈禧太后将练兵一事责成袁、铁"悉心经营"，即让袁、铁二人主持练兵具体事务。铁良尚年轻，同时又缺乏练兵经验，而袁世凯多年练兵有方，所以实际上掌握了练兵处的最高领导权。

应该特别注意的一点是，练兵处下设的各机构要人都是袁世凯的亲信。袁世凯曾向慈禧太后推荐其心腹徐世昌、刘永庆、段祺瑞、王士珍等人，说他们"随同臣当差有年，知之最悉，均属切实可靠"。[①] 在他的推荐下，后来徐世昌为练兵处提调，刘永庆为军政司正使，段祺瑞为军令司正使，王士珍为军学司正使，练兵处的重要职位几乎被北洋集团的人员包揽。袁世凯还通过练兵处制定了各种章则法令，包括新军的编制、官制、训练、装备、薪饷等各项法令。通过这些措施，袁世凯控制了全国练兵的用人权、经费权、军械制造权和练兵考查权。

袁世凯在扩军过程中形成了以他为核心的北洋派系。因此，各镇重要将领都由他亲自选定，又几乎都是小站出身。其中：第一镇统制先后为凤山、何宗莲；第二镇统制先为王英楷，后换张怀芝；第三镇统制为段祺瑞，后改为曹锟；第四镇统制为吴凤岭；第五镇统制为吴长纯，后改为张永成；第六镇统制为王士珍，后改为赵国贤。

统制以下的统领（旅长）、统带（团长）以及一部分管带（营长）均出

---

① 　袁世凯：《保举练兵处司员折》，光绪二十九年十一月，中国第一历史档案馆藏。

自小站时的旧班底。除第一镇因是旗兵，袁世凯不能完全控制外，其余五镇都是袁的嫡系部队。

除了六镇正规军以外，袁世凯又把驻直隶的淮军各营整顿改编为三十九营，名"北洋巡防淮军"（又称"北洋巡防营"），分为前、后、中、左、右五路，以夏辛酉、张勋、李天保、徐邦杰、邱开浩分别统带，驻扎直隶各州县，专用于"弹压地方，缉捕盗贼，以及保护陵寝，巡查铁路、电路"，[①] 作为北洋常备军的别动队。宋庆的武卫左军（又称毅军）共二十余营，其中各将弁多系袁世凯先人旧部。光绪二十八年（1902 年）宋庆死后，由马玉昆接统，其中八营拨归姜桂题统率，倪嗣冲被任命为营务处长官。至光绪三十四年（1908 年）马玉昆死，毅军全部由姜桂题接手，纳入袁世凯的北洋军系统。这样，袁世凯以北洋大臣的身份统领着近 10 万全副近代化武装的北洋新军，形成了以他为中心的一个庞大的军事团体，为他日后以军事力量操纵政坛、夺取政权奠定了坚实的基础。

同光以来，清政府由慈禧太后长期主政，清末练兵一事倡议于袁世凯却决定于慈禧太后。袁世凯的声望、才识、魄力都足以胜任编练新军之事，因其戊戌政变时效忠于慈禧太后，庚子国变、两宫流亡之时又对朝廷在财力、精神等方面上极力支持，故为慈禧太后所信任，而其所陈练兵以归中央的集权宗旨亦为慈禧太后所乐闻，故慈禧全面委袁世凯以练兵的事权。但慈禧太后对袁世凯并不是没有防备的。练兵处设立时，特以庆亲王奕劻为总理，而以袁世凯为会办，这是仿光绪中叶创建海军设海军衙门以醇亲王奕譞为总理，李鸿章为会办之前例。不过事例虽同，而实质则不同，海军衙门只是一个摆空架子的军事机关，无事功可为，论者称为"修颐和园

---

① 《改编淮部各营区分五路以资整饬而利操防折》，天津图书馆、天津社会科学院历史研究所编，廖一中、罗真容整理：《袁世凯奏议》（下），天津古籍出版社 1987 年版，第 1274 页。

衙门"。练兵处则不同，其在袁世凯的主持下，迅速开展全国练兵规划、筹饷之事。慈禧想借重奕劻来牵制袁世凯，但奕劻庸碌无能，对练兵事一窍不通。同时，袁世凯颇花心思巴结奕劻，于是练兵处事权，实际上落于袁世凯一人之手。袁世凯在北洋亲自选将练兵，京师练兵处则广布心腹。尚秉和在《德威上将军正定王公行状》一文中记其事说："时练兵处训练大臣皆王公及宰相兼领，其编定营制，厘定饷章，及军屯要扼，皆公及冯、段诸公主之，王大臣画诺而已。"故练兵处虽是中央特设统筹全国练兵的中枢，实则同袁世凯的私人机关无异。

当练兵处成立时，御史王乃征就上奏请求朝廷收回成命。奏章中说：

> 古今中外不闻举国兵柄利权挈而授于一人之理。今练兵之事，旨派庆亲王为总理，袁世凯为会办，兼有铁良襄办矣。顾庆亲王分尊事冗，素不典兵，何从识武将一人？何能议军政一事？铁良之才，素无表见，愈益可想。然则大权在握者，固惟独袁世凯耳。观派提调三司，如徐世昌等皆该督荐举，素为其心腹，将来济济师旅，感挟纩之恩，而指挥惟命者，岂复知有他人？又督责天下之饷需，欲户部不得过问，举劾天下之将弁，欲兵部不得持权，既历史所未有，亦五洲所不闻。枝重有拔本之嫌，尾大成不掉之势，比其立召祸乱者也。①

王乃征可谓有先见之明，但是慈禧却不加理睬，于是练兵处从开始即归袁世凯掌握，奕劻只是名义上的练兵处"总理"。于是，袁世凯凭借中央的权威以行个人掌控兵权之实，征全国的财力，以养北洋六镇之兵。

---

① 罗尔纲著：《晚清兵志》（第四卷"陆军志"），中华书局1997年版，第221页。

（3）用瞿、岑等平衡庆袁势力。

在培植庆袁势力的同时，慈禧太后也拔擢重用瞿鸿禨、岑春煊等汉族官僚。瞿鸿禨被拔擢为军机大臣，岑春煊则被拔擢为两广总督。慈禧太后希望通过这样的办法，让他们与庆亲王、袁世凯在权力问题上达成平衡。此内容将在本章后面部分详细论述。

经过慈禧太后的努力，从光绪二十九年到光绪三十三年（1903年—1907年），逐渐形成了清亡前夕统治者高层权力的新格局。这个权力格局分为四大政治势力：以袁世凯、奕劻为代表的庆袁势力；以瞿鸿禨、岑春煊为代表的清流势力；以张之洞、鹿传霖、王文韶、孙家鼐等为代表的老派势力；以载沣、铁良为代表的少壮亲贵势力。在这四种政治势力中，老派的政治态度不甚明朗，为骑墙派；清流、亲贵两派则联合组成反庆袁阵营，在慈禧太后的操纵下，各派之间互相制约，暂时出现一种平衡的局面。

从满汉高层合作关系来说，这种权力格局则集中表现为庆亲王奕劻、醇亲王载沣、满人端方、那桐与汉族重臣袁世凯、张之洞、瞿鸿禨、岑春煊等人的合作共事上，其核心表现为庆袁合流形成一支强大的政治力量操纵朝局，其形式表现为满洲贵族必须依靠汉族官僚袁世凯集团才能维持统治的状况。尽管这种合作关系经过清末数次政潮的冲击发生变化，已经十分脆弱，但它仍然是清朝统治者维系统治的一个重要法宝。新形成的满汉高层关系能否维系，直接关系到清王朝的生死存亡。

二、庆袁合流与结党

庆亲王奕劻与袁世凯结党始于光绪二十九年（1903年），二人初期彼此接纳的方式不免是晚清官场的那种俗套，即以金钱为桥梁，以追逐利益为动力。

在晚清社会，没有现代的法制和规章，儒家的道德破灭了，新的道德理念还没有树立起来。一切作为，都要靠所谓的人情和关系才能进行。当时，官场的腐败现象已经日趋表面化，卖官鬻爵、行贿受贿现象屡见不鲜，用"银子"来铺路，已成为官场进取者必具的手段之一。袁世凯统率军队，靠的是私恩而非以民族精神为凝聚力。同样，他搞政治，也是在交际请客、联络接纳和奔走趋奉上下功夫。袁世凯深知权力往往同利益与利害连在一起，有权力即有金钱，利用金钱又可以换取更大的权力。官官相护、互相利用是清末官场上的基本现象。因此，在发挥"金钱效应"与奔走联络上，袁世凯无所不用其极。

同样的道理，奕劻虽贵为王爷，权势重为领班军机大臣、练兵大臣，但早年穷困经历导致的内心深处的不安全感以及多年宦海生涯丰富的阅历，使他也成为一个地道的实用主义者，同样不能免"名利"之俗。

据刘厚生在《张謇传记》中记载：

光绪二十九年癸卯（1903年）以前，袁世凯所最注意的，仅仅是一个荣禄。其时庆王为外务部领袖，亦居重要地位，而世凯之所馈赠，并不能满庆王之欲。庆王曾对人发牢骚说："袁慰亭只认得荣仲华，瞧不起咱们的。"但荣禄自辛丑回銮之后，体弱多病，时常请假，后因久病，竟不能入值，屡次奏请开缺，而那拉氏不许。但照病势推测，恐怕不能久于人世。于是庆王有入军机的消息，为袁世凯所闻，即派其办事能手杨士琦赍银十万两送给庆王。庆王见了十万两银子的一张银号的票子，初疑为眼花，仔细一看，可不是十万两吗？就对杨士琦说："慰亭太费事了，我怎么能收他的？"杨士琦回答得很巧妙，他说："袁官保知道王爷不久必入军机，在军机处办事的人，每天都得进宫伺候老佛爷，而老佛爷左右，许多太监们，一定向王爷道喜讨赏，这一笔费用，也就可观。所以，这些微数目，不过作为王爷到任时零用而已，以后还得特别报效。"庆王听了就不再客气。不多几时，荣禄死了，庆王继任入军机处之后，杨士琦的说话，并不含糊，月有月规，节有节规，年有年规，遇有庆王及福晋的生日，唱戏请客及一切费用，甚至庆王的儿子成婚，格格出嫁，庆王的孙子满月周岁，所需开支，都由袁世凯预先布置，不费王府一钱。①

　　袁世凯先后向奕劻行贿数额的多少，这是无法统计的。但有一点可以肯定，即袁世凯向奕劻行贿的数额是巨大的。奕劻代替荣禄主持军机处工作仅一年，就发生了御史弹劾奕劻案。此案说明了奕劻受贿数额巨大，也从另一个角度证实了袁世凯的出手大方。

　　以金钱为桥梁，袁世凯接通了奕劻这一中央政府中的"天线"。他在奕劻身上下注的巨额本钱，自然也得到了相应的回报。由于有袁世凯金钱的关系，加上袁世凯在疆臣中的地位，奕劻对袁世凯是有求必应、言听计从，袁世凯向奕劻推荐的官员大多得到了重用。有时，奕劻甚至主动让袁世凯推荐人才。所以"弄到后来，庆王遇有重要事件，及简放外省督抚、藩臬，必先就商于世凯，表面上说请他保举人才，实际上就是银子在那里说话而已"。②

　　实际上，庆袁结党，重点不在袁世凯贿赂奕劻多少资财，根本点在于二人相互利用以操纵朝政所形成的新权力格局。

　　在清末新政中，庆亲王奕劻与直隶总督袁世凯一为朝廷枢臣中领班，一为地方督抚的头领。他们二人联袂，内外下手，"共达政治进行之目的"。③

---

① 刘厚生著：《张謇传记》，上海书店 1985 年版，第 128 页。
② 刘厚生著：《张謇传记》，上海书店 1985 年版，第 128 页。
③ ［日］佐藤铁治郎著：《一个日本记者笔下的袁世凯》，天津古籍出版社 2005 年版，第 186 页。

新政期间，两人联合在推动五大臣出国考察、宪政编查馆建设、设计清末官制改革方案、编练新军等方面起到了一定的作用。

1. 在推动五大臣出国考察方面起到了重要作用

五大臣出洋考察，收获还是较为丰硕的。光绪三十二年（1906年）回国后，载泽等人编辑了众多书籍，并将其中一些分别撰写了提要，进呈慈禧太后与光绪皇帝御览。戴鸿慈、端方等也带回了许多书籍与资料。这些书籍和资料，对清末新政和预备立宪的各项改革和制度建设具有重要的参考价值。在推动五大臣出国考察方面，袁世凯与奕劻起到了很重要的作用，这部分内容在前文第八章的"一、推动五大臣出国考察"中已经有详细论述，在此不再赘述。

2. 在宪政编查馆建设方面起到了很大作用

宪政编查馆是清末预备立宪期间在中央设立的一个专门负责宪政改革的临时机构，其前身是考察政治馆。光绪三十三年（1907年）8月13日，庆亲王奕劻奏请，"将考察政治馆改为宪政编查馆，以便切实开办"。[①] 同日，慈禧太后同意奕劻的奏请，将考察政治馆着即改为宪政编查馆。宪政编查馆在庆亲王奕劻的直接领导下，在袁世凯的帮助下，网罗了一大批留学归国的法政学生和积极主张立宪的代表人物，如杨度、孙宝琦、吴廷燮、金邦平、陆宗舆、章宗祥、张一麐等人，这些人均为袁党夹袋中人物，在清末政局中帮助庆袁势力发挥了重要的作用。

3. 共同设计清末官制改革方案

光绪三十二年（1906年）7月，出使各国考察政治大臣载泽、端方、戴鸿慈等人先后回国，向清廷汇报考察情形，奏请改定全国官制，以为立宪

---

① 《庆亲王奕劻等奏请改政治考察馆为宪政编查馆折》（光绪三十三年七月初五），故宫博物院明清档案部编：《清末筹备立宪档案史料》（上），中华书局1979年版，第45页。

预备。9月2日，慈禧太后经过慎重考虑，发布上谕派员编纂官制，袁世凯、徐世昌等人被列为编制大臣，庆亲王奕劻则是"总司核定"的三人之一。

庆亲王奕劻身为王室宗亲，又位在朝臣之首，掌核定之权自然名正言顺。值得注意的是，编制大臣中只有袁世凯一人为地方督抚，而同是封疆大吏的张之洞、端方、岑春煊等人却只能是选派司道大员来京，随同参议，从中不难看出袁氏在慈禧心中的特殊地位。

陶湘（袁世凯的政敌盛宣怀的得力亲信）谈到袁世凯入京的背景时说："本初（袁世凯）素来手段尚专制，午公（端方）性实守旧，泽（载泽）在青年，李（李盛铎，出洋考察宪政五大臣之一）眷甚微，戴（戴鸿慈，出洋考察宪政五大臣之一）、尚（尚其亨，出洋考察宪政五大臣之一）固无论也。中央各领袖者毫无成见，成北（徐世昌）善事周旋，善化（瞿鸿禨）乃见机之流，定兴（王文韶）安于聋聩，荣（荣庆）、铁（铁良）守旧，而铁则铮铮。所以上下均以立宪持议者，实为上年炸弹所逼，况目今排满之横议频兴，始说立宪以息浮议。……当端、泽等将回之际，众心共有一更变之举动，深勒脑筋，报纸持议尤甚。近年来，内廷阅报，意亦游移。后来端等先后回华，莫不以变法敷陈，持论痛切，两宫动容。向来疑难之事多取决于本初，荣、铁先期发电，请本初平议。讵意本初尚新更甚，两宫更无主意。"①

从上面这段话中我们可以看出：①慈禧和光绪对于变法问题犹豫不决，并无比较成熟的意见。立宪是变革祖制的大事，一向专断的慈禧太后一方面想保住满洲贵族的特权和自己的地位；另一方面对革命党的汹汹之势却又不能不做出让步，以期通过立宪来消弭革命。为此竟然"宵旰忧勤，真

---

① 陈旭麓等主编：《辛亥革命前后——盛宣怀档案资料选辑之一》，上海人民出版社1979年版，第28—29页。

至废寝忘食”，甚至吐露了"我如此为难，真不如跳湖而死"①的哀叹之语；
②袁世凯确实是朝野上下举足轻重的人物，所谓"疑难之事多取决于本初"，
甚至权势如荣庆、铁良者也需要事先探听一下他的口气。显然，在这次变
革官制的活动中，袁世凯的行动也势必会影响到清廷的决策。

胡思敬在《大盗窃国记》中说："孝钦自西巡后，不敢坚持国事，见五
大臣疏踌躇莫决，急召世凯入商。"②正是在这种形势下，袁世凯踌躇满志地
来到了北京。

陶湘又说："当七月初以前，京津秘使往来甚繁，本初向来大权独
揽，所发莫不中的。今'立宪'二字，上既动摇，以为此种好机会，略一
布置，即可成功。在津即预计到京后如何入手，如何改官制。官制改，则
事权亦更，数百年之密网，一旦可以廓除。意中自许如此，手下人等莫不
相许如此，枢府亦料彼必如此，领袖（指奕劻）更随声附和，报纸又竭力
怂恿，惟恐彼不如此。不过报纸之意见与彼之心迹相背耳。"③建立责任内
阁，已有戴鸿慈、端方等人鼓吹于前，而各地报纸更是"竭力怂恿"。依靠
舆论之力，加上奕劻的支持、端方等人的响应，本来就大权独揽的袁世凯
在编纂官制的过程中更是"气概如虹"，"主张最多"，而"全案皆其一手
起草"。④

不仅如此，当时在成立编纂官制馆时，慈禧太后特派袁世凯与载泽，
大学士世续，大学士外务部会办大臣那桐、荣庆、载振，内务府大臣奎
俊、铁良，理藩部尚书善耆，户部尚书张百熙、戴鸿慈，巡警部尚书、政

---

① 陈旭麓等主编：《辛亥革命前后——盛宣怀档案资料选辑之一》，上海人民出版社 1979 年版，第
28—29 页。
② 胡思敬：《大盗窃国记》，《退庐全集》，（台）文海出版社 1970 年版，第 1353 页。
③ 张国淦《北洋军阀的起源》，《北洋军阀史料选辑》（上），中国社会科学出版社 1981 年版，第 61 页。
④ 陈旭麓等主编：《辛亥革命前后——盛宣怀档案资料选辑之一》，上海人民出版社 1979 年版，
第 28 页。

务大臣徐世昌等 14 人共同编纂官制，新任闽浙总督端方亦与会，另令湖广总督张之洞、两广总督岑春煊、两江总督周馥和各部派遣代表参与会议，而以奕劻、瞿鸿機、孙家鼐三军机为总司核定大臣。上述人员中的奕劻父子、徐世昌均为袁世凯的同盟者，端方、张百熙、那桐、世续是袁世凯的追随者，载泽与铁良有隙，袁乃拉拢载泽以为己用。与此同时，编制馆的办事员，全为袁的僚属占有。这样，袁世凯就成为官制草案的实际制定者。

　　11 月 2 日，奕劻将中央各衙门官制改革情况缮单进呈两宫，其中行政部分定为："行政之事则专属之内阁各部大臣。内阁有总理大臣，各部尚书，亦均为内阁政务大臣，故分之为各部，合之皆为政府，而情无隔阂。入则参阁议，出则各治部务，而事可贯通。如是则中央集权之势成，而政策统一之效著。"① 这就是袁世凯所"以死力争"的责任内阁制。而奏折尚未批下，袁世凯就已定好了阁部名单。

　　光绪三十二年（1906 年）九月二十日，奏折批下，结果大出庆、袁意料之外。旨云："军机处为行政总汇，雍正年间本由内阁分设，取其近接内廷，每日入值承旨，办事较为密速，相承至今，尚未流弊，自毋庸复改。内阁军机处一切规制，着照旧行，其各部尚书均着充参与政务大臣，轮班值日，听候召对。"② 仅备顾问的军机处与君主有着直接的关系。军机不去，君权难削；而总理大臣不设，内阁也就依然有名无实。然而，上谕以"尚无流弊""着照旧行"等理由，将袁世凯、奕劻的设计全盘推翻了。这显然是慈禧太后洞悉了庆、袁野心而改变主意的结果。

———————————

① 《庆亲王奕劻等奏厘定中央各衙门官制缮单进呈折》，故宫博物院明清档案部编：《清末筹备立宪档案史料》（上），中华书局 1979 年版，第 464 页。

② 《裁定奕劻等覆拟中央各衙门官制谕》，故宫博物院明清档案部编：《清末筹备立宪档案史料》（上），中华书局 1979 年版，第 471 页。

4. 在编练新军方面与袁世凯持共同立场

庚子以后，清政府极力编练新军，在中央特设练兵处，以庆亲王奕劻为总理，袁世凯为会办。练兵处主要办理全国练兵筹饷事。对于袁世凯选将练兵，奕劻基本上做到了言听计从，在人事、财政等方面全力支持，这是清末袁世凯能够顺利练成北洋六镇的一个重要原因。

与袁世凯同时代的日本人佐藤铁治郎在其所著的《一个日本记者笔下的袁世凯》中说，庆亲王奕劻"自回銮后得晤袁世凯，一见倾心，深相接纳，如胶似漆。遇事则袁谋于外，庆应于内"。① 历史事实确实如此，内外调护构成了庆袁合流的主要基础。这样，光宣年间，庆袁一党一枝独秀：奕劻掌握中央政府，袁世凯则继承曾、李衣钵，又拥有北洋六镇新军，成为曾国藩、李鸿章之后清王朝依赖的主要支柱。袁世凯与奕劻"深与结纳，为其谋主"②，于是形成了庆袁合流操纵朝政的局面。

庆袁结党把持朝政，自然引起了朝廷内外很多官员的不满，他们不断上折弹劾与揭露庆袁结党营私，希望引起慈禧太后的注意。这其中以梁鼎芬的弹劾案堪作典型。

光绪二十九年（1903年），梁鼎芬在给张之洞的密电中说："近见某父子权盛，心事举动皆足亡大清国，再有一年圣明恐亦不能救。宪台忠直有声三十年矣，切望别时或面或疏痛斥其罪以救大清国之危，否则此父子全揽大权，亡可立待。追亡救火，毅然为之，宪台如不肯为，烈愿具疏痛劾，请宪台代奏，身家性命非所计也。"③ 这是梁鼎芬首次表达要参劾奕劻父子的决心。

---

① ［日］佐藤铁治郎著：《一个日本记者笔下的袁世凯》，天津古籍出版社2005年版，第185页。
② 张国淦：《北洋军阀的起源》，《北洋军阀史料选辑》（上），中国社会科学出版社1981年版，第54页。
③ 中国社会科学院近代史研究所档案馆藏：梁鼎芬来电，《张之洞存各处来电》，档号：甲182—165。

光绪三十年（1904 年）二月，梁鼎芬在给张之洞的另一份密电中将庆、袁比作历史上的董卓、刘裕、朱温等篡逆不道之权臣。他把自己的这层意思倾吐给张之洞："深识之士，日读汉卓、晋裕、唐温各传，心骨悲愤，毛发洒淅，未知有同心否？"①

据中国社会科学院近代史研究所马忠文教授的研究结论，丁未年梁氏上疏参劾庆、袁共有两次：一次是七月初七发出，七月二十日到京的奏折；第二次是九月初五发出，九月二十日到京的奏折。局外人不明就里，大多将两次参劾混为一谈。②

梁鼎芬在七月初七所上奏折中毫不留情地弹劾奕劻贪墨误国：

愚见今天下臣民所仰望者，在预备立宪。而预备立宪一事，则责在庆亲王奕劻。该亲王历事三朝，办事最久，高年硕望，夙夜在公，虽屡次陈请开去要差，而朝廷任用亲贤，慰留至再，自必守鞠躬之义，无退位之思。臣闻该亲王府中用度甚繁，所有每年廉俸及新加军机大臣、外务部养廉银两，不敷尚多，于是袁世凯、周馥、杨士骧、陈夔龙等本系平日交好，见该亲王平日用度不足，时有应酬。臣愚以为今日要政，既责在奕劻一身，内外臣工，奉为标准，似未可以日用微末之事，致分贤王谋国大事之心，仰恩皇太后、皇上每月加奕劻养廉银三万两，由度支部发给，看似为数甚巨，实则所全甚多。奕劻得此养廉巨款，自可专心筹办大事，不顾其他。京外各官，从前或有应酬，均于此次认真停止，派员监察。朝廷待奕劻甚厚，奕劻自待必甚严，无论立宪之迟速、新内阁之成否，皆以奕劻有极优

① 中国社会科学院近代史研究所档案馆藏：梁鼎芬来电，《张之洞存各处来电》，档号：甲 182—166。
② 马忠文：《丁未政潮后梁鼎芬参劾奕劻、袁世凯史实考订》，《历史教学》，2014 年第 20 期。

养廉为第一要义，此若不定，恐有他事为外所笑。盖地球各国政府大臣，既无薄俸，亦无受人馈赠者。高明之地，万目所瞻，大法小廉，吉训俱在；风气所关，人才所出，非细事也。是否有当：伏乞圣鉴训示施行。谨奏。①

同时，梁鼎芬又在其附片中进一步揭露袁世凯密结奕劻，植党营私的种种不法行迹。他奏道：

再，直隶总督袁世凯，少不读书，专好驰马试剑，雄才大略，瞻瞩不凡。以浙江温处道，钻营得骤升侍郎、巡抚。抚山东日，能办事，安奠境内，有声于时。我皇太后、皇上回銮，迎驾有功，擢至今职。其人权谋迈众，城府阻深，能诳人，又能用人，卒皆为其所卖。初投拜荣禄门下，荣禄殁后，庆亲王奕劻在政府，三谒不得见，甚恐，得杨士骧引荐，或云以重金数万，又投拜奕劻门下，不知果有此事否？然自见奕劻后，交形日密，言无不从。袁世凯之权力，遂为我朝二百余年满、汉疆臣所未有。奕劻本老实无能之人，当用度浩繁之日。袁世凯遂利用之，老实无能则侮之以智术，日用浩繁则济之以金钱，于是前任山东学政荣庆，北洋练兵委员徐世昌，袁世凯皆以私交荐为军机大臣矣。枢府要密，出自特简，而袁世凯言之，奕劻行之。贪昏谬劣、衣冠败类之周馥，袁世凯之儿女姻亲也，奢侈无度、声名至劣之唐绍仪，市井小人、胆大无耻之杨士琦，卑下昏聩之吴重熹，亦皆袁世凯之私交也。使之为总督，为巡抚，为侍郎，袁世凯言之，奕劻行之。尤可骇者，徐世昌无资望，无功绩，忽为东三省总督，其权大于各省总督数倍。朱家宝一直隶知县耳，不数年，署吉林巡抚，皆袁世凯

---

① 《湖北按察使梁鼎芬奏为敬陈预备立宪第一要义事》，光绪三十三年七月初七，朱批奏折，档号04—01—01—1082—042，缩微号 04—01—01—165—0665。

为之也。袁世凯自握北洋大臣、直隶总督重权，又使其党在奉天、吉林皆有兵权、财权。赵尔巽在东时，与日人所争之事，徐世昌到后，慨然与之，以实行其媚外营私之计，置大局于不问。皇太后、皇上试思，自直隶而奉天，而吉林，皆袁世凯兵力所可到之地，能不寒心乎？幸段芝贵未到黑龙江耳。袁世凯挥金如土，交结朝官过客与出洋学生，有直隶赈款数百万两，铁路余款数百万两，供其挥霍，故人人称之。臣尝读史记汉晋之事，往往流涕。如汉末曹操，一世之雄，当其为汉臣时，有大功于天下，不知篡汉者操也。晋末刘裕，才与操埒，当其北伐时，亦有大功于天下，不知篡晋者裕也。前者微臣来京赐对之时，亲闻皇太后、皇上屡称《资治通鉴》，其书最好，时时阅看，今此两朝事，其治乱兴亡之故，粲然具在，开卷可得也。袁世凯之雄，不及操、裕，而就今日疆臣而论，其办事之才，恐无有出其上者，如此之人，乃令狼抗朝列，虎步京师，臣实忧之。且闻其党羽颇众，时有探访，故无有敢声言其罪者，今新内阁将成，时日无多，安危在目，臣不敢自爱其官职，不自爱其性命，无所畏惧，谨披沥密陈，伏乞圣鉴，谨奏。①

该折上奏后，留中不发，但梁鼎芬并未罢休。同年九月，他又掀起弹劾庆袁党人的风波。他在《湖北按察使梁鼎芬奏报交卸兼署藩篆日期并奉旨赏加二品衔谢恩事》折中说：

窃臣于光绪三十三年九月初三接奉湖广督臣赵尔巽饬知交卸兼署藩司篆务，遵于是日交卸。初四日又奉督臣赵尔巽行知吏部咨开光绪三十三年八月

① 《奏为密陈直隶总督袁世凯狼抗朝列、虎步京师事》，档号 04—01—13—0429—058，缩微号 04—01—13—035—1379。

十一日由内阁抄出张之洞片奏湖北按察使梁鼎芬办理湖北学务，心术纯正，待士肫诚，任事多年，勤劳最著，恳请奖励。八月初八奉朱批：梁鼎芬著赏加二品衔，钦此。臣当即恭设香案，望阙叩头，换顶戴谢恩。

伏念臣少失父母，家世清贫，依于龙氏姑姊妹家读书，稍长从游五品卿衔陈澧之门，与同学生陈树镛互相砥砺，日以报国显亲为志，资性狭隘，有愧古人。年二十二滥列翰林，又四年以时事日棘，疏劾大学士李鸿章，仰蒙皇太后、皇上天恩，不加罚责；又一年始薄谴回里。自是课士阅二十年，学疏行劣，不足为诸生模范。但滋内疚，安有成劳？今年六月奉陈化除满汉畛域一折，蒙恩饬下会议；七月疏劾庆亲王、袁世凯折，复蒙皇太后、皇上圣明鉴察，特予优容，双印加衔，隆施叠下。扶持名教，日思整宁之兴微贱行名尚辱御屏之记。酬恩何日，感涕终生。所有微臣交卸兼署藩篆日期并叩谢天恩，谨恭折具奏，伏乞皇太后、皇上圣鉴。谨奏。①

293

清朝官场惯例，禀报交卸职务和谢恩折本是例行公事，一般叙事简明，并不夹杂他事。而梁鼎芬此折又将七月参劾庆、袁之事与"双印加衔"的恩赏相联系。尤为让人不解的是，梁鼎芬同时又另附一片：

再，臣闻美国新舰队五年内成，日本新舰队三年内成，此皆谋我者也。又闻英日俄法协约定议，将以中国为三等国，归其保护，心中惊疑，因晤日本将官铸方德藏，以婉言词问之，总不吐实，复坚问之，乃云保全中国领土耳。中国此时若认真办事，尚来得及。臣知其保全即保护耳，真可痛可耻也。臣前又闻朝廷拟改东三省官制时，日本颇动心，将开彼之御前议会，以

---

① 《湖北按察使梁鼎芬奏报交卸兼署藩篆日期并奉旨赏加二品衔谢恩事》，光绪三十三年九月初五，录副奏片，档号03—5490—52，缩微号415—0344。

问奉天领事获原守一。未几，徐世昌授东三省总督矣，守一报其国政府云，此辈以贿进，不足畏，获原一人当之足矣。徐世昌本袁世凯私人，又夤缘奕劻、载振父子，得此大官大权，我皇太后、皇上或未尽知之，而日本之君臣知之矣，真可痛可耻也。总之，今日时局危迫已极，挽回之法，莫急于严禁贿赂，杜绝请托，自来国家兴亡，靡不由此。乃杨士骧、陈夔龙等，以贪邪小人，各任兼圻，人人骇笑。而梁如浩放上海道，蔡绍基放津海关道，刘燕翼放镇江道，政以贿成，私人充斥，天良渐灭，纲纪荡然，恐自是以后，人人皆知有奕劻、袁世凯，不知有我皇太后、皇上矣。臣上年到京于奕劻处未投一刺，袁世凯也不□（原文缺）识，且皆无怨嫌，实见外人势力欺我大清国至此已极，奕劻、袁世凯贪私负我大清国至此已极。臣但有一日之官，即尽一日之心，言尽有泪，泪尽有血，奕劻、袁世凯若怙恶不悛，有贪私等事，臣随时奏劾以报天恩。福祸不动其初心，强权或屈于清议。臣性至愚，不敢不勉。谨附片再陈，伏乞圣鉴，谨奏。①

以上附片再次抨击徐世昌夤缘奕劻、载振父子，庆、袁贪私结党，政以贿成，涉及陈夔龙、杨士骧等一批袁党重要成员。梁鼎芬锲而不舍、接二连三抨击奕劻、袁世凯，且牵连徐世昌、陈夔龙等显宦，但慈禧利用奕劻与袁世凯集团来维护清王朝统治的决策已定，梁鼎芬的弹劾虽然遭到传旨申饬，但他揭露庆袁结党、把持朝政一事，无疑也产生了一定的影响，加重了慈禧对奕劻、袁世凯的疑虑，下面提到的慈禧对庆袁"既用又抑"的政策即证明了这一点。

---

① 《湖北按察使梁鼎芬奏为东三省总督徐世昌等要员任用私人政以贿成严禁贿赂杜绝请托事》，光绪三十三年九月二十日，录副奏片，档号03—5490—053，缩微号415—0347。

三、慈禧"既用又抑"的平衡之策

随着袁世凯势力的迅速膨胀，身为疆臣头领的袁世凯与主持中枢的领班军机大臣奕劻合流并结党，企图通过预备立宪操纵清王朝实际行政大权，这是慈禧太后最不想也最不愿意看到的事情。"使西太后担心的，不是贪污纳贿，而是袁世凯与奕劻的特殊关系。""戊戌政变后，西太后对袁世凯一方面是重视的，几年工夫把他由直隶按察使提到直隶总督、外务部尚书，这种恩遇之隆，汉族大臣中过去只有曾、胡、左、李才数得上；另一方面，西太后对这个统率着北洋新军并且善于投机的汉族大臣，并不放心。当她听说袁世凯向贪财如命的庆王那里大量地送银子时，就警惕起来了。"[1] 于是，在继续借重庆袁势力的同时，精于平衡与操纵之术的慈禧太后立刻展现出她老辣的一面，开始采取措施抑制庆袁的势力。

1. 否定庆袁的改制方案

前文提到，光绪三十二年（1906年）7月，出使各国考察政治大臣载泽、端方、戴鸿慈等人先后回国，向清廷汇报考察情形，奏请改定全国官制，为立宪预备。9月2日，上谕派员编纂官制，袁世凯、徐世昌等人被列为编制大臣，奕劻则是"总司核定"的三人之一。在这次官制改革过程中，袁世凯"追念戊戌往事，知孝钦宴驾之后必不容于德宗，因内结奕劻，外煽新党，思藉立宪之名，剥夺君权尽归内阁。乙巳派五大臣出洋，丙午大更官制，皆一人之谋也"。[2]

此时，庆袁早已结党，举奕劻为责任内阁总理，提高奕劻的地位，实际上是扩大袁世凯权势的最便捷的途径，巩固自己的权力基础。陶湘说：

---

① 爱新觉罗·溥仪著：《我的前半生》，群众出版社1964年版，第19页。

② 胡思敬著：《退庐全集》，（台）文海出版社1970年版，第1269—1270页。

"然本初另有深意，盖欲借此以保其后来。"袁世凯自以为聪明，但慈禧太后更是洞察群臣的高手。

很快，庆袁立宪的真正意图为慈禧太后识破，于是"上意大回"。11月6日，慈禧太后下谕，仍然采用旧制，否定了庆袁的责任内阁制方案。

历史表明，丙午改制是清末朝廷排汉政策之发端，而首先施行这一政策的就是慈禧太后本人。晚清以降，汉族大臣如曾国藩、李鸿章，皆在朝政中起着举足轻重的作用，而袁世凯在丙午以前也是权倾朝野、一言九鼎的人物。但丙午改制中袁世凯"颇露跋扈痕迹，内廷颇有疑心"，尤其是袁世凯与奕劻结党的事实更让慈禧太后感到危机。君权与臣权本就是一对此消彼长的天然矛盾。面对庆袁势力的日渐壮大，最高统治者慈禧太后当然不会漠视。前文提到，慈禧太后洞悉了庆、袁的野心后，全盘推翻了他们的改制方案。但是，奏折尚未批下之时，袁世凯就已经定好了阁部名单。陶湘说："本初定议总理一人，属现在之领袖……九公与彼为副理。""领袖"指奕劻，"九公"指军机大臣瞿鸿禨。瞿鸿禨为清流党，素与庆、袁针锋相对。从内阁这"三驾马车"来看，庆、袁一气相通，而庆又对袁言听计从，因此实权稳操在袁世凯之手，瞿氏不过伴食而已。这是瞿鸿禨不愿也肯定不能答应的，于是暗思抵制之方。而此时铁良因力主中央集权、伸满抑汉主义，担心汉族官僚袁世凯的势力凌驾于满洲诸亲贵之上，也在千方百计地拆台。在这种情况下，瞿、铁于是联手，在慈禧太后的纵容下结成了对抗庆袁官制改革的联盟，并开始着手从事反对活动。接下来，我们来看一看瞿、铁是如何一步步促使慈禧下决心否定庆袁的改制方案，使得"上意大回"的。

第一步，授意言官，交章弹劾。陶湘写道："此际忽有人严劾疆臣揽权，庸臣误国。慈圣于枢廷召对时将折发阅，即碰首请发政务议。慈圣谓：'此又何必？'即时收回留中。各官闻之，乘隙交劾，共几十余次。上意大回。"① "疆臣"指袁世凯无疑，而"庸臣"当指奕劻。前文提到，此时湖北按察使梁鼎芬入觐，毫不留情地弹劾奕劻与袁世凯。

第二步，挑唆内监，向慈禧太后请愿。传闻在讨论官制时，袁世凯曾倡议裁去太监，瞿、铁遂挑唆李莲英等人从中作梗。"一日，太后出，太监百余人环跪哭求，谓：'外间均欲逐去奴才等，乞老佛爷念奴辈服侍已久，开恩赐留。'太后惊诧，谓：'我未听见有此话，如他们必须逐去尔等，是太与我过不去。'此亦阻力之一大原因也"。②

第三步，瞿、铁亲自出马，在慈禧太后面前诋毁庆袁及新官制。铁良性情暴烈，自宣布立宪以来即公开与袁世凯为敌，他甚至向慈禧太后密奏袁世凯遇事跋扈，广布羽党，各省要差，皆其私人，存心叵测，若不早为限制，满人势力必不能保全等语，提醒慈禧太后加以提防。瞿鸿禨则机诈权谋，表面上对新官制草案不置可否，背地里却向慈禧太后密陈，说什么责任内阁如若成立，一切大事均由国务会议决定，皇太后将大权旁落，以此来激怒权势欲极强的慈禧太后。

第四步，将袁世凯的有力帮手满人官僚端方调出北京，分化庆袁一党之势力。端方自欧考察归国，志高气盛，有取代瞿鸿禨外务部尚书之心，值"宪法议起，与项城同在都城，会定官制，互相标榜"。③铁良与瞿鸿禨巧设机关，让慈禧太后下旨"出端方为两江总督，以孤其势"。④

瞿、铁的明枪暗箭，使庆袁势力受到了很大的打击。最根本的是慈禧太后在瞿、铁的鼓动下，对庆袁势力起了疑心，于是否决了庆袁成立责任

① 陈旭麓等主编：《辛亥革命前后——盛宣怀档案资料选辑之一》，上海人民出版社1979年版，第29—30页。
② 《京师近信》，《时报》，1906年11月8日，第2版。
③ 刘体智著：《异辞录》（卷四），中华书局1988年版，第198页。
④ 胡思敬著：《退庐全集》，（台）文海出版社1970年版，第1354页。

内阁的方案。

权臣无忌、为非作歹的事例历朝皆有。慈禧深恐庆袁从此把持朝政，乃"上意大回"，而奕劻、袁世凯尚不察觉。陶湘写道："闻七月中有日，卧雪召见时，慈圣云：'近来，参汝等之折有如许之多，皆未发出。'照例应碰头，而卧雪以为系改官制之参折，即对称：'此等闲话，皆不可听。'慈圣色为之变。后来领袖进去，慈谕：'某臣如此，将何为？'适其时卧雪欲督办东三省、豫、东、直等省训练事，慈更生疑，渐用防范之策。卧雪当日闻信，惶恐无措，竭力设法周旋，不能了无痕迹矣。"① 又一回，"太后问袁：'官制何以久未定稿？'袁谓：'意见纷歧，不易一致。'太后曰：'那怕什么？你有的是兵，不会杀他们么？'"② 猜忌之心，溢于言表。这种情形，已经预示了庆袁责任内阁方案被否的结局。

客观来讲，身为汉族大臣的袁世凯与满洲亲贵以及为维护满人朝廷统治的一些汉族官员之争，在一定程度上也确实反映了当时清朝统治者高层内部存在的满汉矛盾。在此之时，以汉族为主的革命党势力日益发展，以汉族为主的民族资产阶级要求立宪的呼声日益高涨，都严重威胁满洲贵族的利益，因而也使他们对汉族官僚猜忌心日益加重，统治集团中满汉之间的矛盾有增无减。在庚子国变的阵痛过去以后，这种矛盾又开始激化。而袁世凯势力的日益壮大，必然会引起满洲少壮贵族如载沣、铁良、良弼、善耆等人的强烈不满，从而企图削弱袁党势力，剥夺袁世凯的军政大权。同时，随着庆袁结党、袁世凯跋扈之迹的逐渐显露，引起了慈禧太后的警觉，这种矛盾在丙午改制时发展到了顶峰，于是便无法避免地出现了一场

① 陈旭麓等主编：《辛亥革命前后——盛宣怀档案资料选辑之一》，上海人民出版社 1979 年版，第 34 页。
② 张国淦著：《北洋军阀的起源》，《北洋军阀史料选辑》（上），中国社会科学出版社 1981 年版，第 62 页。

此消彼长的权力斗争。而这一权力斗争又因瞿鸿禨等人的参与而显得更加复杂。

2. 以瞿鸿禨、岑春煊抵制庆袁

慈禧太后制衡庆袁势力策略的其中一项，依然是像对付曾国藩、李鸿章集团那样，采取"以汉制汉"的方针，即在卵翼庆袁势力的同时，亦扶植瞿鸿禨、岑春煊等人的力量与之抗衡。"西太后曾经打过主意，要先把奕劻开缺。她向军机大臣瞿鸿禨透露了这个意思，谁知这位进士出身后起的军机，太没阅历，竟把这件事告诉了太太。这位太太有位亲戚在一家外文报馆做事，于是这个消息便辗转传到了外国记者的耳朵里，北京还没有别人知道，伦敦报纸上就登出来了。英国驻北京的公使据此去找外务部，询问有无此事。西太后不但不敢承认，而且派铁良和鹿传霖追查，结果瞿鸿禨被革了职。西太后倒奕劻不成，同时因奕劻有联络外国人的用途，所以也就不再动他。但对于袁世凯，她没有再犹豫。光绪三十三年（1907 年），内调袁为外务部尚书，参加军机。明是重用，实际是解除了他的兵权。袁世凯心里有数，不等招呼，即主动交出了北洋新军的最高统帅权。"[1]

清末"预备立宪"一出台，立即引起朝野人士广泛关注，因为这意味着权力将重新分配。统治阶级中各集团派系都想借此机会扩大自己的势力，同时排除异己。预备立宪初始，清廷就出现了政治纷争，且矛头直指袁世凯和奕劻，这显然是慈禧制衡政策所起的作用。

实际上，在慈禧太后的操纵下，庆袁势力与岑、瞿早已渐成水火：光绪三十年（1904 年），发生奕劻、袁世凯借西征军费报销陷害岑春煊案；发生御史蒋式瑆揭露奕劻在汇丰银行存巨款案；发生岑春煊揭发周荣曜贪污并贿

---

[1] 爱新觉罗·溥仪著：《我的前半生》，群众出版社 1964 年版，第 19—20 页。

赂奕劻案。光绪三十一年（1905年），发生御史张元奇弹劾奕劻次子挟妓宴饮于市案；发生瞿鸿禨借印花税攻击袁世凯不法案。

瞿鸿禨、岑春煊皆是庚子年西狩途中受知于慈禧太后的人物。瞿鸿禨入值军机，颇有清望；岑春煊则是地方督抚中少有的能与袁世凯抗衡的人物，时有"南岑北袁"之称，他们都主张对庆袁势力加以裁抑。在慈禧太后的默许下，光绪三十三年（1907年），他们二人联合起来，掀起了一场声势浩大的"倒庆袁"的政潮。

由于岑春煊与袁世凯"素不和睦"，且又"与奕劻不协"，因此，光绪三十二年（1906年）9月，袁世凯与奕劻策划，把力图在立宪中有所发展的岑春煊远调边地担任云贵总督，使其无法有为。同时，让周馥接替岑春煊，使两广掌控于袁世凯的亲家之手。接着，奕劻长子、农工商部尚书载振，与军机大臣徐世昌同赴东三省察看，透露出北洋集团已把东三省作为他们下一个夺取的目标。袁世凯借立宪排除异己，发展本集团的势力，自然更引起了瞿鸿禨、岑春煊等人的激烈反对。

早在光绪三十一年（1905年）清廷谕令重要省份的督抚派员入京参议官制改革时，岑春煊就趁机将亲信于式枚派进京，向瞿鸿禨递交了岑处的密电号码本，二人相约"团结以攻本初（袁世凯）"。[①] 其后瞿鸿禨又使汪康年在京办《京报》。《京报》成立未久，即以忼直敢言，撄政府要人之怒。岑春煊则自武汉"迎折北上"，面见太后，参劾奕劻，说什么"太后固然真心改良政治，但以臣观察，奏行之人，实有欺蒙朝廷不能认真改良之据"。[②] 不久，段芝贵行贿奕劻及贝子载振购歌妓杨翠喜一案败露，在瞿鸿禨的支

---

① 陈旭麓等主编：《辛亥革命前后——盛宣怀档案资料选辑之一》，上海人民出版社1979年版，第41页。
② 岑春煊：《乐斋漫笔》，章伯锋、荣孟源主编：《近代稗海》（一），四川人民出版社1985年版，第100—101页。

持下，御史赵启霖、赵炳麟、江春霖纷纷上书弹劾奕劻、载振父子"惟知广收赂遗，置时艰于不问，置大计于不顾，尤可谓无心肝"。[①]瞿、岑阵营的猛烈攻势，加之京津各报的大肆渲染，一时使庆袁阵营一度顿陷困境。

然而，奕劻毕竟是朝廷亲贵，且为政有年，树大根深，加之袁世凯手下人才济济，于是采取内外下手之策，"联合防堵"：内有世续、徐世昌、成勋"出力"，使"上怒，乃解"；[②]外有在津袁党弥缝，遂使调查一无所获。此后，庆袁一党利用慈禧太后仇视戊戌维新党人的心理，以瞿、岑暗通康、梁为由加以反击。5月28日，奕劻上朝独对时，指出瞿、岑联合掀起政潮的目的在于"推翻大老（奕劻），排斥北洋，为归政计"，[③]又将岑春煊在戊戌年保举康、梁的三份奏章摆出，并把瞿鸿禨与汪康年的关系及汪与康、梁的关系奏明，终于使慈禧太后下决心外放岑春煊出任两广总督，并将瞿鸿禨赶出军机要地。

慈禧太后虽然利用瞿、岑牵制庆袁势力，但其目的不过是搞权力制衡，并不打算打掉庆、袁。岑春煊的飞扬跋扈、不听任命、闪电式的频繁出击，把政局搅得沸沸扬扬；瞿鸿禨则暗结私党，"授意言官，暗通报馆"，把慈禧太后关于打算开奕劻出军机的消息泄露出去，都使得"慈圣亦不快"，不能不有所顾虑。[④]

陶湘在相关著述中说："西林不赴广，慈圣亦不快，盖西林为平日眷赏，

---

① 朱寿朋编：《光绪朝东华录》（五），中华书局1984年版，总第5660页。

② 张国淦：《北洋军阀的起源》，《北洋军阀史料选辑》（上），中国社会科学院出版社1981年版，第56、55页。

③ 沈云龙：《徐世昌评传》，（台）传记文学出版社1979年版，第44页。

④ 恽宝惠在《清末贵族之明争暗斗》一文中说道："奕劻贪黩好货，载振渔色无厌，屡被参劾，西太后亦有所闻。瞿鸿禨笔下敏捷，深得太后赞许，有一天独叫瞿见，谈到奕劻，曾露罢免之意。不知由何人传播，登载于英伦报纸；驻华英使夫人且于太后招待游园之际，当面询问。太后虽极力否认，而疑此语为瞿所独闻，不应泄露于外，于是乃将瞿罢免，而奕劻反暂得保留。这是光绪三十三年五月间的事。"见全国政协文史资料研究会编：《晚清宫廷生活见闻》，文史资料出版社1982年版，第63页。

今不遵命，斥之不欲，不斥又不能，此等为难亦是实况。"① 生动地描写出了慈禧太后当时对岑春煊的矛盾心理。

胡思敬在《国闻备乘》中对此事更是分析得十分透彻。他说："疆臣以去就要君，始自春煊，三百余年所未有。履霜之渐，识微者其知惧矣。"②

由此可见，袁世凯跋扈固然要加以抑制，岑、瞿一党的发展也不能不有所提防。精于驭臣之术的慈禧太后对此了然于胸。况且，北洋集团实力庞大，还要借用，打打拉拉还不是官场上常有的事情。综上所述，瞿、岑失败的原因主要在于以下四点：

（1）他们不了解慈禧太后的心意，妄图推翻庆亲王奕劻、袁世凯。瞿与岑位居宰辅、封疆，也是在官场里摸爬滚打了几十年的人，却不明白一个简单的常识：有清一代，满洲亲贵才是清廷信任与依赖的对象。奕劻是慈禧太后继荣禄之后选定的扛鼎人物，岂是他们那么容易推翻得了的？慈禧就说过："奕劻死要钱，实负我。我不难去奕劻。但奕劻既去，宗室中又谁可用者。"③

（2）政治斗争的胜负是建立在双方的实力地位基础之上的。庆袁联盟实力强大、阵容齐整，正得到慈禧太后的赏识与借重，双方力量悬殊，不可同日而语。

（3）瞿、岑狂妄自大，不知收敛，在慈禧太后面前表现得过于急迫与过跋扈。

（4）最根本的是，慈禧太后所以支持瞿、岑，一个重要原因就是需要一个对立派来抑制庆袁势力，维持朝局的平衡，并不想扳倒庆、袁。已经

---

① 陈旭麓等编：《辛亥革命前后——盛宣怀档案资料选辑之一》，上海人民出版社 1979 年版，第 58 页。
② 胡思敬：《国闻备乘》（卷一），章伯锋、荣孟源（主编）：《近代稗海》（一），四川人民出版社 1985 年版，第 222 页。
③ 胡思敬：《国闻备乘》（卷三），章伯锋、荣孟源（主编）：《近代稗海》（一），四川人民出版社 1985 年版，第 277 页。

厌倦朝局再有大变动的慈禧太后，不想重新刷新朝局，伤筋动骨地调整统治集团内部的高层满汉联盟班底了。

3. 用张之洞牵制袁世凯

政地沧桑，波谲云诡。慈禧太后原本想借瞿、岑以抑制庆袁势力，结果没有达到目的。面对瞿、岑开缺后庆袁势力再度膨胀的局面，她又频出新招：

第一招，引用醇亲王载沣牵制庆亲王奕劻。

罢黜瞿鸿禨后，慈禧使载沣入军机处，以抗衡和准备取代奕劻。慈禧"将载沣加入军机大臣，希望分奕劻的权，哪知载沣谨小慎微，尚有父风，而才具平庸，又乏手腕，岂是奕劻的对手，徒成为'伴食中书'而已"。[①] 同时，慈禧太后又进一步援引与重用世续、载泽、善耆等亲贵。光绪三十三年（1907年）夏，肃亲王善耆、镇国公载泽分别就任民政部和度支部尚书，以至满洲亲贵联翩而掌部务，汉人不得一席之地以自暖。

第二招，利用张之洞制衡袁世凯。

罢黜瞿鸿禨不过两月，慈禧将袁世凯、张之洞同时调入军机处。张之洞的资望远在袁世凯之上，二人实力各有短长，要想牵制袁世凯，岑春煊之后，张之洞显然是最合适的人选。袁、张二人此前分别任直隶总督和湖广总督，不但握有一方的军、政、财权，且能承担相当一部分的对外交涉，他们虽在朝外却可遥控中央。慈禧太后以明升暗降的办法将二人调入军机处，目的明显是一箭双雕，既削弱了汉人地方实力派，"先拔去督抚中的两大柱石，然后渐次削减各督抚的实权"，[②] 又使袁、张二人互相钳制，便于慈

---

① 恽宝惠：《清末贵族之明争暗斗》，全国政协文史资料研究会编：《晚清宫廷生活见闻》，文史资料出版社1982年版，第63—64页。

② 李剑农著：《戊戌以后三十年中国政治史》，中华书局1965年版，第69、70页。

禧自己"操纵其间"。① 把袁世凯调京，表面上是提升他，给以主持全局的重任，实际上是让他离开直隶地盘，失去对军队的直接指挥权。此乃削去实权予以高位的明升暗降之计。

袁世凯虽然如愿进入中枢，但实际上仕途并不怎么得意通达。他的责任内阁主张不仅屡屡受挫，而且在实际权势方面也受到各方牵制与压抑。京中诸大老鹿传霖、善耆、铁良等人联合张之洞，共同对付庆袁势力。铁良明言："中堂（张之洞）如早来，则某某秘计早已瓦解……总之，愈速愈佳，怠迟则某某布置亦有端倪，对待又当煞费苦心。"② 铁良的"某某秘计"，显然是针对袁世凯所主张的责任内阁制而发。与张之洞进京相同时，张之洞的亲信梁鼎芬上疏参劾奕劻贪黩、袁世凯攘权。张之洞到京后，便向慈禧太后上言宜先开国会，后设内阁。他言责任内阁必须由国会监督，显然是要与袁世凯有一番较量。

4. 以铁良代替袁世凯掌管兵权

铁良曾为荣禄幕僚，得以与袁世凯交往。"初事袁极恭，适袁因督练京旗兵丁，须得一开通精练之满人，相助为理"，③ 遂于光绪二十八年（1902 年）袁世凯以"才长心细，器识阔通"④，奏请以铁良为京旗练兵翼长；不久又保其署兵部左侍郎；次年又请已授户部右侍郎的铁良仍会办京旗练兵事宜；练兵处成立后，又荐其为襄办练兵大臣。"自参与练兵事，其地位乃渐显"。⑤ 铁良因屡受袁世凯提携，被时人视为"袁之爪牙"，与徐世昌、荣庆并称为"袁氏麾

---

① 张国淦著：《北洋军阀的起源》，《北洋军阀史料选辑》（上），中国社会科学院出版社 1981 年版，第 62 页。
② 《丁未七月二十三、二十四日京邹道来电》，《张之洞存各处来电稿》第三函，转引自李细珠：《论清末预备立宪时期的责任内阁制》，《明清论丛》（第八辑），紫禁城出版社 2008 年版，第 2 页。
③ ［日］佐藤铁治郎著：《一个日本记者笔下的袁世凯》，天津古籍出版社 2005 年版，第 186 页。
④ 《袁世凯奏折专辑》（四），台北故宫博物院 1970 年印行，第 747 页。
⑤ 戴逸、李文海主编：《清通鉴》（20），山西人民出版社 2000 年版，第 8732 页。

下三君"。然而，铁良毕竟是满人之中"深于种族之见者"，曾谓"海外党人排满之说甚炽，以汉人久握军事大权，甚非慎固根本之计也"，因而与袁世凯有着根本的利害冲突。同时，袁世凯虽屡荐铁良，但始终视其为附庸，而不予实权。铁良对此自不甘心，随着"朝眷日隆，乃思夺世凯之权"。[①]

　　袁铁交锋，是从粮饷收放权的争夺开始的。练兵处初设时，曾由奕劻奏定"原拨新练各军饷项暨续筹专饷，均解由臣处饷局收放，所有各项支发，按年由臣处核议奏销，毋庸由各部核销，以免纷歧。其续筹各专款，统由臣处督催经理"。[②]然而袁世凯一手包揽练兵处，造成"向来各省协济练兵经费，及土药税费，均解由北洋粮饷局接收，练兵处只备案而已"。[③]铁良掌户部后，立即从粮饷入手限制袁世凯势力的扩张。他先是拒绝袁世凯的印花税之请，不准袁世凯借端科敛，同时又利用手中之权"钩稽精核"，致使"北洋财政竭蹶，不免牵萝补屋，铁则处处掣肘之"，袁因而对铁大为不满。

　　军务方面，铁良虽然暂居篱下，但"彼此手下，俱有一各不相下之势隐在心中"。铁为了与袁相抗，进而取而代之，决心从培养自己的势力入手。此时乃有满人良弼由日本学成回国，铁良倚之为谋主，遂以练兵处为大本营，广招士官生安插其中，以力图形成士官派势力，打破袁世凯的北洋武备派势力。

　　光绪三十二年（1906 年），清廷厘定中央官制，上谕下："兵部着改为陆军部。以练兵处、太仆寺并入。应行设立之海军部及军咨府未设立之前，均暂归陆军部办理。"[④]同时，任命铁良为陆军部尚书，另两位满人为左右侍

---

① 　徐凌霄、徐一士著：《凌霄一士随笔》（二），山西古籍出版社 1997 年版，第 606 页。

② 　《练兵处办事简要章程清单》，来新夏主编：《北洋军阀》（一），上海人民出版社 1988 年版，第481 页。

③ 　丁士源：《梅楞章京笔记》，章伯锋、荣孟源主编：《近代稗海》（一），四川人民出版社 1985 年版，第 444 页。

④ 　故宫博物院明清档案部编：《清末筹备立宪档案史料》（上册），中华书局 1979 年版，第 471 页。

郎，中央兵权，遂尽落满洲亲贵之手。

铁良既掌陆军，立即着手削夺袁世凯手中的兵权，其采取的措施主要有以下四个方面：

（1）收各省军队归陆军部统辖。光绪三十二年（1906年）11月，清廷发布上谕云："现在专设陆军部，所有各省军队，均归该部统辖。"[①] 欲借统一全国军政之名，夺取北洋六镇，削夺袁世凯兵权。对此，袁世凯心中十分清楚，觉出情况照此发展下去，对他十分不利，但因此时势力大绌，"要反抗又没有确保胜利的实力"，[②] 只能以退为进，"蓄势待时，不敢遽发"，[③] 以图东山再起。于是，袁世凯奏请将第一、三、五、六这四镇"归陆军部直接管辖，毋庸由臣督练"，而第二、四两镇，则以"客军尚未尽撤，大局尚未全定，直境幅员辽阔，控制弹压，须赖重兵"为由，故"请仍归臣统辖督练，以资策应"，试图以"多还少留"的手法试探清廷对他掌握部分兵权的态度。结果朱批"现在各军，均应归陆军部统辖。所有第二、第四两镇，着暂由该督调遣训练"。[④] 表面上清廷对袁做了让步，但"统辖督练"改为"暂由该督调遣训练"，却明白地显示出清廷准备在日后将两镇收回的意图。四镇收归陆军部后，铁良立即任命满人凤山为练兵会办大臣，接统袁交出的北洋四镇，从而将四镇控制于满人手中。

（2）收回北洋六镇高级军官的任免权。北洋诸镇成军之初，军官全为袁世凯一手安插，因而要职皆为袁氏心腹，军官之进退荣辱也全操于袁世凯一人之手。长此以往，他们与袁世凯形成了浓厚的封建人身依附关系，

---

① 朱寿朋主编：《光绪朝东华录》（五），中华书局1958年版，第5601页。
② 唐在礼：《辛亥前后的袁世凯》，《八十三天皇帝梦》，文史资料出版社1983年版，第91页。
③ 胡思敬：《大盗窃国记》，《退庐全集》，沈云龙编：《近代中国史料丛刊》第45辑，（台）文海出版社影印本，第135页。
④ 《陆军各镇请分别归部留直统辖营练片》，天津图书馆、天津社会科学院历史研究所编，廖一中、罗真容整理：《袁世凯奏议》下，天津古籍出版社1987年版，第1419—1420页。

只唯袁一人之命是从。练兵处成立后，其章程规定"遇有才具出众，堪资任使各人员，由臣处不拘阶途，奏请破格擢用。所有隶属臣处各武职，均由臣处分别注册，咨行兵部另档立案"。① 这样一来，袁世凯就可以名正言顺地安置党羽，培植私人势力，兵部却仅仅是备案而已。铁良掌管陆军后，为了打破这种局面，摧毁袁世凯的根基，决定先从高级军官入手，规定"凡天下各镇统制，皆由部奏请简派，督队官始由督抚委用"。②

（3）收北洋学堂归陆军部管辖。北洋六镇的编练成功，使清政府重新拥有了一支新型的武装力量，这是符合慈禧意愿的。但另一方面，这支军队却有着严重的地方分权性质，特别是一系列北洋军事学堂的开办，更使袁世凯建立了自己的亲信网络，以至于其掌握了清王朝的大部分武装力量，这无疑引起了慈禧的不安。满洲权贵们在实践中也逐渐认识到开办军校对掌握军权的重要性。铁良当初用士官派与袁世凯争权时，即因"武备派成了一种势力，不能插进"。③ 执掌陆军部后，铁良立即采取种种措施，将袁世凯"所创之学校"，"皆归入陆军部管辖"，④ 以力图改变袁世凯等人对办学事务的独霸，夺得了军事教育之权，以保证清廷对新军的控制权。

（4）收回筹饷之权。军饷为军队性命之根基，袁、铁争夺新军筹饷权由来已久。陆军部成立后，为了加强对军饷的控制以扼制袁世凯势力的发展，铁良以接管练兵必须先清饷源为由，规定协饷均解由度支部转陆军部收。为了达到这一目的，铁良曾拟亲自任陆军部尚书兼署度支部尚书，以

---

① 《练兵处办事简要章程清单》，来新夏主编：《北洋军阀》（一），上海人民出版社1993年版，第480页。
② 孙宝瑄：《忘山庐日记》（下），上海古籍出版社1983年版，第972页。
③ 张国淦：《北洋军阀的起源》，《北洋军阀史料选辑》（上），中国社会科学出版社1981年版，第41页。
④ 孙宝瑄：《忘山庐日记》（下），上海古籍出版社1983年版，第972页。

统一事权，后来虽然度支部尚书职务改由溥颋接任，但仍为满人，因而所有军饷牢牢地握在了铁良之手。

　　经过铁良的一番努力调整，从表面上看，原属袁世凯的军政权力大都转移到了满洲亲贵的手中，实现了满洲亲贵重掌兵权的愿望。然而，实际结果却远非铁良等人所愿。六镇中盘根错节的袁世凯势力并未遭到"廓清"，袁世凯仍能在暗中掌握并控制北洋新军。原因很简单，袁世凯尽管交出了部分兵权，但除第一镇外，其余几镇原本就是袁一手编练而成，原有将校均是他一手选拔的心腹死党，即便是袁氏离开了他们，其影响力仍然是决定性的。最重要的是，慈禧虽罢免了袁世凯的兵权，但并没有将他置于死地的打算，仍然重用他和维护他。"世凯虽罢兵柄，而西后眷遇不衰"，[①] 时任军机处领班章京的华世奎说："自陆军部成立，收回北洋军队，部省摩擦日甚。袁督虽出第一、三、五、六四镇，而统制以下各级军官都是袁旧部武备派旧人，军部拟陆续以士官派更换，自非旧派所能甘服。"双方矛盾日益激化，事为慈禧所闻，光绪三十三年（1907 年）4 月遂有"奕劻着管理陆军部事务"之谕，且谕中有"徇私偏执，一并严惩"之语，显然是指责铁良排挤袁党过急，故以奕劻"调处两者之间"，防止"酿成事故"。

　　奕劻管理陆军部后，职权在铁良之上，"因此军事系统的改组仍将在和北洋集团有交情的人们监督之下进行"。[②] 奕劻素来党袁，乃人所共知。铁良曾想效法袁世凯以财货投其所好，将其拉拢，于是在奕劻生日时送以万金，不料奕劻云："此不是来开玩笑乎？"奕劻本无货不收，而"惟铁一处却耳"，这对铁良是一个很大的打击。在奕劻的牵制下，铁良举措失着。不

① 徐凌霄、徐一士著：《凌霄一士随笔》（二），山西古籍出版社 1997 年版，第 606—607 页。
② ［美］拉尔夫·尔·鲍威尔著：《1895—1912 年中国军事力量的兴起》，《中华民国史料丛稿》（译稿），中华书局 1978 年版，第 150 页。

久即有人谋倒铁良，"其术极巧而工"，①致使铁良朝眷顿衰。其术其人为何，已不可知，但与庆、袁有关却是无疑的。

对于这种结果，满族亲贵们自然不会甘心。为了彻底削夺袁世凯的兵权，同年七月，袁世凯被内调为军机大臣兼外务部尚书。但继任直督的却是袁所保荐的杨士骧。杨为袁亲信之一，受任后"一蹈故迹，不稍变，内外晏然，不知帅之易者"。②这说明，慈禧虽然同意剥夺袁世凯的兵权，但并不打算放弃或者罢黜袁世凯。

主持外务部毕竟不是袁世凯之终志，他仍寻机夺取陆军部，袁、铁之间仍然暗潮汹涌。早在袁未入京之前，他就参劾铁良任用私人、毫无展布，将北洋数镇搞得前功尽弃。入京后，他攻铁更加不遗余力。当慈禧问他奕劻贪否时，他说："庆，人多谓其营私……其操守廉洁，实为当时之罕。尝闻本年（庆）寿时，宝（铁良）送寿仪巨，（庆）坚拒不纳，是（庆）之操履人所共知。而宝管军务不久，何来如许巨金？"奕劻当初拒贿的目的原来在此，袁此时向慈禧奏明此事，用心颇深。铁良闻讯后，知自己已入他人圈套，急忙具折自陈云："从前中央集权非创自奴才也，今果中央集权矣，而又有不愿者，请将奴才力予罢斥。"以此暗示袁世凯对于陆军部心怀叵测。此时慈禧太后对袁世凯已有疑心，故对袁攻击铁良之事不予理会，却派奕劻赴铁良宅温谕慰留。袁见势不对，急忙掩饰云："我劾陆军，我岂能管陆军！"③与铁良见面时又"力矢不管陆军"云云，其计终未得逞。但次年袁又向铁良提出：全国训练三十六镇新军的计划正在实行，统制、协统、标统和

---

① 陈旭麓等主编：《辛亥革命前后——盛宣怀档案资料选辑之一》，上海人民出版社 1979 年版，第 50、53 页。

② 《诰授光禄大夫直隶总督兼北洋大臣赠太子少保文敬杨公行状》，《北江先生集》（文卷三），中国社会科学院近代史所图书馆藏，第 23 页。

③ 陈旭麓等主编：《辛亥革命前后——盛宣怀档案资料选辑之一》，上海人民出版社 1979 年版，第 67 页。

兵备、参谋、教练总办，非由武备学堂出身或久经训练新军者，不能胜任。今后各省添练新军，自统制以下各官，均应从北洋军中咨商调派，企图让自己的心腹爪牙去控制全国的新军，扩展自己的势力，手段愈加巧妙。如果袁世凯的计划得以实现，则全国的新军都将置于北洋集团的控制之下。

　　对于袁世凯觊觎军事权力的企图，慈禧洞若观火。一方面，她继续欣赏与重用袁世凯，希望袁世凯能凭借他的能力像李鸿章那样为巩固清王朝的江山多尽力量；另一方面，慈禧又小心翼翼，不让袁世凯重掌兵权。终慈禧之世，袁世凯重掌军政大权的愿望始终未能得到实现，但他也始终对慈禧忠心耿耿。这说明，慈禧对待庆袁势力"既用又抑"的政策是成功的。可惜，继承慈禧权力的载沣不懂得这个道理，监国不久就罢免了袁世凯，从而导致慈禧晚年精心架构的高层权力运作机制遭到彻底破坏。从此，清政权一旦遇到风吹草动，这座将倾的王朝大厦就会轰然倒塌。

第十章
在宣统朝的地位及与载沣等人的矛盾

终宣统一朝，载沣派与奕劻派既斗争又利用，因为奕劻党衰。皇族亲贵内部虽然派系林立，政见分歧，你争我斗，但在抑制奕劻的问题上，倒形成了完全一致的意见。载沣以监国摄政王的身份，控制了军事、财政及代表民意的资政院等要害部门；奕劻派则控制了军机处，占据了军机大臣四分之三的席位，最后形成了两不相下的局面。

一、宣统朝首席顾命大臣

光绪三十四年（1908 年）夏秋间，慈禧太后身体时有不适，眠食失宜。入冬以后，这个风烛残年的铁腕女人又害起了痢疾，下泄不止。十月初十（11 月 3 日），是这位老太后 74 岁的生日。生日大庆的欢乐并没有减轻这位已经主宰了清朝 48 年命运的女强人的病痛。相反，多日的劳累，使得她的病情有增无减。慈禧太后预感到，该是她决定后事的时候了。

据溥仪在《我的前半生》一书中回忆：

庚子后，载漪被列为祸首之一，发配新疆充军，他的儿子也失去了大阿哥的名号。此后七年间没有公开提起过废立的事。光绪三十四年十月，西太后在颐和园度过了她的七十四岁生日，患了痢疾，卧病的第十天，突然做出了立嗣的决定。跟着，光绪和慈禧就在两天中相继去世。我父亲这几天的日记就有这样的记载：

"十九日。上朝。致庆邸急函一件……二十日。上疾大渐。上朝。奉旨派载沣恭代批折，钦此。庆王到京，午刻同诣仪鸾殿面承召见，钦奉懿旨：醇亲王载沣著授为摄政王，钦此。又面承懿旨：醇亲王载沣之子溥□著在宫内教养，并在上书房读书，钦此。叩辞至再，未邀俞允，即命携之入宫。万分无法，不敢再辞，遵于申刻由府携溥□入宫。又蒙召见，告知已将溥□交在皇后宫中教养，钦此。即谨退出，往谒庆邸。

二十一日。酉刻小臣载沣跪闻皇上崩于瀛台。亥刻小臣同庆王、世相、鹿协揆、张相、袁尚书、增大臣崇诣福昌殿。仰蒙皇太后召见。面承懿旨：

摄政王载沣之子□□著入承大统为嗣皇帝，钦此。又面承懿旨：前因穆宗毅皇帝未有储贰，曾于同治十三年十二月初五降旨，大行皇帝生有皇子即承继穆宗毅皇帝为嗣。现在大行皇帝龙驭上宾，亦未有储贰，不得已以摄政王载沣之子□□承继穆宗毅皇帝为嗣并兼承大行皇帝之祧。钦此。又面承懿旨：现在时势多艰，嗣皇帝尚在冲龄，正宜专心典学，著摄政王载沣为监国，所有军国政事，悉秉予之训示裁度施行，俟嗣皇帝年岁渐长，学业有成，再由嗣皇帝亲裁政事，钦此。是日住于西苑军机处。"

这段日记，我从西太后宣布自己的决定的头一天，即十九日抄起，是因为十九日那句"致庆邸急函"和二十日的"庆王到京"四个字，与立嗣大有关系。这是西太后为了宣布这个决定所做的必要安排之一……西太后明白，袁对北洋军的实际控制能力，并非立时就可以解除，袁和奕劻的关系，也不能马上斩断。正在她筹划着下一个步骤的时候，她自己病倒了，更使她焦虑的是这时又忽然听到这个惊人消息：袁世凯准备废掉光绪，推戴奕劻的儿子载振为皇帝。不管奕劻如何会办外交和会奉承她，也不管袁世凯过去为她立过多大的功，也不管他们这次的目标正是被她痛恨的光绪，但这个以袁世凯为主旨的阴谋传说，她马上意识到的一种可怕的厄运，这是爱新觉罗皇朝的厄运，也是她个人的厄运。因此她断然地做出了一项决定。为了实现这个决定，她先把奕劻调开，让他去东陵查看工程，然后把北洋军段祺瑞的第六镇全部调出北京，开往涞水，把铁良自己的亲信部队第一镇兵调进北京，安排已定，才又把奕劻叫回来，宣布了立我为嗣，封我父亲为摄政王；为了继续笼住这位有八国外国朋友的庆亲王奕劻，同时又给了他亲王世袭罔替的荣典。

关于袁、庆阴谋究竟确不确，阴谋的具体内容又是什么，我不清楚。但是我有一位亲戚确实听铁良事后说起过西太后的这次安排。铁良说，为了稳定段祺瑞的第六镇北洋军，开拔之前先发给了每名士兵二两银子，一套新装和一双新鞋。另外，我也听见一个叫李长安的老太监说起过光绪之死的疑案。照他说光绪在死前一天还是好好的，只是因为用了一贴药就坏了，后来才知道这帖药是袁世凯使人送来的。按照常例，皇帝得病每天药方要分抄给内务府大臣们每人一份，如果是重病还要抄给每位军机大臣一份，据当时一位内务府大臣的一位后人告诉我，光绪死前得的病不过是一般的感冒，他也看过那些药方，脉案平常，也没分抄军机。当时人们一接到光绪病重消息都很奇怪，因为前一天还有人看到光绪像好人一样，站在屋里说话。更奇怪的是病重消息传出不过两个时辰，就又听到了"晏驾"的消息。总之，光绪是死得很可疑的。如果太监李长安的说法确实的话，那么就更印证了袁、庆确曾有过一个阴谋，而且是相当周密的阴谋。

还有一种传说，是西太后自知病将不起，她不甘死在光绪前面，所以下了毒手。这也是可能的。但是我更相信这一点：她在宣布我为嗣皇帝的那天，还不相信自己这一场病会死的。这天光绪死后两个小时，她还叫监国摄政王："所有军国政事悉秉承予之训示裁度施行。"到次日，才又说："现予病势危驾，恐将不起，嗣后军国政事均由摄政王裁定，遇有重大事件为必须请皇太后（指光绪的皇后，她的侄女那拉氏）懿旨者，由摄政王随时面请施行。"她发现了来自袁世凯那里的危险之后，或者她在确定了光绪的最后命运之后，从宗室中单单挑选了这样的一个摄政王和这样一个嗣皇帝，也正是由于当时她还不相信自己就会死去。当了太皇太后固然不便再替皇帝听政，但是在她与小皇帝之间有个听话的摄政王，还不是和她自己听政一样吗？

当然，她也不会认为自己总活下去，但在她看来，她这个决定总算为保全爱新觉罗的宝座而尽了力。她甚至会认为，这个决定之正确，就在于她选定的摄政王是光绪的亲兄弟。因为按常情说，在皇族之内，这样的人

对于危险的袁世凯是最富警惕性的。^①

根据溥仪的上述回忆，我们可以知道，万寿节后，慈禧太后突然病重，择人嗣统、皇权交接，已经不容再缓。于是，张之洞"请定大计"，慈禧"颔之"。^②当时，皇族各派势力围绕皇位、皇权正在展开激烈的争夺。恭亲王溥伟积极活动，谋取帝位。坊间更为惊人的是有消息称："袁世凯准备废掉光绪，推戴奕劻的儿子载振为皇帝。"一时，山雨欲来风满楼。为了控制局面，以防不测，慈禧强打精神，拿出她往日的干练与雷霆手段，果断采取两项有力措施：第一，支开奕劻，令他驰往东陵，验收普陀峪万年吉地工程；第二，把段祺瑞所辖北洋第六镇官兵全部调离北京，开往涞水，同时把铁良统辖的北洋第一镇旗兵调进北京接防。

据恽毓鼎在光绪三十四年十月十四日（1908年11月7日）日记中记载："圣宫不豫辍朝，唯庆亲王见慈圣于榻前。既退，即兼程赴普陀峪地宫。朝士惊惶，虑有非常之变。且闻枢臣讨论道光庚戌、咸丰辛酉故事。一夜北风怒号。"^③

支开奕劻后，慈禧立即召见世续、那桐、张之洞等股肱重臣，商议嗣统问题。十月二十日（11月13日），慈禧太后颁发懿旨："醇亲王载沣之子溥仪，著在宫内教养，并在上书房读书。"^④"策既定，电招奕劻回京，告以谋。"二十日（13日）早晨，奕劻返京，皇位继承之事已定。木已成舟，奕劻尽管心中不满，但慑于慈禧太后的不测之威，也只能"叩头称善"。^⑤慈

① 爱新觉罗·溥仪著：《我的前半生》，群众出版社1964年版，第16—22页。
② 荣孟源、章伯锋编：《近代稗海》第一辑，四川人民出版社1985年版，第281页。
③ 史晓风整理：《恽毓鼎澄斋日记》，浙江古籍出版社2004年版，第404页。
④ 《光绪宣统两朝上谕档》第34册，广西师范大学山版社1996年版，第243页。
⑤ 胡思敬：《国闻备乘》卷3，荣孟源、章伯锋主编：《近代稗海》第一辑，四川人民出版社1985年版，第282页。

禧趁着奕劻在旁，当时就下谕召见载沣、世续、张之洞、袁世凯、鹿传霖等重臣进行托孤，全面把她身后的安排彻底付诸实施。

事实表明，慈禧太后尽管不让奕劻插手立储之事，害怕他与拥有重兵的袁世凯联手发动宫廷政变。但这位精明的老妇人心中十分清楚，在她身后，清王朝还离不开奕劻这样有历练有阅历有资格且能够平衡各方政治势力的重量级人物。

慈禧为什么会有这样"既防又用"的念头呢？

原来，奕劻并非等闲之辈。尤其是自从他于光绪二十九年（1903 年）成为领班军机大臣主持清政府内政外交工作以来，各省督抚几乎全成为他麾下的人物，早已经打破了清王朝所规定的亲贵不得与外臣结交往来的惯例。因而他政治势力雄厚，盘根错节，树大根深，轻易撼动不得。

中外大量历史事实早已经证明，在现实政治生活中，政治无是非，成王败寇乃现实铁律，政治胜负往往就是各派背后实力强弱比拼的结果。而当时的历史事实是，载沣虽贵为未来皇帝之父，又有慈禧太后临终钦定的"监国摄政王"的头衔，掌握着国家杀伐大权，但他年轻无历练，属于火箭式提拔的干部，在政治实力上与奕劻无法同日而语。这一点，对于已经精明成精的慈禧太后来说，自然早就是洞如观火，心明眼亮的。

凭借多年的内政外交实践阅历及其丰富的宦海沉浮的经验教训，奕劻已经成为清政府须臾不能离开的重要人物。一句话，奕劻这人不简单。

鉴于上述种种因素，慈禧太后在临终前，将奕劻为首的诸老臣叫到身边，指着载沣，叫他们看在她多年眷顾他们的份上，好好辅佐载沣执政。"景帝既崩，孝钦后闻之悲痛，疾乃转剧。临终，执溥仪手，指载沣，顾先公及奕劻、世续等而泣曰：'汝辈皆先皇老臣，今皇帝冲龄，虽有载沣摄政，亦惟汝辈匡辅是赖。'复泣顾载沣曰：'汝应拜诸老臣。汝年幼，惟诸老臣之谋是用.' 载沣挥泣,向先公及奕劻等拜,先公与奕劻等同伏地,泣不可仰。比退,孝钦后亦旋崩矣。"①

就这样,在清王朝最为危急的最后数年里,奕劻凭借其身份、地位、资历、官场实力等,最终成了慈禧太后钦命的新朝首席顾命大臣。

二、载沣驱袁及扫荡袁党

光绪三十四年十月二十一日(1908 年 11 月 14 日),正当盛年的光绪皇帝含恨病逝于中南海的瀛台。光绪皇帝死后,其侄溥仪,奉慈禧太后懿旨,"入承大统,为嗣皇帝"。随后,溥仪之父载沣亦奉"病势危笃,恐将不起"的慈禧太后之命监国,"嗣后军国政事,均由摄政王裁定,遇有重大事件有必须请皇太后懿旨者,由摄政王随时面请施行"。②十月二十二日(11月 15 日),实际掌握清王朝政权 48 年之久的慈禧太后永远地放弃了她紧握在手的权力。十一月初九(12 月 2 日),太和殿上举行了清入关后的第十次登基大典,溥仪登基,以 1909 年为宣统元年。清代历史,从此进入了以溥仪临朝,载沣监国摄政的宣统朝。

宣统朝统治集团内部的总矛盾与权力纷争中,对清末政局产生重大影响的首推以载沣为首的皇族亲贵集团与袁世凯北洋集团的矛盾和争斗。

"李鸿章死后,军政大权均归袁世凯掌握。"③

为了维护自己的利益,新得势又狭隘的满洲亲贵集团急于要除掉实力派袁世凯集团的潜在威胁。

---

① 袁克文:《先公纪下·洹上私乘》,卷一下,大东书局 1926 年版。
② 爱新觉罗·载沣著:《醇亲王载沣日记》,群众出版社 2014 年版,第 301 页。
③ 印鸾章:《清鉴》下册,中国书店 1985 年版,第 933 页。

"其时两宫薨逝，政潮已极剧烈。欲攻袁者，方多方寻隙"①，以去之及爪牙为快。溥仪登基后一个月，监国摄政王载沣即罢黜了身为军机大臣的袁世凯，这件事一时震动了中外政坛。

"昔袁世凯以力主改革，有忤载沣，排汉派铁良、良弼等，恶其势日张，亦时思除之，只以孝钦信任过专，未得置喙。泊孝德接踵薨逝，载沣摄政，遂挟雷霆之威，首黜袁氏。"②

载沣监国摄政后，权力与威势已经远在袁世凯之上，他为什么仍然不能容忍袁世凯而将其立即罢黜了呢？

关于这一点，对载沣的秉性为人比较清楚的胞弟载涛的分析很能说明一点问题。

载涛后来回忆说："载沣虽无统驭办事之才，然并不能说他糊涂。他摄政以后，眼前摆着一个袁世凯，在军机大臣的要地，而奕劻又是叫袁拿金钱喂饱的人，完全听袁支配。近畿陆军将领以及几省的督抚，都是袁所提拔，或与袁有秘密勾结。他感到，即使没有光绪帝的往日仇恨，自己这个监国摄政亦必致大权旁落，徒拥虚名。"③ 由此可见，载沣罢黜袁世凯的主要动机在于维护自己监国摄政的权力。据许指严记载："袁之知满人不足有为，而处心积虑，施其破坏之阴谋者，实始于辛丑回銮而后。及荣中堂既死，则进行益猛矣。"袁世凯曾经"语其亲信曰：'满员中止一荣中堂，而暮气已甚。余则非尸居，亦乳臭耳，尚何能为。'自是一变其态度，始有予智自雄之意。"④ 这样看来，袁世凯的进退，实际上直接影响着清王朝的命运走向。

① 凤岗及门弟子编：《三水梁燕孙先生年谱》（上），上海书店出版社 1990 年版，第 82 页。
② 马震东著：《袁氏当国史》，团结出版社 2008 年版，第 23 页。
③ 载涛：《载沣与袁世凯的矛盾》，《辛亥革命回忆录》（六），中华书局 1963 年版，第 323 页。
④ 许指严：《新华秘记》，张伯锋、荣孟源主编：《近代稗海》（三），四川人民出版社 1985 年版，第 305、306 页。

载沣执政后不做如此处理，不仅自己心理上过不了这一关，恐怕在皇族亲贵这帮短视之人中，这一关也很难让他通过。

促使载沣罢黜袁世凯并扫荡袁党势力的，首先是来自台谏的御史言官们。

早在袁世凯入调军机大臣之时，御史江春霖即上奏弹劾袁世凯权势太重，一举罗列出袁世凯十二项罪状，包括"交通亲贵、把持台谏、引进私属、纠结疆臣、遥执兵权、阴收士心、归过圣朝、酒市外国、僭滥军赏、破坏选法、骤贵骄子、远庇同宗"，[①] 企图置之死地而后快。虽然江春霖言之确凿，好像是有理有据、各有所指，但这份弹劾袁世凯的奏折并未引起清廷的充分重视，而是留中不发。时人有称："庚子以前，李合肥之世界也；庚子以后，袁项城之世界也。"[②] 袁世凯当时的权势很大，又得慈禧太后信任，一时间很难撼动他的权位，直到光绪皇帝和慈禧太后相继离世、年近三岁的宣统皇帝溥仪继位、载沣出任监国摄政王，御史们才又找到机会弹劾袁世凯。

光绪三十四年十二月十一日（1909 年 1 月 2 日），赵炳麟密折弹劾袁世凯，折中说：

> 袁世凯之为人也，机械变诈，善构骨肉。我德宗景皇帝以三十余年之长君，尚束手就钳，终身郁结，而世凯得以树植私党，挟制朝廷。他日必生以外之变。此必不可留者一也，今日袁世凯党羽虽多，幸皆富贵利达之人，袁世凯一出军机，必多解散。若待其党根蒂固结，谋定后动，他日摄政王虽欲去之亦无可如何。至是时惟有敢怒不敢言，俯首听其所为而已。此不可留者二也。[③]

① 　参见江春霖著：《江春霖集》上册，马来西亚兴安会馆总会文化委员会 1990 年版，第 129—133 页。
② 　孙宝瑄著：《忘山庐日记》，上海古籍出版社 1983 年版，第 1286 页。
③ 　赵炳麟著：《赵柏岩集》（下），广西人民出版社 2001 年版，第 473—474 页。

给事中陈田亦上《奏为枢臣袁世凯结党营私居心叵测据实纠参事》，折中指出：

袁世凯枭杰之才，机诈之谋，揽权独工冒进无等。其在北洋遥持朝权，枢臣由之进退九列多其腹心，种种揽权不堪悉数。去岁外国协约已成，袁世凯危辞耸听，挟十事以要君，其中有皖省生变、人心叵测、灾祸入斗、天象难知等语。自古权好干政之术非贡于献媚以要君，则危言耸论而动主。未几袁世凯一果入军机处矣。袁世凯已入军机处一年有余，不知其抵制外人何事？挽回人心何术？消弭天变者何端？日谋揽权布置私人，其旧日之党徒如徐世昌、杨士骧、杨士琦、赵秉钧、唐绍仪、严修、王英楷等无论矣。其新引进者如江北提督王士珍、山东巡抚袁树勋、浙江巡抚增韫、河南巡抚吴重憙、安徽巡抚朱家宝、江西巡抚冯汝骙、吉林巡抚陈昭常、黑龙江巡抚周树模、顺天府尹凌福彭，或称门生，或联姻娅，遢请超迁骤应疆寄，名器之滥至斯极矣。是列祖列宗经营百战之封疆，皆为袁世凯树植私人之善地。臣请伊东三省言之。徐世昌初授东三省总督其保荐巡抚如唐绍仪、朱家宝、段芝贵皆为袁世凯私党，不敢外用一人，是其结党营私、通同一气之明证。又以北洋言之，袁世凯在北洋力能进退枢臣，则北洋重，其在枢臣又能挟制北洋，则枢臣重。则袁世凯之外府有弊不敢发，有害不敢言，静听指挥而已。北洋如此，他省可知。东三省如此，天下可知。而其同党复招致北洋兵官训练新军，将来天下督抚皆其私人，全国兵权在其掌握，不知袁世凯意欲何为？臣闻袁世凯之赐寿也，庆亲王奕劻至，去亲王而书名于寿联，贝子载振祝词称四哥，而自称如弟。

陈田还在奏折中指出袁世凯不可留任军机大臣的六点原因：

枢府亲王交通密煌，祖训深以为诫，此一不可也。中外大臣大半皆其私

320

人，朝廷有大政袁世凯发一议，附和者唯诺赞成，调停者依违龊可，政务处又不能抉者，询之疆臣，袁世凯势倾中外，疆臣多其党羽，此后无人敢与龌蹉，将指鹿为马，变黑为白是谁属？此二不可也。久握兵符而骄，前岁袁世凯入议官制气凌朝贵，摇动枢臣，颇有唐室藩朱温入朝之风。使其无兵当不致跋扈。此时确解兵权，各营将领多其私人，一旦有缓急，岂复可尾大不掉，可为寒心，此三不可也。袁世凯一介武夫，不学无术，此四不可也。前岁，袁世凯厘定官制求改设新内阁而不得，近与其党徒日夜图谋遂其初志，无非破坏朝局，独握大权，谋改内阁之人，即求入内阁之人，此其诡谋不问可知，此五不可也。袁世凯引进私人，则必排挤不附己者以为之地，今日河南巡抚林绍年、安徽巡抚冯煦，整饬吏治，无端开缺，而受带者乃吴重熹、朱家宝，附己者迁秩，不附己者解职。此后，人皆股栗，熟不望风纳款，投于袁世凯之门，校人结党廷孤立，此六不可也。[①]

　　摄政王载沣早有罢黜袁世凯之意，遂从赵炳麟、陈田的奏请，以足疾为名将袁世凯罢官，将其驱逐出清政府的权力中心。

　　其次，据载涛记载，促使载沣下决心解决袁世凯问题的是肃亲王善耆和镇国公载泽。他们曾向载沣秘密进言，认为此时若不速作处理，则内外军政方面，皆是袁的党羽。从前袁所畏惧的是慈禧太后，太后一死，在袁心目中，已无人可以钳制他了。异日势力养成，消除更为不易，且恐祸在不测。按善耆的主张是采取迅雷不及掩耳的手段，乘袁世凯单身一人进乾清门办公时，把他抓起来杀了再说。载沣当时虽然赞成严办，但他是个怕事的人，显然缺乏其祖先康熙皇帝擒鳌拜的胆量和气魄。他只是拟了一个将

---

① 《奏为枢臣袁世凯结党营私居心叵测据实纠参事》，第一历史档案馆，档号：04—01—13—0421—030。

袁革职使交法部治罪的谕旨，甚至还把这个谕旨拿出来和世续、奕劻、张之洞等军机大臣商量。尽人皆知，世续、奕劻是和袁世凯关系密切的人，张之洞则是一个圆滑世故的汉族官僚，兔死狐悲，他们的态度不问可知。"是时军机大臣世续入见，力为袁世凯解脱，乃易为其后公开之免职谕旨。"[1] 奕劻因与袁世凯之间的亲密关系而不便公开反对，只是闪烁其辞，软中带硬地说："杀袁世凯不难，不过北洋军如果造起反来怎么办？"张之洞则公开持反对态度："主上冲龄践阼，而皇太后启生杀黜陟之渐，朝廷有诛戮大臣之名，此端一开，为患不细。吾非为袁计，为朝局计也。"[2] 北洋第四镇统制吴凤岭、第六镇统制赵国贤干脆回答，如果非要杀袁世凯，请先解除他们的统制职务，以免士兵有变，致辜天恩。朝廷重臣那桐、世续也不同意载沣杀掉袁世凯。众大臣的反对，使这位年轻的摄政王更加犹豫不决，只得将谕旨中的严厉措辞一改再改，等到公布出来，就成了令袁世凯开缺回籍养疴的裁决。

客观地说，摄政王载沣上台以后立即驱逐汉族官僚代表人物袁世凯，这对于已经摇摇欲坠的清王朝来说并不是什么好事，对于已经四分五裂的统治集团来说，也无异于雪上加霜。因为事实很清楚，前次袁世凯与瞿鸿禨、岑春煊、铁良等人的斗争实际上都没有超出统治集团内部的倾轧范畴，但是，这次载沣驱逐袁世凯，却直接导致了慈禧太后在新政期间好不容易架构的继李鸿章、荣禄之后最高统治集团内部的新一轮满汉联盟格局彻底瓦解。

辛丑以后，袁世凯已经上升成为清政府中的汉臣头领，倘若驾驭笼络得法，统治集团中的满汉联盟还是可以引领清王朝这艘已经千疮百孔的破船继续走下去的。慈禧太后在世时的做法就比较成功。袁世凯尽管对于满

---

① 戴逸、李文海主编：《清通鉴》（20），山西人民出版社 2000 年版，总第 3983 页。

② 胡钧编：《张文襄公年谱》，卷 6，第 16 页。

人亲贵的诸多做法不满，但他当时还并没有背叛清王朝的野心。针对中国同盟会成立后在南方各省发动的一系列武装起义的极端做法，袁世凯明确表示了反对的态度。光绪三十三年六月二十九日（1907年8月7日），袁世凯还通谕直隶全省，驳斥革命党的排满之说，反对革命党采取的暴力举动。袁世凯说："逆党啸聚海外，荧惑侨氓。其处心积虑，尤欲满汉自相猜忌，因猜忌而生冲突，因冲突而启纷争。该逆又假托满人上灭汉政策，刊印散布，愚弄士民。既用排满之说，疑误满人；更借灭汉之说，激耸汉人。离间谗构，狡谲已极……近岁，湘赣两粤，迭闻揭竿。自取天诛，决无全理。"[1] 载沣不能体谅慈禧太后的良苦用心，一上台就罢黜袁世凯并进一步剪除袁党，这就破坏了统治者高层满汉联合统治的格局，破坏了慈禧太后定下的利用袁世凯集团进行"以汉制汉"的策略，从根本上动摇了清王朝统治的基础。这是辛亥年袁世凯集团利用革命党人反清之机从内部反戈一击，从而导致清王朝迅速灭亡的一个重要原因。

载沣罢黜袁世凯一事，在统治集团中影响很大，时人颇有微词。如曹汝霖就认为："摄政王罢斥项城，起用亲贵，仍觉有大事糊涂，小事不糊涂之感，不足与言国事也。"[2] 王锡彤亦认为"摄政王听信谗言，袭用国初忮克汉人之习，以威名赫赫、天下仰望之大臣首与为仇，几以托孤受命之身蹈亡身赤族之祸。虽张文襄、鹿文端诸臣极力保全，犹使罢职以去。尔乃自坏长城，使革命党生心，一般青年无聊之士忿郁思泄也。清廷之颠倒混乱至此极矣"[3]。可见当时载沣罢黜袁世凯的举动面对的风险和压力有多大。

载沣放逐袁世凯后，又进一步剪除袁党。

---

① 《为扶植伦纪历陈大义通谕》，《骆宝善评点袁世凯函牍》，岳麓书社2005年版，第188页。
② 曹汝霖著：《一生之回忆》，香港春秋杂志社1966年版，第86页。
③ 王锡彤著：《抑斋自述》，河南大学出版社2001年版，第142—143页。

在溥伦的授意下，御史谢远涵奏参邮传部尚书陈璧"虚糜国帑，徇私纳贿"，语极严厉，有"时至今日，财用之贫匮至矣。而以内外交迫之故，仍不得不设官筹款，以谋全国之交通。无论官款民资，同是国家膏血，孤注一掷，全在于兹。当其事者应如何力求撙节，使涓滴皆归实用，乃该部取之尽锱铢，用之如泥沙"等语，并牵涉龙建章、关赓麟、叶恭绰等多人。[①]载沣对陈璧素有恶感，据恽毓鼎说是因为三件事：第一件，载沣原定邮部为府第，前往查看，知陈璧为拓建花园，用强力驱逐小户，又见署中有数幢洋楼，对陈璧产生了不好的印象；第二件，载沣命陈璧勘察光绪陵寝，涉旬日犹不行；覆命之日，欲迎合载沣，谓："若派其办陵工，他人用百万者，璧只用四十万而已足。"不料大拂载沣之意，面斥其玩视光绪山陵，草率苟简，全无心肝；第三件，陈璧到邮传部后，大肆卖缺卖差。有一个书记生，最得陈璧宠信，深悉内幕。光绪三十四年（1908年）冬，陈璧忽发脾气，将该书记生斥革。该人大怒，遂将陈璧卖缺卖差各数目以及借洋款扣头详开一单，呈送载沣。[②]故而，载沣览谢远涵奏折后大怒，立即召见军机大臣，意欲先将陈璧革职，仍听候查办。后来经某军机大臣力求，才答应先行查办。十二月二十三日，载沣颁发上谕："有人奏大员虚糜国帑徇私纳贿一折，著派大学士孙家鼐、那桐秉公查办，勿稍徇隐，据实具奏，原折著抄给阅看。"[③]陈璧大为恐惧，为了自保，"便衣偷入署中，至庶务处与其心腹三四人关门改造账目，凡三日夜而后成"[④]。查了半月，孙、那未能得到陈璧"虚糜国帑""徇私纳贿"的任何证据，但二人为了迎合载沣意旨，还是以"铁

---

① 《掌四川道监察御史谢远涵奏大员虚糜国帑徇私纳贿据实纠参折》，《政治官报》，宣统元年正月十八日，第458号。

② 参看《端方密函》，《近代史资料》，第43期，第211页。

③ 第一历史档案馆编：《光绪宣统两朝上谕档》第34册，广西师范大学出版社1996年版，第325页。

④ 参看《端方密函》，《近代史资料》，第43期，第211页。

路局局务人员薪水过高"为由，将"虚糜国帑"的罪名坐实，而"徇私纳贿"一节实在无法坐实，只好说陈璧"用人冒滥"，并补充说"私门干谒，暮夜营求，臣等亦何从查"①，言下之意是陈璧徇私纳贿想必会有的，只是无从查证罢了。宣统元年（1909年）正月十六日，载沣根据孙家鼐、那桐所奏，谕将陈璧交部议处。两天后，将陈璧革职。

闰二月初二，御史江春霖又上奏弹劾袁党成员唐绍仪、严修、杨士琦、蔡乃煌、冯汝骙、朱家宝，奏称："窃维我皇上御极、摄政王监国之初，首罢军机大臣、外务部尚书袁世凯，忠义之士同声称快，而其党羽乃散布谣言，以惑中外。……而据近日所闻，世凯开缺之后，奉天巡抚出使大臣唐绍仪往来密电甚多，学部侍郎严修之请收回成命，实受世凯之子克定嘱托，各处造谣则农工商部侍郎杨士琦及苏松太道蔡乃煌居其大半，江西巡抚冯汝骙、安徽巡抚朱家宝，亦多附和，而劣迹更难枚举"，又称"当断不断，必受其乱"，主张借京察之机，大罢袁党。②是日，载沣以民政部右侍郎赵秉钧声名平常，谕将其原品休致。赵秉钧也是袁世凯一党，此次考绩免官者仅赵秉钧一人。五月二十一日，命唐绍仪开缺。七月十六日，将黑龙江民政使倪嗣冲革职。

这样，宣统元年一月十八日（1909年2月8日），邮传部尚书陈璧"以用款靡费，调员冒滥"③遭革职；一月十九日（2月9日），徐世昌内调邮传部尚书，由锡良继任东三省总督。锡良到任，立即抓住倪嗣冲贪污案，"即行革职，勒追赃款，以肃官方"④；接着，严修乞休；闰二月初二（3月23日）

---

① 参看《大学士孙家鼐等查覆邮传部尚书陈璧参款折》，《政治官报》，宣统元年正月十八日，第458号。

② 江春霖：《奏请罢黜袁世凯余党事》，第一历史档案馆缩微胶卷，档号04—01—12—0682—001，缩微号04—01—12—130—2173。

③ 印鸾章：《清鉴》，下册，中国书店1985年版，第935页。

④ 《黑龙江民政使倪嗣冲请革职片》，《锡良遗稿·奏稿》，第二册，中华书局1959年版，第943页。

民政部侍郎赵秉钧休致，北京的警权转到亲贵手中；五月十一日（6月28日）杨士骧病死，端方继任直隶总督；宣统元年十二月二十五日（1910年1月6日），唐绍仪被迫乞休；不久，铁路总局局长梁士诒被撤职、江北提督王士珍以病自请开缺照准，诸如此类，不一而举。尽管载沣在扫荡政敌方面不遗余力，但袁世凯的势力毕竟是太雄厚了，尚侍督抚，均属其私，决非一朝一夕所能铲除。因此，列强仍然把袁视为"有实力的人物"。英国《泰晤士报》仍把他排在世界伟大的"政治家"之列。[1] 当载涛、载洵赴欧洲考察军事时，西方人士"群口相谓，谓中国至今日奈何尚不用袁世凯"[2]。国内立宪派也认为袁世凯仍有猛虎在山之势，想方设法加以笼络。以袁世凯为核心的北洋集团与以载沣为代表的满洲亲贵集团之间的冲突因为袁世凯被罢黜已经发展到了势不两立的程度，这是清王朝统治者上层政治危机的最重要反映。袁世凯被罢官并没有使危机得到缓和；相反，由于政治重心的迅速变动，袁世凯集团与清室满洲联盟的破裂，上层的统治危机更趋严重。

三、亲贵对奕劻的倾排与打压

在中国历史上，许多王朝移鼎，皆由于其末期最高统治者的权力分配不均、引起内讧而致。清王朝也不例外。

恽宝惠在《清末贵族之明争暗斗》一文中说："清朝统治中国二百余年，到同、光年间，日渐衰弱，终至覆亡。其根本原因，当系少数统治阶级与广大人民之矛盾日益尖锐，亦即封建统治制度腐败使然也。然当权贵族为

---

① ［澳］骆惠敏编，刘桂梁等译：《清末民初政情内幕》（上），知识出版社1986年版，第713页。
② 黄远庸著：《袁总统此后巡回之径路》，《远生遗著》卷一，上海商务印书馆1920年版，第40页。

了一己之私利，相互间勾心斗角、争权夺利之加剧，亦是促成其灭亡之重要原因。"①作为清朝末年在军谘府任职过的实际见证人，这段话道出了当时社会发生的真实情况。

历史进入宣统朝，源于皇族亲贵内部的权力争斗更趋激烈。

慈禧太后当政时，皇族亲贵中纵有门户派系也不敢张扬。慈禧太后一死，载沣虽贵为摄政王，但他既没有慈禧太后在朝中的那种巨大的威望，也不懂得运用慈禧太后那一套恩威并施的用人手法，皇族亲贵内部很快四分五裂，政出多门，相互倾轧：

孝钦训政时，权尽萃于奕劻，凡内外希图恩泽者，非夤缘奕劻之门不得入。奕劻虽贪，一人之欲壑易盈，非有援引之人亦未易掇身而进。至宣统初年奕劻权力稍杀，而局势稍稍变矣。其时亲贵尽出专政，收蓄猖狂少年，造谋生事，内外声气大通。于是洵贝勒总持海军，兼办陵工，与毓朗合为一党。涛贝勒统军谘府，侵夺陆军部权，收用良弼为一党。肃亲王好结纳勾通报馆，据民政部，领天下警政一党。溥伦为宣宗长曾孙，同治初本有青宫之望，阴结议员为一党。隆裕以母后之尊，宠任太监张德为一党。泽公于隆裕为姻亲，又曾经出洋，握财政全权，创设监理财政官盐务处为一党。监国福晋雅有才能，颇通贿赂，联络母族为一党。以上七党皆专予夺之权，茸阘无耻之徒，趋之若鹜。②

晚清最后几年，皇室亲贵表面上看似波澜不惊，实则内部派系林立、

① 恽宝惠著：《清末贵族之明争暗斗》，《晚清宫廷生活见闻》，文史资料出版社1982年版，第60页。
② 胡思敬著：《国闻备乘》卷2，荣孟源、章伯锋主编：《近代稗海》第一辑，四川人民出版社1985年版，第299页。

矛盾非常尖锐。随着载沣监国，皇室内部的矛盾逐步激化，权力争夺愈演愈烈。奕劻、载泽、载涛、载洵、善耆、毓朗、溥伦、隆裕太后、载沣福晋、载沣生母等，各自植党、相互倾轧，闹哄不已。载泽、载涛、载洵、善耆、毓朗、溥伦等年轻亲贵与奕劻争；载泽依仗妻姐隆裕太后的势力既与奕劻争，也与载涛、载洵兄弟争；载沣生母与载沣福晋争；载洵与善耆争；隆裕太后与载沣争；载沣与奕劻争等，总之政出多门，无法缓解与预调和。盛宣怀的侄子盛文颐专门在京为其叔父打探朝中内部消息，他对皇室内部纷争之事多有相关记载，其中以宣统元年五月二十七日（1909年7月14日）他致盛宣怀函中的内容颇具代表性。信中说："摄政貌似精明，实则权操于涛、洵，从中总机关尚在八姑奶奶（载沣的福晋，荣禄的女儿——著者加），所以两介弟结好于八姑，而能使乃兄之言听计从。侄男正月在京即已知之，而彼党之人大半尤熟，所以知之尤深。从前（去年十一月间）八姑本与乃嗣兄良（荣禄的儿子——著者加）席卿揆议定，步庆之后尘（良系庆婿，素不往来）。无如良目不识丁，去腊两事均为其乾没，尤好招摇，专在妓馆大言，借此引入入胜，竟为摄政（去腊深夜尚在外私访）所知，是以告之八姑，不准往来，而八姑亦恨乃兄之乾没。今正八姑在荣宅拜乃父之像时，因钻戒而肆口痛骂，以致转与涛、洵订议。两弟从此大权在握矣。"①

时人刘成禺在《世载堂杂忆》中对清末亲贵派系相争亦多有所记载，内容如下：

光、宣之际，张、袁联袂入京，分执朝政，人以为政权在汉人；实则载洵掌海军，载涛掌陆军，肃王掌民政，载泽掌财政，载振掌农工商，伦贝

① 陈旭麓等编：《辛亥革命前后——盛宣怀档案资料选辑之一》，上海人民出版社1979年版，第74页。

子掌资政院。张之洞常对鄂中门生在其幕下者，叹清室之将亡，谓亲贵掌权，违背祖训，迁流所及，人民涂炭，甚愿予不及见之耳。当时与其谓亲贵掌权，毋宁谓旗门掌权，满人敢于为此，实归国留学生之为朝官者有以教之耳。当时朝士之奔走旗门者，可分两类：一、海内外毕业武职学生；二、曾毕业文职学生及科举旧人。自军谘府创立以来，涛、洵领海陆军，倚日本归国留学生为谋主，各省陆海军学堂出身者附之。虽革命健将中，亦多海陆学生，而其时居大位者，皆由奔走旗门而来也。奔竞之风，由京中遍及各省，上行下效，恬不为怪。其他文职朝士，谈新学者集于肃王、端方之门，作官者则入载洵、庆王父子之门，谈宪政者又趋于伦贝子之门，某也法律政治大家，某也财政科学大家，弹冠相庆，几不知人间有羞耻事。[1]

对于宣统年间的亲贵内争，清废帝溥仪也有一些认识。他曾说："以当时的亲贵内阁来说，就分成庆亲王奕劻等人的一伙，和公爵载泽等人的一伙。给我父亲出谋划策以及耍权力地位的，主要是后面这一伙。无论是哪一伙，都有一群宗室觉罗、八旗世家、汉族大臣、南北谋士；这些人之间又都互有分歧，各有打算。比如载字辈的泽公，一心一意想把堂叔庆王的总揆夺过来，而醇王府的兄弟们首先所瞩目的，则是袁世凯等汉人的军权。就是向英国学海军的兄弟和向德国学陆军的兄弟，所好也各有不同。摄政王处于各伙人勾心斗角之间，一会儿听这边的话，一会儿又信另一边的主意，一会儿对两边全说'好，好'，过一会儿又全办不了。弄得各伙人都不满意他。"[2]

综上可见，清代皇室之争斗，虽然各朝皆有，可这种争斗日趋白热化实起于宣统朝。自宣统皇帝继位以后，主少国疑，皇室内部纷争不但没有平息，

---

[1]　刘成禺著：《世载堂杂忆·奔走权门扮演丑剧》，中华书局 1960 年版，第 144—145 页。
[2]　爱新觉罗·溥仪著：《我的前半生》，群众出版社 1964 年版，第 24 页。

反而愈演愈烈。到宣统年间，因为摄政王载沣的软弱无能，清皇室已是一盘散沙。皇室内部的纷争不仅涉及皇室近支，还关涉皇室远支，甚至宗室的家眷都有参与其中。作为摄政王的载沣没有能力平息或弱化皇室派系之间的矛盾，这就使皇室内部的矛盾愈演愈烈，一发不可收拾的皇室内部争斗只能加快清王朝灭亡的步伐。当时流行一种说法是："近支排远支，远支排宗室，宗室排满。"这很形象地解释了皇室亲贵的争斗对清王朝灭亡的影响程度。

到宣统三年（1911年），双方争斗的焦点，已经集中在"由谁来掌控即将成立的新内阁的行政大权"上面。尽管由于隆裕太后支持[①]与"庆邸系四朝老臣，勋业伟大，且于外交行政俱有阅历"[②]等因素使得奕劻最终胜出，但载泽依然不依不饶，经常找载沣吵闹[③]，并且对奕劻表现得极不礼貌："初庆亲王领军机时，僚属皆仰其意旨，及载某等入阁，常攘臂急呼，无复体统。"面对载泽咄咄逼人的气势，奕劻愤恨不已，"尝怫然曰：必不得已，甘让权利于私友，绝不任孺子得志也。"[④]这种皇族亲贵围绕权力问题而展开的争斗，严重影响了奕劻主持的军机处以及责任内阁的质量与正常的运作。奕劻在武昌起义后竭力主张起用袁世凯，与其应对载泽一帮少壮亲贵的压迫不无关系。可以说，军机处转为责任内阁后，政府不是变得更加强大，反而因为皇族亲贵之间的激烈权争变得比以前更加虚弱了。

慈禧掌政末期，奕劻身兼数职，集中央的财政、外交、军事大权于一

---

① 据《申报》记载："政界中人言：此次新内阁用人一层，监国十分谨慎。缘监国摄政之初，曾有军国大事必须请示太后之规定，故此次设置内阁伊始，监国曾于隆裕太后前请示，太后谕以宜用老臣。所谓老臣者，即指庆邸而言，监国因命庆邸为总理大臣。"（《新内阁成立后种种》，《申报》1911年5月19日，第1张第4—5版）

② 《内阁总理非此人莫属耶》，《申报》1911年2月17日，第1张第4版。

③ 溥仪在《我的前半生》中说："奕劻在西太后死前是领衔军机，太后死后改革内阁官制，他又当上了内阁总理大臣，这叫度支部尚书载泽最为愤愤不平。载泽一有机会就找摄政王，天天向摄政王揭奕劻的短。"（见群众出版社1964年版，第24页）

④ 金梁著：《光宣小记·内阁官制》，章伯锋统编，庄建平编：《落日残照紫禁城》，四川人民出版社1999年版，第229页。

身，成为皇族亲贵集团中辈分最高、年龄最长、资望最深、权位最高的一位亲王。奕劻在庚子议和中，一方面保留了慈禧太后的统治权，同时又极大限度地满足了列强的其他要求，各国列强因此而成为其强大的后台。奕劻内依外靠，权倾朝野，一时显赫无比，引起世人不满。统治集团中也不断有人弹劾他，每次都因慈禧太后的庇护得以"消遥法外"。慈禧太后不怕奕劻贪污，但怕奕劻家族觊觎皇位。当庚子国变慈禧太后向西逃亡时，列强各国指名要奕劻回京议约，慈禧虽命奕劻入京，但毫不留情地将奕劻眷属全行携去作为人质，以防奕劻图谋不轨，太后回銮后，对奕劻与手握兵权的袁世凯之间的密切关系曾经有所警觉，一度想将奕劻开缺。但是，事情还没办，消息倒很快泄露了出去。得到消息的外国记者将这件事在伦敦的报纸上披露出来，英国驻华公使立即前往外交部讯问，大有干涉之意，老太后只好来个矢口否认。慈禧欲罢奕劻而不能，无可奈何中，就将载沣补入军机处，以分奕劻的权势。但慈禧的如意算盘，因载沣的庸懦无能而最终落空，载沣徒为"伴食中书"而已。载沣监国摄政后，失去慈禧庇护，再加上袁世凯被罢官，奕劻一时陷于被动的局面。"奕劻在光绪末年招权纳贿，咸欲得而甘心，监国亦甚恶之。"[1] 然而，载沣因顾及奕劻与列强的关系，也因与隆裕太后的矛盾激化而打消了排斥奕劻的念头。载沣欲倚奕劻以防隆裕太后转而对奕劻优礼倍加。这样，奕劻在慈禧太后死后不仅没有垮台，反而在宣统朝成立内阁时，摇身一变又成了国家的内阁总理大臣。

载沣对奕劻的态度使亲贵中的各派势力十分不满。尤其是亲贵中的载泽一党，与奕劻更是势不两立。"以当时的亲贵内阁来说，就分成庆王奕劻等人

---

① 胡思敬著：《国闻备乘》卷四，章伯锋、荣孟源主编：《近代稗海》（一），四川人民出版社 1985 年版，第 293 页。

的一伙和公爵载泽等人的一伙。""这些人之间又都互有分歧，各有打算。"①

载泽出身于远支宗室，是嘉庆皇帝一系的皇族子弟，自幼在宫中读书，因聪慧通窍、博闻强记而深得慈禧太后的欣赏。光绪三十一年（1905年）曾作为五大臣之一出洋考察过西方宪政，加上其妻为隆裕太后之妹，尝往来宫中通外廷消息，因而恃内援而"气焰益张"，有时还"私传隆裕言语以挟制监国也"。②载沣视载泽为亲信，令其掌管度支部，掌握财政大权。载泽眼看奕劻揽权纳贿危及清王朝统治，可又扳不倒他，这使他常常忿忿不平；又因载沣对奕劻的态度，使载泽在和奕劻的明争暗斗中，失败的总是载泽。为此载泽对载沣大嚷："老大哥这是为你打算，再不听我老大哥的，老庆就把大清断送啦！""载泽的失败，往往就是载沣的失败，奕劻的胜利，则意味着洹上垂钓的袁世凯的胜利。摄政王明白这个道理，也未尝不想加以抵制，可是他毫无办法。"③

事实上，奕劻与载泽等人相比，无论是其背后的政治力量，还是其资望与手腕，均占有明显的优势。他因长期主持中央政府的行政工作，各省疆吏，多为其一手安插；加上因办理外交与列强有几十年的私人交情，要想撼动他，谈何容易！

尽管亲贵中与奕劻斗得最凶的要数载泽一派，但就宣统年间亲贵内争的历史来看，主要还是分为载沣与奕劻两派，载泽派实际上也属于载沣一伙。而就清廷内部载沣一派与奕劻一派的权力关系对比来看，虽然双方在人数多寡不同，在权位上各有所长，但在总体上是势均力敌，难分高下，甚至在实际力量上奕劻派可能还更略胜一筹。奕劻身历道光、咸丰、同治、

---

① 爱新觉罗·溥仪著：《我的前半生》，群众出版社1964年版，第24页。
② 胡思敬著：《国闻备乘》卷二，章伯锋、荣孟源主编：《近代稗海》（一），四川人民出版社1985年版，第246页。
③ 爱新觉罗·溥仪著：《我的前半生》，群众出版社1964年版，第24、25页。

光绪、宣统五朝，在朝廷为官也已有四朝，可谓是数朝老臣。光绪二十九年（1903年）以来，他又长期把持中枢要地军机处，疆吏任命多经其手，在朝中势力盘根错节，羽大翼丰，这是载沣等少壮亲贵无法比拟的。其时，就清政府及各部大臣而言，少壮亲贵毓朗进入军机处后虽然也有一定的影响，但多数还是依附奕劻。正如《申报》所言："自国会年限实行缩短后，政府诸公方针亦均随之而变，与从前迥异。约言之可分三派：庆邸、那相为一派，仍持专制大权不肯轻放，事事以牵掣资政院及宪法大臣为能力，一言以蔽之，则以国会为不然而已；朗贝勒与宪法大臣伦贝子、泽公为一派，尚知注重民气，颇有急进之概，惟事事与庆邸不合，难免为其压抑，故屡次会议，均至冲突；徐协撰系自为一派，其权势与前两派均属不敌，亦均不敢有所得罪，惟遇事调停两间，敷衍而已。其余各部行政王大臣，亦互相分立于两派，然仍以依附庆邸一派者为多。"[①] 其实，徐世昌一派何尝不是与奕劻处于同一阵线，属于一丘之貉呢？

更重要的是，奕劻在国事问题上的老成持重与载泽、毓朗等人的急躁冒进形成鲜明对比。"前攻击奕劻者，见善耆、载泽、载洵、溥伦诸王贝勒迭出，转以恕词加之，盖以其受贿尚循资格，更变多持重，不敢生事也。"[②] 某位看透了当时严重局势的朝中权贵就曾道："举国无知天下大计之人，其稍通治理者，只庆、那两军机耳；而监国不察，竟偏听涛、朗、洵三少年躁进之言，诚所不解。"[③] 终宣统一朝，监国摄政王载沣尽管有意偏袒载泽、载涛、毓朗等少壮亲贵，但他们并不能动摇奕劻的地位；甚至，为了自己的权位与清王朝统治的稳固，载沣还不得不借重与更加依赖奕劻。

① 《行政大臣各分党派之暗潮》，《申报》1910年11月26日，第1张第4版。
② 胡思敬著：《国闻备乘》卷四，章伯锋、荣孟源主编：《近代稗海》（一），四川人民出版社1997年版，第293—294页。
③ 《安有权贵而不反对国会者》，《申报》1910年11月21日，第1张第4版。

事实上，载沣亦深知，奕劻不是轻易能够扳倒的。

原因很简单：

一方面，光绪末年，奕劻与袁世凯结党，权倾朝野，曾经使慈禧太后颇感为难。连慈禧太后"对于奕劻是又担心又依赖，所以既动不得他，并且还要笼络他"，"西太后既扳不倒奕劻，摄政王又怎能扳得倒他？"[①]

另一方面，因为隆裕太后的原因，载沣不但不敢冷落奕劻，反而还得用他来对付隆裕太后。皇族亲贵中，隆裕太后一党是令载沣最伤脑筋的一股势力。溥仪继位后，隆裕被尊为皇太后，并在国家遇有重大事件时，有参与军政事务的权利。隆裕太后在慈禧太后死后，有垂帘听政的意图，皇族亲贵、清朝遗老对这件事说法不一。有人说："隆裕初无他志，唯得及时行乐而已。"[②] 有人说："光绪故后，隆裕一心想信效慈禧'垂帘听政'。迨奕劻传慈禧遗命立溥仪为帝，载沣为监国摄政王之旨既出，则隆裕想藉以取得政权的美梦，顿成泡影，心中不快，以至迁怒于载沣。因此后来常因事与之发生龃龉。"[③] 不管上述说法是否可靠，但宣统朝伊始，隆裕太后和摄政王载沣，各遵慈禧太后懿旨，各司其事，这种相安无事的局面不可能维持长久。这不但是因为在溥仪继位后的权力分配过程中，隆裕太后对于监国摄政王的权力过大很不放心，还因为满洲贵族、皇族亲贵中在隆裕太后面前中伤、攻击载沣的人也为数不少，至外间一度哄传"满洲八大臣联名请隆裕垂帘，如孝钦故事"之事。此传说虽然没有成为事实，想来也并非空穴来风，故而使"监国大惧"，以致载沣后来"无日不惴惴"[④]。

① 爱新觉罗·溥仪:《我的前半生》，群众出版社 1964 年版，第 19、24 页。
② 胡思敬著:《国闻备乘》卷四，张伯锋、荣孟源主编:《近代稗海》（一），四川人民出版社 1997 年版，第 293 页。
③ 载润著:《隆裕与载沣之矛盾》,《晚清宫廷生活见闻》，文史资料出版社 1982 年版，第 76 页。
④ 胡思敬著:《国闻备乘》卷四，张伯锋、荣孟源主编:《近代稗海》（一），四川人民出版社 1997 年版，第 293 页。

载沣监国摄政后，隆裕太后每多掣肘。载沣虽不满奕劻招权纳贿，但又不得不倚之以防隆裕，因而对奕劻倍加优礼。"载沣生性懦弱，在政治上并无识见。其在监国摄政期间，里边常有隆裕掣肘，外边又受奕劻、那桐等人挟制，他的地位虽为监国摄政王，然并没有任何作为的余地。""至于当时用人行政之实权，也等于完全操在奕劻、那桐之手；他个人并无一定的见解和主张。"① 载沣名为监国摄政王，实在不过一个傀儡而已。至于载泽、毓朗、载洵、载涛等一班少壮亲贵，也并不完全与载沣齐心协力，而是各怀鬼胎，各有争权夺利的野心。可见，载沣监国摄政期间境况颇为艰难，与其说是载沣集权皇族亲贵，不如说是奕劻擅权自为，变本加厉。这一点直接影响了宣统政局的演变态势与清王朝统治的最终结局。②

总之，奕劻在载沣监国摄政以后，权力并未曾削减，相反倒因为没有了慈禧太后的压制而在行事上变得更加游刃有余。《时报》说："自监国摄政以来，外人颇疑庆邸势力失败，不免有怏怏之意。实则邸居枢廷既久，宫中又极有威望，监国尤极隆重之。故用舍黜陟一切大政，仍惟邸意是决。外间疑邸有乞退之意，本报早辟其非。近有见邸者，谓邸丰采焕发，精神四映，亦足见邸之并无不乐矣。特邸自以过蒙礼重，而外间又时有求全之意，故时不入值，较之慈禧临御之日多所谦让。故日本报谓，邸近日势力之在地方者，大于其在中央，意谓中央大官不必尽由邸意所出，而地方诸督抚及方面大员，则多出邸指也。其言近之。然无论如何，大事必仍就决，一切摇动云云，都不足信也。"③
《申报》亦云："近来各项要政，监国仍多商诸庆邸始决，惟于用人一端，不能

---

① 载润著：《隆裕与载沣之矛盾》，《晚清宫廷生活见闻》，文史资料出版社 1982 年版，第 77 页。
② 参见李细珠著：《论清末预备立宪时期的责任内阁制》，《明清论丛》，第八辑，紫禁城出版社 2008 年版，第 26 页。
③ 《北京政界之预测》，《时报》1910 年 10 月 24 日，第 2 版。

如前之全权在握。现庆邸虽不时有乞退之言，监国必再三挽留。"①

除了与载泽、载沣等人的矛盾外，在宣统朝亲贵党争中，肃党也是具有左右政局能力且极力倾排奕劻的一股势力。肃亲王善耆在宣统朝一身而兼数任，是一位颇有政治野心的人物。他任民政部尚书，领全国民政、警政；他又受命筹建海军，参与军政。善耆与奕劻是宿敌，在光绪末年，善耆就日夜谋夺奕劻之席，只因财力、权力实不能敌，故而未能如愿。到了宣统朝，善耆看到袁世凯被罢黜、奕劻被孤立且因贪污已成中外攻击之的，开始将矛头指向大权在握的载沣兄弟，企图另立山头，取而代之。这一点，从善耆对实行君主立宪所表现出来的异乎寻常的热情以及他和各省立宪派都有着程度不同的联系，即可洞见其真正用心。

宣统三年（1911年），各省咨议局代表齐集北京，请求提前实行立宪。因载沣毫无通融的立场，京中各衙门及大员都不敢和请愿代表接触，唯有善耆公然在民政部大堂接待了代表。谈话至紧要处，善耆"忽然掷冠于地，喝了一声：'先帝爷白帝城龙归天境'的戏词而结束了他的回答。"善耆的这句戏词含有深意。先帝系指主张维新变法的光绪皇帝，全句表述的是这样的一种意思："载湉如尚在世，立宪早已实行了；可惜他死了，载沣不愿实现。"②善耆通过一句戏词向立宪派传达了自己赞同立宪的意向，把拒绝立宪的罪名完全推到了载沣的身上。

不仅如此，为了实现进一步掌握国家权力的梦想，善耆甚至利用手中的权力向资产阶级革命党人暗中输忱。其中最突出的是为谋刺载沣的革命党人汪精卫、黄复生、罗世勋开脱并优待。宣统二年（1910年）春，汪精卫等人潜入北京，企图刺杀载沣未成，汪、黄、罗先后被捕。当时，法部

---

① 《庆邸仍有内阁总理之望》，《申报》1910年11月13日，第1张第4版。
② 李泰棻著：《独树一帜的善耆》，《晚清宫廷生活见闻》，文史资料出版社1982年版，第85—86页。

尚书廷杰主张立即将干犯判处死刑，但遭到善耆的坚决反对，他主张采取"怀柔"政策并利用手中权力将汪精卫、黄复生由死刑改判为终身监禁，罗世勋被判有期徒刑十年。在汪、黄、罗被监禁期间，"善耆曾一再探监，与汪、黄、罗等进行密谈，并时常馈送食品，赠以钱款"，极尽安慰之能事。武昌起义后，汪精卫等人在善耆的竭力运作下，又得以出狱。"汪兆铭出狱之后，即到肃王府致谢，从此就彼此往来。"① 善耆这种"脚踩两条船"的行为，渐渐地被载沣兄弟所看破。他们对善耆采取了各种防范措施。因此，善耆虽然参与了建军活动，但却始终没有获得军权。"到了1911年，甚至连他的民政部大臣也给取消了。"②

慈禧太后死后，中央统治集团内部的极端混乱局面将载沣置于一种十分尴尬的境地。载沣原本是一个胸无大志、庸懦无能的人。这从他书房里悬挂的一幅自书"有书真富贵，无事小神仙"的对联中即可见其性情之一斑。他对于朝中当权亲贵的权力倾轧，中央政府内部的抽心之烂的状况毫无应付的办法。监国后他"性极谦让，与四军机同席议事，一切不敢自专。躁进之徒，或诣王府献策，亦欣然受之"③。当初，慈禧决定把溥仪立为皇嗣，任命他为摄政王时，他也曾叩头力辞，惹得慈禧对他不争气的举动大动肝火，当众叱之曰："此何时而讲谦让，真奴才也。"④

庸懦成性的载沣不要说无法抗衡奕劻势力，他对当时政出多门的局面也完全没有实际控制的办法。即便面对醇王府内福晋与老福晋争权，把醇王府闹得鸡犬不宁的局面，载沣亦坐视无可奈何，遑论其他？载沣福晋为慈禧宠

① 杜如松著：《记肃亲王善耆》，《晚清宫廷生活见闻》，文史资料出版社1982年版，第307页。
② 李泰棻著：《独树一帜的善耆》，《晚清宫廷生活见闻》，文史资料出版社1982年版，第87页。
③ 胡思敬著：《国闻备乘》卷四，张伯锋、荣孟源主编：《近代稗海》(一)，四川人民出版社1985年版，第284、294页。
④ 胡思敬著：《国闻备乘》卷三，《近代稗海》(一)，四川人民出版社1985年版，第284页。

臣荣禄之女，在娘家时很受宠，从小养成了骄悍的性情。她甚至连慈禧都不怕。后来，她成为当朝小皇帝的生母后，自然腰杆更硬。她内与载沣母亲争权，外与外廷打通关节，时常有所祈请，载沣亦不得不屈意从之。老福晋则与另外两个儿子载洵、载涛结为一党。当载洵、载涛倚老福晋之势多所要求时，载沣也只能尽量满足。发生在醇王府内的家庭纠纷直闹到"操刀寻仇"的地步。为躲避家庭纷争，载沣只得避居在外，兼旬不敢还家。

以溥仪坐皇位、载沣掌权的宣统王朝，在内外矛盾中艰难度日。当时，日本的伊藤博文已经认识到："中国情势已经败坏到无以复加，政府和宫廷都忙于阴谋，而各党派则极力争夺权势"[①]"中央政府已经衰弱得可怜"[②]。国家中枢内争不已，高层权力运作如此，清王朝的丧钟已经隐然敲响了。

四、奕劻的立场及对策

对于载沣驱袁，奕劻持坚决反对的态度。

首先，奕劻以北洋军可能会起来造反为理由，坚决反对载沣杀掉袁世凯。原因很简单，北洋六镇为袁世凯一手编练而成，袁世凯虽然交出了兵权，但他仍能在暗中掌握并控制北洋新军。除第一镇外，其余几镇由袁一手编练而成，原有将校均为他一手选拔的心腹死党，即便是袁氏离开了他们，其影响力仍然是决定性的。

前文已经提到，当载沣决定严惩袁世凯时，奕劻冷冰冰地回应道："杀袁世凯不难，不过北洋军如果造起反来怎么办？"在这条强大的理由面前，

---

① ［美］李约翰著，孙瑞芹、陈泽宪译：《清帝逊位与列强》，中华书局1982年版，第36页。
② 载涛著：《载沣与袁世凯的矛盾》，《晚清宫廷生活见闻》，文史资料出版社1982年版，第80页。

载沣只好违心一改再改对袁世凯的严惩措施，最终放弃了杀袁的念头而只是将袁世凯罢官赶回河南老家了事。

其次，当载沣想要罢黜袁世凯时，奕劻以拒绝入朝相对抗，"如袁世凯被斥时，则告假辞职"① 以示抵制。整整一个星期，奕劻都没有到军机处入值处理政务。对此，载沣愤愤不平，对奕劻的不满之情溢于言表，这可由他在光绪三十四年十一月初三（1908 年 11 月 26 日）"庆王感冒，未朝二日"及"初十日，……星期五，庆邸未朝"，"十六日……庆邸上朝"三日日记的记载中窥见一二。②

最后，在光绪三十四年十二月二十四日（1909 年 1 月 15 日）会见美、英两国驻华公使时，奕劻也以不便表达为由，拒绝按照载沣所给出的袁世凯遭罢免的官方理由通报列强。奕劻甚至对英美驻华公使抗议清廷罢免袁世凯的行为表示欢迎和感谢。奕劻坦率承认他本人十分欣赏袁在外交和新政中的作为，认为袁世凯遭罢免是摄政王个人的一场政变，他最后甚至向美、英二公使保证：袁世凯还年轻，还会被朝廷重新起用。③

对于载沣驱袁，奕劻的反应为何如此激烈？

那是因为奕劻早已与袁结党，将自己的切身利益与袁世凯绑在了一块。

《凌霄一士随笔》对于袁世凯与奕劻在政治上的利益互惠关系直笔披露无遗：

西后唯一宠臣荣禄死后，奕劻代为军机领袖，权势日盛。其人贪婪而好贷，袁世凯倾心结纳，馈遗甚丰，并与其子载振结昆弟交，奕劻奉为谋主，甘居傀儡。庆、袁之交既固，世凯遂遥制朝政，为有清一代权力最伟

---

① 《庆王辞职说》，《申报》1911 年 10 月 3 日，第 1 张第 2 版。
② 爱新觉罗·载沣著：《醇亲王载沣日记》，群众出版社 2014 年版，第 304、310 页。
③ 崔志海著：《摄政王载沣驱袁事件再研究》，《近代史研究》，2011 年第 6 期，第 30 页。

之直隶总督焉。东三省实行省制，主之者世凯，意在扩张势力，所谓大北洋主义也。丁未三月，徐世昌简东三省总督，并授为钦差大臣，兼三省将军，地位冠于各督。奉、吉、黑三省巡抚则唐绍仪、朱家宝、段芝贵。四人皆出袁荐，东陲天府，悉为北洋附庸，固见世凯后眷之隆。而奕劻之为袁尽力，自尤匪鲜。①

　　如果事实真的如上述所讲，在贪财纳贿、败坏清末官德这一点上，奕劻确实是做得有点过分了。

　　在奕劻贪墨问题上，无论是庙堂重臣，抑或是报刊、江湖上的各界人士，对之批评一直是不遗余力。"庆之政策无他谬巧，直以徇私贪贿为唯一伎俩。较之树党羽以图权势者，尤为未达一间。其所最好者，多献礼物，拜为干儿，故门生、干儿满天下，然门生不如干儿之亲也。"②

　　奕劻贪墨早已经盖棺论定。不过，就笔者有限的史学修养来观察，这些批评也未必全是挠到了痒处。换个角度想一下，如果奕劻真的如众口铄金、万夫所指那样"直以徇私贪贿为唯一伎俩"的话，他的政治地位能够如此稳固吗？他的乌纱帽还能如此长久戴在头上吗？他的官职还能一直攀升吗？这不合乎常理呀！

　　换个角度看问题，也许还有别的原因可以解释。或许，将贪墨做得万人皆知，这正是奕劻宦海老道、工于心计之处。他故意自污其身，留一把柄，以此来证明他没有政治野心、只想做个平庸之辈，以求得慈禧太后对他放心。奕劻为人极为精明中庸。顾忌惮惧慈禧太后对他的戒心以及依靠袁世凯巩固自己在朝中的政治地位，这或许才是奕劻倾心接纳袁世凯的真正原因。

---

① 徐凌霄、徐一士著：《凌霄一士随笔》（二），山西古籍出版社1997年版，第576—577页。
② 许指严著：《十叶野闻》，山西古籍出版社1995年版，第242页。

当然，袁世凯的巨额款项报效，奕劻也不可能不会动心，这也是人之常情。但如果说"庆之政策无他谬巧，直以徇私贪贿为唯一伎俩"，笔者也不会完全同意。因为，这也是学界对奕劻的研究仍需要进一步深入发掘的地方。

有史料说，奕劻交人，以所奉钱财多寡为亲疏远近的标准。清末英国驻重庆代理领事布朗在一封信中就提到："庆亲王对于钱财的欲望是没有止境的，除非首先付钱给他，任何事情都不可能办成。"①

另外一则史料说，有个名叫林开謩的道员，在慈禧太后逃亡西安时前去觐见，慈禧一高兴把江西学政的官缺赐给了他。按照清朝的官场规矩，新任官员上任前都要拜谒军机大臣。林学政数次拜访庆王府都不得其门而入，最后还是庆王府的守门人告诉了他问题出在哪里：为什么不带银子？林学政指了指王府门口张贴的"严禁收受门包"的王爷手谕，守门人顿时火了："王爷不能不这么说，这个钱您是万不能省的。"凑足了钱拜谒奕劻后，林学政赴江西上任。可没过几天就接到了京城的来信，奕劻竟然明码标价要八千两银子，并说这还是看在老佛爷情面上的优惠价，"学政"这一官位别人要掏两万两才能拿下。林学政决定缓缓再说，谁知这一缓，竟然等来了从学政降职为道员调任两江地区的结果，而江西学政的官位奕劻已经卖给了别人。

乍一看，上述二例好像证据确凿，但如果仔细分析起来并不能完全相信。因为：

1. 这不符合奕劻一贯低调中庸、胆小怕事的做人风格；

2. 他更不敢将慈禧太后说的话不当回事而去自惹麻烦。

3. "奕劻交人，以所奉钱财多寡为亲疏远近的标准"这个观点也有值得商榷的地方。奕劻贪墨不假，试问，清末官场能找出一个一尘不染、洁

---

① 胡滨译：《英国蓝皮书有关辛亥革命资料选译》上册，中华书局 1984 年版，第 10 页。

身自好，却又能左右逢源、官星直升的官员吗？奕劻贪墨，但他更会关心自身政治地位的安稳与否，孰轻孰重，奕劻还是分得清楚的，损害自身政治前途的事情奕劻是不会做的。将纳贿与广树党羽两者巧妙结合起来，或者更重视自身的政治前途，这才是奕劻真正的为人风格。

一句话，过去学界在奕劻"贪墨"的研究探讨上做得并不到位，这不是只靠一点文献史料就能搞得清楚的。

不过，还是那句老话，奕劻贪墨，确是事实，这方面的污点谁也无法开脱，也无需为他开脱。只是在拨开历史表面的烟云，真正揭开奕劻为人的全部面纱，进一步还原这位"官场不倒翁"在晚清政坛上的真实历史形象这个问题上，除了学者，如能有从政经验丰富的人物也来参与点评，或许更能多姿多彩一点吧。

再看下面二例。

陈夔龙，原是荣禄心腹干将之一。荣禄死后，他通过夫人又与奕劻结上了关系。传说陈夔龙的夫人"幼即拜老庆为义父"。陈夫人对待这位当国的义父极为孝顺，"凡所贡献，罔不投其嗜好，且能先意承志，问暖嘘寒"。不仅如此，为了丈夫的政治前途，陈夫人甚至"常居老庆邸中，累日不去"。庆亲王每日上朝，她常亲将朝珠于"胸间温之"，再挂在义父的颈上，然后把庆亲王送至门外。京师有人为此写诗道："百八牟尼亲手挂，朝回犹带乳花香。"① 成为当时一大趣闻。在陈夫人的积极公关下，陈夔龙仕途一路蹿升，几年间便升至清朝疆臣中最具实力的直隶总督。据许指严记载，"夔龙督直时，每岁必致冰炭敬数万，几去其收入之半，其他缎匹、食物、玩好等不计。"对此，奕劻也觉得不好意思。他曾对陈夔龙说："你也太费心了，以

---

① 许指严著：《十叶野闻》，山西古籍出版社 1995 年版，第 242—243 页。

后还须省事为是。"陈夔龙则敬对说:"儿婿区区之忱,尚烦大人过虑,何以自安。以后求大人莫管此等琐事"。许指严说:奕劻听后"莞然",盖默契于心也。

除了陈夔龙,奕劻还有一个堪称"干儿中坚人物者",即邮传部尚书陈璧。

陈璧在交上庆亲王之前,不过是一个京师小吏,囊中羞涩,"颇穷窘"。忽一日,紫气东来。京城一个金店老板,愿意出资帮助陈璧发达。但是附加了一个条件:"他日富贵,幸勿相忘可耳。"于是,这位金店老板,利用行当便利的条件,用自己所得的重宝东珠鼻烟壶以陈璧的名义进献给奕劻。奕劻果然"笑纳之",并答应让陈璧在他空闲时来见他。于是,陈璧有缘拜在奕劻膝下,自称"干儿"。不久,他又用金店老板五万条金"借机谀媚",庆王受之。陈璧由此禄星高照,由道藩一跃而升为侍郎,进而又入驻清政府因办新政而成立的邮传部,俨然一政府大员矣。金店老板也因此弃商从政,得到了能轻易捞取油水的铁路局局长之差。二人皆大欢喜,喜不自胜。民国以后,时过境迁,奕劻落魄天津,陈璧过津皆"避道而过,不一存问了"。这真是"利尽交疏、无用则弃"的一个典型的例子。这是后话而已。

在以上两例中,奕劻既可以放心纳贿,又可以培植自己的政治势力,这种兼而有之甚至更重视后者的做法可能更符合奕劻复杂、务实的性格吧。

我们再回到庆袁关系上面。

与袁世凯同时代的日本人佐藤铁治郎说,庆亲王奕劻"自回銮后得晤袁世凯,一见倾心,深相接纳,如胶似漆。遇事则袁谋于外,庆应于内"。[①]历史事实确实如此,除了金钱关系外,内外调护构成了庆袁合流的主要基

① 〔日〕佐藤铁治郎著:《一个日本记者笔下的袁世凯》,天津古籍出版社 2005 年版,第 185 页。

础。在袁世凯的努力下，主持军机处工作的奕劻与袁世凯结为一党，"爪牙布于肘腋"，"腹心置于朝列"，"党援置于枢要"，[1]把持着从中央到地方的许多部门的重要职位，形成了一枝独秀甚至足以左右朝局的权力格局。在与袁世凯结党的过程中，奕劻对权力、钱财、声名的欲望都得了满足。庆袁一体，离开了袁世凯，奕劻在政治舞台上即会陷入十分孤立无援的境地，正因为如此，在载沣驱袁这一问题上，奕劻才会持坚决反对的态度，直把驱袁这一事件视为一场针对自己发动的一场政变。

正因为奕劻党袁，因此宣统年间，皇族亲贵内部在抑制奕劻的问题上，才形成了完全一致的意见。在皇族亲贵的眼中，奕劻无疑是一个另类。他们千方百计，唆使载沣扳倒奕劻。"比如载字辈的泽公，一心一意想把堂叔庆王的总揆夺过来。"[2]"而在奕劻一方面，以他之老奸巨猾，见多识广，这几位老侄对他的处心积虑，岂有看不出的道理；不过载沣的秉性和为人，从前在军机处上共事多时，早经明了，他认为是不予置虑的。就是载洵、载涛两兄弟，在他眼中看来，年轻少阅历，亦还容易对付。唯独载泽，尚和他拉个平手。但是他想到明争不能，只可用暗斗手段。以为载泽从未经管过财政，今忽作了度支部尚书，可以拿收支不平衡的难关来对付他。不过还感觉自己实力单薄。"奕劻为了对付各路敌党，别树一帜，在上述诸党之外，拉拢那桐、徐世昌，"三个人结为一党，和载字辈这几个人各显其能，两不相下"，以保护自己的地位。[3]前者有监国摄政王载沣撑腰，控制了军事、财政及代表民意的资政院等要害部门；后者则以首席军机大臣奕劻为首，占据了军机大臣四分之三的席位，牢牢把持着军机处，最后形成了两不相下的局面。

① 张国淦著：《北洋军阀的起源》，《北洋军阀史料选辑》（上），中国社会科学出版社 1981 年版，第 42 页。

② 爱新觉罗·溥仪著：《我的前半生》，群众出版社 1964 年版，第 24 页。

③ 恽宝惠著：《清末贵族之明争暗斗》，《晚清宫廷生活见闻》，文史资料出版社 1982 年版，第 66 页。

11

第十一章
御史排庆浪潮

　　检查制度作为清朝国家政治制度的重要组成部分，是清王朝国家机器正常运转的重要保障。都察院是清王朝设立的最高且唯一的行政监督机关。御史可以风闻言事，弹劾朝野官僚集团的一切违反纲纪的不法行为。清前中期，检查制度得到了比较严格的执行，清王朝的政治秩序与政治运作也就比较正常。历史进入晚清，特别是同光年代前期，慈禧太后出于巩固自己统治的需要，比较重视言官与清流派的建设，也取得了比较明显的效果。但到清朝末年，官场腐败，吏治敷衍，都察院已经不能像清朝前期那样发挥其真实强大的效力，监督的疲软与官场的败坏互为因果，都察院功能的衰竭使清王朝迅速滑向不可救药的境地。

一、蒋式瑆等人对奕劻父子的弹劾

光宣年间，都察院御史对庆亲王奕劻贪污受贿与广结私党的行为极为不满，他们或出于自身职责，或出于党派利益之争，从光绪末年开始，就与岑春煊、瞿鸿禨等反庆袁派官僚一道，不断揭参奕劻贪墨、结党等不法行为，力图在政治上扳倒奕劻。

光绪二十九年九月二十二日（1903 年 11 月 10 日），时任广东道监察御史的蒋式瑆，不满官场的积弊甚深，朝中大臣暮气沉重、无所作为的状况，上折直劾以奕劻为代表的中枢要臣们的为政阙失，要求清廷加以惩戒。蒋式瑆的弹劾，开启了奕劻任领班军机大臣以来接连被御史弹劾的先河。

蒋式瑆在《奏为缕陈军机大臣庆亲王奕劻等员未能称职并政治阙失各情形事》一折中写道：

臣闻为政之要首在得人心，虽有良法美意苟无人焉，起而行之亦只具文而已。故曰：徒法不能以自行，又曰：人存则政举，此一说也。今之枢臣即古宰相之职，宰相贤，而后能有贤督抚。大吏贤，而后有良有司，此又一说也。方今时局，观虞日甚一日，列强环伺，争欲肆其虎噬狼吞之恶，诚危机存亡之秋，兢兢业业，犹恐不足，泄泄沓沓，此安穷？我皇上慨念时艰，日夜焦劳于上，无如诸大臣贪劣昏庸莫能辅相臣，窃忧之。忧之深，故不顾罪戾，为圣明痛切言之。军机大臣庆亲王奕劻素有好货之名。入直枢廷以来，曾几何时，收受外省由票号汇集之款，闻已不下四十万两。其在京师自行馈献者，尚不知凡几。贿赂公行，门庭若市，至有因结拜师生未逾，旬日而简放外任者。钱能通神，其应如响，甚至俄人以外交经费五百金来运动该亲王，亦复收受，诚不解其何以丧心病狂至于此？大学士王文韶狂悖贪庸，佯为聋聩。日前，俄事紧急，我皇太后皇上方泣涕而见廷臣，垂询政策，该大学士因其妾病而入城，其视国家大事何遽漠不关心如此？尚书鹿传霖顽固己权，善言不入。瞿鸿禨从前仰鼻息于荣禄，今则仰鼻息于奕劻。近者日本前文部大臣犬养毅来京城，臣与面询维持东亚之策，伊言中国此般政府，老臣死之，之后可以有为。臣念及此，为之寒心。新简军机大臣荣庆，臣随同在学堂当差已越半年，其人似近综核名实一路，而举趾高，心不固与之，言多不能入，所谓既不虚心，又不用心。法人索我云南铁路，外务部曾不以口舌力争，愦馈允许，以致俄人从，恐此后英索长江，德索山东。载振并不禀遵前旨，商律未定即请添设枢臣，挟同隐蔽，朝廷即予允行，茫无把握，从何下手？所派员中如林则一市井无赖，尝往来于南洋各岛，意在剥削南洋华商，此次考取第一之王大贞，侍郎陈璧之同乡，独得题解，外人皆以为预先漏试之言，此犹小小瞻徇，尚无关于大计者。①

有清一代，言官本有纠劾官吏的职责。身为御史，蒋式瑆不畏权贵，连连开炮，在奏折中参奏奕劻、载振父子及王文韶、鹿传霖、荣庆等朝中大员。他直言奕劻贪墨好货，丧心病狂，指责奕劻掌管的外务部办事不利，面对各国瓜分迫在眉睫的危机，在政治外交上毫无作为、敷衍了事。同时，蒋式瑆也顺便捎带弹劾奕劻之子载振不秉旨行事，办事毫无章法，滥保官吏，引用私人。在这份奏折中，蒋式瑆罗列出各大权臣的罪状，希望清廷在用人行政上能够摒除老臣、重用新人。折上，终因牵连太广，留中未发，

---

① 《奏为缕陈军机大臣庆亲王奕劻等员未能称职并政治阙失各情形事》，第一历史档案馆，档号04—01—02—0630—022。

蒋式瑆此次弹劾奕劻无果而终。

　　然而，御史们并不打算轻易就这么放过奕劻。同年十月，继蒋式瑆之后，监察御史张元奇又弹劾奕劻之子载振在馀园等处朋聚宴饮、召歌妓侑酒之事。此事的主角名曰谢珊珊，"本是天津一妓女，偶然为贝子所赏识，这时，贝子任商部尚书，一次大宴宾客于馀园，召集沽上名妓侑酒，珊珊当然也在被招之列。席上。自贝子以次的衮衮诸公，在群芳丛中嬉谑无度，丑态百出。一时钗横鬓乱，觥筹交错。珊珊被灌得大醉，醉中以脂粉涂抹在右侍郎陈璧的面颊上，引来满座欢笑。陈璧受之陶然，不以为忤。贝子正在张牙舞爪之际，更是顾而乐之"。[①] 在清末官场的业余生活中，这本是大家都在做的再普通不过的一件小事。然而，因为"召集沽上名妓侑酒"的是政府负责人奕劻的贵公子且身居商部尚书要职，这就被奕劻的反对者抓住了把柄，此事不久，御史张元奇便具折上疏弹劾载振，矛头直指奕劻父子。按照清朝的规章约法，朝中官员不得侑妓。载振是奕劻的长子，少年得志，身居商部尚书这一要职，却违法乱纪，当然是罪不可逭。然而，鉴于奕劻父子位高权重的状况，对于此次弹劾，清廷也只能是避重就轻，点到为止而已。为此慈禧在谕折中说道："现在时事艰难，朝廷宵旰忧勤，无时或释。大小臣工，自当战兢惕厉，各勤职守。载振分属宗支，所营商部，关系綦重，宜如何奋勉谨慎，一意奉公，何心娱乐游燕？其中应不止载振一人。在载振尤当深加警惕，有则改之，无则加勉。此外王公及大小臣工，均当互相儆戒，束身自爱，勤供职业，共济时艰。"[②] 显然，对于御史弹劾载振"召妓侑酒"一事，清廷只是稍加告诫，并没有按照御史们的意见对载振加以惩治。但作为商部尚书的载振自知不能见容于舆论，遂递交

---

① 申君著：《清末民初云烟录》，四川人民出版社 1984 年版，第 14 页。
② 朱寿朋主编：《光绪朝东华录》（五），中华书局 1958 年版，总 5101 页。

辞呈。清廷对载振予以挽留，其上谕称："前因中国商务，素未讲求，特设专官振兴一切路矿农工诸政。以载振才具开展，又经出洋留心考察，简派为该部尚书，现当创设之初，诸事方资筹办，其是否胜任，自在朝廷洞鉴之中。不得以人言指摘，遂图诿卸。该尚书谊属宗支，受恩深重，惟当尽心供职，任怨任劳，将应办事宜，次第妥慎筹划，以兴商政而济时艰。所请开缺之处，著毋庸议。"[①] 由此可见，慈禧此时正要借重奕劻父子为她办事，御史的一纸弹劾根本不能动摇他们的政治地位。

蒋式瑆、张元奇对奕劻、载振父子的弹劾虽然没有结果，但蒋式瑆却并未放弃利用御史"风闻言事"的手段来扳倒奕劻的初衷。六个月后，他从经济问题上再次找到突破口，继续向奕劻发难。

据胡思敬记载：奕劻"寄顿汇丰洋行过百万，道员吴懋鼎为汇丰司会计，私以告御史蒋式瑆"。[②] "吴懋鼎系晚清著名买办，曾在汇丰银行供职。由于资料的局限，吴懋鼎是否泄密，奕劻在汇丰银行是否经他存款等等之说均已经无据可考。

关于蒋式瑆参奏奕劻汇丰银行存款案，《慈禧传信录》中有如下记载：

奕劻益无忌惮，取贿日富，皆以贮之外国银行。有某银行司事华人某，与载振饮妓寮，为振所辱，衔之，言于御使蒋式瑆："劻某日新贮赀六十万，可疏劾之。行察时，劻必托销簿籍，则此款我二人朋分之，君可富；若劻不我托，我必以实告察办者，则劻必罢枢要，君直声且振天下，更必获大用。"式瑆大喜。疏入，令大臣查覆。劻果托是司事注销存据，遂以查无实据入奏。式瑆落职，竟分得三十万。

① 朱寿朋主编：《光绪朝东华录》（五），中华书局 1958 年版，总 5112 页。
② 胡思敬著：《国闻备乘》，荣孟源、章伯锋主编：《近代稗海》第一辑，四川人民出版社 1985 年版，第 246 页。

关于上述一事，其他一些史料中也多少留有类似的记载。陈恒庆撰《谏书稀庵笔记》"姜侍御"一条云："姜侍御续娶为王氏，有嫁赏巨万，入门以来，用度浩繁，数年赀罄。王氏不能食贫，不免垢谇其夫，反目者日数次。侍御闻枢廷王爷有百万之款存汇丰洋行，洋行司事与侍御相契，乃密商一计，令侍御奏参王爷贪，存储洋行者数百万。上命大臣率侍御往查，洋司事乃暗改账簿，将款支出，入于私囊，王爷怒而不敢言。迨查无实据，侍御以诬参革职，洋司事分给侍御二十万。骤得巨赀，乃市新房，请包厨，以悦妇人。予见《阅微草堂笔记》，有家贫年荒，妇人自鬻其身以养其夫，今侍御自鬻以养其妻，正作对比。都人赠一联运：'辞却柏台，衣无獬豸；安居华屋，家有牝鸡。'夜以洋色写于砖壁，洗之不能去。"这里的姜侍御，即前面所说的蒋御史。《凌霄一士随笔》谈到上面的这段记载时指出："按此为光绪季年奕劻事，蒋御使，非姜也。陈恒庆曾官台谏，不应误记其姓氏，殆以同官而讳之欤？"[①]

上述资料虽不能完全说明蒋式瑆弹劾奕劻消息的确切来源，却基本可以认定蒋式瑆是听闻奕劻在汇丰银行存有巨款后才具折弹劾的。

具体情况是，光绪三十年三月初二（1904 年 4 月 17 日），蒋式瑆上奏折揭发奕劻在汇丰银行存放私款。折中说：

掌广东道监察御史臣蒋式瑆跪奏，为官立银行集款不易，请面饬亲贵大臣首先入股以资表率，恭折仰祈圣鉴事。本年二月十三日，户部请设立银行，成本四百万金。户部任筹其半，下余二百万金招商入股，月息六厘，业经奉旨依议在案。臣维银行之设所以杜漏卮而裕利源，苟用得其人，成效可

① 徐凌霄，徐一士著：《凌霄一士随笔》（一），山西古籍出版社 1997 年版，第 327—328 页。

以立见。惟中国历来情形官商本相隔阂。自咸丰年间举行钞票，近年举办昭信股票，鲜克有终，未能取信于天下，商民愈涉疑惧，一闻官办动辄蠲额，视为畏途。户部堂官尚能悉心筹划，尚书鹿传霖对众宣言，拟首先入股，以为之倡，而外间票号议论仍复徘徊观望，不肯踊跃争先。鹿传霖平日于操守二字尚知讲求，即令将廉俸所入悉以充公，为数亦复有限。臣风闻上年十一月二十二日，俄日宣战消息已通。庆亲王奕劻知华俄与日本正金银行之不足恃，乃将私产一百二十万金送往东交民巷英商汇丰银行存放。该银行明知其来意，多方刁难，数次往返，始允收存月息仅二厘，鬼鬼祟祟情殊可怜。该亲王自简授军机大臣以来，细大不捐，门庭如市。上年九月间，经臣据折参奏在案，无如该亲王不自返，但嘱外官来谒，一律免见，聊以掩一时之耳目，而仍不改其故常。是以伊父子起居饮食、车马衣服异常挥霍不计外，尚能储此巨款，万一我皇上赫然震怒，严诘其何所自来。臣固知该亲王必浃背汗流，莫能置对，准诸圣天子刑赏之大权，以报效赎罪或没入减罚库以惩贪墨，亦未为过。而圣朝宽仁厚泽，谊笃懿亲。请于召见该亲王时，命将此款由汇丰银行提出拨交官立银行入股，俾成本易集可迅速开办，而月息两厘之款，遽增为六厘，于该亲王私产亦大有利益，将使天下商民闻之，必众口一词曰庆亲王尚肯入此巨款，吾侪小人何所疑惧？行见争先恐后，踊跃从事，可以不日观其成矣。臣愚昧之间是否有当，伏乞皇太后、皇上圣鉴，谨奏。①

这份奏折中所提出的问题要点集中有五：

1. 庆亲王奕劻在英国所开的汇丰银行存私产高达"一百二十万金"。

2. 奕劻"自简授军机大臣以来，细大不捐，门庭如市"。

3. 奕劻"起居饮食，车马衣服，异常挥霍。"

① 《蒋侍御奏参庆亲王存放私款折》，《申报》，光绪三十年三月十七日。

4. 奕劻不顾政府负责人的身份，不肯带头将巨款存入官立银行，即大清银行。

5. 蒋式瑆在奏折中希望皇太后、皇上"赫然震怒，严诘其何所自来"，行"圣天子刑赏之大权"，将奕劻受贿而来的巨额财产"没入臧罚库，以惩贪墨"。

此折一上，朝野震动。

蒋式瑆上奏弹劾奕劻后，慈禧太后顾及奕劻的颜面本拟将奏折留中不发，但奕劻为证明自己清白坚持要彻查此事，清廷遂下谕令："军机大臣等，御史蒋式瑆奏官立银行请饬亲贵大臣入股，以资表率一折。据称，汇丰银行庆亲王奕劻有存放私款等语，著派清锐、鹿传霖带同该御史，即日前往该银行确查具奏。"①

经过一番忙碌，清锐等人将查办情况覆奏全文如下：

都察院左都御史臣清锐等跪奏，为遵旨查覆事。本月初二，承准军机大臣交到谕旨："御史蒋式瑆奏官立银行请饬亲贵大臣入股，以资表率一折。据称，汇丰银行庆亲王奕劻有存放私款等语。着派清锐、鹿传霖带同该御史，即日前往该银行确查具奏。钦此。"遵即到署传知御史蒋式瑆一同前往汇丰银行。适值是日礼拜，该行无人。复于初三日未刻再往，会晤该行管事洋人熙礼尔以及买办杨绍湦。先借查银行章程为词，徐询汇兑及存款各事。追问至中国官场有无向该银行存款生息，彼答以银行向归，何人存款，不准告人。复询以与庆亲王有无往来，彼答以庆亲王则未经见过。询其账目，则谓华洋字各一份，从不准以示人。诘之该御史所获何据，则称得知

---

① 朱寿朋主编：《光绪朝东华录》（五），中华书局 1958 年版，总 5167 页。

传闻，言官例准风闻言事，是以不揣冒昧上陈。谨将确查情形据实缮折覆奏，伏乞皇太后、皇上圣鉴，谨奏。[1]

根据清锐、鹿传霖的复奏结果，清廷于三月初四发布上谕宣布处理结果称：

言官奏参事件自应据实直陈，何得以毫无根据之辞，率臆陈奏，况情事重大，名节攸关，岂容任意诬蔑。该御史著回原衙门行走，姑示薄惩。嗣后凡有言事之责者务当一秉至公，殚心献纳，如有应行弹劾者，仍著据实纠参以副朝廷广开言路、实事求是之至意。钦此。[2]

弹劾风波过后，蒋式瑆被从都察院遣调回翰林院，从此深居简出，不再参与言论议政。奕劻虽然未被扳倒，但遭受此次弹劾后，心中更存敬畏之心，处事亦更加谨小慎微："惟恐偶一不谨，即入瓜田李下，盖印言路交政，其恐怖之症已深入膏肓，不维无好恶必察之卓力，并不敢存好恶必查之思想矣。"[3]

然而，蒋式瑆的弹劾失败并没有能阻止台谏对奕劻的弹劾与继续攻击。三年后，即光绪三十三年（1907 年），在军机大臣瞿鸿禨等人的支持下，御史赵启霖等人以杨翠喜案为参机，再次对奕劻父子发起了挑战。

---

① 《清总宪等奏覆庆亲王存放私款折》，《申报》，光绪三十年三月十七日。
② 《光绪宣统两朝上谕档》第三十册，光绪三十三年（1907 年），广西师范大学出版社 1996 年版，第 41 页。
③ 陈旭麓等编：《辛亥革命前后——盛宣怀档案资料选辑之一》，上海人民出版社 1979 年版，第 49 页。

二、赵启霖弹劾奕劻受贿、载振纳妓案

光绪三十三年（1907年），在袁世凯帮助下，候补道段芝贵用重金买下天津大观园戏院名歌姬杨翠喜送给载振，并借奕劻做寿之机，送上十万两银的厚礼。于是，没过多久，段芝贵就由一个候补道越级得到黑龙江省巡抚这一要职。奕劻获巨资，载振得美人，段芝贵谋高官，这本是件"皆大欢喜"的事情，但纸里包不住火。此事一出，朝堂内外，人言籍籍，道路传播，报章讥评。早在光绪三十三年（1907年）三月十八日，《京报》发表文章《特别贿赂之骇闻》，首先批露段芝贵献贿庆亲王父子之事。一时间，段芝贵献贿之事成了朝堂上下公开议论的话题。御史赵启霖闻知此事，立刻抓住机会于三月二十五日（5月7日），上《新设疆臣夤缘亲贵物议沸腾据实参折》，具折弹劾段芝贵夤缘奕劻、载振父子。奏折中说：

奏为新设疆臣夤缘亲贵，物议沸腾，据实纠参，恭折仰祈圣鉴事。窃东三省改设督抚，原以根本重地，日就阽危，内而积弊日深，外而强邻交迫，朝廷锐意整饬，特重封疆之寄，冀收拱卫之功。不谓竟有乘机运动，夤缘权贵，如署黑龙江巡抚段芝贵者。臣闻段芝贵人本猥贱，初在李经方处供使令之役，继在袁世凯署中听差，旋入武备学堂，为时未久，百计夤缘，不数年间，由佐杂至道员。其人其才，本不为袁世凯所重，徒以善于迎合，无微不至，虽袁世凯亦不能不为之所蒙。上年，贝子载振往东三省，道过天津，段芝贵夤缘充当随员，所以逢迎载振者更无微不至，以一万两千金于天津大观园戏馆买歌妓杨翠喜，献之载振，其事为路人所知。复从

天津商会王竹林处措十万金，以为庆亲王奕劻寿礼，人言籍籍，道路喧传。奕劻、载振等因为之蒙蔽朝廷，遂得署理黑龙江巡抚。不思时事艰难，日甚一日，我皇太后、皇上宵旰焦虑，时时冀转弱为强。天下臣民稍有人心者，孰不仰深宫忧勤之意？在段芝贵，以无功可记，无才可录，并未引见之道员，专恃夤缘，骤跻巡抚，诚可谓无廉耻！在奕劻、载振父子，以亲贵之位，蒙倚畀之专，惟知广收贿遗，置时艰于不问，置大计于不顾，尤可谓无心肝！不思东三省为何等重要之地，他族逼处，为何等危迫之时，改设巡抚，为何等关系之事，此而交通贿赂，欺罔朝廷，明嚣张胆，无复顾忌，真孔子所谓"是可忍，孰不可忍"者矣！旬日以来，京师士大夫晤谈，未有不首先及段芝贵而交口鄙之者。若任其滥绾疆符，诚恐增大局之阽危，贻外人之讪笑。臣谬居言职，缄默实有所不安，谨据实纠参，应如何惩处以肃纲纪之处，伏候圣裁。恭折具陈，伏祈皇太后、皇上圣鉴。[1]

可以说，在奏折中，赵启霖对奕劻父子的攻击毫不留情：先是抨击段芝贵对奕劻父子的逢迎贿赂之行，接着进一步上纲上线，大声疾呼，奕劻、载振父子明目张胆欺罔朝廷，毫无顾忌，要求朝廷严查此案。

接到御史赵启霖的奏折，慈禧太后又气又恼。她虽有心偏袒奕劻父子，但奏折所言之事又不能不使她有所考虑，于是在赵启霖上奏的当天即发布上谕要求彻查此事：

御史赵启霖奏，新设疆臣夤缘亲贵物议沸腾据实纠参一折，据称段芝贵夤缘迎合，有以歌妓献于载振，并称从天津商会王竹林措十万金为庆亲王奕劻寿礼等语，有无其事，均应彻查。著派醇亲王载沣、大学士孙家鼐

---

① 施明、刘志盛整理：《赵瀞园集》，湖南出版社 1992 年版，第 25—26 页。

确切查明，务期水落石出，据实覆奏。①

同时，朝廷再发上谕："段芝贵著撤去布政使衔，毋庸署理黑龙江巡抚。命程德全暂行署理黑龙江巡抚。"②

赵启霖上折后，奕劻深为愤恨和抑郁。据报界称其已染微恙，饮食亦大减，但仍坚持上朝，并在慈禧太后面前请命，愿亲自彻查此案，未得允许后悻悻而归。其后，奕劻又面见醇亲王载沣和孙家鼐称："此事吾父子名誉不足惜，如国体何？还望二位秉公确实查办，如其事属实，予甘认面欺之罪；如无其事，亦应将查办之详情宣布天下，毋使吾父子贻笑于全球也！"言之潸然泪下。

三月二十八日（5月10日），醇亲王载沣和孙家鼐一行赴天津查办此案。行前曾对报界透露，初拟至庆王府搜查，看杨翠喜是否在府，此案即可水落石出，并调查庆亲王之贺寿的收礼簿，以检查十万金之有无，后因众大臣反对，称此举未免笨拙，所以才有了天津之行。然而，奕劻毕竟是朝廷亲贵，且为政有年，树大根深，加之袁世凯手下人才济济，于是采取内外下手，"联合防堵"；内有世续、徐世昌、成勋"出力"，使"上怒，乃解"③；外有在津袁党行缝。袁世凯得到消息后，迅速行动，首先将杨翠喜暗中接回天津，迫富商王益孙（亦名王锡瑛）出三千五百两买下她，接着又指使王竹林否认借银子的事情，当调查组抵达天津时，杨翠喜已在王益孙的家中。据王益孙称，杨翠喜为他一个月前在大观园买的。后又至天津商会查阅帐簿，并将会长王竹林助理宁星甫及商会司账一起带回询问，然而

---

① 朱寿朋主编：《光绪朝东华录》（五），中华书局 1958 年版，总第 5661 页。
② 朱寿朋主编：《光绪朝东华录》（五），中华书局 1958 年版，总第 5660 页。
③ 张国淦著：《北洋军阀的起源》，《北洋军阀史料选辑》（上），中国社会科学院出版社 1981 年版，第 55、56 页。

事情没有什么进展，载沣一行并没有掌握任何实际有力的证据，遂使调查一无所获，最后只得以赵启霖所奏不实复奏。其奏折如下：

臣等奉到谕旨次日即商同办理，委派正红旗满洲印务参领恩志、内阁侍郎润昌前往天津详细访查。现据该员等禀称到津后即访歌妓杨翠喜一事。时天津人皆言杨翠喜为王益孙买去。当即面询王益孙称名王锡瑛，系兵部候补郎中，于二月初十间在天津荣街买杨李氏养女名翠喜为使女，价三千五百元，并立有字据。再三究问，据王锡瑛称杨翠喜现在家内服役。又据杨翠喜称现在天仙茶园唱戏，于二月初闻经过付人梁二与养父母说允，将身卖与王益孙名王锡瑛充当使女。复讯杨翠喜之父母并过付人梁二等称：伊养女杨翠喜实在王益孙名锡瑛家内现充当使女等语。其王竹林措十万金一事询据王竹林称名王贤宾，系河南候补道充当商务局总办，与段芝贵并无往来，现虽充监商并无数万之款，所办商会年终入款七千余元，本局尚不敷用。其商会事件系公同各商董会办，并非一人专理。当即调查账簿亦无此款。并令王竹林与在局商董公同面质，据商会协理宁世福等公同言及给段芝贵措十万金之款不但未见，而且未闻。商董等均情愿出具连名甘结。复询天津阖郡各商据钱行商董郑金鼎等各商人，共同为王竹林具结，称段芝贵实无向王竹林拨给十万金之事等语。据该员等禀复前来，臣等即将案内要证王益孙名王锡瑛、杨翠喜之父母、王竹林名王贤宾，并保证商会协理宁世福、钱商郑金鼎等提传来京面询，各所供与该员等所查相符均无异词。所有臣等查明据说覆陈缘由理合恭折具奏伏乞。皇上圣鉴训示，再臣等现将王益孙名王锡瑛等亲供各甘结及账目等项共十七件咨送军机处备查合并声明，谨奏。①

---

① 《醇邸孙相查复杨翠喜案原折》，《申报》，光绪三十三年四月十二日。

根据载沣、孙家鼐等人的彻查结果，清廷于四月初五发布上谕做出处理：

　　前据御史赵启霖奏参新设疆臣夤缘亲贵一折，当经派令醇亲王载沣、大学士孙家鼐确查具奏。兹据奏称，派员前往天津详细访查，现据查明杨翠喜实为王益孙即王锡瑛买作使女，现在家内服役。王竹林即王贤宾，充商务局总办，与段芝贵并无往来，实无措款十万金之事，调查账簿，亦无此款，均各取具亲供甘结等语。该御史于亲贵重臣名节所关，并不详加访察，辄以毫无根据之词率性入奏，任意诬蔑，实属咎有应得。赵启霖著即行革职，以示惩儆，朝廷赏罚黜陟，一秉大公，现当时事多艰，方冀博采群言以通壅蔽。凡有言责诸臣，于用人行政之得失，国计民生之利病，皆当剀切直陈，但不得撷拾浮词，淆乱视听，致启结党倾陷之渐。嗣后如有挟私参劾肆意诬罔者，一经查出定予从重惩办。①

　　赵启霖上折弹劾奕劻父子后，载振自知不容于众论，内心颇为不安。为了"稍塞论者之口"②遂提交辞职奏折。

　　载振在奏折中这样写道：

　　奴才派出天潢，凤叨门荫。诵诗不达，乃专封而使四方，恩宠有加，遂破格而跻九列。方滋履薄临深之惧，本无资劳才望可言。卒因更事之无多，以致人言之交集。虽水落石出，圣明无不烛之私，而地厚天高，踧踖有难安之隐。所虑因循恋栈，贻衰亲后顾之忧，岂惟庸钝无能，负两圣知

①　朱寿朋主编：《光绪朝东华录》（五），中华书局 1958 年版，总第 5665—5666 页。
②　恽毓鼎著，史晓风整理：《恽毓鼎澄斋日记》，浙江古籍出版社 2004 年版，第 351 页。

人之哲。思维再四，辗转彷徨，不可为臣，不可为子。惟有仰恳天恩，准予开去御前大臣、农工商部尚书要缺，以及各项差使，愿从此闭门思过，得长享光天化日之优容。倘他时晚盖前愆，或尚有坠露轻尘之报称。[①]

折上，慈禧太后并未对载振加以挽留，而是同意了载振的奏请，"著准其开去御前大臣，领侍卫内大臣，农工商部尚书等缺，及一切差使"。[②]

与此同时，为了平息外界的舆论压力，奕劻亦上疏恳请辞去军机大臣要职，但遭到慈禧太后的拒绝。清廷在谕令中说"军机事务繁重，该亲王当差有年，遇事悉心筹画，诸臻妥善。现在时局多艰，该亲王谊属懿亲，自应亟图补救，不忍遽行引退，益当不辞劳怨、力任其难。所请开去军机大臣要差之处，著毋庸议。"[③]

赵启霖因揭露"杨翠喜案"遭革职后，御史纷纷对其声援。在赵启霖上奏的第五天，御史江春霖即上《劾庆亲王父子疏》，进一步弹劾庆亲王父子，请清廷再次确查此事。奏折内容如下：

"奏为报纸评论亲贵，前后顿殊，托辞更正。拟请饬并调核传闻，以凭查究。窃庆亲王及其子农工商部尚书载振，威权日甚，势倾中外。此次奕劻七十寿辰，都下喧传收受礼物，骇人听闻者甚多；而京外各报，尤秉笔直书而不讳，不第署抚段芝贵一人、歌妓杨翠喜一事而已。臣久拟疏章，以上年七月初八、八月初十、十二月二十四，及本年二月二十五日奏劾内外大臣各折片，均皆奉旨留中未发，又念贼私之律，授受过付同罪，言之虽确有凭，按之类皆无据。是以一月以来，屡贻仗马寒蝉之诮，而不敢撤拾

---

① 朱寿朋主编：《光绪朝东华录》(五)，中华书局1958年版，总第5666页。
② 朱寿朋主编：《光绪朝东华录》(五)，中华书局1958年版，总第5666页。
③ 《清德宗实录》，卷五百七十三。

上陈也。不意本月二十五日，御史赵启霖奏参，派醇亲王载沣、大学士孙家鼎查办。而天津《大公报》《顺天时报》又有更正杨翠喜之说。臣阅之大骇。外议多谓载振尝将杨翠喜赠其旧好王益孙出名顶领，而胁报馆为之洗刷。人言故不尽可信，但以臣所见各报门包寿礼数量，言之凿凿，路人皆知，何以绝不更正，独沾沾于更正杨翠喜一节？且各报皆有访事，前之误登，访从何处？后之更正，访自何人？断非绝无来历，岂容信口雌黄！报纸顿更初议，难保无掉弄笔墨，颠倒是非，迷惑众听情弊，应情并调查各报，传到该报馆访事、主笔，诘问前后不符的原因，以凭追究。臣为慎重查案起见，谨缮折具陈。"① 折上后留中。

四月十二日，江春霖又上《参劾王大臣查案疑窦折》，提出查案的六点疑窦：

1. "买献歌妓之说，起于天津报纸，而王锡瑛则天津富绅，杨翠喜又天津名妓，若果二月初即买为使女，报馆近在咫尺，历时既久，见闻必确，何至误登？"

2. "使女者婢之别名，天津买婢，身价数十金，至百金而止，无更昂者。以三千五百元而买一婢，是比常价增二三十倍矣。王锡瑛即挥金如土，愚不至此。"

3. "翠喜色艺倾动一时，白居易《琵琶行》所谓名在教坊第一者，无过是矣。老大嫁作商妇，尚诉穷愁，岂有年少红颜，甘充使女？"

4. "王锡瑛称在天津荣街买杨李氏养女，不言歌妓，而翠喜则称先在天仙茶园唱戏，经过付人梁二与身父母说允，又不言养于李氏。供词互异，捏饰显然。"

5. "既为歌妓，脂粉不去手，罗绮不去身，其不能胜操作也明甚。谓在

---

① 江春霖著：《江春霖集》上册，马来西亚兴安会馆总会文化委员会1990年版，第53页。

家内服役，不知所役何事？"

6. "坐中有妓，心中无妓，古今惟程颢一人，下此虽十年浮海之胡铨，不免动情于黎倩矣。而日买为使女，人可欺，天可欺乎？"[1]

折上后，仍然石沉大海。

四月初八，御史赵炳麟亦上书为赵启霖请命，他在《请救御史赵启霖疏——奏为宽容台谏维系人心恭折仰祈圣鉴事》中明确提出惩治赵启霖会导致言路闭塞、大失人心。折中说：

御史赵启霖因弹劾亲贵不实，革职以示惩儆。雷霆之下，谁不震慑？夫时局至今日，危险极矣。臣愚以为处此时势，大小臣工皆应劝善规过，共济时艰，倘敢言之谏臣严加屏斥，臣恐言路闭塞，人心解散，天下事有不忍言之矣。乾隆时御史曹锡宝弹劾权贵不实，部议降调，高宗谕云：御史究属言官，一时未察虚实，以书生迂拘之见，托为正言陈奏，姑免实降，着加恩改为革职留任。洋洋圣谟，述为美事。夫自王公以下官师相规，善则劝之，过则匡之，患则救之，失则革职。明盛之时，大抵如此。若夫恶闻过举，驱逐言官，皆末流之弊政，其祸至于无所底止。奕劻身为大臣，而因言该亲王去位者，前既有蒋式瑆，今又有赵启霖。揆诸大臣爱才之心，必有惶悚不自安者。今日幸祖宗之泽未湮，君臣之纲具在。尚有人不计祸福，以卵击石，为朝廷争名器。若使纪纲废弛，仁义充塞，我皇太后皇上虽悬赏以求直言，恐亦不闻于耳矣……如赵启霖之不顾处分者，罢职而去，谓立言官之谓何？降何以作其气耶？他日，倘有权奸干国，贿赂公行者，谁复为之直言极谏耶？[2]

① 江春霖著：《江春霖集》上册，马来西亚兴安会馆总会文化委员会1990年版，第54页。
② 赵炳麟著：《赵柏岩集》（上），广西人民出版社2001年版，第444—445页。

另外，除了江春霖、赵炳麟，赵启霖的顶头上司、左都御史陆宝忠亦站出来为赵启霖请命。陆宝忠同情赵启霖的遭遇，认为言官有风闻言事的权利，即便所言失实，也应该从宽处置。他在折中写道：

乃近所拔擢者，徒借破格之名，转失用人之当，无怪人言之啧啧也。御史赵启霖罔识忌讳，冒昧直陈，轻听道路之言，以致诬及亲贵，其咎固无可解，而尽心实有可原。况御史原准风闻言事，即传闻失实，亦宜曲示优容。查赵启霖平时学问颇优，声名尚好，憨直乃其本心，弹劾因之过当。合无仰恳逾格鸿慈，鉴其愚诚，仍留言路，以作台鉴敢言之气，而慰天下望治之心。①

对于赵炳麟、陆宝忠等人的交章上陈，清廷于四月初八发布上谕：

御史赵启霖诬蔑亲贵重臣，既经查明失实，自应予以惩儆。台谏以言为职，有关心政治、直言敢谏者，朝廷亦深嘉许。惟赏罚之权操之自上，岂能因臣下一请即予加恩。至所虑阻塞言路，前降谕旨也已明白宣示，凡有言诸臣，务各殚诚献替，尽言无隐，以副朝廷孜孜求治之至意。②

清廷坚持袒护奕劻，不改对赵启霖的处置结果，致使这次大参案也不了了之。赵启霖参案虽因慈禧太后需要继续借重庆袁势力而不了了之，但都察院已经与庆袁势力誓不两立，故奏参风波并未结束。

① 施明、刘志盛整理：《赵瀞园集》，湖南出版社 1992 年版，第 31 页。
② 赵炳麟著：《赵柏岩集》（上），广西人民出版社 2001 年版，第 445 页。

三、江春霖弹劾奕劻案始末

　　光绪三十四年十月二十一、二十二日（1908 年 11 月 14、15 日），光绪皇帝和慈禧太后相继谢世。溥仪入承大统，载沣以监国摄政王的身份执政。很快，新执政的摄政王载沣就以足疾为由将权臣袁世凯开缺回籍，然而袁世凯的最大奥援奕劻却仍留在枢府，这使一向对袁世凯、奕劻为代表的庆袁势力非常不满的台鉴御史们的内心郁结。载沣监国摄政尤其是在罢黜了袁世凯后，都察院这帮自以为对清王朝十分忠心耿耿的御史们似乎又看到了扳倒奕劻的希望。他们又鼓起勇气，捕捉机会，风闻言事，对奕劻的贪污纳贿、遍结死党的行为全面揭参，积极想推动摄政王载沣彻底裁撤奕劻。

　　首先出来揭参庆亲王奕劻的是御史江春霖。

　　江春霖从庆袁结党角度向载沣进言，认为袁世凯虽去，奕劻尚留，打草惊蛇，纵虎还山，为祸更急。掌京畿道监察御史赵炳麟也向载沣密奏，称"袁世凯虽罢，其党内有庆亲王为之应，外有杨士骧济其财，仍然固结如旧，万一朝政偶有疏虞，遇事挟持，监国摄政王必束手受制。今欲立于不败之地，则直隶总督不可不调，应请英断在心，不动声色，先将杨士骧设法调开，另选有声望不避嫌疑而居心忠义可恃者，授为直督，则北洋之财不致为袁氏私人耗尽，而党羽可期解散。至于庆亲王，朝廷如何处置，圣心自有权衡，非臣下所敢拟议矣"。[①] 赵炳麟的密奏挠到了载沣内心深处的痒。载沣当日即召见赵炳麟，询问道："尔言关系极重，究应如何布置？"

---

① 赵炳麟著：《奏为国势孤危朝廷有转移风气之权宜等密陈管见事》，第一历史档案馆缩微胶卷，档号 04-01-13-0421-034，缩微号 04-01-13-034-1565。

赵炳麟对曰："世凯罢官而罪名不著，天下疑摄政王排汉，奸人拘之，使民解体，为患滋大。当宣布德宗手诏，明正世凯之罪；黜逐奕劻，以靖内奸；任张之洞独相，以重汉人之权；起岑春煊典禁卫军；召康有为、安维峻、郑孝胥、张謇、汤寿潜、赵启霖授皇帝讲读并为摄政王顾问，以收海内物望；实行立宪，大赦党人，示天下以为公。"① 载沣连连点头表示赞同，旋召见张之洞商榷。张之洞与岑春煊、康有为皆不合，力保奕劻持重，宜加信用，非彼不能镇安皇室，赵炳麟所奏多纷更不可用。载沣最终采纳张之洞的意见，赵炳麟之议遂寝。从此以后，载沣再也没有召见过赵炳麟。

由此可以看出，袁世凯被罢黜后，载沣虽然没有罢黜奕劻，但在摄政之初，他还是动了处置奕劻的念头的。这是江春霖在宣统二年敢于出来弹劾奕劻的直接原因。"摄政就职，庆邸威权大损，见项城屏逐，知将及己，遇事更形退缩。宣统年间，政局情形极其复杂。"② 因为袁世凯的去职，奕劻在朝堂之上失去了强有力的左膀右臂，处唇亡齿寒之境，行事稍有收敛，这种情形客观上反映了宣统初年载沣与奕劻之间的基本矛盾与斗争。

江春霖、赵炳麟向载沣奏参奕劻无果后，宣统元年（1909 年），江春霖又出来弹劾江西巡抚冯汝骙朋比漫欺之罪，将矛头直接指向奕劻。

宣统二年一月十六日（1910 年 2 月 25 日），江春霖上《劾庆亲王老奸窃位多引匪人疏》。折中写道：

戊戌变政，全局为前军机大臣袁世凯一人所坏。袁世凯得罪先帝，乃结庆亲王奕劻为奥援，排斥异己，遍树私人，包藏祸心，觊觎非望。幸而瞿鸿禨退，先朝起监国摄政王以镇之。袁世凯进，先朝又招阁臣张之洞以参

---

① 胡思敬著：《国闻备乘》卷四，《监国预防隆裕》。
② 刘体智撰、刘笃龄点校：《异辞录》，中华书局 1988 年版，第 221 页。

之。天与人归，谋不得逞。及我皇上御极，首罢世凯。奕劻恭顺以听，而其党亦悚悚危惧。中外相庆，以为指日可致太平矣。既而窥见朝廷意主安静，各派无所登庸，要津仍各盘踞。而农工商部侍郎杨士琦，署邮传部侍郎沈云沛复为划策，污名嫁于他人，而已阴收其利。被劾则力为弥缝，见缺又荐引填补。就众所指目而言，江苏巡抚宝棻、陕西巡抚恩寿、山东巡抚孙宝琦则其亲家，山西布政使志森则其侄婿，浙江盐运使衡吉则其邸内旧人，直隶总督陈夔龙，则其干女婿，安徽巡抚朱家宝之子朱纶，则其子载振之干儿，邮传部尚书徐世昌，则世凯所荐，两江总督张人骏、江西巡抚冯汝骙，则世凯之戚，亦缘世凯以附奕劻。而阴相结纳者尚不在此数。枢臣名有五人，实仍一人揽权而已。现查军机大臣戴鸿慈，业已出缺，若我皇上监国摄政王，复听奕劻荐引私人，或误用老迈庸懦者充数伴食，大局之坏何堪设想。臣在先朝劾奕劻父子及袁世凯者，疏凡八上，皇上临御以来亦屡有言，均未荷蒙鉴纳。贱不谋贵，疏不谋亲。何苦数以取辱。但念蒙恩宽免处分，并谕指陈远大，枢臣贤否实为治乱攸关，远大孰有过于是者？缄口不言，抚衷滋疚。[1]

江春霖的这份奏折是继蒋式瑆、赵启霖之后的又一封针对庆亲王奕劻的弹章，其要点在于奕劻贿赂公行、笼络私人、弄权坏政。这是对奕劻把持朝政的更深层次论述，已经上升到弹劾其结党营私、败坏朝政的层面。历朝历代，统治者最忌讳大臣与疆吏之间结党营私，并把它当成瓦解自己统治的一大弊害。江春霖参劾奕劻结党已是把奕劻推到了风口浪尖。他参劾奕劻十大项罪名，牵涉宝棻、恩寿、孙宝琦、徐世昌、陈夔龙、朱纶、张人骏等多人，认为这些官员皆因为直接或间接依附于奕劻才得以立足发

---

[1] 江春霖著：《江春霖集》上册，马来西亚兴安会馆总会文化委员会1990年版，第217—219页。

展，这也正是江春霖弹劾奕劻结党营私的证据。

江春霖的这篇奏折递上，当日朝廷就发布上谕，认为御史参奏庆亲王奕劻的案件，牵扯了太多琐碎的事情，并且涉及到众多中央及地方要员，劝江春霖知难而退。上谕主要内容如下：

御史江春霖奏参庆亲王奕劻一折，朝廷虚衷纳谏，博采群言，然必指陈确实，方足以明是非，该御史所奏直隶总督陈夔龙为奕劻之干女婿、安徽巡抚朱家宝之子朱纶为载振之干儿各节果何所据而言，著江春霖明白回奏。钦此。①

清廷要江春霖提供陈夔龙为奕劻干女婿和朱家宝之子朱纶为载振干儿的确凿证据。但载沣也知道御史们拿不出有力的证据，其真实目的是想让江春霖不要再生出是非，让他左右为难。

然而，十八日，不知载沣心思的江春霖依旨又上《遵谕明白回奏折》，他在奏折中这样回应道：

惟臣原参宝棻、恩寿、孙宝琦为奕劻亲家，志森为奕劻侄婿，衡吉为奕劻邸内旧人，徐世昌为袁世凯所荐，张人骏、冯汝骙为袁世凯之戚，皆缘袁世凯以附奕劻各节，陛下均置不问，独提陈夔龙、朱纶二事，著臣明白回奏。信臣所参八款皆实，疑此二事尚近暧昧。请据所闻，明白陈之。陈夔龙继妻为前军机大臣许庚身庶妹，称四姑奶，曾拜奕劻福晋为义母。许宅寓苏州娄门内，王府致馈皆用黄匣，苏人言之鉴鉴。夔龙赴川督任，妻畏道艰，逗留汉口，旋调两湖，实奕劻力。朱纶拜载振为义父，系由袁世凯引进。光

① 《光绪宣统两朝上谕档》第三十六册，宣统二年，广西师范大学出版社1996年版，第14页。

绪三十四年二月。朱纶曾到其父吉抚署内购买貂褂、人参、珍珠、补服等件送礼，朱家宝每于大庭广众夸子之能，不以此事为讳。现犹不时往来邸第，难掩众人耳目，并非任意捏诬，皇天后土，实式临之。且光绪三十四年九月初九，臣劾载振与袁世凯结拜弟兄疏，请"语如涉虚，甘坐诬谤"。时奕劻、袁世凯同在军机，竟不敢辩。前之得实，便可证后之不虚。原折尚存，可取覆按。臣职在风闻言事，祖训昭垂，有闻即应入告，人言籍籍如此，岂容畏葸瞻顾，不以上闻，缘奉旨据实陈明，伏乞皇上圣鉴。谨奏[1]。

江春霖复奏的当日，失去了耐心的载沣即作出以下处置：

前据御史江春霖奏参庆亲王奕劻一折，牵涉琐事，罗织多人，朝廷早鉴其诬妄，其中谓陈夔龙为奕劻之干女婿，朱家宝之子朱纶为载振之干儿属荒诞不经，当即谕令明白回奏。兹据回奏率以数十年前捕风捉影之事，及攻讦隐私之言，皆属毫无确据，恣意牵涉谬妄已极。国家设立言官，原冀其指陈得失、有裨政治。若如该御史两次所奏实属莠言乱政、大妨大局，亲贵重臣不应任意诋诬，即内外大臣名誉所关，亦不当于诬蔑。似此信口雌黄，急在沽名，实不称言官之职。江春霖著回原衙门行走，已示薄惩。钦此。[2]

在上谕中，清廷对江春霖提供的证据丝毫不予认同，反倒斥责江春霖为了沽名钓誉不惜诋诬亲贵大臣，以捕风捉影之陈年旧事冒然上陈。这份上谕的意思已经表述得十分清楚，江春霖所奏的内容是什么已经不甚重要，关键在于江春霖"不识时务"，四面出击，涉及面太广，影响到朝中政局的

---

① 江春霖著：《江春霖集》上册，马来西亚兴安会馆总会文化委员会 1990 年版，第 222—224 页。
② 中国第一历史档案馆编：《光绪宣统两朝上谕档》第三十六册，宣统二年，广西师范大学出版社 1996 年版，第 16 页。

稳定，载沣根本无法也不能对此进行查证处理，这也正是江春霖受到惩戒的真正原因。

十九日，给事中陈田、御史赵炳麟联名上疏为江春霖请命，其疏曰：

赏罚之权，操之自上，臣等何敢渎陈？惟我朝自崇德元年设都察院，祖宗名训，大责以匡救朝政，弹劾官邪。上而君主之阙失，下而王公及大小官吏之赃污，皆准其有闻即奏，但有一二款属实，言者无罪。载在《大清会典》，章章可考也。康熙时熊赐履，乾隆时曹锡宝，皆以指摘首辅，奉旨令其回奏。所陈无据，部议降调。我圣祖、高宗知其立品素正，居心无他，特降谕旨留本任。其后皆为名臣，至今传为美谈。江春霖素具孤忠，在先朝时，睹权奸之震主，早欲捐首领以报我朝三百年养士之恩。及陛下临御以来，江春霖蒙召见养心殿，谕以报效国家。自此感激涕零，含辛茹苦，未尝一日忘纶綍之付嘱，不顾利害，至死靡他。臣等环顾台垣，如江春霖者，固不愧为真御史也。今若因言去职，臣等恐天下寒心，士气沮丧，书之史册，何足昭示后人？是朝廷之所失甚大，而江春霖之所失小也。庆亲王奕劻谊属懿亲，尤宜弃至小嫌，顾全大局，方足以释后世天下之责备。可否收回成命，仿照圣祖、高宗故事，令江春霖仍留本任，以观后效。天下后世，不徒颂陛下之清明，抑以见待谏臣之有容矣。臣田离先人墟墓，于今十年；臣赵炳麟重闱年迈，旅居长沙，皆不能久居朝籍，行将乞假还乡，复何所袒于言路？特为朝廷计。方今主少国疑，敌骄盗炙，多留一正人，即多留一分元气。是以不避冒渎，披沥具陈，乞皇上圣鉴训示。[1]

① 赵炳麟著：《赵柏岩集》（上），广西人民出版社 2001 年版，第 495 页。

御史胡思敬亦上疏为江春霖的去留相争，言辞更趋激烈：

陛下即位之初，在召见江春霖时曾"勉以直谏"，"未及一年，昔之被奖者，今且以言获咎"。近来，弹章叠出，即使查无实据，"亦以风闻置之，从未闻谴及言者"，唯独对于奕劻，"蒋式瑆一参之而罢斥矣，赵启霖再参之而罢斥矣，今江春霖三参之而又得罪矣"，结果自是"后世疑陛下独私其亲"。①

很快，清廷就特意针对赵炳麟、陈田、胡思敬等人的奏折颁布上谕，主要内容如下：

经谕令建言诸臣毋得怀扶私见及毛举细故，倘敢任意尝试必予惩处，该言官等应如何谨禀遵，乃昨据御史江春霖奏参庆亲王奕劻并明白回奏，各节牵涉琐事罗织，多人以毫无确据之言，肆意诬蔑，殊属有妨大局，本应予以重惩，姑念该御史平日憨直，尚无劣迹，是以从宽祇另其回衙门行走，朝廷于用人大权斟酌至当毫无容心，兹据陈田、赵炳麟、胡思敬等奏请收回成命，暂予优容留任，效用之处著毋庸议。钦此。②

由此可见，载沣对于赵炳麟、陈田等人的不断聒噪，表现的还算客气，耐心解答了其中的缘由，这与对江春霖的严厉申斥相比，更具有劝导和安抚的意味，表明清廷并不想激化矛盾，从而引起都察院御史群体公愤。

但是，树欲静而风不止。陈田、赵炳麟、胡思敬为江春霖诤谏无效后，

---

① 胡思敬著：《退庐疏稿》卷二，（台）文海出版社1970年版。
② 中国第一历史档案馆编：《光绪宣统两朝上谕档》第三十六册，宣统二年，广西师范大学出版社1996年版，第19页。

二十日，以给事中忠廉为首的都察院全台御史联名上《奏言路无所遵循请明降谕旨折》，他们振振有词，首先是不承认自己有错。折中写道："纶綍昭垂，臣等何敢渎议；惟臣等所论者，非一人去留，乃全台之职掌；亦非一官之存废，乃举国之安危。天生民而立之君，以为民也。君不能以独治，设官以分治之，而用人不能毕其皆贤也，于是设御史台以监察行政、弹劾官邪。我列祖列宗以来，许台臣风闻言事，但有一二款属实，即免议处者，深念民人疾苦，非是无以周知；官吏贪横，非是无以阻止。倘弹劾大臣而即谓怀挟私见，则弹劾小臣必又以为毛举细故，是都察院之性质全失矣！而国会未开，行政裁判院未立，司法之权与行政相混合，监财之柄，无专司以检查。一切大权，皆付诸内外行政大臣之手，并旧日都察院之性质亦归于有名无实。"其次是他们进一步针对当时的政情提出质疑，为清廷敲响警钟，谓："陛下能必所用之人皆无过举乎？倘不幸而巧立名目，剥削百姓，辇金私事，集怨公朝，如是则民受其害。更不幸而排斥异己，任用私人，威力势成，相顾结舌，天子号令不出一城，孤立无援，竟图尾大，如是则君受其害矣！"再次，他们更进而言明事态发展下去的严重性："且有九年筹备，事体纷繁，万一徒饰其名，不求其实，大臣以一纸空文报诸政府，政府以数言奖语，称为考核。从虚文观之，则百废具举，就实事考之，则百举俱废，无人纠发，陛下终无由知之，如是，则不免上下相蒙大臣之巧者，甚且托名办事，其实则输赇要津，己收其利，而所办之事全虚也。如是则不免上下相疑。不堪其虐，铤而走险，如是则难免上下相冲。夫至于上下相冲，考诸英法历史，曰大革命，或十余年，或数十年，肝脑涂地，竭全国之力，仅仅底定。波兰则以内部肇乱，外人乘之，遂召分析之祸，且原皆由于行政专横之所致也。"①

---

① 赵炳麟著：《赵柏岩集》（上），广西人民出版社 2001 年版，第 497 页。

纵观整篇全台谏折，与其说是请定言路有所遵循的奏折，倒不如说是全台对清廷处置江春霖决定的不满与声讨。全篇只字未提江春霖弹劾奕劻事，字里行间却在影射奕劻纳贿专权、滥用私人以及清廷包庇奕劻之事。这份集体上奏甚至提及英法大革命、波兰遭外人瓜分等国际历史大事件，以警示和劝诫清廷，希望清政府不要步英法等国专权以致王朝凋蔽的后尘。

面对全台五十八位御史的公论，清廷意识到事态发展的严重性。二十三日，清廷特别明降谕旨，谓："前因御史江春霖以毫无确据之言，肆意渎陈，殊失建言大体，谕令回原衙门行走，以示薄惩。兹据该给事中等奏称请饬仍遵钦定台规，列圣谕旨办理等语，览奏殊多误会。朝廷优待言官，凡有切实指陈，无不虚衷采纳，岂有抑遏言路之心？况我朝列圣广开言路，凡有条陈得当，无不虚衷嘉纳，其弹劾失实者，亦必予以谴责，详载台规，该给事中等当共知之。一嗣后仍宣恪守祖训，谨守台规，凡遇民生疾苦，官吏贪横诸大端，务当据实陈奏；如立言得体，必立予施行，用副朕博采群言，虚怀纳谏之至意。将此通谕知之。钦此！"① 很显然，清廷害怕引起全台御史的公论，因此对御史耐心进行劝导和慰问，并一再重申政府优待言官的宗旨。但对江春霖却丝毫不肯减轻处分，虽然冠以"朝廷之赏罚本以不可擅更"的名目，但实质上反映出清廷处置江春霖不可动摇的决心。

四、奕劻的应对及载沣的态度

清末几次参劾奕劻案发生后，社会媒体纷纷响应。当时，不少报纸、

---

① 赵炳麟著：《赵柏岩集》（上），广西人民出版社 2001 年版，第 497—498 页。

刊物如《申报》《时报》《大公报》《盛京时报》《东方杂志》等都推波助澜、大肆渲染，对弹劾奕劻案进行了持续宣传和报道，对蒋式瑝、赵启霖、江春霖等人弹劾奕劻父子的奏折、朝廷回应的上谕及对台谏御史的集体抗议等都进行了全文刊登，支持之意不言自明。

台谏请愿失败后，言官们还不甘心，仍有御史甚至公然不讳地上书攻击奕劻，希望清廷借机罢黜奕劻，内容大致如下：

现值预备立宪之际，应以广开言路为先，枢臣某以言官言及己短遂设词诬陷言官，贻朝廷拒谏之过，实系匡辅不职。该枢臣亦知清议不容，连日未曾入值，揣其意无非以一退挟制朝廷。现值承平之际，枢府之事并非该枢臣不办，仅听其乞休。臣亦知贱不谋贵，疏不间亲。用舍之权操诸君上。臣知此奏不谅太甚，只以事关大局用敢冒昧直陈，伏乞鉴纳。①

"四川提学使赵启霖闻之再抗疏严劾奕劻，皆留中不报，启霖遂乞骸骨，许之。"② "台谏三霖"中的"两霖"均因弹劾庆亲王奕劻而去职，反映出清廷对亲贵的庇护与纵容，纵使监察御史再怎么大声疾呼、痛击时弊，也不能扭转亲贵当权的局面，监察御史的作用越发式微。

不过，上面所述只是说明了事情的一个方面。庆亲王奕劻面对这场全台御史发动的大参案倒表现出宽容、淡定、从容的态度，这种表现颇耐人寻味。

当时，在社会各界舆论的压力下，庆亲王奕劻也被迫作出了一些回应。他自称："衰庸之质，学问经济本非所长，惟此谨慎小心。"③ 早在江

---

① 《庆邸又被御史参劾》，《盛京时报》，宣统二年二月十六日。
② 《清史纪事本末》，卷七十六。
③ 《庆邸奏请开去军机原片》，《申报》，光绪三十三年五月十七日。

春霖弹劾奕劻的前八天，奕劻即有了辞去部分兼差的想法。"内廷人云庆邸管理陆军部贵胄学堂兼差现已开去，日前复与某枢臣言，谓年来老病交催，精神弥败，现值内政外交同处繁难之时，深恐兼顾难周，有负朝廷委任。拟日内奏请开去总理外务部差，专心供职枢垣以期节劳而免贻误。"① 显然，奕劻已意识到自己高处不胜寒的处境，已经有了急流勇退、暂时收敛锋芒之意。面对御史们咄咄逼人、气势颇盛的弹劾和各界舆论的强大压力，奕劻没有利用手中职权进行反击，而是选择了沉默与退避三舍。一时间，"政界人云庆邸乞休之说近已传遍京师"②。奕劻"面恳摄政王谓已屡次经人参劾，请允准开去军机领班要差以息物议，并保荐泽公、伦贝子堪以赞襄枢务"③。据报道："蒙监国温语慰留，未允所请。然庆邸则退志已坚。""政界确息庆邸现已决意告退领袖军机之任，监国也特遣员二次慰留。其原因系一为现在待办之宪政及藏务甚多，一为亲贵中堪胜领袖军机之任者惟泽公、肃邸、及洵、涛、朗三贝勒为合格，而各王公等又均负有重要责任，万难分再令分任枢务。故一时未便允庆邸之告退。"④ "日前振贝子在内廷蒙监国召见，系因庆邸迭次乞休，监国特谕贝子宽慰庆邸，并云监国与庆邸同为先朝付托之人，岂可因人言而遽萌退志？致负托之重云。"⑤ 奕劻"退意现已渐消,闻系因监国再三恳留之故，并闻监国曾与该邸约定三事：一为西藏大局，一为澳门界务，一为东三省某项交涉。以上三项须均办理完后,方准退出枢廷"⑥。为了宽慰奕劻，"礼部日前奏请钦派册封庆王之正副使当经派定伦贝子充册封正使，礼部

① 《庆邸拟辞外务总理差》,《盛京时报》, 宣统二年正月初八。
② 《要闻》,《大公报》, 宣统二年二月初二。
③ 《庆邸被参之后闻》,《盛京时报》, 宣统二年正月二十七日。
④ 《要闻》,《大公报》, 宣统二年二月初六。
⑤ 《监国之宽慰庆邸》,《盛京时报》, 宣统二年二月十三日。
⑥ 《要闻》,《大公报》, 宣统二年二月初八。

左侍郎景厚充为副使一节。闻庆王此次所受之册封,系今上登基时加封庆王世袭罔替,故应将册实亦行改铸加封字样。查该册实系银质镀金,现已择定于月之二十三日午刻,伦贝子、景侍郎等持节往庆王府宣读圣旨敕封"①。奕劻在重新入值后,难免遇到御史再次弹劾的尴尬处境。有报道称:"据京友函云庆邸已于二十七日入值,二十八日甫到军机值庐。闻有胡御史封奏深恐折中又涉及己事,故未随同诸枢臣觐见,瞩令代奏注假,遂即传轿回府云。"② 真可谓是相国怕御史,退避三舍。奕劻示弱是一种处事智慧和行事权谋。他面对铺天盖地而来的弹劾所表现出来的淡然态度,恰恰能够反映出他成熟、从容的心态。在强大舆论的重压下,奕劻没有直接面对舆论,选择争辩,而是选择回避与不争。正是这种做法赢得了清廷的再三慰留,亦重新博得了清廷对他的信任。除此之外,奕劻在御史的弹劾面前,颇显宽容气度。据称:"据内廷人云,目前监国召见庆邸垂询参案各节,庆亲王面奏,御史本有风闻言事之权,实与不实此系查办人之事,本与御史无干,朝廷若以其奏参不实遽予严惩,则是阻塞言路,而奸吏反得以肆无忌惮。摄政王闻奏甚以为然,为故仅有着回原衙门行走之谕。"③ 本来,在整个弹劾案中,奕劻不占据舆论优势,社会各界几乎一边倒地转向同情御史的遭遇,很少有人对奕劻施以援手。但越是这个时候,奕劻越能沉得住气,表现出的是纵横政坛多年一个政客的历练和沉稳,也向世人表明了其不与御史为敌的宽以待人的态度,这一定程度上赢得了当时舆论的关注和同情。

客观而言,当时社会各界,无论是都察院御史,还是朝野上下,有几

① 《封册庆亲王世袭罔替》,《盛京时报》,宣统二年二月廿二日。
② 《要闻》,《大公报》,宣统二年二月初二。
③ 《庆邸被参之后闻》,《盛京时报》,宣统二年正月二十七日。

个人能够真正体谅载沣的难处呢？

一句话，清亡前夕，满洲贵族后继者乏人。慈禧太后离不开奕劻，摄政王载沣要想渡过难关，他同样离不开庆亲王奕劻的支持。这主要表现在：

第一，外交上，庆亲王奕劻与列强驻华公使打过多年的交道，有着丰富的外交经验与阅历，在处理与列强关系上，载沣不得不倚重奕劻。

第二，载沣需要奕劻来稳定政局。这是载沣拒绝御史要求扳倒奕劻的最主要原因。载沣需要奕劻的辅佐来控制当时的政局。刘厚生说："载沣亦知，奕劻贪污不可信任。但因他当国很久，各省督抚，多半是他的私人，或者是袁世凯的私人，载沣深怕不能控制，闹出别的乱子，奕劻究竟是个熟手。可以由他对付，维持现状。"①

第三，载沣需要借用奕劻来对付隆裕太后。隆裕太后的势力尤对载沣威胁很大。因为慈禧遗诏有载沣遇有重大事件，必须请隆裕皇太后懿旨。恃此，隆裕宠信身边太监小德张迅速发展个人势力，积极参与与干涉政事。载润在《隆裕与载沣之矛盾》一文中认为，隆裕太后在慈禧太后与光绪皇帝先后病故后，一心想效仿慈禧垂帘听政。当她得知慈禧太后遗命溥仪为帝，载沣为监国，她心中大为不快，以至于迁怒载沣。常因事与载沣发生矛盾，甚至干涉载沣用人大权。"宣统二年五月，载沣命毓朗、徐世昌为军机大臣，不数日，隆裕即迫令载沣将此二人撤去。载沣始则婉言请稍从缓；隆裕复以言语相逼。载沣不得已，以太后不应干预行用人行政之权为对，隆裕始无可如何。"②

实际上，清亡前夕，不但摄政王载沣需要奕劻，隆裕太后也需要奕劻。

① 刘厚生著：《张謇传记》，上海书店 1985 年影印版，第 165 页。
② 载润著：《隆裕与载沣之矛盾》，《晚清宫廷生活见闻》，文史资料出版社 1982 年版，第 77 页。

清亡前夕，奕劻"最得隆裕太后之宠信"。①

隆裕太后对奕劻是十分信任的，这除了奕劻的亲贵身份、宦海阅历、老成持重外，他在慈禧太后立嗣时的表现也获得了隆裕太后的极大好感。当初慈禧在立嗣的诏书中，只说到"溥仪著入承大统为嗣皇帝"，却根本没有明确光绪皇帝的嗣子问题。原来在慈禧太后的心目中，溥仪是同治皇帝自然的继承人，而不是继承光绪皇帝的。"奕劻请于诏书中加兼祧皇帝一语，后不应，有怒容。奕劻跪请至再，乃颔之。遂于诏书中加承继穆宗并兼祧大行皇帝一语，隆裕太后深德奕劻。故后虽载沣、载泽极力挤之而不能动，则隆裕拥卫之力也。"②

上述观点在萧一山《清代通史》中同样可找到佐证："德宗崩，奉遗照以溥仪入承大统。太后复令继承穆宗皇帝为嗣，兼承大行皇帝之祧。此奕劻力争之结果，故隆裕后极得知。"③

正是因为"溥仪兼祧光绪皇帝"这一条是奕劻力争的结果，为隆裕太后争取到了后来的皇太后地位，故而隆裕太后对奕劻不仅十分感激，更是十分信任。

如此看来，光宣年间，庆亲王奕劻在朝中的政治地位已经不可动摇，他内有慈禧太后、隆裕太后等人的庇护，外有以袁世凯为首的地方督抚势力的支持，任何人想扳倒他，似乎都不太可能。

---

① 许指严著：《新华秘记》，《近代稗海》第三辑，四川人民出版社 1985 年版，第 310 页。
② 《清朝野史大观》卷一，清宫遗闻，上海书店 1981 年版，第 117 页。
③ 萧一山编著：《清代通史》（四），华东师范大学出版社 2006 年版，第 898 页。

12

第十二章
资政院弹劾军机大臣风波

宣统二年九月至十一月（1910年10至12月），资政院在北京正式开院。开院伊始，民选议员即仿效西方议院的做法，借军机处的种种不法行径为口实，对军机大臣加以弹劾，一致要求军机处负起责任。这在过去的中国专制历史上，是根本不可能发生的事情。很快，资政院就与军机处形同水火，形成资政院与军机处相互指责、相互对立的局面。这对于已经风雨飘摇的清王朝统治，显然是一件很尴尬的事情。

一、奕劻在资政院筹建中的作用

光绪三十二年（1906年），出洋考察团回国后，五大臣随即上折奏请立宪，这其中以载泽的《奏请宣布立宪密折》和端方的《请定国是以安大计折》堪称代表。载泽直接向慈禧太后奏明，君主立宪有三大好处：（1）皇位永固；（2）外患渐轻；（3）内乱可弭。端方等人则在《请定国是以安大计折》中提出了设立责任内阁和议会，并设司法裁判所独立于行政之外，而在地方则实行自治制度，为清政府的立宪规划了一个较为具体的蓝图。端方等人设计的议会，称为"集议院"。他们在《请改定官制以为预备立宪折》中对"集议院"的规章和运作程序进行了详细的规划，为以后建立资政院确定了框架。

考察政治大臣先后奏请清政府实行立宪，一方面，以考察国的统治经验说明立宪之必要性；另一方面，又从清朝的统治现实出发阐释了君主立宪之可行性和优越性。这在统治集团内部引起了较大的反响。

当时，奏请立宪已经成为各种政治势力一种时髦的政治投机。在这种情况下，清政府内部立宪呼声渐长。除考察大臣奏请立宪外，京中军机大臣、各衙门大臣及以袁世凯、张之洞为首的疆吏等亦有所陈奏。"徐尚书世昌请采用地方自治制，以为立宪预备；荣尚书庆谓宜保存旧制，参以新意；瞿中堂鸿禨则参酌二者之间。盖至此而枢臣与考政大臣之意见，已渐归一致，反对者虽众，亦无所施其技矣。"①

---

① 转引自周叶中、江国华主编：《博弈与妥协——晚清预备立宪评论》，武汉大学出版社2010年版，第272页。

在这种情况下，慈禧太后下令派醇亲王载沣、军机处大臣、政务处大臣，以及直隶总督北洋大臣袁世凯共同阅看考察政治大臣回京后陈请之奏本，商量请旨办理办法。1906 年 8 月 28 日，奉命阅看出洋考察人员所呈之奏本的诸大臣举行了一次会议，议题为是否实行立宪，大臣们就此展开了激烈的辩论。其中以孙家鼐、荣庆为首的保守一派担心实行君主立宪会引起局势的动荡，主张保留旧制，实行渐变；以奕劻、袁世凯、徐世昌为首的一派积极支持君主立宪，主张从速宣布实行宪政；以载沣、瞿鸿禨为首的一派则代表了慈禧太后的圣意，即取稳健步骤，同意立宪但不主张立即实行立宪，代之以先尝试"预备立宪"。最后大臣们妥协于慈禧的圣意，得出了实行"预备立宪"这一结论。这样，便有了 1906 年 9 月 1 日的《仿行立宪上谕》的出台，而此上谕也就成为之后设立资政院之最重要的政治依据。

预备立宪以改革官制为实行基础。在预备立宪诏颁布的第二天，清政府便颁布了改革官制的上谕，命载泽、载振、戴鸿慈、袁世凯等人共同编修官制，由奕劻、孙家鼐、瞿鸿禨三人总司核定。端方曾经提出应设立议事机关，奕劻采纳了这一建议，但他认为所谓议事机关，既不应有立法之权，也不得干涉行政权力。至于该机关的名称，奕劻等人商讨后认为，相比"集议院"之称，"资政院"更为可取。于是他向朝廷陈奏："首分权以定限。立法、行政、司法三者，除立法当属议院，今日尚难实行，拟暂设资政院以为预备外，行政事则专属内阁各部大臣。"① 这一陈奏为慈禧太后所接受，于 1907 年 9 月 20 日颁发懿旨，正式宣布筹建资政院。

自从懿旨宣布筹建资政院后，奕劻即主持考察政治馆参仿西方国家机构模式，撰拟了《设资政院节略清单》和《资政院官制清单》。这两个文件

---

① 《庆亲王奕劻等奏定中央各部衙门官制缮单进呈折》，故宫博物院明清档案部编：《清末筹备立宪档案史料》，中华书局 1979 年版，第 464 页。

为资政院的设立和运行提供了明确依据。其中,《设资政院节略清单》详细论述了设立资政院的必要性,阐明了清政府设立资政院的意图;《资政院官制清单》则详细规定了资政院的性质、地位、组织和运行程序。应该说,奕劻主持与领导的考察政治馆以及随后由此改名而来的宪政编查馆,为之后资政院的建设探明了基本方向,也做出了一定的成绩。奕劻主持草拟的这两份具有法律性质的文件,虽然后来并未得到清廷的正式批准和颁布,不具备法律效力,但是它并不是可有可无的,它对在宣统二年(1909年)匆忙面世的《资政院章程》还是产生了重要的影响。事实证明,资政院已经初具宪政性质,它拥有宪法以及各种新定法典的制定权,拥有议决国家财政预算的权力,数千年来传统封闭政治的藩篱开始被打破,近代民权政治的序幕由此揭开。资政院实际上已经带有一些资产阶级国家议会的色彩,是西方议会民主在中国最早的试验,在预备立宪这一历史时期,乃至整个中国的宪政发展进程中都具有举足轻重的地位。在这一开山辟路的探索过程中,奕劻起到了一定的推动作用。

二、弹劾军机案的深层原因

宣统二年九月至十一月(1910年10至12月),资政院在北京正式开院。这对中国政治由传统到现代的转变过程而言,无疑是一个划时代的事件。然而,对于以专制制度为生存依据的清政府来说,却并不是什么好的兆头。因为资政院开院伊始,民选议员即仿效西方议院的做法,借政府的种种不法行径为口实,加以弹劾,一致要求政府负起责任。这在中国过去的专制历史上,是根本不可能发生的事情。一时间,议员(尤其是民选议员）有了发泄他们对政府不满的合法权利。很快，他们就与政府形同水火，形成资政院与军机处相互指责、相互对立的局面。

在资政院三个多月的院会上，议员们几乎全以责任内阁案为议题展开讨论，且两度提出对军机大臣的弹劾案，场面热烈而激动，矛头直指军机处，几乎酿成大的政治风潮。

清政府当初设立资政院，其目的本是想借此拉拢立宪派，将该院置于一个咨询机构的地位。因为按照资政院院章第十五条规定，"议案应由军机大臣或各部行政大臣先期拟定具奏请旨，于开院后交议"，是议案之提出，全以君主命令行之，可见资政院在清政府的眼中仅仅是一个咨询机关。再看资政院院章第十八条规定："资政院于军机大臣或各部行政大臣咨送核议事件，若仍执前议，应由资政院总裁、副总裁及军机大臣或各部行政大臣分别具奏，各陈所见，恭候圣裁。"如资政院有异议而朝廷不以为然，朝廷可引用第五十六条"有轻蔑朝廷情形，而谕令解散"之文进行办理。由此可见，立宪党人费尽心力推动清政府成立起来的资政院，并不具备西方国家议院的地位与实质，也与他们的初衷相去甚远，这是立宪党人所不甘心的。

按照清政府的设计，资政院议员定额为 200 名，钦选、民选各占半数。所谓钦选即皇帝指派，也可以说是贵族议员。其中包括宗室王公世爵 14 人、外藩王公世爵 14 人、满汉世爵 12 人、宗室觉罗 6 人、各部院衙门官 32 人、硕学通儒 10 人、多额纳税议员 10 人，共计 98 人。所谓民选，实为各省谘议局议员中选拔而来的"平民"议员，也是 98 人。钦选与民选议员数相等，本有持平之意，但总裁、副总裁（正副议长）亦为钦派，显然钦选议员有左右多数之势，其议论应该以政府的利益为重。[①]

---

① 张朋园著：《立宪派与辛亥革命》，吉林出版集团有限责任公司 2007 年版，第 68 页。

但是，一旦开了伸张民意之源头，形势的发展就不会再按照统治者所希望的专制老路走下去。

晚清档案史料告诉我们，九月初一（10月3日）资政院开院以后，实际情形恰恰与清政府的希望背道而驰，场面几乎被民选议员控制。开院当天，请愿联合会来院呈递国会请愿书，议员们动议支持请愿国会，获大多数票数赞同。议员们在三呼"国会万岁"之后，上奏陈请即行召开国会。当时的气氛，钦选民选不分，一致表示了他们急于召开国会的意愿。

仔细分析，不难发现，民选议员之所以能够控制资政院，恰恰是因为钦选议员。实际上，钦选议员并不完全甘为御用工具，满汉王公及蒙古王公中甚有采取中立态度者。例如，侯爵曾广銮且曾指责政府措施多有不当。如此一来，清廷所期望的多数，实际上变成了少数。另一方面，钦选议员的保守与民选议员的进取态度，于清政府又是一大不利。钦选议员中虽不乏才干与善辩之士，但他们洞悉清政府积弱不振的种种弊病，难以启齿为之辩护。同时，钦选议员大多数又顾虑他们个人未来的官运与禄位，亦不便公然表示与民选议员同流。在此种尴尬的局面下，他们采取了保持沉默、隔岸观火的态度。反观民选议员，年纪较轻，勇于任事，许多留日归国的议员，个人进止本无一定之规，不若钦选议员那样前瞻后顾，因此说话少有保留。善于言辞者，往往在批评政府时，逞其词锋，敢于道出国民心底想说的话，搔到了同感者的痒处。更为重要的是，民选议员以资政院近似国会，自居国会议员地位，因此理直气壮，勇于据理力争。这样一来，在资政院中，民选议员"表演"得有声有色，钦选议员则噤若寒蝉。对比之下，优劣十分明显。

在这种情况下，急于维权并希望进一步扩大权利的民选议员们，急切要求清政府建立责任内阁制度，以图进一步扩大立宪成果。因此，民选议员们便将矛头对准以奕劻为首的军机处，发起猛烈的攻击。

三、弹劾军机案的过程与启示

根据资政院院章第二十二条及第二十四条之规定，资政院与各省谘议局有"母子"议会的一体关系：如果谘议局所提出的议决案督抚不予推行，或督抚与谘议局在某项议案上有分歧时，议案可呈请资政院核议。正是凭借资政院院章中的这种规定，议员们拉开了清亡前夕资政院弹劾军机大臣的帷幕。

弹劾军机案起于湖南谘议局与巡抚杨文鼎的权力之争。

宣统二年（1910 年），湖南举办地方公债，巡抚杨文鼎未经交谘议局议决，即用行政命令开始发行。议长谭延闿愤其漠视谘议局权限，将该案提请资政院核议。资政院以巡抚杨文鼎不法，将此事据实奏上。岂料清廷的答复，谓该抚未交局议，系属"疏漏"，公债事既经部议奉旨允准，仍当照旧办理。资政院议员认为，地方官侵权违法却不加处分，仅以"疏漏"二字了之，显然是军机大臣辅弼敷衍，对国事不负责任。因此，资政院议员提出要求军机大臣到院答复质询，军机大臣置之不理，资政院改以咨文质问军机对内政、外交是否完全负责。军机大臣回答说："此种问题，须俟内阁成立以后方可解决，现在难以答复。"[①] 适云贵总督指令盐斤加价，云南谘议局未经局议，亦请资政院核办，院议以为盐斤加价如为地方行政，应俟中央法令；如为地方行政，应交局议决，具奏请旨。当时，广西谘议局因高等巡警学堂限制外省籍学生案，与督抚发生异议，也由资政院核办请旨。

---

① 《资政院奏参军机大臣责任不明难资辅弼折》，《国风报》，第 1 年 32 号。

当时，军机大臣拟旨时公然蔑视资政院院章，谕旨中竟有"交督办盐政大臣"与"由民政部察核具奏"的字样，隐然视资政院为盐政处和民政部之下级机构，全院议员为之哗然，一致斥责其蹂躏资政院院章，违法侵权，决议弹劾军机。

实际上，弹劾军机大臣案是随着议员们提出设立责任内阁问题而逐步升级的。资政院开会后，很多议员认为有必要达到权责方面的制衡。于是，提出弹劾军机大臣案就成为一个很好的实现政府权力转型的契机。上面提到，弹劾军机案起于湖南谘议局与巡抚杨文鼎的权力之争，而资政院与军机处冲突升级（或者说弹劾军机案正式通过）则源于云南盐斤加价事件和广西警务学堂是否要限制外省籍学生事件。对这两个问题，资政院本来已经具奏请旨裁夺。但是，作为与资政院在法理上处于对立地位的军机处，却有拟旨的上谕批示：滇案交督办盐政大臣政务处察核具奏、桂案由民政部察核具奏。消息传到资政院，议员们一片哗然，认为军机大臣将立法机关所议的案件交行政衙门去察核，是"侵资政院的权、违资政院的法"，破坏立宪、摧残民权，倡议按资政院院章第二十一条上奏弹劾军机大臣。议员们希望借弹劾军机大臣的契机，提请皇上从速组织责任内阁。因此，议案提出后即引起了部分钦选议员的诟病，甚至导致资政院的内部分裂。鉴于人们对军机大臣的反感，经过民选议员的努力争取，到会124名议员表决，有112名赞同弹劾军机大臣，弹劾军机案正式通过。

弹劾军机大臣的议案通过之后，资政院在12月10日的会议上即提出了上奏的折子。在奏折中告发军机大臣"责任不明，难资辅弼"，"尸位旷官，上负天恩，下辜民望"，"受禄则惟恐其或后，受责则惟恐其独先"，"平时以泄沓为风气，临时却以脱却为法门"，"徒有参与国务之名，毫无辅弼行政之实"，要求君上"迅即组织内阁，并于内阁未经成立以前明降谕旨，

384

奕劻评传——庆亲王与晚清政局

将军机大臣必应担负责任之处宣示天下，俾无推诿"。^①

奏章上呈之后，摄政王载沣搬出《钦定宪法大纲》，于12月18日以"朱谕"形式袒护军机大臣，压制资政院，对资政院严加斥责："设官制禄及黜陟百司，为朝廷大权。""军机大臣负责任与不负责任暨设立责任内阁事宜，朝廷自有权衡，非该院总裁等所得擅预，所请著毋庸议。"同日，另下一道"朱谕"，抚慰奕劻等军机大臣，称："该大臣等尽力辅弼，朝廷自然洞鉴。"^②两道"朱谕"的倾向性十分明显。

"朱谕"下达后，议员们对此表示了强烈的不满，或坦言、或婉言要求摄政王收回成命，甚至以全体辞职或请政府解散资政院相威胁。议员们有的提议再行弹劾军机大臣，有的要求明定军机大臣的责任，议长根据大多数议员的意见，就明定军机大臣责任的提议进行表决，并以102票获得通过。

由于满洲权贵的唆使拉拢，资政院议员内部出现了分化。一些思想保守的人如严复极力劝说不再上呈弹劾军机大臣的奏章，还有一些人则拉拢部分议员收回或改变弹劾军机大臣的提议。于是，在12月26日的会议上，对于已经做出的再请弹劾军机大臣的议案，议员们产生了很大分歧，以致会场上争执声此起彼伏。汪龙光说："现在议场状态，一方主张仍要弹劾，一方主张不再弹劾，显分两派。"^③争吵到最后，竟有超过到会议员半数以上之人同意取消该议案。

资政院取消弹劾军机大臣的议案，让民众极其失望，北京各报纷纷予以斥责或者痛骂。议员们纷纷感到羞愧难当，强烈的使命感和责任感，让

---

① 《东方杂志》，第7卷第12号。
② 《政治官报》谕旨类，第1130号。
③ 《资政院第一届常年会议场速记录》第27号。

议员于 12 月 29 日第三次议决弹劾军机大臣。但这次奏折上呈后，清政府采取模棱两可的态度，既不准军机大臣辞职，亦不解散资政院，以"留中"作为了结。于是，资政院与军机处的矛盾就这样不了了之，分外引人注目的弹劾军机大臣案亦就此搁置。①

走笔至此，感觉以上论述还是过于简单，因此，节录议员们对政府以"疏漏"处理湖南公债案的演说，再现当时弹劾军机案的现场，让读者更为直观地感受民选议员攻击政府的情况：

易宗夔：政府仅以"疏漏"两字了之，而不惩处该抚之侵权失职，资政院与谘议局已属多余之物，可以解散矣，否则军机大臣必须到院说明其何以如是处置。

陶镕：军机大臣到院之前，本院必须停会以待。

罗杰：守法为立宪预备之基础，若国法不被重视，谘议局留之何用，不如将之解散。

邵义：通常一御史之弹劾即可使违法失职者受到惩处，若资政院尚不如一御史大夫，留之何用。军机大臣必须到院解释。

李榘（直隶）：巡抚及部院大臣如此违法失职，直是欺弄君上。

于邦华：谘议局之组织章程与国家法律无异，既然军机大臣任意侵越，则章程形同纸上废物；本院之上奏既不受重视，两者皆可解散矣。

汪龙光：谕旨称湖南案为疏漏，将来本院之奏折有何用处？只有将原案送回湖南谘议局，听该局自行决定。我想该局也只有解散一途。

彭占元（山东）：本院议决案既不发生效力，决无继续存在之理由。

① 参见周叶中、江国华主编：《博弈与妥协——晚清预备立宪评论》，武汉大学出版社 2010 年版，第 288—289 页。

于邦华：政府敢于违法，本院则决不敢违法。

（多人附和大喊"尊重谘议局局章"，全院大拍掌。）

易宗夔：政府不重视谘议局，显然是政府压迫人民，置先皇光绪"（庶政）公诸舆论"之上谕于不顾。（大拍掌）

刘春霖：军机大臣有意破坏宪政，必须请其前来答复质询。

邵义：请总裁用电话请军机大臣到院。

汪龙光：必须上奏请求收回成命，否则解散本院。（拍掌）

罗杰：时间不多了，应该马上请军机到院。

曾广銮（钦选）：巡抚可以"疏漏"了之，人民犯法又将如何借口？本席同意请军机到院。（拍掌）

（至此，总裁问请哪一位军机。众口一声"领班军机庆王"。但电话打过去，军机无一人在。）

邵义：请他明天到院。

许鼎霖：中国无法律，如孩童之不知有法律。

陶峻：军机应该知道守法。

邵义：军机不知有法律，与孩童何异！（众大笑）

刘春霖：巡抚违法可以疏漏为借口，军机可以常常疏漏了。

邵义：请送咨文军机大臣，请其到院。

易宗夔：除非此案有一合理之解决，则国法无人遵守，本院似只有解散。①

前文提到，湖南公债案尚未得到合理的解决，接着又有两宗谘议局与

① 以上演说资料转引自张朋园著：《立宪派与辛亥革命》，吉林出版集团有限责任公司 2007 年版，第 71—73 页。

督抚异议的案件报到院中：一件是云贵总督令盐斤加价未交谘议局议决；另一件是广西高等巡警学堂是否限制外省籍学生议案，谘议局与巡抚意见相左。资政院民选议员对此两案，认为若为国家行政，理应由中央法令执行；如为地方行政，应交谘议局议决。资政院将议决意见奉上，政府竟交盐政大臣及民政部再度议奏。议员们大为愤怒，认为"以本院决议上奏之案乃交行政衙门核议，是以民政机关蹂躏立法机关，实属侵夺资政院权限"，[①] 显为军机大臣"辅弼无状"之结果。决议弹劾军机大臣。所拟弹劾奏折大致内容为：

> 资政院章程，由臣院会同军机大臣奏准颁行，军机大臣不能不知。谕旨由军机大臣署名，军机大臣不能不见。滇桂二案，为臣院议决请旨裁夺之件，而不能献替，此为失职。明知院章所在，而不能依据，此为侵权……今日之军机，即异日之内阁，如此不负责任，将来议会成立，其危险诚不可名状。[②]

弹章未上，以奕劻为首的军机大臣们已有风闻，他们自知理屈，立即以朝旨名义同意资政院原奏，表示妥协之意。然而一般民选议员以军机大臣反复而不负责任为由，决定弹劾案仍不取消，并决定进一步决议，在国会未开之前，军机处必须对资政院负责。由此，资政院与军机处势同水火，到此已不能避免。

下面再节录议员们对弹劾案的议论片段：

---

① "中国政治通览"，《东方杂志》，第 9 年第 7 期，第 23—24 页。
② "中国大事记"，《东方杂志》，第 7 年第 12 期，第 170 页。

文溥（钦选）：今日已奉谕旨收回成命（即同意资政院对滇桂二案之原奏），此（弹劾）折可以作废。

籍忠寅：（以起草身份，谓应先报告）今日谕旨已收回成命，则此折情形似已不同。然前日起草时，系因军机大臣不负责任，今日依议之谕，益足见其不负责任之证据，故此问题可取消者半，不可取消者半。

陈懋鼎（钦选）：情形不同，固已失根据，然前日大臣答复本院质问之文，有军机署名，系乾隆朝之旧制等语，此即可据为弹劾之本旨。（陈氏虽为钦选议员，言论站在民方。）

于邦华：前日决议弹劾，本非专为两案，乃因军机大臣不负责任，故弹劾之议案，仍不能取消。

邵义：折稿内容与事实不符。至不负责任，系另一问题。可请议长先将折稿咨询本院应否取消。

于邦华：取消二字，当有界说，系取消内容之文字，并非取消此弹劾议题。

（吴赐龄、陈树楷亦谓取消文字，而非取消问题。旋即经表决，大多数起立赞成取消稿折，议案依然存在。各议员继续发言。）

汪龙光、闵荷生同谓：此后如再有弹劾军机案，而军机大臣复于本院议定未奏之先，请旨收回成命，此等手段则当如何？不可不先为声讨，故议案不能废。

陶峻：即此两旨，可见军机大臣反复弄权，目无君上，可谓忍心害理。

雷奋：以议题付表决非常危险。若以弹劾军机大臣再付表决，不得三分之二之赞成，则此议题既不成立，且令政府知我等纷扰之内容，于议事颇多窒碍。鄙意此时所宜研究者，当从军机制度上着想。若以军机改组责任内阁为议题，预料必得多数之赞成。且既改军机，即可说到责任内阁，即可说到军机不负责任四字，又即可说到军机种种不合理情形，故本员之意，须作第二篇文章。其宗旨所在，即是废弃军机，设立责任内阁。

吴赐龄：如此做法，于本院地位颇多危险。前日表决之事，今日不能自行取消，盖不负责任，前日已成为议题，故文章可以取消，议题决不能取消。

陆宗舆（钦选）：现在军机尚是乾隆年间制度，具不负责任，亦由制度使然。今资政院与各国国会不同，虽有弹劾军机权限，决不可轻易使用之，况资政院尚有许多重大应议事件，何必以此小问题与政府争闲气。今宜速请设立责任内阁，并于未成立之前，明定军机责任。（陆氏为钦选，故态度比之民选议员更为温和，然责任内阁似为双方一致之要求。）

于邦华：内阁未成立之前军机大臣侵权违法，应否弹劾？不负责任，又应否弹劾？

陆宗舆：某非政府特派员，非为政府辩护。顷间演说，实主张明定军机责任。

于邦华：不但军机应负责任，议员亦应负责任。军机不负责任，议员不弹劾之，其结果亦与不负责任同。

雷奋：陆议员谓弹劾权不可轻用，实则不然。现在政府程度尚属幼稚，不得以各国成例相比，况今国会未开，资政院尚有三年。此时不弹劾，何时可以弹劾？内阁既未成立，毕竟谁负责任？军机不负责任，除本院弹劾而外，何人可以弹劾？弹劾军机，即为促成内阁之一手段，攻击军机之机会既多，则内阁成立之机会亦多。弹劾军机之眼光实不在军机而在内阁，现在无妨多攻击之。故劝诸君不必但为法律的解剖，须以政治的眼光观察。诸公于此既有决心，内阁自有成立之日。

籍忠寅：本日情形与前日情形不同，故取消一半即取消内容，而议题仍成立也。何以言之？前日上谕不问其有无，而时局如此困难，军机大臣应负责任否？今一方主张弹劾，一方反之，争论颇可不必，但眼光所注均在责任内阁，如此可作第二篇文章，只需叙明军机不负责任，而以责任内阁为归宿，此具奏虽为弹劾，而仍不现弹劾字样。

　　许鼎霖：赞成籍议员说。弹劾军机，即力言其不负责任而已。军机不负责任，必至国亡，此即为国家存亡问题。诸君岂有不赞成者？请不必讨论，即指定起草员可也。①

　　资政院的以上大辩论，无论是在法律上立论，还是在政治上立论，都主张必须再进行弹劾。总裁问"不负责任"四字可否作为议题，众口一词，都说"可以"。旋即推定邵义、孟昭常、李文熙、籍忠寅、易宗夔、顾栋臣（钦选）六人起草。十一月十七日（12月18日）奏进。对军机大臣的弹劾案内容大略谓：

　　立宪国家有协赞立法之议会，同时必有担负行政责任之政府，一司议决，一司执行，互相提携，互相维系，各尽厥职，政是以修。比者朝廷预备立宪，以臣院为上下议院之基础，荷蒙圣恩责以代表舆论，议决法律预算之事。臣等膺兹重寄，夙夜焦思，诚欲竭尽知能，仰称明诏。顾以臣院职权惟在议决，至于执行之责，仍恃政府。必彼此同心勠力，相见以诚，乃能上副朝廷改良政体实事求是之至意。现在官制未改，内阁未定，而军机大臣既有赞治机务之明文，又有副署诏旨之定制，目为政府，理固宜然。臣院开院伊始，窃意军机大臣必当开诚布公，于大政方针有所宣示。乃迟

――――――――――
①　"中国大事记"，《东方杂志》，第7年第12期，第170—177页。

之又久，寂无所闻。臣等恐惧犹疑，不知所措。是用遵照院章，提出说帖，质问军机大臣，对于内外行政是否完全负责。旋据咨称：此种问题，须俟内阁成立以后方可解决，现在无从答复等语，隐然以不负责任之意晓示臣院。似此模棱推诿，尸位旷官，上负天恩，下辜民望，实出臣等拟议言思之外。用敢不避嫌怨，谨将军机大臣奉职无状之咎，为圣明痛切陈之。

君主国家以君主神圣不可侵犯为立国之大本，是以人臣之意，善则归君，过则归己。而近世东西各国，且以大臣代负责任之旨，明定之于宪法，使国民可有纠绳政府之途，而不可有责难朝廷之意。凡以巩固国家之基础，保持元首之尊严，用意至深，立法至善。今朝廷既明定国是，采用立宪政体，为大臣者，宜如何仰体圣谟，引国事为己任。乃于臣院创立之始，即以不负责任之言明白相告。受禄则惟恐其或后，受责则惟恐其独先，不特立宪国大臣不应出此，揆诸古人致身之义，亦有未安，其咎一也。立宪国国务大臣之作用，在能定行政之方针，谋各部之统一，故必通筹全国之政务，审其缓急轻重之宜，循序渐进，有条不紊。今朝廷设立内阁会议政务处，而以军机大臣为其领袖，是其地位实隐与各国内阁总理大臣相当。自应于各部行政从容审议，就时势之所宜，以定方针之何在。乃会议政务处仅等具文，批阅章奏几成故事。平时以泄沓为风气，临事以脱卸为法门。言教育则与学部不相谋，言实业则与农工商部不相谋，言交通则与邮传部不相谋，言财政则与度支部不相谋。乃至言外交、言民政、言藩务、言海陆军政、言司法行政，无不如是。每有设施，动多隔膜，以致前后矛盾，内外参差，纷纭散漫，不可究诘。徒有参谋国务之名，毫无辅弼行政之实，其咎二也。

夫以今日危急存亡之际，内忧外患相迫而来，民穷财尽，不可终日。军机大臣受国家莫大之恩，居人臣最高之位，谓宜悚惧惕厉，殚竭忠诚，共济艰难，稍图报称。乃以不负责任则如彼，不知行政又如此，屡进屡退，虚与委蛇。上无效忠皇室之思，下鲜顾畏民垒之意。持禄保位，背公营私，视国计之安危，民生之休戚，若秦人视越人之肥瘠，漠然无动于其心，坐令我监国摄政王忧劳慨叹于上，四万万人民憔悴困苦于下。虽复迭奉谕旨，责以警觉沉迷，勉以扫除积习，而诸臣蹈常袭故，置若罔闻，前后相师，如出一辙。我皇上以天高地厚之恩，优加倚任，而诸臣以阳奉阴违之习，坐致危亡。臣等实不胜愤懑之至，辄以多数决议，披沥上闻……伏愿圣明独断，重申初三日上谕，迅即组织内阁，并于内阁未经成立之前，明降谕旨，将军机大臣必应担负责任之处，宣示天下，俾无诿卸，以清政本，而耸群僚，实于宪政前途不无裨益。[①]

资政院将弹劾奏折呈进，禀劾枢臣，"责任不明，难资辅弼"，要求朝廷惩办军机大臣。奕劻等见状，以退为进，请求"开差"。[②] 结果，宣统二年十一月十七日（1910年12月18日），左右为难的监国摄政王载沣以不经副署之朱谕批示：

设官制禄位及黜陟百司之权，为朝廷大权，载在先朝钦定宪法大纲，是军机大臣负责任与不负责任，暨设立责任内阁事宜，朝廷自有权衡，非该院总裁等所得擅预。所请着毋庸议。[③]

这个破例不用军机大臣副署的朱批，不仅驳斥了资政院的弹劾权限，

---

① 《国风报》，第1年第32号，第89—92页。

② 爱新觉罗·载沣著：《醇亲王载沣日记》，群众出版社2014年版，第377页。

③ 爱新觉罗·载沣著：《醇亲王载沣日记》，群众出版社2014年版，第378页。

也违反了朝廷颁发谕令应有军机大臣副署的惯例，国家立宪基础亦由之而进一步遭到破坏。

对于清廷袒护军机处的决定，资政院当然不愿屈服。当日，民选议员再度猛烈攻击清政府：

李素（山西）：今日诸事均可不议，请即解散。军机既不许辞职，本院得此结果，实为资政院羞。（按弹劾折上奏之同日，军机大臣全体总辞，摄政王不许。）

易宗夔：从前谕旨，皆由军机拟进署名，昨日朱谕，则由摄政王自发，不为我等稍留余地。但由此发现两种危险：一、本院具奏与军机辞职上奏为一日，非彼等先有预备，决不至此。摄政王慰留军机，即不能不严拒本院。是资政院之存在已与不存在等。二、立宪国之精神在注重人民，本院既为人民代表，今具奏案得此结果，只有解散一法。如不解散，从前议决与此后议决者均无效力。立宪国议会本与政府对待，今则议会与君主对待，与专制何异？既如此，只有积极地用专制手段，可以不必立宪，可以无须国会。人民愤政府之无可如何，必惹起暴动。解决此问题办法，非再弹劾军机不可，但只对于个人弹劾，不必对于机关弹劾。今日我内政外交如此失败……日后上奏应如何措辞，倘仍无效，诸君须抱定解散宗旨。

吴赐龄：昨日两谕，愈见军机大臣辅弼无状。所谓君上大权，乃指统治大权而言，决无以君主大权禁止人民说话之理。军机以假立宪欺侮君上，故昨日朱谕乃有如此解释。此应归咎从前弹劾案不能实心实力进行，今应将其误国之事再行弹劾，若摄政王以为是，则军机辞职，若以为非，则本院解散。

邵义：今日发现有真立宪假立宪两种现象。本院开院以来，已由假立宪进入真立宪，昨日朱谕又变为假立宪。原来资政院是与军机相对待，今政府逃避一边，以君主出而当此地位，政府逃避君主之后。今仍当拉其出来，使当其冲。天下决无两是两非，彼胜则此败。今日政府辞职与本院解散绝无极大关系。政府已成麻木不仁之政府。本院得此结果，亦为麻木不仁之资政院，须此赘疣何用！

罗杰：政府责任有二：一曰政治上责任，一曰法律上责任。前者不必明定，内政外交如有失败，俱可弹劾；后者则根据法律弹劾之。今日我国内政外交是否种种失败，诸君当能道之！

汪龙光：军机大臣毫无正当思想，只知保持禄位，故闹到君主与资政院成一对待之事，其危险何可待言。今宜仍令其与人民相对待而已。

于邦华：今有两种方法：一积极的，一消极的。前者再行弹劾，后者则全体辞职。前次弹劾为法律的，是弹劾机关；此后之弹劾为政治的，是弹劾个人。非使军机辞职，即解散本院。

郑际平（浙江）：我既为国民代表，即不能听军机不负责任，今既得如此结果，尚何贵有资政院，宜请旨解散。

易宗夔：乌能请旨解散，只宜再行弹劾。

刘春霖：昨日朱谕颇与立宪主义相反。前次之请求，只请其于副署一层能负责任，并非捣乱可知。若谓用人为君上大权，本无可说，至军机负责任与否，本院不能过问，则断无是理。若均推在君主一人身上，我等可以不必说话。直言敢谏之士，向为国家所器重。本员对于此事，主张不能持积极主义，宜持消极主义，即全体辞职是也。古来办事以退为进者亦往往有之，今诸君宜有全体辞职决心。若无之，彼等又将用延宕手段迁延时日。本来议会只与政府对待，今朱谕乃有不能干预之语，是军机平日未以君主不能与人民相对待之理入告摄政王，此即辅弼无状之明证也。虽然，此事又不能不为议员咎。何也？本院议员未必尽能为国民代表。在议场时，满口国民说话，而昏夜奔走于权贵之门，奴颜婢膝，种种怪状，实启政府轻视之渐。本员所言，虽于本院名誉有关，而实则外间无一不知之者。然则此事非军机之过，实议员咎由自取。今本院全体宜尊重身份，须有全体辞职之决心。倘诸君欲坚持积极主义，再行弹劾，本员亦不敢固执。……若再不得结果，亦须归到解散。

（刘春霖演说时，满场欢动，一句一拍掌，一字一拍掌，而议场沉闷景象为之豁然开朗。议员们亦认为此实开院以来最痛快之一次演说。）①

综合以上各议员的演说，核心主要集中在：第一，有主张辞职解散者，以抗议政府；第二，有主张再度弹劾，不达目的誓不罢休者。

最后经表决，102人赞成继续弹劾。于是资政院将第二次弹劾折呈进，这次清廷吸取上次教训，干脆将此弹劾案留中不发。

经过三个多月的院会，议员们虽然在限制军机处权力问题上拼尽全力，但在当时专制风气尚十分浓厚的情况下，他们也只能是过过嘴瘾而已。不过，资政院议员对军机处的激烈弹劾，仍有其十分重大的政治意义。晚清军机大臣权力至高，无人敢冒犯，而资政院一再要求他们到会听候质询，终而至于弹劾，这对清政府的尊严与威信来说，不啻是一个前所未有的冲击。从此以后，对于立宪派集团而言，无论清政府再用什么方法来缓和他们的不满情绪，昔日那种拥护与尊崇政府的心理已经大打折扣，他们由大肆批评而转为沉寂，预示着更大的反抗政府的政治风暴就要到来。

对于资政院的两度弹劾，奕劻等人不是反躬自省，引为鉴戒，去尽力

---

① "中国大事记"，《东方杂志》，第7年第12期，第174—177页。

改正自身的错误；相反，他们恼羞成怒，利用手中的权力大发淫威，采取压制手段。这充分反映出这个清政府行政最高负责人的脑海里根本就没有一点民主与宪政的意识。但这不能苛责于前人，在当时专制传统仍旧十分浓厚的氛围中，又有几个政府官员能够真正明了西方国家那一套所谓的民主宪政之法理而又心悦诚服地身体力行呢？

据宗室载润回忆：

清宣统二年九月，资政院开会，我当时为本院议员。十一月间，议员吴赐龄（广西人）等提出弹劾军机大臣奕劻案，内有奕劻昏庸贪墨，声闻四国，内政外交，着着失败，请即罢斥，改组内阁之语。经三十人以上之赞成，成为议案。旋由议长溥伦照章提出大会讨论，当时议员除在宪政编查馆兼职者数人略为辩护反对外，其他如宗室王公及蒙古王公各议员均无不赞成，于是以大多数通过。例由议长溥伦具折上奏，折上后，奕劻见之怒甚，竟将溥伦叫至板房（军机大臣每日起坐之处）痛加申斥，嗔其不将此案压置。溥伦亦无法申辩而退，回至南书房太监屋内。 其时在座者有蒙古亲王那彦图、公爵博迪苏（此二人均是御前大臣兼议员者），我亦在座，此外尚有二三人记不清是谁了。溥伦对我辈言方才曾受奕劻申饬之事，众人默然无一语，独那彦图哈哈一笑而已。那虽为奕劻之婿，亦不满奕劻所为也。奕劻不知立法机关程序，提议既经多数议员赞成，即成定案，议长无权可否，非比行政机关也。其特权压制若此。至宣统三年三月间准备成立内阁，奕劻以溥伦若仍为资政院议长，决不担任内阁总理大臣之职，面请摄政王载沣开去溥伦议长职务。而摄政王以溥伦在议长职任并无过失，未即应允；而奕劻则以去就力争。旋由那桐调停其间，适有热河都统出缺，即以农工商部大臣溥颋外调，而以此缺畀溥伦。溥伦既任行政大臣，即不能兼任立法机关，其资政院议长当然开去，改派大学士世续（内务府旗人）接充。世续昏庸顽固，于立法毫无常识，任事未及数月即行辞职，改由副议长李家驹（汉军旗人）代理矣。迨是年九月又届资政院开大会之期，时值武汉起义，军事紧急，十一月间全院议员陈请内阁总、协理大臣到会质问施政方针。是日奕劻、那桐、徐世昌均到院列席，当有议员质问数件，其中重要者有二事：一为议员于邦华质问政府是否赞成速开国会，奕劻答以现正预备，明年或可召开。一为议员易宗夔（湖北人）质问现在武汉军事，朝廷是否有用德国军队协同作战之事，奕劻极力否认，言"革命党系中国百姓，哪能招外人打自己国人，决无此事。这是听谁说的"？当即追究该议员系听何人谣言，声色俱厉。结果不得要领而罢。①

鉴于资政院刚刚开院就将矛头对准政府的教训，奕劻对资政院总裁溥伦心存芥蒂，决心去之而后快。因此，在宣统三年四月（1911 年 5 月）成立责任内阁时，奕劻同载沣讨价还价，坚决要求将溥伦资政院总裁的职位撤掉，而将之补授为农工商部尚书，将他控制在自己的手中。至于资政院总裁一席，则改换为自己的同党之一世续主持。对此，《申报》发文说：

此次伦贝子补授农工商部尚书而以世相国接充资政院总裁，以李柳溪副之。此种变动虽出人意料之外，然就调查所得者可分为远因近因两种。当去年资政院未闭会之先，政府对于伦贝子之感情即不甚善，某枢邸曾对人言，议员之嚣张，由于议长之宽纵。此等乱闹实非国家之福等语。伦贝子之不能久任议长，此时已伏其机。况因二次弹劾军机案之表决，伦贝子

---

① 《有关奕劻的见闻》，文史资料研究委员会编：《辛亥革命回忆录》（六），中华书局 1963 年版，第 464—465 页。

大受政府之斥责。某枢相并谓伦贝子有意与军机大臣开玩笑。伦贝子虽强为辩白，然亦失政府之信任。此一因也。至今年议员等以政府外交失败，群议主张即开临时会。伦贝子立于最嫌疑之地位，左右为难，而政府力持强硬反对主义。前次伦贝子召见时已在监国前面陈一切为难情形，并力陈才微望浅，难当此任。监国已有允意。次日，枢臣遂合保世相以继其任。监国犹豫不决，意似别有所属。后经枢臣一再保荐并保李柳溪为副事，遂成议。故日前伦贝子各议员谒见伦贝子，伦贝子概不接见，盖彼时伦已得确切消息也。有知其事者，谓今年若不要求临时会，伦贝子虽有更动，断不以此时发表，此又一因也。至沈子敦本无更调之必要，但以伦贝子之关系，不能免正留副，至其开去法律大臣差使，则以有他种原因，与此事不相干涉。又闻李柳溪近来为政府第一红人，此次枢府之保世相，固利其老成持重，然明以资政院畀之于李柳溪，世相不过为其傀儡而已。[①]

　　资政院弹劾军机大臣案的事件表明，近代中国的政治运作有着自己的特色。借鉴与学习西方近代宪政没有错，但不可全盘西化，必须与中国当时的具体国情结合起来。今天，当我们头脑冷静下来再看这件事时，就会发现，清末立宪党人亦未必如过去学界惯常肯定的那样进步与正直。他们大部分人实际上也并非真正懂得西方近代民主宪政的政治制度，很多人亦未必真正是为了国家与民族而呐喊，他们利用西方民主宪政作为斗争的武器，更多的还是想在清末现代化过程中为自己争取利益。立宪党人的"政治起哄"，是导致清王朝迅速灭亡的重要原因之一。

　　事实说明，从 1906 年预备立宪开始，奕劻在立宪问题上并不保守，在

---

① 《资政院更动议长原因》，《申报》，1911 年 4 月 3 日，第 1 张第 5 版。

考察政治馆设立、起草官制改革方案、规划资政院与谘议局及地方自治蓝图等方面，他皆有参与。当然，这其中不排除他利用立宪运动为自己增添政治资本的因素。但是，当资政院与谘议局将斗争矛头对准奕劻时，他又产生了保守、退缩甚至阻挠立宪进程的想法与做法。这并不奇怪，对于奕劻等政府官员来说，他们虽然有丰富的治理经验，但总体来说仍然属于旧时代的人物，让他们与时俱进、逐渐完善国家政治法律制度，是不太现实的。虽然完善国家政治法律制度是他们义不容辞的责任与义务，但不能拿今天的眼光与标准去要求他们。

通过资政院弹劾军机大臣案，或许我们能在这方面得到一些更深刻的启示。

13

第十三章
内阁总理大臣的难言之隐

宣统三年（1911 年），清王朝的各种矛盾经过丛生、积累、交织，已经发展到了一个新的高潮，尤其是责任内阁与国会问题业已成为此刻政治的焦点，从立宪派到地方督抚，各派政治势力无不注目于此。奕劻虽然受命组阁，但立刻遭到各方面的攻击。载沣的掣肘、亲贵的内耗、立宪派与督抚的反对、列强的态度，皆使得奕劻无法发号施令，无力施政，也无法安其位，懦弱无力的清政府正处于一个前所未有的火山口上。

一、奕劻组阁时面临的严峻形势

美国学者拉尔夫·尔·鲍威尔在总结与研究中国清末政情后曾经这样写道："清统治的最后三年，人们看到了一个无能的政权在绝望地力图阻止历史的潮流。外国的侵凌加上日益加剧的内部问题，带来了帝制的末日。列强勒索经济方面的利益，和清政府与外国商借外债，成为各省日趋强烈的反清势力的一个理由和借口。各省谘议局的成立只有使骚动更形加剧。处于少数的满人，在种族对立中陷于孤立。反对派看到政府方面的弱点之后，更加嚣张地提出批评和要求。"[①]

的确，进入宣统朝，摄政王载沣"用人行政，多拂舆情"，特别是因为罢黜袁世凯、明目张胆地集权一帮少壮亲贵的做法，破坏了慈禧太后晚年好不容易才架构起来的高层满汉合作关系，直接引发政坛地震，大大激化了高层统治集团内部的矛盾。

为应对危机，四月初十（5月8日），清廷"谕内阁：上年降旨饬将官制厘定，提前颁布试办，并即组织内阁，旋经宪政编查馆奏拟修正筹备事宜清单，经朕定为宣统三年颁布内阁官制，设立内阁，所以统一政治，确定方针，用符立宪政体"。又谕"本日业经降旨设立内阁，所有旧设之内阁、军机处、会议政务处，着即一并裁撤"。[②] 同时，清政府公布新订内阁章程清单，任命庆亲王奕劻为内阁总理大臣，由他筹组新内阁，希望奕劻能帮

---

① ［美］拉尔夫·尔·鲍威尔著，陈泽宪、陈霞飞译：《1895—1912年中国军事力量的兴起》，中华书局1978年版，第169页。

② 中国第一历史档案馆编：《光绪宣统两朝上谕档》（第37册）（宣统三年），广西师范大学出版社1996年版，第88、89页。

助清王朝度过统治危机。可是，奕劻环顾四周，却发现他的内阁所面临的形势十分严峻："近数年以来，辽沈则疮痍未复，江皖则饥馑荐臻，萍醴之乱甫平，黔桂之匪又起。江南、浙江之帮枭，山东、广东之盗贼，随时而起，绵延不断。甚至上海之租界，白昼拦劫；辽东之马贼，绑票时闻。饿殍载途，民不聊生"。① 清王朝统治的合法性正在受到各方面反对力量前所未有的挑战。这些矛盾集中表现为以下几点：

（1）清王朝统治的"合法性"正受到前所未有的挑战。

宣统年间，各种矛盾冲突交织，清政府的权威资源在这些冲突中严重流失，几乎消耗殆尽。一方面是现代物质文明与日益加快的经济社会近代化进程，已经渗透到社会生活的各个领域，强烈冲击着人们的传统思想观念；另一方面却是制度层面的传统政治结构基本上原封不动地存在于现实生活之中。这种令人沮丧的政治现实，与人们心目中受西方模式影响的政治理想模式，形成了强烈的反差。随着新政的不断深入，人们的这种心理反差越来越明显。民众与知识分子自下而上的政治参与力急剧膨胀并超越了现存专制政治体制所能承受的限度，从而形成了对现存中央专制体制的巨大冲击力。

不仅如此，随着现代文明的广泛渗透，加之人们的国家、民族意识的逐渐觉醒，社会各阶层普遍产生了对现实的不满和改革的要求，变革的期望值在不断升高。

就激进派而言，在19世纪末，其目标尚不是十分明确，所采取的行动亦很有限。孙中山的兴中会虽然在内部使用的入会誓词里，写进了"驱除鞑虏，恢复中华，创立合众政府"的字句，但在对外使用的章程中，则未敢明确提出武装反清的口号，只是含糊地宣称"是会之设，专为振兴中华，

① ［清］汪康年著，汪林茂编校：《汪康年文集》（上册），浙江古籍出版社2011年版，第95页。

维持国体起见"。兴中会成立的当年，孙中山亦曾有过武装反清的试探，但起义还没有发动就"胎死腹中"。进入20世纪后，国内形势大变，孙中山敏锐地感到武装反清的大好时机已经到来，因此，他充满信心地向全世界宣布"全国革命的时机，现已成熟"，强调"中国现今正处在一次伟大的民族运动的前夕，只要星星之火就能在政治上造成燎原之势"。① 随后，孙中山便在日本东京组织成立了中国同盟会。在中国同盟会章程里明确宣布该会以"驱除鞑虏、恢复中华、创立民国、平均地权"为宗旨。接着，他又制订了《革命方略》，作为各地举行起义的指导性文件。从此，革命派策动的反清武装起义，在珠江、长江流域轰轰烈烈地展开，这对清王朝的统治造成了严重威胁。

就稳健派而言，随着时局的急剧变化和国内各阶层立宪要求的日益高涨，立宪派也改变了原来的缓进策略，在形成各省联合大同盟的基础上，接连发动了三次轰轰烈烈的国会请愿运动，请愿的规模一场比一场大，要求一次比一次迫切。在这场清末政治动员的巨大浪潮中，人们政治改革的期望值迅速上升，越来越多的稳健派因为不满意清政府的预备立宪步伐而转向非常规的变革方式。清廷长期以来的集权化步骤，与近期出现的民众政治期望值之间发生了严重冲突。种种情况表明，清王朝的统治已经处在历史上最脆弱的时刻，随时都面临被倾覆的危险。

（2）清末十年间，上层统治阶层内部出现了新老交替的断层，这严重地影响清政权运作的实际效能。

清末十年，传统政治中心的权威资源与治理能力由于种种原因而急剧流失，这使得中央政权迅速丧失了对时局和社会变化的控制能力。前文讲

---

① 《中国问题的真解决》，《孙中山全集》（第一卷），中华书局1981年版，第254—255页。

过（第九章"一、慈禧晚年对高层人事之架构"），清廷的政治断层现象早在庚子国变以后就开始出现。李鸿章、刘坤一、荣禄等权臣相继去世，清廷的统治阶层内部出现"青黄不接"的现象。

光绪三十四年十月二十一日（1908年11月14日），37岁的光绪皇帝久病之后，在孤寂中含恨死于瀛台。第二天，慈禧太后在她74岁生日之后的第13天，也随之离世。慈禧太后之死，意味着由她掌控的、长达半个世纪的专制时代已经结束，标志着清政府的权力真空已经形成。慈禧在半个多世纪中形成的政治威望一时无人可以替代。与之相比，更显摄政王载沣统治才能的平庸。当时的外国观察家就认识到："光绪皇帝和掌握大权的慈禧太后的突然逝世有加速人们久已期待的内部崩溃的危险。""国内各方的力量正在集结；不断发生对清政府的攻击，可能会推翻帝国，使它分崩离析。一般人认为执政太后的去世意味着失去自太平天国运动以来维持这个解体国家的一个强手。国内外敌视强大中央集权现代政府的力量正打算利用年轻而没有经验的新摄政王代替他的幼子——中国新登基的天子来行使职权。他们这样做也帮助燃起那一场巨火，它的烈焰正在步步摧毁过去几个世纪以来由满、汉、蒙古统治者辛苦经营，但是现在正在塌下来的巨厦。"① 继光绪皇帝和慈禧太后之后，当时在朝残存的尚能起到一定缓冲作用的汉族大员张之洞也死于宣统元年（1909年），孙家鼐、鹿传霖、戴鸿慈这样一些稍有经验的慈禧旧臣也在短时期内相继离世。尤其是载沣当政不到两个月，就罢黜了袁世凯，破坏了慈禧太后生前安排下来的新一轮高层满汉联盟体系，这在当时国内外政坛均引起了极大的轰动。随着同治时期建立起来的较为牢固的满汉联盟中老一代官僚的相继谢世和被罢黜，调和满汉之间矛盾的人物就越来越少。这批人物

---

① ［美］李约翰著，孙瑞芹、陈泽宪译：《清帝逊位与列强》，江苏教育出版社2006年版，第12页。

离开政治舞台以后，清王朝的统治阶层中失去了可以对各种政治势力进行平衡，并可以在日益尖锐的满汉矛盾方面起缓冲作用的中流砥柱。

（3）排满宣传已经成为一股巨大的政治急流，成为瓦解清政府统治权威的巨大舆论力量。

庚子国变之后，清政权被革命派称之为"洋人的朝廷"，这一判断显然不尽合乎历史事实，但却在青年一代的政治精英中有着广泛支持者。以"革命排满"形式来追求国家富强目标的政治思潮，正在构成不断冲击政治中心的巨大压力。当时，在不断经历西方挑战，民族主义的向心力没有凝聚起来之前，革命党人的排满宣传已经成长为瓦解清政府统治权威的巨大力量。

二、载沣及亲贵的掣肘

宣统三年，奕劻组阁不但面临着诸多外部压力，更要命的是，皇族亲贵内部激烈的权争、监国摄政王对奕劻的掣肘，亦皆成为奕劻无力亦无心承责的重要因素。

摄政王载沣之所以要在辛亥年成立责任内阁，其目的就是为了平抚立宪派、地方督抚以及其他官僚利益集团对他施政政策的不满，并企图以此转移民众视线，以达到消弭革命与内乱的目的。相比而言，载沣生性懦弱，加上年轻无经验，无法应付爆炸性的局面与朝廷内部的明争暗斗。奕劻则不然，他身历道光、咸丰、同治、光绪、宣统数朝，资格极老，阅历丰富，又因为长期主持总理各国事务衙门、外务部与军机处，人事关系错综复杂，门生故吏遍布朝廷内外，于列强各国、于朝廷内外、于北洋团体，在私人关系上均树大根深、盘根错节，要想度过危机，载沣不得不借重他来稳定政局。

此外，载沣之所以用奕劻组阁，还有一个很重要的因素，这涉及清亡前夕最高统治者之间的权力平衡关系。慈禧死后，载沣与隆裕之间，需要一个二人都能接受的人物来做缓冲、平衡，并起到沟通作用。遍观满朝亲贵，此人非奕劻莫属。载沣因顾及奕劻与列强的关系、顾忌奕劻长期在朝内外形成的盘根错节的庞大的关系网，更因自己与隆裕太后的矛盾激化而打消了继续排斥奕劻的念头。这样，奕劻在慈禧太后去世后不仅没有离开权力中枢，反而在宣统朝成立内阁时，又摇身一变成了政府首任的内阁总理大臣。

但是，载沣在依赖与借重奕劻的同时，对奕劻手握重权又极不放心，在载泽等人的鼓动下，他利用奕劻的政敌毓朗、廕昌、载涛、载泽等人来牵制奕劻，所采取的策略是既用又防。

早在宣统元年六月初七（1909年7月23日），载沣就接受载涛、载洵等人的意见，开去奕劻"管理陆军部事务"，"寻又谕开去奕劻管理陆军贵胄学堂之差，派贝勒载润会同陆军部管理陆军贵胄学堂事务"。[①]从而剥夺了奕劻手中的一部分军政权力。

宣统三年四月初十（1911年5月8日），载沣又接受毓朗、廕昌、载涛、载洵等人的"内阁总理不应操军政权，免致分歧掣肘"，[②]"中国现值整顿全国陆海军备之时，总理大臣须具有军事上知识，方可负完全责任"的意见，在内阁制发表的时候，清楚规定了新的责任内阁不得过问军国大事：

---

① 戴逸、李文海主编：《清通鉴》（卷266，第20册），山西人民出版社2000年版，第9004页。
② 《专电》，《申报》1911年5月8日，第1张第3版。

凡关于军事问题，"军谘大臣应负完全责任"，"新内阁可不负责任"。①责任内阁制的《内阁官制》第十四条规定："关系军机军令事件，除特旨交阁议外，由陆军大臣、海军大臣自行具奏，承旨办理后，报告于内阁总理大臣。"②《内阁办事暂行章程》第七条规定："按照内阁官制第十四条，由陆军大臣、海军大臣自行具奏事件，应由该衙门自行具折呈递，毋庸送交内阁。"《内阁办事暂行章程》第八条规定："内外行政各衙门，应奏不应奏事件，除陆军部、海军部外，由内阁总理大臣、协理大臣会同各部大臣另拟章程，奏请圣裁。"③上述规定明显将奕劻排除在军国大事之外。不仅如此，在责任内阁设立的当日，载沣又宣布将军谘处升格为军谘府，④任命载涛与毓朗为军谘大臣，⑤将军谘府与责任内阁处于对等的地位。这显然有以军谘府对抗责任内阁的深意。

在限制与剥夺奕劻军政权力的同时，载沣还通过度支大臣载泽、农工商部大臣溥伦在财政上制约奕劻："军谘府独立一切，军事由军谘府承旨。而泽公主持财政又非常认真，虽对于内阁，毫无通融。军权、财权系为人所把持。"⑥

载沣的上述做法，使得清政府最高权力结构从本应由内阁执政变成了"（1）内阁，（2）军谘府，（3）度支部"⑦三头政治的权力格局，这就使奕劻内阁的责任体制遭到了极大的破坏，内阁总理大臣无法真正担当起国务责任。

---

① 《新内阁不负军事上之责任》，《盛京时报》1911年5月18日，第2版。
② 《内阁官制清单》，故宫博物院明清档案部编：《清末筹备立宪档案史料》（上册），中华书局1979年版，第562页。
③ 《内阁办事暂行章程》，故宫博物院明清档案部编：《清末筹备立宪档案史料》（上册），中华书局1979年版，第564页。
④ 《设立军谘府谕》，故宫博物院明清档案部编：《清末筹备立宪档案史料》（上册），中华书局1979年版，第571页。
⑤ 中国第一历史档案馆编：《光绪宣统两朝上谕档》（第37册）（宣统三年），广西师范大学出版社1996年版，第91页。
⑥ 《内阁以为可稳固矣》，《盛京时报》1911年7月20日，第2版。
⑦ 《新内阁史·调停内部之暗斗》，《时报》1911年5月18日，第2版。

在原来军机处的体制下，一切军政、财政大事，奕劻皆有资格参与，而在所谓责任内阁的体制下，奕劻反而不能过问军政、财政问题，这让奕劻大为恼火。奕劻"以为阁制内所规定者责重而权微，加以内阁而外他种机关亦有上奏之权，其势必致政令纷歧，欲谋统一甚属不易"。① 他为此曾在那桐、徐世昌等好友面前大发牢骚："某某两亲贵，一则牵掣军权，一则把持财政，均于暗中极力挤排，本邸有名无实，将何以担负责任？"②

在上述情况下，心灰意冷的奕劻便借宣布内阁政纲之事有意为难了一下载涛、毓朗、载洵、载泽与溥伦等一帮少壮亲贵，以发泄他心中的愤懑之情。奕劻先是在四国银行团第二期应交借款前，迟迟拖延不宣布政纲，以致等不及的银行团代表遂向载泽发难："中国对于币制一事，现在茫无把握，且与原订合同有不符之处，且此次借款，重在振兴实业、整理财政，何以借款成立后尚无一定着手办法？外国资本家因此颇怀疑虑，不愿投资。"③ 逼得载泽不得不通过盛宣怀从中间调停而向奕劻低头。六月十五日（7月10日），在政纲宣布至"振兴实业"时，奕劻又突然停下来向溥伦发难："贵大臣对于振兴实业之意见，究以何者为先？抑皆所注重？"溥伦措手不及，随口答道："据本大臣意见，似以开矿为当务之急。"奕劻反问："中国民生凋敝已极，农工商三者自难偏重，然中国为农产国，则改良农务似尤当注意。未审贵大臣以为如何？"溥伦经此诘问，一时竟然答不上来，颜面尽失。④ 一般而言，既是内阁政纲，就应该是代表了所有阁臣的意见，奕劻于宣布政纲时在溥伦毫无准备的情况下有意这样诘问，显然不仅是为了泄愤，更是想向外界透露一个信息：因为内部掣肘问题，他不能真正承担起他

① 《组织新内阁种种》，《申报》1911 年 5 月 22 日，第 1 张第 5 版。
② 《庆邸决拟辞退之心理》，《盛京时报》1911 年 6 月 18 日，第 2 版。
③ 《内阁宣布政纲之真相》，《盛京时报》1911 年 7 月 20 日，第 2 版。
④ 《庆内阁发表政纲之余闻》，《盛京时报》1911 年 7 月 30 日，第 2 版。

应该担负的责任。同样，因为不能过问军国大事，奕劻干脆在宣布政纲时无一语道及陆海军问题，这让载涛、毓朗备受打击。当二人事后前去询问时，奕劻毫不客气地回答："吾国内阁总理与各国情形不同，今海陆军政既有军咨府主持，自毋庸内阁参与。"① 载涛、毓朗受此抢白，回去后便与陆海军二大臣联合，提出对内阁的质问案，"以总理大臣绝不担负军事责任，则将来贻误必多，先提出质问内阁各议案，再详订内阁与军咨府之权责。"② 一时闹得沸沸扬扬。

三、立宪派集团与地方督抚的反对

奕劻组阁，不仅朝内有载沣与诸亲贵的掣肘，地方督抚与立宪派集团同样不依不饶地予以压力。

奕劻内阁一出台，也立刻遭到立宪派集团与地方督抚的极力反对。内阁成员"共计十七人，而满人居其十二。满人中，宗室居其八，而亲贵竟居其七……宗室中，王、贝勒、贝子、公，又居六七"。③ 人们普遍认为，这是一个以皇族为中心组成的内阁，完全违背了西方宪法中"不准皇族充当国务大臣"的立宪原则，讥讽它为"皇族内阁"。"自初十上谕发表后，一般稍有知识者，无不绝望灰心于政府。"④ "各省谘议局一致感到愤慨，希望削减庆亲王的罪恶实力。"⑤ 在愤怒之余，各省谘议局联合会连日召开秘密会议，以反对

① 《内阁政纲不及军事之原因》，《盛京时报》1911 年 7 月 18 日，第 2 版。
② 《军咨府将有质问内阁之条件》，《盛京时报》1911 年 7 月 20 日，第 2 版。
③ 恽毓鼎著，史晓风整理：《恽毓鼎澄斋日记》（第 2 册），浙江古籍出版社 2004 年版，第 532 页。
④ 《新内阁史·发表后之舆论》，《时报》1911 年 5 月 18 日，第 2 版。
⑤ 《代领事布朗致朱尔典爵士函》，胡滨译：《英国蓝皮书有关辛亥革命资料选译》（上册），中华书局 1984 年版，第 10 页。

皇族内阁为宗旨，所谓"从根本上之解决，仍从内阁入手。于是有主张推翻内阁者，有主张只推翻庆邸一人者，意见分歧，莫衷一是，嗣仍以推翻庆邸一人付表决，多数赞成，遂通过"。① 奕劻内阁出台不久，各省谘议局联合会即让都察院代递谘议局联合会呈请"亲贵不宜充任内阁总理"折，要求清政府"于皇族外，另简大臣充当组织内阁之总理"，②"专言皇族不得充任总理"，锋芒直指内阁总理大臣奕劻。

奕劻在清廷危难之际受命组阁，不仅遭到立宪派方面的攻击，地方督抚也公开出来持反对的态度。七月十一日（9月3日），两广总督张鸣岐明确上奏清廷："世界立宪诸国，其君主绝无责任，一切制诏皆待国务大臣之副署，然后始生效力。国务大臣组成内阁辅弼君主，执行国务，国事之修废，政策之得失，阁臣实尸其责，倘有失职，阁臣必引咎逊位，否则国会亦劾而去之，此所谓责任内阁也。我国颁定阁制，新内阁今已成立矣，然发政施令有不厌天下之望者，辄借制诏为护符，仍诿其责于皇上，阳袭责任内阁之名，阴背责任内阁之实，此臣惶惑不解者也。""亲贵不宜总理内阁也。立宪国之原则，皇族不掌政权，故世界立宪之国皆无皇族总理内阁之成例……皇族内阁与立宪政体其实必不能相容矣。我国新建内阁，而皇族实为总理，在朝廷以军机处旧人谙练朝政，仍而用之，未及另简，仅出一时之权宜，非可视为成制。"张鸣岐断然要求："确定内阁之责任，不以政权私之懿亲之手。"③随后，"山东巡抚孙宝琦亦奏，宗支不宜预政"。④ 张鸣岐等所奏代表了地方督抚的声音，是地方督抚与立宪派集团合流的标志。

---

① 《联合会之风云梦》，《民立报》1911 年 5 月 22 日，第 2 页。

② 《东方杂志》，第 8 卷，第 5 号，中国大事记，第 9 页。

③ 《粤督张敬陈管见折》，《申报》1911 年 10 月 23、24 日，第 2 张后幅第 2 版。

④ 戴逸、李文海主编：《清通鉴》（卷 268，第 20 册），山西人民出版社 2000 年版，第 9074 页。

四、列强不支持的态度

奕劻组阁也引起了列强驻华公使的鄙视与不满。

责任内阁成立的第三天，即宣统三年四月十二日（1911年5月10日），朱尔典在致格雷爵士的信中，报告了四月十日（5月8日）清廷发表的关于设立内阁总理大臣职务的上谕，指出："上述谕旨预示皇族集团总揽朝政的局面不会有任何真正改观，这一点已被上谕命令庆亲王继续兼管外务部所证实。此外，现有的各部首脑们大抵都将在改称国务大臣的责任内阁中占得一席之地，而各部的机能却不会发生任何变化。""政府体制的以上变动，尽管有着冠冕堂皇的理论依据……总的讲，似乎并未使全国人民感到满意。在我看来，尤其是资政院的那批议员是不会有耐心继续留在由那些换了头衔的军机大臣们所把持的行政机构里，去年资政院开会期间，他们曾如此激烈地反对过这些当权人物。"[1]伦敦《泰晤士报》也评论说："以庆亲王为总理大臣，此新内阁不过为旧日军机处之化名耳。彼辅弼摄政王者，咸注意于满汉界限，而欲使满人操政界之优权，此诚愚不可及之思想。"[2]东交民巷甚至出现了这样一种声音："但愿庆亲王引退之后摄政王的工作会顺利一些，据信庆亲王在资政院下次开会之前会引退。"[3]

载沣的掣肘、亲贵的内耗、立宪派与地方督抚的反对、列强的态度，皆使得奕劻无法发号施令，无力施政，也无法安其位。五月（6月）上旬，当张謇北上京师见到奕劻时，觉得这位权贵老人已是极为可怜。当张謇历数完

① 《英国外交部档案·朱尔典致格雷爵士函》，章开沅、罗福惠、严昌洪主编：《辛亥革命史资料新编》（第8卷），湖北人民出版社2006年版，第53页。
② 《庆亲王历史》（译伦敦《泰晤士报》北京通讯），《申报》1911年6月8日，第2张第2版。
③ ［澳］骆惠敏编，刘桂梁等译：《清末民初政情内幕》（上册），知识出版社1986年版，第740页。

大清帝国眼下的危机时，这位总理大臣竟然"掩面大哭"。[①] 不过，对于病入膏肓的清王朝而言，内阁总理大臣的掩面痛哭以及清廷实行的所有自救措施都已经来不及了。危乎其危的局势已经没有时间再让这帮亲贵们折腾下去了。

确实，从主观态度上看，宣统年间，奕劻已不像光绪末年那样支持宪政革新。对建立责任内阁与召开国会，他似乎也并不热心，甚至开始持消极的抵抗态度。

光绪三十二年（1906 年）的官制改革中，奕劻与袁世凯结盟，力图以建立责任内阁制来达到操纵政权的目的，但此举被慈禧太后察觉并否定。进入宣统朝后，载沣又罢黜了奕劻强有力的帮手袁世凯。"摄政就职，庆邸威权大损，见项城屏逐，知将及己，遇事更行退缩。宣统年间，政局情形极其复杂。""项城放归田里，庆邸有连带去职之象。"[②] 丙午改制中责任内阁方案遭到否定以及宣统初年宪政改革强有力的支持者袁世凯被罢黜这两件事对奕劻打击很大，使他本就谨慎持重的性格中又增添了畏手畏脚的成分。更重要的是，长期在枢府任要职的经历，使奕劻对载沣成立的以皇族为主体的责任内阁对朝廷的危害性及其暗淡前景看得一清二楚。因此，在宣统年间，对于立宪派发起的国会请愿运动与地方督抚积极倡导设立的责任内阁制度，奕劻持消极的态度。"监国连日办事后，在三所特召各大臣，会议组织新内阁之办法。闻各大佬以事属创始，且吾国民气日就嚣张，责任不易担负，多互相推诿者。惟洵贝勒、伦贝子均极力主张从速组织，并沥陈近日资政院各议员纷纷质问，均因政府不负责任所致。乃某大佬始终不赞一词，故此事卒未解决。"[③] 无疑，该文中的"各大佬"即是指奕劻、那桐、徐世昌等人，"某大佬"是指奕劻本人。在一次政务会议

---

① 张孝若：《辛亥革命前后》，中国史学会主编：《辛亥革命》（八），上海人民出版社 2000 年版，第 39 页。

② 刘体智著：《异辞录》，中华书局 1988 年版，第 221、222 页。

③ 《组织内阁纂拟宪法谈》，《申报》1910 年 11 月 23 日，第 1 张第 4 版。

上，"首由庆邸提议，谓：'东三省如此危急，有何挽救之法？'朗贝勒主张速开国会，以救危局。庆邸谓：'人民程度太浅，速开恐致召乱。'贝勒云：'国会不开，一切新政决办不下去。'争论甚为激烈，幸徐军机从中调停，始不欢而罢。庆邸愤甚，次日召见遂有开缺之请。"① 对于成立责任内阁，奕劻亦表现得不冷不热。"当庆邸会议国会问题时，曰：'看你大家的意思。'及定后提议新内阁时，提起总理大臣，庆曰：'我已老了，甚么新内阁？甚么内阁总理大臣？我不明白如何做得。'"② 在这种情况下，对于内阁总理大臣一席，奕劻确实存矛盾之心态。

对于奕劻不愿意充任内阁总理大臣一事，英国外交部档案收录的《1910年11月中文报刊摘要》中有一条记载。该摘要说："据目前从当地报刊上搜集到的情报，责任内阁将于明年年初（阴历）设立，载泽可能被提名为总理大臣，协理大臣则可能由毓（朗）亲王出任。据报道，庆亲王奕劻由于年事已高，谢绝出任内阁总理大臣职务。"③

如果说上述史料还不足以说明问题的话，同时期的《时报》与《申报》中还有以下三条资料可资印证：

（1）《时报》的载文："闻组织内阁一事，其一切组织之手续，尚是目前即办之事。惟总理大臣一席甚难推定，庆邸辞之甚力，其余最有资望者，惟朗贝勒及泽公二人，然亦皆不肯明言担任，故议商数日，毫无结果。"④

（2）《申报》的载文："至总理一席，庆邸本有谢绝之说。目下廷臣拟推朗贝勒、伦贝子、泽公三人，再就三人中推定一人。但朗贝勒一味却辞，

---

① 《庆邸乞退乃为争开国会耶》，《申报》1910年9月14日，第1张第4版。
② 《庆邸之恶牢骚》，《民立报》1910年11月13日，第2页。
③ 《英国外交部档案·朱尔典爵士致格雷爵士函》，章开沅、罗福惠、严昌洪主编：《辛亥革命史资料新编》（第8卷），湖北人民出版社2006年版，第49、35页。
④ 《国会缩期后之现状》，《时报》1910年11月16日，第2版。

伦贝子近来因资政院故又为各枢臣所不喜，且将来又有贵族院议长之望，惟泽公既与各枢臣感情甚厚，且有自愿承认之意，故甚为有望。"①

（3）《申报》的报道："国会已定于宣统五年召集，责任内阁制度宜即颁布，其最难解决者，惟总理大臣一席。庆邸不特不肯担任，即使担任，而外间反对者太多，将来断难运用灵活。闻监国曾属意于泽公，庆邸亦极力奏保，或者泽公借此脱离度支部之负累，愿以一身当此机关，亦未可知。"②

上述史料集中反映了奕劻不肯担任首任内阁总理大臣的原因与态度。"外间反对者太多，将来断难运用灵活"的客观情况确实给奕劻组阁带来了麻烦，也给奕劻在获取新的权力之路上增加了阻力，但这不是症结所在。实质上，三段材料中告诉了我们一个很重要的信息：载泽、毓朗不仅是内阁总理大臣一职的重要角逐者，更是奕劻内阁前行之路上无法逾越的障碍。

表面上看，奕劻不愿意担任内阁总理大臣是因为他对国会及责任内阁制度不热心。但实际上的深层原因是他贪恋军机处的权力与地位，对未来的内阁信心不足。而所有这一切均来自他对局势发展的判断及对载沣、载泽等人弄权的厌恶。这个经历过咸丰、同治、光绪、宣统四朝历次重大政潮而不倒的官场"不倒翁"，凭经验嗅出了"皇族内阁"出笼后的不祥气氛，知道新的内阁总理大臣一职注定是个烫手的山芋。

虽然是消极对待，但毕竟内阁一设，军机处必撤，而在权力面前，奕劻是绝不会将之推给对手的，所以半推半就，宣统三年四月初十（1911年5月8日）内阁成立时，奕劻便走马上任。不过，出于留有退路的圆滑考虑，上任后，他便不断以难胜此重任为由屡屡请求辞职。愈到后来，随着局势的恶化，他更是以辞职来卸责。

---

① 《内阁总理无非亲贵》，《申报》1910年12月11日，第1张第4版。

② 《国会年限宣布后之筹备》，《申报》1910年11月15日，第1张第4版。

奕劻刚担任内阁总理大臣，即在四月十一日（5月9日）与四月十四日（5月12日），连续两次以"速谤疾颠"与"诚不欲开皇族内阁之端"为由[1]，恳请收回成命，此为官样文章，不足深究。五月十三日与十四日（6月9日与10日），奕劻因外间舆论攻击第三次奏辞："据内阁人士云，总理大臣庆邸昨十三、十四两日连在监国前，面奏恳辞阁差，以终余年等情，均蒙监国慰留。复据内廷消息，十五日上午，监国又另起召见庆邸，一再温谕，饬仍恪遵前旨矣。"[2]五月十九日（6月15日），奕劻又"惟以病体日甚，恐贻误，且外间舆情亦不甚洽"为由，第四次请求辞职。"内阁属官制现已核定，总理大臣庆邸请退之念益坚，那、徐两协理均不赞成，曾于日前极力挽留"。[3]原来，"庆邸侦知联合会反对皇族内阁后，即谓盛宣怀曰：'我本不愿干此事，屡次恳辞，监国不允，今日被他们攻击，殊觉无谓，但当初大家劝我就任，岂不是侮弄我吗？'盛曰：'宪法大纲本言用人大权操之君主，难道他们一篇文章就许其有攻击之效力？'庆曰：'我不管那些事，具折辞职罢了。'……又闻，庆邸昨在内廷，语某大佬曰：'联合会反对皇族内阁之意，深合吾意，吾国阁制既取法外洋，奈何于用人一事，独违立宪各国原则，余前此再三请退，未蒙允准。今该会既以此上达天听，余正可借此乞退，以终余年。'"[4]奕劻不愧为官场老手，这后两次辞职非其本意，借此躲避时论攻击锋芒才是他真实的目的。闰六月初九（8月3日），奕劻继续以生病为由第五次提出辞职并请假休值。"探悉其原因，系为十一日度支大臣泽公纠参内务府一折，虽已奉懿旨分别议处，然监国欲乘此清理该府财政，厘定皇室经费，并改订内务府制度，又为新官制将次

---

① 《东方杂志》，第 8 卷第 5 号，中国大事记，第 8 页。
② 《监国慰留庆邸之述闻》，《大公报》1911 年 6 月 14 日，第 1 张。
③ 《庆邸决拟辞退之心理》，《盛京时报》1911 年 6 月 18 日，第 2 版。
④ 《庆内阁果将辞职耶》，《申报》1911 年 6 月 15 日，第 1 张第 4 版。

颁行。"① 八月初八（9月29日），奕劻因川路事第六次呈辞。奕劻这次辞职，其目的不外是"一则欲卸川路以后之责任，一则欲示天下以处置川事之法非其本心而已"。② 结果上谕回批："庆亲王奕劻奏为职任重要，精力难胜，恳恩开去差缺一折，该亲王虽年逾七旬，精力尚健，值此时会艰难，百端待理，又当宪政进行之际，正赖老成硕望，翊赞新猷，该亲王夙著公忠，亦断不能忘怀时局也。所请开去内阁总理大臣、管理外务部差缺，着毋庸议。"③ 对此，奕劻并不领情。他对奉命前来劝说的那桐、徐世昌说："余非不欲报国，实因病体难支，恐负委任。且立宪国内阁，必有操纵舆论之大力，方能为所欲为，今余不论何事，反为舆论所攻击，殊觉难堪。故余意已决，不日仍当再疏乞休。"④ 总的来看，奕劻辞职固然有其以退为进以及留有余地等策略方面的考虑，但眼观局面难撑，受命于危难之际，却身处极尴尬之境地，既要受众亲贵的排挤，又要忍外间舆论的压力，加上年老力衰、济国能力又有限等因素，这都是奕劻难以有所作为的重要原因。但是，如果应允奕劻辞职，焦头烂额的载沣去哪里再找一个像奕劻这样资历、阅历、经验，尤其是还与汉人官僚、地方督抚、士绅集团有着密切联系，对高层满汉关系能够起重要平衡维系作用的人选呢？

奕劻内阁成立以后，一直在内外交困中挣扎，在亲贵内斗中徘徊，从诞生到解散总共才半年时间，成了一个名副其实的过渡性内阁。在这六个月中，奕劻主要做了两件事情：第一，迫于载沣的压力，准给事中石长信奏议，签署了同意铁路干线归国有的政策性文件；第二，武昌事起后，力荐袁世凯出山。

---

① 《两次谕催庆总理销假》，《大公报》1911年8月10日，第1张。
② 《庆王辞职说》，《申报》1911年10月3日，第1张第2版。
③ 中国第一历史档案馆编：《光绪宣统两朝上谕档》（第37册）（宣统三年），广西师范大学出版社1996年版，第235页。
④ 《庆邸自愧不能操纵舆论》，《申报》1911年10月7日，第1张第4版。

宣统三年四月十一日（1911年5月9日），奕劻签署了同意邮传部大臣盛宣怀以给事中石长信的名义上奏的关于铁路干线收归国有的政策性法令。就是这个法令，最终引发了湖北、湖南、广东、四川的保路风潮。铁路干线国有政策是载沣受载泽与盛宣怀推动的结果，奕劻在内阁成立的第二天就匆匆通过了这一引爆时局的政策，显然是载沣早就决定好的。奕劻一开始并不情愿签字，他甚至以辞职来卸责："此次庆王辞职之故，实为川路之事与己不同意，既不同意而强使之为，内阁总理以同负责任，则其心有不甘而其辞职也。"[①] 但作为总理大臣，奕劻内惧于载沣的皇令、外惧于列强的压力，虽然明知不妥，但最后还是屈服并抱着侥幸的心理，签署了这项引发时局地震的铁路干线国有化文件[②]。显然，奕劻难辞其咎。

朱尔典在致格雷函中说："据我所知，各省对铁路政策问题意见不一致，朝廷官员亦是如此，这从他们的谈话多少可以反映出来。外务部每次在答复我的询问时，一向强调他们决心维持原来的铁路政策，不作改变；然而，当四川铁路危机呈现时，传说总理大臣庆亲王并未充分支持政府的政策，他与美国公使的一次面谈，更给人加深这个印象。本月2日，邮传部李侍郎代表载泽亲王与盛宣怀（邮传部大臣）来看我。他告诉我说，载泽亲王与盛氏是目前铁路政策的主要负责人，而庆亲王因为嫉妒载泽亲王势力的增长，一开始便对这个政策抱勉强同意的态度，现在则与这些同僚越来越疏远……李侍郎要我去见庆亲王，并以强烈的言辞劝告他不要采取那种可能

---

① 《庆王辞职说》，《申报》1911年10月3日，第1张第2版。

② 关于奕劻等签署同意盛宣怀关于铁路干线国有政策文件的证据可见：(1) 中国第一历史档案馆编：《光绪宣统两朝上谕档》（第37册）（宣统三年），广西师范大学出版社1996年版，第92—93页。(2) 那桐在宣统三年九月初五日记中记载："有上谕：'盛宣怀因川路事经资政院弹劾罢职，总协理大臣率行属名，亦有不合，交该衙门议处。'"十七日的日记记载："前因盛宣怀事总理大臣等率行署名，交该衙门议，议以罚俸三个月公罪，奉旨：准其抵销。"（见北京市档案馆编：《那桐日记》（下），新华出版社2006年版，第701、702页。）彭芬在《辛亥逊清政变发源记》一文中言："谕旨收川汉粤铁路为国有，内阁总协理未副署"（中国史学会主编：《辛亥革命》（四），上海人民出版社2000年版，第332页。）的记述有误。

暴露中国弱点而导致中国灭亡的政策路线。他向我建议说，应当表示要积极干涉，借此作威吓，才能使这位‘糊涂’的老官僚有所醒悟。我表示不打算用威吓的方式，因为在目前处境中那显然亦无效。但我同意去见庆亲王，好让他对严重的局势有个印象。第二天，即本月3日，我去见庆亲王，出我意料地，门不必我敲便自开了，庆亲王宣称要不惜一切代价贯彻实行铁路国有政策，又说如果让各省自行其是，等于是丧失了皇帝的权威。"为了向列强表示他本人不反对"铁路国有"政策，在四川保路运动风潮掀起后，奕劻还一再表示清政府在这个问题上的立场不会变动。朱尔典在发给英国驻成都领事馆官员的电报中说："在今天同庆亲王的会谈中，他通知我，四川总督已因其对待保路运动的态度而受到朝廷的申斥，……政府……决不修正现有铁路政策。该亲王还说，对四川方面的任何让步，都将导致湖南和广东提出类似要求，这不光牵涉到废弃湖广铁路借款合同的问题，而且将冒全局崩溃的风险。"后在武昌事起盛宣怀受到资政院的弹劾时，朱尔典又对奕劻等人落井下石、嫁祸于人的做法嗤之以鼻："签署弹劾谕文的庆亲王、那桐和徐世昌三人，曾在今年4月当着盛宣怀的面向外国使节郑重保证，盛氏乃王朝之重臣，负责解决铁路问题。而在今日，他们却毫不犹豫地公开弹劾盛氏，根本没有想到，盛氏的错误，乃是他过于积极地推行他们三人所拟定的政策的结果。"[1] 奕劻的处世圆滑与无奈在川路事件中暴露无遗。

从某种意义上讲，奕劻内阁以签署铁路干线国有政策开始，又最终因为这一政策所引发的不可收拾的局面而结束。奕劻内阁与清廷在成立它时的愿望正好背道而驰，它非但没有能起到稳定局势的作用，反而因为"皇族"的

---

① 《英国外交部档案·朱尔典爵士致格雷爵士函》，章开沅、罗福惠、严昌洪主编：《辛亥革命史资料新编》（第8卷），湖北人民出版社2006年版，第55、47、110页。

性质与奕劻消极对待的态度使得局面变得更加不可收拾。"政府以海陆军政权及各部主要均任亲贵,非祖制也。复不更事,举措乖张,全国为之解体。"①立宪派集团、地方督抚及其他利益集团、下层民众相继因之与清朝最高统治者彻底反目,这是皇族亲贵们始料不及的。"而于内阁成立之第一日,即大施其雷霆万钧之威力,以压倒一切,而其最为舆论所骇怪者,则铁道国有之命令也……众怒不足畏,舆论不足恤,徇一二佞臣之请,以坐失全国之信用,自今以往,朝廷脱复有缓急,又谁肯起而相应者?"②如此说来,奕劻组阁与签署铁路干线国有令,倒也可以称得上是辛亥逊清的渊源了。

---

① 张孝若著:《辛亥革命前后》,中国史学会主编:《辛亥革命》(八),上海人民出版社 2000 年版,第 37 页。

② 《论今日朝政之颠倒》,《于右任辛亥文集》,复旦大学出版社 1986 年版,第 173 页。

第十四章
在起用袁世凯上的作用

　　武昌起义后，袁世凯成为影响时局走向的核心人物，各方面都在极力争取。面对各省独立、清王朝统治土崩瓦解的严重形势，奕劻力荐袁世凯出山代替自己收拾时局。正是在奕劻的坚持与保证袁世凯可用的前提下，载沣才勉强同意起用袁世凯，从而为解决南北争端找到了一个"合适"的人选，但也最终决定了清王朝迅速覆亡的命运。

一、保路运动与武昌起义之多米诺骨牌效应

在时局日益败坏、立宪派召开国会要求日躁、地方督抚对中央政府离心倾向日益明显的情况下，宣统三年（1911年），盛宣怀提出的"铁路国有"的政策，敲响了清王朝的丧钟。

这个问题还要从光绪二十二年（1896年）说起。当时，清政府设立铁路总公司，盛宣怀被派任为督办铁路大臣。自光绪二十二年至二十九年（1896年—1903年），他以中国铁路总公司督办的资格，先后与外国人订立了芦汉、正太、沪宁、汴洛、粤汉、津浦等铁路的借款合同，以及苏杭甬、浦信、广九各铁路的借款草约。盛氏大借外债的结果，是路权丧失，引起国人强烈的反感。因此，从光绪二十六年（1900年）起至宣统二年（1910年），全国各省都发生了拒借外债、废弃成约，把铁路收回自办的运动。在这些收回自办的铁路中，以从美国合兴公司赎回自办的粤汉路最为重要。

宣统三年（1911年），盛宣怀由邮传部右侍郎擢升为该部尚书。这就为他改变铁路政策，取消商路创造了条件。四月七日，他授意给事中石长信，上了一道《铁路亟宜明定干路支路办法折》，此折从攻击商办铁路弱点入手，打着"分清干路、支路"的旗号，以实现卖路的目的。同日，折下邮传部议奏。随后他上《复陈铁路明定干路支路办法折》。该折宣称："中国幅员广袤，边疆辽远，必有纵横四境诸大干路，方足以利行政而握中枢。从前规划未善，致路政错乱分歧，不分支干，不量民力，一纸呈请，辄准商办。乃数载以来，粤则收股及半，造路无多；川则倒账甚巨，参追无着；湘、

鄂则开局多年，徒供坐耗。循是不已，恐旷日弥久，民累愈深，上下交受其害。应请定干路均归国有，支路任民自为。"并请明降谕旨，晓示天下。

四月初十（5月8日），清政府裁撤军机处，奕劻被任命为首届内阁总理大臣，由他组建责任内阁。同日，在载沣等人的压力下，奕劻被迫签署了铁路干线国有令。四月十一日，清政府下达铁路"国有"政策的上谕。上谕说："……用特明白晓谕，昭示天下，干路均归国有，定为政策。所有宣统三年以前各省份设公司集股商办之干路，延误已久，应行由国家收回，赶紧兴筑，除支路仍准商民量力酌行外，其从前批准干路各案，一律取消……如有不顾大局，故意扰乱路政，煽惑抵抗，即照违制论。"[①]"铁路国有"政策公布十天后，即四月二十二日，盛宣怀便与英、美、德、法四国银行团，签订了川汉、粤汉铁路借款合同。清政府所谓的铁路明归国有，实则卖路的嘴脸终于大白于天下。这种丧失民心的做法，立即遭到了湘、鄂、粤、川四省民众的反对。[②]

所谓"铁路国有"，便是由清政府向外国借洋债，用国家措施强迫收买民间的粤汉铁路与川汉铁路的股份。粤汉铁路与川汉铁路的筑路权，原已由清政府出卖给外国人，是老百姓用自己的钱赎回来的。宣统三年（1911年），摄政王载沣听信了盛宣怀的鬼话，要用"国有"的美名，从老百姓手中重新夺去，"押"给外国人，让外国人又以"债主"的资格加以控制。这种出卖国家利益与民众利益的事情，怎能不让国人感到寒心？

"铁路国有"政策出台后，立刻在湘、鄂、川、粤四省掀起了"保路风潮"。股东、议员、学生等各阶层民众，纷纷请愿、开会，组织团体、罢课、罢市……各地的"保路同志会"风起云涌。有人说"辛亥四川保路之争，

---

① 《宣统政纪》卷52，宣统三年四月巳卯辰，第2册，第914—915页。
② 徐彻、董守义主编：《清代全史》（第9卷），方志出版社2007年版，第353、354页。

为逊清政变渊源"① 是不无道理的。

在四川保路同志会起义的高潮中,武昌革命党人起来响应并撼动了整个政局。

1911 年 10 月 10 日,武昌新军起义发生。他们举起了革命的义旗,攻进总督衙门,成立了湖北军政府。其后,湖南、陕西、江西、云南、上海、浙江、江苏、贵州、广西、安徽、福建、广东、山东、四川等各省军民相继响应,清王朝的统治一时处于土崩瓦解的状态。

为了镇压起义,清政府"以惊人的速度作了一次徒然的努力"。② 由陆军大臣廕昌亲自率领的第一军迅速南下,军咨使冯国璋率第二军为策应,海军统制萨镇冰督率巡洋、长江两舰队急调武汉,企图"定乱"于俄顷之际。但是,革命如燎原之势迅速蔓延到其他省份,清军大有顾此失彼、力不从心之感;尤为严峻的是,清廷苦心孤诣编练的新军一镇接一镇地倒向革命。在已编练成军的 14 个镇、18 个混成协和另有未成协的 4 个标中,竟有 7 个镇、10 个混成协和 3 个标相继倒戈或解散、败散。而手中仅存的北洋六镇又不能真正掌控。正如当时陆军大臣廕昌所说:"我一个人马也没有,让我到湖北去督师,我倒是用拳去打呀,还是用脚踢呀?"③堂堂的陆军大臣竟然抱怨一个人马也没有,岂非咄咄怪事哉?原来,北洋六镇的将领们多是袁世凯的心腹,袁世凯虽然去职,但其影响力仍在,别人根本指挥不动。在军情紧急、万般无奈的情况下,奕劻抓住时机,全

---

① 彭芬著:《辛亥逊清政变发源记》,《辛亥革命》资料丛刊(第四册),上海人民出版社 1957 年版,第 331 页。
② [美]拉尔夫·尔·鲍威尔著,陈泽宪、陈霞飞译:《1895—1912 年中国军事力量的兴起》,中华书局 1978 年版,第 185 页。
③ 冯耿光著:《廕昌督师南下与南北议和》,《辛亥革命回忆录》(第六册),文史资料出版社 1963 年版,第 351 页。

力推动载沣重新起用袁世凯，希望载沣能够从大局出发，重新起用这位军界大腕。

二、奕劻在袁世凯复出过程中的作用

辛亥年袁世凯的复出，是辛亥革命史研究中回避不了的一个重要问题。由于袁世凯东山再起，武昌起义后蠢蠢欲动的国内各种政治势力重新出现分化组合之势，复杂动荡的局势也因此趋向明朗并逐渐稳定下来。经过袁世凯的复出与努力，南北双方最终达成共识，用和平方式解决了争端，清室得以优待，民主共和政体亦得以顺生。

南方各省相继起义独立于清政府管辖后，清朝大势已去，但形势发展方向仍然很难预料。因为当时社会的混乱局面是有目共睹的，帝国主义列强更加虎视眈眈。面对南北对峙局面，由谁来出头收拾呢？是将革命向前推进，迅速结束清王朝的腐朽统治呢？还是尽快地将南方的革命烈火扑灭，恢复原来的专制统治呢？清政府、南方革命政权中的重要人物都多少做了一点尝试，但都很难成功。环顾海内，此时似乎只有袁世凯才是收拾时局的最佳人选。

在这种情况下，"庆于袁之再出也，颇致其力"。[①]

武昌事起后，最坐不住的就是奕劻了。作为清王朝最高行政负责人，他要比其他皇室亲贵更在意清室的前途与安危，川路事件尚未平息，武昌兵变又起，这在奕劻看来，一切均是凶多吉少。奕劻曾亲口对日本公使言："此

---

① 金梁著：《光宣小记·内阁官制》，章伯锋统编，庄建平主编：《落日残照紫禁城》，四川人民出版社 1999 年版，第 229 页。

次内乱，出人意表，竟至危及国家安全，令人痛恨之极。本人日夜焦虑，废寝忘食，思欲匡救。然全国形势日非，刻刻告急，数日前几至京师治安亦难确保，因严令有关各员司极力防范，始得维持至今。但今后如何演变，未可预卜，实堪忧虑。"① 奕劻深知，一个川路事件都能把政局搞得一团糟，武昌之事定是更难收拾。遍观朝野，朝中诸亲贵几乎只知道攘权和内斗，载沣无主见，陆军部的廕昌、军咨府的载涛、毓朗对军事又皆是外行，与其坐等灭亡，还不如借重袁世凯的才略，或许能保清王朝江山于不倒。于是，为了王朝的自救，在促成袁世凯复出的过程中，庆亲王奕劻可谓是竭尽了全力。

身为内阁总理大臣的奕劻心中十分清楚，清王朝大势已去，但形势发展方向仍然很难预料。面对南北对峙的局面，自己才具有限，不可能收拾局面。此时的袁世凯重兵在握，他一手培植和始终暗中控制的北洋军是无人可以匹敌的，因为它本身就是清政府最主要的依靠力量，而南方政权的军队则大多是临时组织而未受训练的新兵，战斗力不强。可以这样说，当时只有袁世凯具有翻手为云、覆手为雨的力量。因此，深感局势严重的奕劻希望清室把命运托付给袁世凯，希望依靠这位"旧日盟友"能把起义镇压下去，恢复清王朝昔日的统治秩序。

奕劻之所以极力举荐袁世凯出山，除了北洋军需要袁世凯调用、害怕独立各省对袁世凯的争取以及列强对袁世凯的支持外，更重要的是，就奕劻本人而言，他相信袁世凯可以像曾国藩那样帮助清王朝度过生存的危机。

时人有言："其贻误时机最重者，千端万绪，括而言之，厥为庆王信袁

---

① 《日本外务省档案·伊集院驻清公使致内田外务大臣电》（第 522 号），邹念之编译：《日本外交文书选译——关于辛亥革命》，中国社会科学出版社 1980 年版，第 65 页。

过甚。初不知袁氏貌为忠谨，内怀诈谋。退隐彰德之时，即备篡夺之策。故变乱一起，袁氏野心勃然以逞矣。"[1]

确实，奕劻十分信任袁世凯。他之所以信任袁世凯，除了袁拥有军事上的实力外，还有一些别的原因。

袁世凯在"前清北洋时代，威望隆然，海内之有新思想者，无不日以非常之事相期望"。[2]而在清末数年间，奕劻与袁世凯的合作也可谓是十分默契。袁世凯因有奕劻在朝中为后盾，权势日增；奕劻因有袁世凯在地方上的支持，在朝中地位日固。对于袁世凯之才之能，奕劻较别人体会更深。

从深层原因来看，奕劻之所以推动袁世凯出山，也有他想恢复昔日庆袁携手的阵势，以发泄长期以来受少壮亲贵派集团排挤而产生的情绪的怨恨因素。

奕劻在清末新政中，与袁世凯联袂，一内一外，在推动五大臣出国考察政治，致力宪政编查馆建设，设计丙午官制改革方案以及编练新军等方面愉快合作，"共达政治进行之目的"。[3]在这一过程中，庆袁二人不仅私人感情加固，而且在政治上也达成了高度的共识。宣统初年，袁世凯虽被开缺回籍，但仍与奕劻保持着密切的联系。因此，借武昌之事的机会，推动载沣与隆裕起用袁世凯，在奕劻看来，无论于公于私，均能得到兼顾。

就袁世凯本人来说，他在时人心目中亦确实具有颇高的威望。他与列强驻华使节、立宪派人士、清朝众多文武官员都有着密切的联系，得到他们的信任与支持。到辛亥革命前夕，袁世凯已隐然在影响时局的走向，各

① 丁士源著：《梅楞章京笔记》（序一），荣孟源、章伯锋主编：《近代稗海》第一辑，四川人民出版社1985年版，第425页。
② 黄远庸著：《远生遗著》卷1，上海商务印书馆1920年版，第1页。
③ ［日］佐藤铁治郎著：《一个日本记者笔下的袁世凯》，天津古籍出版社2005年版，第185、186页。

派都在极力地争取。① 袁世凯的政治军事权威地位已经使当时各阶层普遍形成了"非袁莫属"的心理状态。随着时局的日益糜烂，这种心理和影响更加弥漫起来。

更重要的是，武昌事起后，"东交民巷亦盛传非袁不可收拾"。②

九月初五（10月26日），日本武官青木宣纯在与英国公使朱尔典交换意见时即认为：袁世凯"是皇室的唯一希望，他在中国有信誉，在外国有好名声，是唯一可望从目前的动乱中恢复秩序的一个人"；③九月二十五日（11月15日），英国外交大臣在致朱尔典的指示电文中说："我们对袁世凯怀有很友好的感情和敬意。我们希望看到，作为革命的一个结果，有一个强有力的政府，能够与各国公正交往，并维持内部秩序和有利条件，使在中国建立起来的贸易获得进展。这样一个政府将得到我们能够提供的一切外交

① 除了奕劻派的争取外，据1911年11月11日，小池驻奉天总领事致内田外务大臣电中说，梁启超言称："本人深望袁世凯早日进京，负起全责行使总理大臣职权，届时本人亦当为时局效力。倘若袁世凯回避责任，不肯就职，或万一帝室蒙尘，则事态将至不可收拾，不禁颇为忧心，等等。"〔《日本外务省档案·小池驻奉天总领事致内田外务大臣电》（第395号），邹念之编译：《日本外交文书选译——关于辛亥革命》，中国社会科学出版社1980年版，第62页。〕早在同年4月11日，张謇亦亲至彰德访袁，并与袁世凯达成了合作共识。〔张孝若著：《辛亥革命前后》，中国史学会主编：《辛亥革命》（八），上海人民出版社2000年版，第38页。〕武昌起义后，黎元洪曾致函袁世凯："是则今日固有天与之机会，以假授予公也。公果能来归乎？与吾徒共扶大义，将见四百兆之人，皆皈心于公，将来民国总统选举时，第一任之中华共和大总统，公固然不难从容猎取也。人世之荣名厚实，孰有更加于此者乎？"〔张国淦编著：《辛亥革命史料》，香港大东图书公司1980年版，第281页。〕黄兴致信袁世凯："人才有高下之分，起义断无先后之别。明公之才能，高出兴等万万。以拿破仑、华盛顿之资格，出而建拿破仑、华盛顿之事功，直捣黄龙，灭此房而朝食，非但湘、鄂人民戴明公为拿破仑、华盛顿，即南北各省当亦无有不拱手听命者。苍生霖雨，群仰明公，千载一时，祈勿坐失。"〔《黄兴致袁世凯书》，湖南省社会科学院编：《黄兴集》，中华书局1981年版，第82页。〕汪精卫对袁世凯言："中国非共和不可，共和非公促成不可，且非公担任不可。"〔张国淦编著：《辛亥革命史料》，香港大东图书公司1980年版，第115页。〕1911年10月28日，《民立报》以《敬告袁项城》为题发表短评说："壬寅年间，有（淮南下士）曾劝公乘时起义，以建功名。公不能用，谨佯怒曰：'此狂生也，安知大计？'及乎解组，归田始悔，不听狂生之言，然亦无及矣。今幸天佑其衷，清廷属治兵柄，此诚千载一时之嘉会也。人心归汉，公不宜妄自菲薄，致辜物望。虽今日世界，不能容有子孙帝王万世之观念，但以渺然之躬，代表四万万众，为第一期之大政长，与环球总统君主周旋于玉帛坛坫之上，抑亦最快意事也。公其勉之。"1911年11月16日，孙中山也从巴黎致电《民立报》说："今闻已有上海议会之组织，欣慰总统自当推定黎君。闻黎有请推袁之说，合宜亦善。总之，随宜推定，但求早巩国基。"（《本馆接孙君逸仙自巴黎来电》，《民立报》1911年11月17日，第1页。）

② 张国淦：《辛亥革命史料》，香港大东图书公司1980年版，第108页。

③ 〔澳〕骆惠敏编，刘桂梁等译：《清末民初政情内幕》（上册），知识出版社1986年版，第767页。

上的支持。"①法国代表贾思纳认为"如果清朝请一个强有力的人（像袁世凯）出来协助它，并同意一些宪法改革，则革命将失去它的矛头而不久被粉碎"；英、德、法、美四国银行团②"要求能有一个像袁世凯那样的人来保证政府的稳定"；朱尔典更是"以热烈的词句欢迎盛宣怀的劲敌袁世凯"："没有人比他更适于充任汉人与清皇室之间的调人角色了。他是汉人中最受人信任的代表人物，而他和他的家庭几代以来一直向清皇朝效忠，也获得了他们的信任"。③朱尔典"深信，袁重新掌权已为期不远"。朱尔典甚至"斗胆揣测，袁将接替廕昌掌管陆军部，其后将擢升为内阁协理大臣，以接替即将退休之那桐"。④不仅如此，朱尔典还多次拜访奕劻，美国公使嘉乐恒也会见摄政王载沣，均表示希望尽早看到清政府起用袁世凯。列强的态度与声音让清朝最高当政者不得不认真对待。

不过，所谓声望、实力、能力、众望所归、列强的态度等因素，都只是为袁世凯被起用进行了铺垫。庆亲王奕劻的力保与强荐，才使袁世凯的起用成为历史的现实。要知道，在清王朝以满洲贵族为主的君主专制体制下，一个深遭当权者猜忌并被罢黜的汉族官员，要想重新得到重用谈何容易。即使是在武昌起义后王朝面临土崩瓦解的极度危机面前，关于是否起用袁世凯，清室内部的反对意见仍然占着上风，"监国以彼从前废斥，其咎非轻，不敢贸然起用"。⑤"后来武昌起义的风暴袭来了，前去讨伐的清军，

---

① 《格雷爵士致朱尔典电》，胡滨译：《英国蓝皮书有关辛亥革命资料选译》（上册），中华书局1984年版，第58页。
② 银行团由四强代表组成。即汇丰银行（英），东方汇理银行（法），德华银行（德），美国集团（包括摩根公司、库恩洛布公司、第一国民银行以及花旗银行）。资料来源：[澳]骆惠敏编，刘桂梁等译：《清末民初政情内幕》（上册），知识出版社1986年版，第726页。
③ [美]李约翰著，孙瑞芹、陈泽宪译：《清帝逊位与列强》，江苏教育出版社2006年版，第331、336页。
④ [澳]骆惠敏编，刘桂梁等译：《清末民初政情内幕》（上册），知识出版社1986年版，第731页。
⑤ 陈夔龙：《梦蕉亭杂记》（卷2），章伯锋、荣孟源主编：《近代稗海》第一辑，四川人民出版社1985年版，第411页。

在满族陆军大臣廕昌的统率下，作战不利，告急文书纷纷飞来。袁世凯的‘军师’徐世昌看出了时机已至，就运动奕劻、那桐几个军机（应为内阁总协理大臣——笔者注）一齐向摄政王保举袁世凯。这回摄政王自己拿主意了，向‘愿以身家性命’为袁做担保的那桐发了脾气，严肃地申斥了一顿。"[1]"总之，政府各部院仍然是那么举棋不定……他们却还在犹豫是否应为袁世凯重返朝政做出必要的牺牲。"[2]起初摄政王载沣并不打算重新起用袁世凯，载泽更是极力反对，最后还是奕劻力劝载沣，"再三力保"[3]，并且力辞内阁总理大臣一职，建议由袁世凯担任，两派"争不能决，乃奏请隆裕太后决定。太后主起用袁，议乃定"。[4]

从史料来看，对于载沣驱逐袁世凯，奕劻从一开始就持坚决的反对态度，"如袁世凯被斥时，则告假辞职"[5]以示抵制。奕劻坦率承认他本人十分欣赏袁在外交和新政中的作用，认为袁遭罢免是摄政王个人的一场"政变"，他最后甚至向二位公使保证：袁还年轻，还会被朝廷重新起用。[6]正因为奕劻了解袁世凯的能力，早在武昌事起前，他就有召回袁世凯的想法。徐世昌说："四川争路风潮扩大，庆邸及余等自揣才力不胜，那相曾密推项城。"[7]宣统二年十一月十九日（1910年12月20日），英国公使朱尔典在致格雷爵士的函中亦曾提道："庆亲王暗示袁世凯可能被召回北京组成一个新内阁，

---

① 爱新觉罗·溥仪著：《我的前半生》，群众出版社1964年版，第25页。
② 《法国外交部档案·革命运动》，章开沅、罗福惠、严昌洪主编：《辛亥革命史资料新编》（第7卷），湖北人民出版社2006年版，第228页。
③ 溥伟著：《让国御前会议日记》，中国史学会主编：《辛亥革命》（八），上海人民出版社2000年版，第110页。
④ 叶遐庵著：《辛亥宣布共和前北京的几段逸闻》，中国史学会主编：《辛亥革命》（八），上海人民出版社2000年版，第120页。
⑤ 《庆王辞职说》，《申报》1911年10月3日，第1张第2版。
⑥ 崔志海著：《摄政王载沣驱袁事件再研究》，《近代史研究》，2011年第6期，第30页。
⑦ 张国淦编著：《辛亥革命史料》，香港大东图书公司1980年版，第269页。

但袁本人却不大情愿重新'出山'。"① 宣统三年四月（1911 年 5 月）责任内阁成立时，奕劻即有过保奏袁世凯的主张，"庆王近致电袁世凯，谓曾奏保其接充内阁总理大臣，其才能资格最为相当，且可免皇族内阁之舆论攻击"。② 可见，奕劻一直认为袁世凯是新任内阁总理的最佳人选，希望他能出山帮助清政府度过危机。

再看下面几则史料：

"在武昌起义以前几个星期，事实上北京官方已有过起用袁世凯的拟议，并且非正式地曾与袁世凯接洽过，那桐和奕劻甚至曾经把这个拟议奏闻摄政王载沣。他们认为目前正须集中人才，袁世凯虽未必如外国观察家所说那样众望所归，倒也不失为协调各方意见的人物。但因为载沣还不以为然，终于搁置。"③

武昌起义后的第二天上午，当军咨府的官员拿着瑞澂打来的电报，请示毓朗怎么办时，这位军咨大臣不再像往日那样自揽军权，相反却痛快地明确表示："这是内阁的事，我们不用管，还是让内阁去办吧。"④ 将责任像皮球一样轻轻一抛，直接丢给了奕劻。在这种情况下，奕劻不得不举行特别会议，紧急商讨应对之策，"闻内庭议起用袁项城，监国不应，且哀泣"。⑤

"武昌起义，湖广总督瑞澂逃入军舰，以避革命军，奕劻以瑞澂为载泽姊婿，得息，甚为快意，以为看载泽如何办。及奕劻主召袁世凯，虑载泽为梗，郑孝胥调停其间，则以由载泽奏保世凯，而奕劻奏保岑春煊为交换条件。春煊载泽党也，于是以世凯总督两广（应为湖广——笔者注），而春

---

① 《英国外交部档案·朱尔典致格雷爵士函》，章开沅、罗福惠、严昌洪主编：《辛亥革命史资料新编》（第 8 卷），湖北人民出版社 2006 年版，第 49 页。

② 《译电》，《申报》1911 年 9 月 30 日，第 1 张第 3—4 版。

③ 黎澍著：《辛亥革命与袁世凯》，中国大百科全书出版社 2011 年版，第 194 页。

④ 冯耿光著：《廕昌督师南下与南北议和》，《辛亥革命回忆录》（第 6 册），中华书局 1963 年版，第 348 页。

⑤ 剑农著：《辛亥革命始末记》，中国史学会主编：《辛亥革命》（五），上海人民出版社 2000 年版，第 179 页。

煊总督四川。"①

八月二十三日（10 月 14 日），奕劻、那桐、徐世昌再次联合请求起用袁世凯。据张国淦回忆，清内阁阁丞华世奎事后曾对他言：

"武昌事起，举朝皇皇，庆（奕劻）等已连日私电致袁，并派员至彰德秘密商议大计，信使络绎。他们本无应变之才，都认为非袁不能平定，且是袁出山一绝好机会。乃于二十三日，由庆提议起用袁，那、徐附和之。摄政不语。片刻，庆言：'此种非常局面，本人年老，绝对不能承担，袁有气魄，北洋军队，都是他一手编练，若令其赴鄂剿办，必操胜算，否则畏葸迁延，不堪设想。且东交民巷亦盛传非袁不能收拾，故本人如此主张。'泽公（载泽）等初颇反对，鉴于大势如此，后亦不甚坚持。摄政言：'你能担保没有别的问题吗？'庆言：'这个不消说。'摄政蹙眉言：'你们既如此主张，姑且照你们的办。'又对庆等说：'但是你们不能卸责。'于是发表袁为湖广总督。"②

通观上述几则史料，华世奎对张国淦吐露的内幕消息似乎更为丰富，更接近历史的真实，但其他史料亦证明了奕劻起用袁世凯的急切心情与所做的努力。

由此可见，奕劻在推动清廷起用袁世凯这个问题上，是不遗余力的。为了能让清廷起用袁世凯，奕劻可以说是动用了他可以动用的一切力量和手段。他不仅与那桐、徐世昌形成合力，以内阁名义向朝廷施压，甚至与自己的政敌载泽做交易，并用列强来吓唬载沣与隆裕太后以达到他推荐袁世凯出山的目的。

关于奕劻推动载沣起用袁世凯的这件事情，曾在军咨府任职的冯耿光亦有回忆，甚至可印证华世奎所言的当日情形确实不虚。

① 马叙伦著：《民国笔记小说大观·石屋余渖》，山西古籍出版社 1995 年版，第 143 页。
② 张国淦编著：《辛亥革命史料》，香港大东图书公司 1980 年版，第 108 页。

冯耿光说："八月二十三日（10月14日），听说已经下诏起用袁世凯为湖广总督了。这事并非偶然。武昌起义以后，清廷的王公大臣们自摄政王载沣、庆王奕劻而下都没有应变的大才，都拿不出处理军政的上策。而奕劻、那桐、徐世昌、袁世凯在西太后垂帘听政的时候，共同参与军政机宜，利害相关已非一日。所以在袁被罢斥以后，同情袁的处境，希望袁能有'出山'的一天，恢复他们旧日的声势，也是情理的自然。听说自袁到彰德以后，奕劻与袁本有私电往返，武昌事起后往返就更频繁了，并且曾派员去彰德面商大计。当时，他们认为只有袁出来才能应付那突然的变化，而当时也是引袁出山的好机会。因此，就在二十三日由奕劻向载沣提出起用袁世凯的意见，但载沣并不表示态度。奕劻说：'当前这种局面，我是想不出好办法。袁世凯的见识、气魄，加上他一手督练的北洋军队，如果调度得法，一面剿一面安抚，确实有挽回大局的希望。不过这件事要办就办，若犹豫迟延，就怕民军的局面再一扩大，更难收拾了。并且东交民巷也有非袁出来不能收拾大局的传说。'当时那桐、徐世昌也从旁附和，但载泽是反对这个意见的，不过他也拿不出什么办法。载沣同隆裕商量，隆裕也束手无策，考虑了些时候，也只好姑且答应了，但是他们要奕劻保证袁'没有别的问题'。这样就在当天'上谕'起用袁世凯为湖广总督，'督办剿抚事宜'。因为奕劻与袁密商大局的时候，袁主张不完全诉之于兵力，应当一面剿一面抚，'督办剿抚'还是采取袁的主张。"①

上述史料与华世奎所言一样，在清廷起用袁世凯的过程中，奕劻是做了保人的。它不仅印证了张国淦所记载的史料的准确性，还有所扩充，说明清廷的剿抚政策也是奕劻向袁世凯讨教的结果。

———————————

① 冯耿光著：《廕昌督师南下与南北议和》,《辛亥革命回忆录》（第6册），中华书局1963年版，第352—353页。

另据张国淦记载，徐世昌曾言："及至武昌事起，瑞澂弃城逃走，电奏到京，政府更加惴惴。载泽等懵然主剿，以为武昌一隅，大兵一到，指日可平，故二十一日（10 月 12 日）有廕昌剿办之谕。其时空气弥漫，若大祸旦夕即来。庆邸与彰德，平时本不断往还，至是急电询商，项城以为在此潮流转变之下，民心思动，已非一日，不是单靠兵力所能平定，主张剿抚兼施。我辈即旁敲侧击，据以上陈。摄政只知时机危急，虽说重在用兵，而一面主剿，一面主抚，亦为摄政所愿听，载泽等无能反对。惟困难之点，不在剿抚政策，而在起用项城。亲贵畏忌项城，但是北洋六镇，既是项城多年训练之兵，外人方面，并一致以此次事变，非项城不能收拾，事势所迫，不得不起用项城矣，故二十三日有袁世凯督办剿抚事宜之谕。"[①] 这则材料透露出四点信息：（1）八月二十一日（10 月 12 日）官军南下是载沣采纳载泽主张的结果；（2）"剿抚兼用"政策的采用是袁世凯通过奕劻向清廷建议的结果；（3）奕劻、徐世昌等用"剿抚兼用"之策推动载沣。如果载沣采用此政策，就必然要涉及袁世凯的起用问题；（4）冯耿光所言与徐世昌所言基本一致，而二人又皆是当日清廷决策起用袁世凯时的内幕知情人，这说明史实应该具有一定的可靠性。

在奕劻力荐袁世凯这个问题上，当事人载涛也持类似的观点，认可奕劻在袁世凯起用过程中发挥的作用。

载涛说："到了武昌起义，革命爆发，那、徐协谋，推动奕劻，趁着载沣仓皇失措之时，极力主张起用袁世凯。袁在彰德，包藏野心，待时而动。冯国璋、段祺瑞是袁的嫡系心腹大将，亦认为'非宫保再出，不能挽救危局'。载沣本不愿意将这个大对头请出，以威胁自己的政治生命。但是他素性懦弱，没

---

① 张国淦著：《辛亥革命史料》，香港大东图书公司 1980 年版，第 269 页。

有独作主张的能力，亦没有对抗他们的勇气，只有任听摆布，忍泪屈从。"[①]

对于奕劻在起用袁世凯过程中发挥的作用，日本外务省存有一则档案，十分能说明问题：

关于前电第 399 号所述问题，朗贝勒素日参与机要，今日退朝后即召川岛前往面晤，所谈内容大致如下：任袁世凯为总理大臣，全由庆亲王之一手荐举，那桐、徐世昌自然赞成，涛贝勒亦表同意。涛贝勒之所以同意，实因庆亲王、涛贝勒与泽公之间倾轧素深，近来几至达到顶点，涛贝勒甚至暗自忧恐其为泽公所暗害。当此时刻，如能引袁世凯入主中枢，或可缓和其间矛盾，至少可能暂时维持小康状态。此事，庆亲王与袁世凯之间事先似已早有默契，本人明日即将提出辞表，等等。[②]

毓朗时任清政府军咨大臣，素日参与机要，是奕劻的政敌。他在宣统三年九月十一日（1911 年 11 月 1 日）与川岛浪速的这番谈话，真实反映了清亡前夕统治者高层权力倾轧的客观情况，这对于奕劻在武昌起义后对袁世凯的力荐，无疑又是一个有力的佐证。

综上可见，正是在奕劻的坚持与保证袁世凯可用的前提下，载沣才勉强同意起用袁世凯，从而为解决南北争端找到了一个"合适"的人选。

但是，出于对袁世凯的恐惧与不放心，尽管载沣同意起用袁世凯，然而他并未打算授予袁世凯以全权，并企图用岑春煊与廕昌来牵制袁世凯。"虽然袁世凯已被任命为湖广总督，而且长江地区的水陆军队都已暂时置于他的

① 载涛著：《载沣与袁世凯的矛盾》，《晚清宫廷生活见闻》，文史资料出版社 1982 年版，第 81—82 页。
② 《日本外务省档案·伊集院驻清公使致内田外务大臣电》（第 400 号），邹念之编译：《日本外交文书选译——关于辛亥革命》，中国社会科学出版社 1980 年版，第 58 页。

控制之下，但满族统治集团显然害怕把便宜行事的权力交给他，而只有这种权力才使他能够迅速应付局势。"① 对此，袁世凯也以拒绝任命作为回应。

宣统三年九月初三（1911 年 10 月 24 日），斐格在致法国外交部部长的信中就谈到了这一点："革命运动的力量与日俱增，该是政府用有力措施阻止其发展的时候了。然而，在一次会议上，政府的优柔寡断、犹豫不决比以前更有过之而无不及。如果说他们宣布了召回袁世凯，任命他为湖北总督，所采取的措施却令人能够断定这不会有什么效果。他们通过同一天下达的诏书，注意到了任命他的对手岑春煊为四川总督，并把与他们同等的兵权授予企图压倒他的陆军部尚书廕昌将军，他不能接受这些条件。为促使袁南下的谈判开始了，仿佛还曾有过结果，甚至都已定了 22 日的火车送他去南方，可总督把票退还北京，并派人去说他以后会通知铁路自己的意图的。实际上，根据来自与他最接近的心腹的秘密情报说，摄政王拒绝了授予他全权改革朝政的要求，而他则认为他为一点点代价返回朝廷毫无意义。可以推测，官军的再一次败绩必将大大有助于解决问题，届时威胁皇朝的危险会使很多障碍烟消云散。可是，在这期间，他将待在彰德府。等人家给予他袁世凯大权的时候，他还来得及拯救帝国吗？"②

在这种情况下，左右为难的奕劻不得不继续为袁世凯出山积极创造条件：

宣统三年八月二十三日（1911 年 10 月 14 日），庆亲王奕劻派阮忠枢、杨度到彰德劝袁世凯出山。"庆王派阮斗瞻（阮忠枢）来劝驾，袁公谢恩折

① 《朱尔典爵士致格雷爵士函》，胡滨译：《英国蓝皮书有关辛亥革命资料选译》（上册），中华书局 1984 年版，第 50 页。
② 《法国外交部档案·革命运动》，章开沅、罗福惠、严昌洪主编：《辛亥革命史资料新编》（第 7 卷），湖北人民出版社 2006 年版，第 223 页。

上矣。"① 在给袁世凯的亲笔信中，奕劻殷殷劝告："余与公同受先朝顾命，其言今犹在耳。现今时机紧迫，希共辅圣君，挽回危局，一切既往，切勿介意云云。"② 八月二十四日（10月15日），袁世凯以"旧恙实未痊愈，在平日精神尚勉可支。特近因入秋骤寒，突患痰喘作烧之症，头眩心悸，思虑恍惚"为由推辞。同时，袁世凯也为自己留出余地："现赶加医治，一面料理筹备。一俟稍可支撑，即力疾就道。"③

八月二十五日（10月16日），袁世凯在阅读邸抄看到清廷补授他为湖广总督后，致函奕劻再次表示感谢，并开出出山条件。④

八月二十八日（10月19日），奕劻推动清廷以上谕的形式发布："袁世凯现已补授湖广总督，所有长江一带水陆各军均著暂归该督节制调遣。"⑤

八月三十日（10月21日），奕劻电寄袁世凯，谓"王士珍著襄办湖北军务"，"冯国璋著迅赴彰德筹商一切"，"第四镇统制官吴凤岭，驰赴前敌"。⑥

九月初二（10月23日），应袁世凯之请，奕劻将段祺瑞从江北提督任上调往湖北前线。

九月初五（10月26日），奕劻让唐绍仪"迅速来京供职"。

九月初六（10月27日），奕劻等又签署谕令："任湖广总督袁世凯为钦差大臣，海陆各军、长江水师及此次派遣之各军队，悉归其全权指挥，军

① 王锡彤著：《辛亥记事》，《近代史资料》总25号，1961年第1号，第517页。
② 马震东著：《袁氏当国史》，团结出版社2008年版，第25页。
③ 骆宝善、刘路生主编：《袁世凯全集》（第19卷），河南大学出版社2013年版，第3页。
④ 骆宝善、刘路生主编：《袁世凯全集》（第19卷），河南大学出版社2013年版，第7—8页。
⑤ 中国第一历史档案馆编：《光绪宣统两朝上谕档》，第37册（宣统三年），广西师范大学出版社1996年版，第257页。
⑥ 张国淦著：《辛亥革命史料》，香港大东图书公司1980年版，第106、107页。

咨府及陆军部亦不得干涉。"①

九月初九（10月30日），奕劻召赵秉钧进京"署理民政大臣"。赵秉钧之所以能急遽入京接任民政部事务，"首由庆亲王、那桐泣涕言称：今后凡京师治安等诸般政务只得一任赵氏主持，等等"。②

在完成袁世凯的上述要求后，九月十一日（11月1日），奕劻第七次提出辞呈，③指出自己"奉职无状，遂使祸变至于此极……当此危难之际，薄海望治方殷，业经贻误至此，虽捐糜顶踵不足以自赎。倘再恋栈，不急退避贤路，窃恐贻忧于君父者更大，为祸于天下者益烈……惟有恳恩立予罢斥，迅简贤能，另行组织完全内阁，改良政治，庶几挽回危局"。④

在水到渠成的情况下，同日，清廷终于同意奕劻的辞职请求，"袁世凯著授为内阁总理大臣……即行来京组织完全内阁，迅即筹划改良政治一切事宜"。⑤并接受奕劻的建议："袁世凯虽已授总理大臣，但派往湖北之陆海各军及长江水师，依旧归其节制。"⑥

至此，奕劻力荐袁世凯代替自己出山以收拾时局的愿望彻底实现。

① 《日本外务省档案·伊集院驻清公使致内田外务大臣电》（第346号），邹念之编译：《日本外交文书选译——关于辛亥革命》，中国社会科学出版社1980年版，第51页。
② 《日本外务省档案·伊集院驻清公使致内田外务大臣电》（第395号），邹念之编译：《日本外交文书选译——关于辛亥革命》，中国社会科学出版社1980年版，第56页。
③ 奕劻在内阁总理大臣任上共有七次请辞。5月9日与12日，两次分别以"速谤疾颠"与"诚不欲开皇族内阁之端"为由，恳请收回成命。6月9日到10日、15日，奕劻又以"外间舆情亦不甚洽"为由，第三、第四次请辞。8月3日，奕劻因与载沣在清理内务府财政问题上产生分歧，第五次提出辞职。9月29日，奕劻因川路事件，第六次呈辞。
④ 《内阁总理大臣奕劻等奏自请罢斥另简贤能组阁折》，故宫博物院明清档案部（编）：《清末筹备立宪档案史料》（上册），中华书局1979年版，第599页。
⑤ 中国第一历史档案馆编：《光绪宣统两朝上谕档》（第37册）（宣统三年），广西师范大学出版社1996年版，第285页。
⑥ 《日本外务省档案·伊集院驻清公使致内田外务大臣电》（第399号），邹念之编译：《日本外交文书选译——关于辛亥革命》，中国社会科学出版社1980年版，第57页。

15

第十五章
清帝逊位的幕后推手

    关于清帝逊位，以往的研究成果多关注袁世凯与革命党两方面的压力，以及笼统地谈论清廷内部的争斗，具体到奕劻等人的幕后活动则明显关注不够。这时，奕劻虽然已经辞去内阁总理大臣一职，但继续担任清政府的弼德院总裁，政治影响力仍然存在；因他在高层统治者中的地位、资格与声望，使其在清帝退位方面的影响力不可低估。世人多不知，在劝说清帝逊位的过程中，庆亲王奕劻起到了十分关键的作用。在辛亥政局中，袁世凯与奕劻再次联手，一位主持对南方的议和，一位则利用亲贵老臣的身份及隆裕太后对他极其信任的方便条件，担负起劝说隆裕太后同意清帝逊位的重任。

一、中华民国临时政府的成立及革命党人不妥协的态度

　　随着独立各省政权的相继建立，创设统一的临时中央政府问题就被提上议事日程。将要建立的临时中央政府究竟代表哪个阶级或政治集团的利益，这是当时各派政治势力最为关心的问题。尤其是富于政治经验的立宪派和旧官僚，对筹组临时政府抱有异乎寻常的兴趣。张謇之子张孝若回忆说："革命发动以后，我父就在上海常常和黄兴（克强）、程德全（雪楼）、汤寿潜（蛰仙）、汪兆铭（精卫）、陈其美（英士）、章炳麟（太炎）诸公见面，会商组织政府，而汤寿潜、赵凤昌（竹君）数人，尤朝夕和我父商讨策划，一意稳定国本，渡过难关。而当时大家所认为最为重要而不容一刻延误的，是组织一临时政府。"[①] 与此同时，武汉的黎元洪等人也看到组织中央政府是革命形势向前发展的当务之急，便迅速派人进行筹组工作。在这种形势下，各地军政府中的头面人物，或被张謇、程德全等人所拉拢，或和黎元洪等集团结为一伙，到九月初，立宪派、旧官僚和资产阶级革命党人逐步形成了两大政治集团：一是以黎元洪为首的武昌集团，一是以上海都督陈其美、江苏都督程德全为代表的上海集团。武昌集团以首义地区自居，认为组织中央政府应以他们为中心；黎元洪则纠合谭延闿、汤化龙、蓝天蔚、孙武、刘成禺等人，办报纸，发声明，奔走于武昌、上海，活跃于湖南、湖北，企图把最高领导权握在自己手里。上海集团也在频繁活动，陈其美、程德全联合张謇、汤寿潜，并和同盟会会员伍廷芳、王宠惠、钮永建等人一起，

---

① 张孝若著：《南京政府成立》，中国史学会主编：《辛亥革命》（第 8 册），上海人民出版社 1957年版，第 48 页。

把上海看作东南的政治中心，力图以自己为主体建立中央政府，掌握最高领导权。

1911 年 11 月 10 日，武昌集团由黎元洪向独立省市发出通电，让他们拟制各部部长名单，并速派代表到武昌开会，商讨组织中央临时政府。同时请宋教仁等草拟"中华民国约法"，研究中央政府的组织机构。上海集团本来准备抢先在上海建立一个各省联合机构，但因一时推不出向各省发电的领导人，结果比武昌晚了一步。九月二十一日（11 月 11 日），他们变换方式，改由江苏都督程德全、浙江都督汤寿潜联名致电上海都督陈其美，要求各省谘议局和都督府派代表到上海开会，筹组中央政府，"计集议方法四条：（1）各省旧时谘议局，各举代表一人；（2）各省现时都督府，各派代表一人，均常驻上海；（3）以江苏教育总会为招待所；（4）两省以上代表到会，即行开议，续到者，随到随议"。此外，还有提议大纲三条："（1）公认外交代表；（2）对于军事进行之联络方法；（3）对于清皇室之处置。"[1]陈其美接到电报后，表示赞同，迅即通电各省，请速派代表赴沪。九月二十五日（11 月 15 日），到达上海的十省代表召开第一次联席会议，定名为"各省都督府代表联合会"，正式成立了一个师出有名的联合组织，这又抢在了武昌集团的前面。黎元洪闻讯后，速派居正等人赴沪力争。尚秉和在《辛壬春秋》中说："当是时，江浙伟人以政府宜在宁沪，而鄂代表谓湖北首义功高，黎元洪宜为大都督，政府宜建武昌，持甚力。"[2]一时争持不下。就当时的局势而论，武昌集团是在首义地区，黄兴、宋教仁都在这里，其号召力要优于上海集团。上海集团在第二次会议上只好提出一个折中方案，承认武昌为中央军政府，同意由湖北都督府行使中央政务，但上海

---

① 《民立报》，1911 年 11 月 14 日。

② 尚秉和著：《辛壬春秋》，中国书店出版社 2020 年版，第 25 页。

交通便利，人员聚集，筹组中央政府代表会议应在上海召开。武昌集团得知这一方案后，激烈反对，他们认为"既认湖北为中央军政府，则代表会亦应在政府所在地，府会地隔数千里，办事实多迟滞，非常时期，恐失机宜"，① 并派代表前往上海磋商。上海集团只得暂时退让，于十月初五（11月25日）开会决定同意武昌方面的意见，各省除留一名代表在上海做对外联络工作外，全部到武昌集合，讨论组织临时政府问题。

然而，当各省代表陆续到达武昌之时，正是袁世凯调兵猛攻汉阳之日。十月初七（11月27日），汉阳失守，武昌也处于清军的炮火之中。各省代表只好把开会地点改至汉口英租界的顺昌洋行。十月初十（11月30日），召开第一次会议。接着会议通过两项决议：一项是《临时政府组织大纲》二十一条，规定中央政府由各省都督府代表会议产生；参议院由各省都督府各派参议员三人组成；总统由各省都督府代表选举；临时大总统有统治全国之权和统率海陆军之权；参议院有议决预算、检查出纳、立法、宣战、媾和、任用部长之权。另一项决议是"如袁世凯反正，当公举为大总统"。后一项决议的通过，一方面是由于袁世凯的"和谈"攻势；另一方面，"汪精卫亦派人来汉密告南方同志，说袁世凯不是效忠清室的人，如南方革命党肯举他为第一任共和国总统，他是愿意同我们一致行动的。汪嘱南方同志从速表示态度，以促袁早下决心"。② 许多革命党人同意并相信了汪精卫的话，认为有这后一项决议，袁世凯即可赞成共和。此外，参加会议的立宪派、旧官僚和资产阶级代表人物早已经把袁世凯看作是决定时局去向的关键人物，希望袁世凯的出现能一定乾坤，以此尽快结束战争和内乱。

① 《中华民国政府成立》，中国史学会主编：《辛亥革命》（第 8 册），上海人民出版社 1957 年版，第 12 页。
② 李书城著：《辛亥前后黄克强先生的革命活动》，中国人民政治协商会议全国委员会文史资料研究委员编：《辛亥革命回忆录》（一），中国文史出版社 2012 年版，第 191 页。

但是，正当这些代表在汉口争议不下的时候，十月十二日（12月2日），苏浙联军攻下了南京，这与汉阳的失守形成了鲜明的对照。上海集团顿时感到他们战果辉煌，神气十足；武昌集团感到他们处在北洋军炮火之中，有点气馁。陈其美立即抓住这一难得的机会，大造舆论，说汉阳失守，武昌危在旦夕，中央政府万不能设于武昌。在汉口开会的代表也深为武汉的安全担忧，于是同意了陈其美的意见，议决南京为临时政府所在地，各省代表在七天内齐集南京，一旦有十省以上的代表到达南京，即开临时大总统选举会。至此，国都之争方告一段落。

接着而来的是双方元帅之争，上海集团竭力主张黄兴担任临时政府大元帅，武昌集团则力推黎元洪，二者一时相持不下。十一月初二（12月21日），孙中山回国到达香港，胡汉民邀孙留在广东，孙要求胡同赴上海、南京。双方争论了一天。胡汉民认为袁世凯居心叵测，首鼠两端，建议孙中山留粤练兵，徐图大计。孙中山则提出利用袁世凯与清廷之间的矛盾，容易达到"不战而屈人之兵"的目的。他认为，沪、宁在前方，自己不可不身当其冲。如不亲到当地，一切对内、对外大计无人主持。他说："今日中国如能以和平收革命之功，此亦足开世界未有之例，何必言兵。"[1] 他表示：袁世凯虽不可信，但利用他推翻清廷，"胜于用兵十万"。"纵其欲继满洲以为恶，而其基础已远不如，覆之自易。故今日可先成一圆满之段落"。[2] 胡汉民为孙中山的远见所折服，命陈炯明代理自己的广东都督职务，自己随孙中山北上。

十一月初六（12月25日），孙中山抵达上海。孙中山的归来，使政治局势发生了重大变化。独立各省不再争论临时政府最高领导人选，筹组临

443

---

[1] 许师慎著：《孙中山先生自美经欧返国》，《革命开国文献》第一辑，《史料三》，第 2061 页。

[2] 《胡汉民自传》，中国社会科学院近代史所编：《近代史资料》，总第 45 号。

时政府的僵局被打破。孙中山向《民立报》记者发表谈话:"今归海上,得睹国内近状。从前种种困难虽幸破除,而来日大难,尤甚于昔。今日非我同仁持一真精神真力量以与此困难战,则过去之辛劳,将归于无效。"[1] 记者们问他带回多少钱,孙只能回答:"予不名一文也,所带者,革命之精神耳! 革命之目的不达,无和议之可言也。"[2]

十一月七日(12月26日),同盟会召开最高领导人会议,讨论总统制与内阁制的取舍,决定总统人选。孙中山主张总统制,宋教仁则主张内阁制,黄兴调解其间,提议将争论交付南京各省代表会议决定。

十一月八日(12月27日),各省代表会议在南京的江苏谘议局召开,黄兴提出用阳历、改为中华民国纪元、采用总统制等三条意见。一、二两条顺利通过,讨论第三条时,宋教仁仍力主内阁制,历数总统制的弊端,讨论很久,最终多数代表赞成采用总统制,遂通过。

十一月初十(12月29日),在南京的各省代表会议投票选举临时大总统。17省代表45人出席。以浙江省代表汤尔和为主席,广东省代表王宠惠为副主席。每省1票。在孙中山、黄兴、黎元洪3个候选人中,孙中山得16票,黄兴得1票。

1912年1月1日,孙中山自上海前往南京就职。临时总统府设于旧两江总督衙门(原太平天国天王府)。当晚11时,举行受任典礼。孙中山宣读誓词:"倾覆满洲专制政府,巩固中华民国,图谋民生幸福,此国民之公意,文实遵之,以忠于国,为众服务。至专制政府既倒,国内无变乱,民国卓立于世界,为列邦公认,斯时文当解临时大总统之职。谨以此誓于国民。"[3] 接

---

① 《民立报》,1911年12月26日。
② 《孙中山全集》第6卷,中华书局1985年版,第246页。
③ 《孙中山全集》第2卷,中华书局1985年版,第1页。

着，孙中山发布《临时大总统宣言书》及《告全国同胞书》等文件。《临时大总统宣言书》表示：将"尽扫专制之余毒，确定共和，普利民生"。对内，实现"民族之统一""领土之统一""军政之统一""内治之统一""财政之统一"；对外，解决清朝的历史遗留问题，"持平和主义，与我友邦益增亲睦，将使中国见重于国际社会，且将使世界渐趋于大同"。孙中山宣布，定国号为中华民国，改用世界通行的阳历[1]。

1912 年 1 月 3 日，选举副总统，黎元洪以 17 票全票当选，并通过孙中山提出的国务员名单，组成中华民国临时中央政府。1 月 28 日，由各省都督代表会组成临时参议院，中华民国临时政府终于在曲折的斗争中诞生。

临时政府成立不久，孙中山即制定了用兵方略，决心全力北伐。其北伐用兵战略是："以鄂湘为第一军，由京汉铁道前进；宁皖为第二军，向河南前进，与第一军会合于开封、郑州之间；淮扬为第三军，烟台为第四军，向山东前进，会于济南、秦皇岛；合关外之军为第五军，山陕为第六军，向北京前进。一、二、三、四军既达第一之目的，复与五、六军会合，共破虏巢。"[2] 同时，他在不同场合反复讲到他推翻清王朝专制统治的决心，表达了不推翻帝制决不罢休的主张和势头。

二、对袁世凯认识的转变及对形势变化的把握

袁世凯复出掌握清王朝行政、军事大权后，奕劻荐袁自代的目的达到

---

① 苑书义等著：《中国近代史新编》（下册），人民出版社 2007 年版，第 387、390、391、395、396、397 页。

② 中国科学院近代史研究所史料编译组编辑：《辛亥革命资料》，中华书局 1961 年版，第 12 页。

了，袁世凯"既入都，则首谒亲贵，与之密商三昼夜，时而组织内阁"。①

奕劻此时还十分信任袁世凯，甚至亲自出马劝说列强支持袁世凯。这从他在1911年11月15日同日本公使伊集院彦吉的谈话中可以得到明证。

九月二十五日，在日本公使伊集院彦吉拜访奕劻时，奕劻尚对袁世凯充满信心："袁世凯昨日如期到京，今后一切政务，悉以该员是赖，以图善后。今晨在皇上面前，袁世凯已与本人进行充分磋商。袁表示亟欲与贵公使会晤，面商种切，务望多方关照为盼，等等"，并一再言称："望诸事与袁世凯商谈。"但形势的变化却很快大大超出了奕劻的意料，奕劻想利用袁世凯挽救清王朝统治的目的落空了。

实际上，奕劻及清王朝统治者把挽救王朝命运托付给袁世凯，希望依靠这位北洋新军铁腕人物能把动乱镇压下去，重新恢复昔日的统治秩序，这种打算未免过于天真。如果说在光绪皇帝和慈禧太后去世之前，袁世凯还能听命于清室的话，现在，能将袁世凯与清廷联系起来的因素已经基本上不复存在了。只不过袁作为清朝的一介老臣，面对清朝统治者的"孤儿寡母"，不好撕破脸皮公开由自己起来推翻清王朝罢了。更重要的是，武昌起义后的动乱局面已经为袁世凯取清廷而代之提供了一个绝佳且名正言顺的机会。多年的宦海生涯练就的老练精干，使袁世凯对当时的政局洞若观火。

武昌起义的次日，适逢袁世凯的生日，他的党羽赵秉钧、张锡銮、倪嗣冲、段芝贵、袁乃宽、王锡彤、杨度等咸集洹上村，为袁祝寿。正当寿宴觥筹交错进行之际，武昌起义的消息传来，举座皆惊。袁世凯立即意识

---

① 许指严著：《新华秘记》，《近代稗海》第三辑，四川人民出版社1985年版，第310页。

到"此乱非洪杨可比",决心待机行事,应时而出。莫理循说:"我们这些'知道内情'的人当时就晓得袁世凯即将表示赞成共和。"[1]但问题极为复杂,具体操作起来还有很大的困难。袁世凯心中有底,并不等于要立即表态。当时,倪嗣冲、段芝贵劝袁乘机而起,称王称帝,黄袍加身。其亲信幕僚张一麐也说乘此"天下大乱,民无所归"[2]之际,登基称王。袁克定也赞同此举。但袁本人反复思忖,认为此招风险太大,时机尚不成熟。理由如下:(1)袁氏世受清室恩遇,从孤儿寡妇手中取得天下,肯定要为后世所诟病;(2)清廷旧臣尚多,如张人骏(两江总督)、赵尔巽(东三省总督)、李经羲(云贵总督)、升允(陕西巡抚)均具有相当势力;(3)北洋旧部握有军权者,如姜桂题、冯国璋等,尚未灌输此种思想;(4)北洋军力未达到长江以南,即令称帝,亦是北洋半壁,南方尚需用兵;(5)南方民气发达程度,尚看不透。人心向背,尚未可知。据徐世昌后来回忆说,出于对上述五方面的考虑,袁世凯没有急于称帝,而是倾向"表面维持清室",等待形势发展,慢慢再行计较。[3]

10月14日,清廷任命袁世凯为湖广总督,兼办剿匪事宜,他并不马上答应,反而提出六项要求,分别取悦了立宪人物、革命党、南方旧官僚,更主要是为自己争取更大的权力。

10月27日,清廷任命袁世凯为钦差大臣,答应了他的部分条件,但他仍不出山。

又经过一番讨价还价,10月30日,清廷答应了袁世凯的全部条件,袁世凯总算答应出山南下了。出山后,袁世凯的"战略意图"非常明确:既

---

① [澳]骆惠敏编,刘桂梁等译:《清末民初政情内幕》(下),知识出版社1986年版,第250页。
② 张一麐著:《心太平室集》卷一,中国社会科学院图书馆藏,第12页。
③ 张国淦著:《洪宪遗闻》,《北洋述闻》,上海书店出版社1998年版,第73—74页。

第十五章 清帝逊位的幕后推手

447

要利用革命政权，也要利用清政府，最后把权势集中到自己手中。这就是其心腹助手赵秉钧后来所透露的："项城本具雄心，又善利用时机。但虽重兵在握，却力避曹孟德欺人之名，故一面挟北方势力与南方接洽，一方面挟南方势力，以胁迫北方。"① 但要达到这个目的十分不容易，分寸并不太好把握。如果很快就把革命党镇压下去，清廷还是有力量铲除他的，也许就像武昌起义没有发生过一样；而过早地结束清政权，不要说从南方独立各省那里捞不到什么好处，或许革命党人还要把他当成新的革命对象。因此，在没有确实弄清南北两方面意图、没有掌握全部主动权之前，袁世凯首先做了一系列尝试，最突出的就是进攻武汉。

岑春煊在《乐斋漫笔》一书中写道："是时袁世凯出任组阁，发起和议，南北代表，群集于沪上。实则世凯手握强兵，直压武汉，外挟民意，以制朝廷，使双方皆受其指挥，而坐收渔人之利，计诚狡矣！"② 此言信然。

11 月 1 日，袁世凯南下督师当日，冯国璋攻占了汉口。袁世凯立即命令停止前进，派自己的亲信分别试探黎元洪和黄兴的态度，想以此触动革命党人开出价码。在武汉军政府拒绝了袁世凯的君主立宪主张后，袁明白还需要进一步用军事力量恫吓革命党人，便命令冯国璋于 11 月 27 日攻占了汉阳，威胁武昌。此时，黄兴出走，黎元洪避而不出，但袁世凯又"手下留情"了，再次提出停战议和。这时，列强在沟通袁世凯与武汉军政府方面发挥了特殊的"作用"。一出由列强导演、袁世凯出面、立宪派推波助澜的"南北议和"的"文明大戏"就此开场。

同样，在北方，对袁来说，宗社党和北洋军中的革命党同样可怕，同

---

① 爱新觉罗·溥仪著：《我的前半生》，中华书局 1977 年版，第 41—42 页。
② 岑春煊著：《乐斋漫笔》，张伯锋、荣孟源主编：《近代稗海》第一辑，四川人民出版社 1985 年版，第 107 页。

样使他有腹背受敌的感觉，同样牵制他，使他不敢四面出击、北南并举。袁世凯应付这种内外交困局面的方法，用他自己的话来形容十分贴切："诸君知拔木之有术乎？专用猛力，木不可拔。即拔，木必折断。惟用左右摇撼之一法，摇撼不已，待至根土松动，不必专用大力，一拔即起。况清室有类几百年大树，岂易拔者！"[1]袁世凯坚定认为：清政府是否立宪或者退位，只能视他个人政治上的需要而定，而不能由革命党、立宪派或是宗社党来决定。他必须以北方唯一真正的实力派自居，这是他能够按照自己的需要左右政局发展的根本条件。如果放任异己力量（无论是革命的或是保皇的）在北方滋长壮大，他就有被逐出政治舞台的危险。时势迫使他采取的方略只能是"先北后南，远交近攻"，即先倾全力扑灭北方军队中的革命力量，以堵塞宗社党责备他"畏葸不前"的攻讦，向舆论界表明他对清室的"忠诚"，洗刷他那"活曹操"的恶名；同时，佯装一团和气坐下来与南方革命党和立宪派谈判，将敌对势力尽可能化为和亲势力，再以此为资本向清室邀功，进而以"逼宫"的手段达到他梦寐以求的政治目的。

当"清廷已将万事委于袁氏双肩，指望借袁氏效力以维持清廷命脉"[2]时，袁世凯却"目光所注，全在外交及亲贵，故其布置亦惟对于此二者著著进行"。[3]"美国公使的电报称，袁世凯几乎把满族人全部撵走了，尽管他的地位不断地得到加强"。[4]袁世凯组阁后，首先罢免军咨府大臣载涛和毓朗，而由自己的朋友廕昌与徐世昌接替；其次与奕劻一起，于

① 白蕉著：《袁世凯与中华民国》，张伯锋、荣孟源主编：《近代稗海》第三辑，四川人民出版社1985年版，第8页。

② 《日本外务省档案·伊集院驻清公使致内田外务大臣电》（第522号），邹念之编译：《日本外交文书选译——关于辛亥革命》，中国社会科学出版社1980年版，第65、66页。

③ 中国历史博物馆编，劳祖德整理：《郑孝胥日记》（第3册），中华书局1993年版，第1387页。

④ 《英国外交部档案·布赖斯先生致格雷爵士函》，章开沅、罗福惠、严昌洪主编：《辛亥革命史资料新编》（第8卷），湖北人民出版社2006年版，第145页。

1911年12月6日迫使载沣交出"监国摄政王"的大印，退回藩邸；[①]"嗣后用人行政，均责成总理内阁大臣"。[②]同时，调冯国璋入京，接任禁卫军总统。不久，又用准备出征的名义把禁卫军调出城外，而派段芝贵另编拱卫军，驻扎城里拱卫。这样，袁世凯就接收了清廷统治下的全部权力，把清政府完全控制在了自己的手中。接下来，袁世凯并没有按照奕劻的希望驱军南进、消灭南军，而是挟权、借势与南方议和，"外挟民意，以制朝廷"，[③]打算牺牲清室来达到自己操纵政权的目的。

在取得清王朝全部军政大权后，袁世凯进行了"左右摇撼之法"：一方面，他指示爪牙到处宣扬革命党力量的可怕，以增加都城中满洲贵族的恐惧心理；另一方面，他主张与南方议和，不主张用军事手段解决南方问题。在南方革命力量日益壮大的形势下，奕劻很快便醒悟过来，看清了袁世凯揽权的真实目的。直到此时，奕劻才终于明白：力荐袁世凯代替自己组阁不过是引虎自卫，袁世凯亦非旧日之盟友了。眼下的各方博弈已经发展成为清皇室、袁世凯与革命党三方利益的角逐，而清室的去向则成为时局的重心问题。奕劻清楚地看到，清政权已为袁世凯势力所控制，隆裕太后与宣统皇帝已成为袁手中的傀儡，清王朝已经无可挽救，"清室之命运悬于其手"。[④]唯有满足革命党的共和愿望、袁世凯对政权的野心，才可以打破僵局，达到保存清室与满洲亲贵利益的目的。"若不如此办法，两宫之危险，

---

① 在1911年11月19日，朱尔典致格雷的电报中称："唐绍仪的建议为：由摄政王让权给袁世凯与庆亲王两人，以此为安顿国事不可缺少的预先步骤。他所计划的程序，乃由皇太后下谕旨，令摄政王让权，改由汉人辅佐宣统皇帝。"[章开沅、罗福惠、严昌洪主编：《辛亥革命史资料新编》（第8卷），湖北人民出版社2006年版，第105页。]

② 中国第一历史档案馆编：《光绪宣统两朝上谕档》（第37册）（宣统三年），广西师范大学出版社1996年版，第330页。

③ 岑春煊著：《乐斋漫笔》，荣孟源、章伯锋主编：《近代稗海》第一辑，四川人民出版社1985年版，第107页。

④ 萧一山编著：《清代通史》（四），华东师范大学出版社2006年版，第1022页。

大局之糜烂，皆不可思议。"[①] 为了解决问题，避免更大的内战，在无可奈何中，十分现实的奕劻只得开始"对共和表示理解或支持，表示支持南北方以议和方式来结束战争"，[②] 实现从捍卫清王朝到保存清室的转变，支持清帝逊位，在现有条件下用不流血的原则换取一个各方都相对满意的结果。

身为清朝"铁帽子王"的奕劻为什么会支持清帝退位呢？即使有上面的解释，似乎仍然有点不合逻辑。

不过，如果考虑到奕劻作为一个重要政治人物所处的历史地位并了解他对时局所作的深入观察的话，对奕劻来说，这个决定实际上并不显得唐突。应该说，奕劻力主清帝逊位是他在充分考虑各方（即列强方面、袁世凯方面、革命党方面、国内民意方面）态度与反应后不得已而采取的一种积极的举措。

（1）列强方面。1911 年 12 月 24 日，英国公使朱尔典在巴尔敦的陪同下于下午 4 时到外务部大楼拜会庆亲王和袁世凯。奕劻希望能够借此次会谈了解英国对解决清王朝危机的看法，并期望能得到列强的帮助。会谈初始，奕劻即迫不及待地"要求朱尔典爵士谈谈对时局的看法"。朱尔典建议：目前的上海谈判能够找到一条解决问题的途径；在他个人看来，关于将国体问题提交国民会议讨论的建议若能被采纳，则可能构成和平解决问题的基础。奕劻随即表示担心革命党人连这个建议都不接受，并询问，倘若谈判破裂，朱尔典爵士是否考虑到英国会有所干涉。朱尔典爵士答道，没有英王陛下政府的指示，他不能回答这一问题；倘若共和派拒绝听从调解，他个人认为，其干涉只能意味着试图用武力对南方诸省实行强制，他几乎不能设想会有列强采取如此步骤。奕劻接着问道，在政府方面由于其财政困难，所

---

① 许恪儒整理：《许宝蘅日记》（第 1 册），中华书局 2010 年版，第 395 页。

② 朱诚如主编：《清朝通史》（第 13 卷，光绪宣统朝），紫禁城出版社 2003 年版，第 726 页。

建议的三个月期限是非常难挨的，如果这个建议被接受，是否能够得到外国的金融援助。朱尔典爵士答道，延期将提供一个使党派狂热冷却的机会，对政府事业不会有所危害。至于外国援助问题，他建议听一听其他外国代表的看法；他只能说他本人赞成国民会议的建议，但如果庆亲王希望了解英王陛下政府对此事的观点，他愿代为询问。他们已经知道他自己的观点，他们的唯一希望是看到在强固的政府领导下的统一的中国。奕劻还不甘心，继续问道，无论是袁氏还是他本人，都不相信共和制能在中国产生一个强固的政府。朱尔典爵士答道，袁氏已将此意告诉他，他已报告了英王陛下政府。共和制在中国是否可行，任何外国人都不能僭越决定这个问题；唯一可以说的是中国人民有资格选择他们所希望的政体。[①] 通过这次会谈，奕劻得到了两个方面的重要信息：首先，列强不会再像咸同时期那样用武力帮助清政府干涉革命了；其次，清政府不可能得到列强的财政援助了。这让奕劻感到沮丧。

452

但是，奕劻并不死心，他仍然在做努力。十二日（31 日），《盛京时报》报道说，"庆邸目前照会某某两国政府，略谓对于保存清廷须加意护卫，惟某国答复极为冷淡，且述今日之中国不必以君主政体为是云云"。[②] 报刊的报道大致表明了外国列强的态度。

更让奕劻难堪的是，在政府面临财政危机，奕劻要求借款时，"四国银行考虑借款申请的惟一条件是：赋予袁世凯同革命党人议和的全权，并进行革命党人所要求的不论多大程度的改革"。这将意味着"将满人逐出内阁，重新安排高级官吏，取消满人的一切特权"。[③]

① 《英国外交部档案·朱尔典爵士与庆亲王和袁世凯会谈记录》，章开沅、罗福惠、严昌洪主编：《辛亥革命史资料新编》（第 8 卷），湖北人民出版社 2006 年版，第 175—176 页。
② 《表同情于君主政体者盖尠》，《盛京时报》，1911 年 12 月 31 日，第 2 版。
③ ［澳］骆惠敏编，刘桂梁等译：《清末民初政情内幕》（上册），知识出版社 1986 年版，第 765 页。

不仅如此，列强非但不帮助清政府，反而要求清政府与革命党妥协。英、德、法、美、日、俄六国政府，鉴于革清两军战争，对中国联合发出警告，"劝革清两方面，各派委员，迅速妥协，中止现在战斗为要"。①

1912 年 1 月 12 日，外国商人团体上海商务理事会干脆致电庆亲王奕劻，公然要求将"建议皇上退位作为和平解决的一项预备措施"。②27 日，法国外交部部长在致法国驻伦敦、柏林、圣彼得堡、华盛顿大使的电文中明确指出："迄今为止，六大列强至少分别地表现出了它们不介入的愿望。它们拒绝了对清王朝的金钱上的任何支持。"③

列强的态度让奕劻彻底明白，借助列强武力干涉是不可能了，外国列强已经无意再帮助清廷维护帝制了。

（2）袁世凯方面。袁世凯在出山之前已经抱定两大宗旨：不做革命党；④宽容党人，"始终不愿以兵力从事"。⑤袁世凯复出执掌清王朝军政大权以后，野心顿然滋长，这个奕劻在清廷危难之际搬出来的"救命稻草"，已经不会再按奕劻所愿倾力拯救清王朝了。相反，他要抓住这个前所未有的机会，既利用革命政权，也利用清政府，最后不战而屈人之兵，夺取国家最高权力，让自己成为君临天下者。"从危机开始时起，袁世凯看起来便对解决的办法颇有把握。尽管满洲人和共和派同样地讨厌他，两派都觉得他

453

---

① 马震东著：《袁氏当国史》，团结出版社 2008 年版，第 34 页。

② 《朱尔典爵士致格雷爵士函》，胡滨译：《英国蓝皮书有关辛亥革命资料选译》（上册），中华书局 1984 年版，第 243 页。1912 年 1 月 12 日，外国商人团体上海商务理事会在致前摄政王、庆亲王及总理大臣袁世凯的电文第七条："兹决定：本商会通过理事会吁请庆亲王和前摄政醇亲王劝诱朝廷和皇族，在代表大会就中国今后政体问题作出最后决定之前，尽快筹划采取哪些适当满足全国大多数人的明显愿望并使和平和秩序能够恢复的和解措施。"［《上海商会致前摄政王、庆亲王及总理大臣袁世凯电》，胡滨译：《英国蓝皮书有关辛亥革命资料选译》（下册），中华书局 1984 年版，第 345—346 页。］

③ 《法国外交部档案·中国政局与列强反应》，章开沅、罗福惠、严昌洪主编：《辛亥革命史资料新编》（第 7 卷），湖北人民出版社 2006 年版，第 249 页。

④ 据王锡彤在《辛亥记事》中回忆，袁世凯在武昌起义后曾说过："余不能为革命党！余子孙亦不愿其为革命党！"（《近代史资料》，总 25 号，1961 年第 1 号，第 517 页。）

⑤ 中国历史博物馆编，劳祖德整理：《郑孝胥记》（第 3 册），中华书局 1993 年版，第 1387 页。

靠不住，他却善于使他们觉得少了他不行。他用辞职加以威胁，迫使清廷做出一个又一个让步，直至退位。他给列强以这样的印象，仿佛惟有他才是威望服众，才能保证国泰民安并维持中央政权。他在军事上对共和派谨慎相待，与共和派谈判，利用其对外来干涉的恐惧，使后者把共和国总统的宝座奉献给他。"① 对于这一点，奕劻看得比谁都要清楚。

（3）革命党方面。本章前面已经提及，自从武昌事起后，除北方六省外，其他各省纷纷独立响应，南北方代表虽然已经开始了上海谈判，但共和派代表明确表示出了"不妥协态度"。②1912 年 1 月 1 日，孙中山建立了中华民国临时中央政府，明确显示出推翻清王朝专制统治的绝不妥协的决心。

（4）国内民意方面。共和已成为国人潮流所向。武昌起义后，张謇为首的立宪派迅速倒向革命派，各省督抚或作壁上观、或起而独立响应。1911 年 11 月 5 日，"上海各会复电，必用共和政体，意仍主推翻满洲王室"。③二十三日（12 日），伍廷芳、张謇、唐文治、温宗尧通过美国驻华使馆，向监国摄政王载沣递文，指出"川鄂事起……旬日之内，望风离异者，十有余省。大势所在，非共和无以免生灵之涂炭，保满汉之和平。国民心理既同，外人之有识者，议论亦无异致，是君主立宪政体，断难相容于此后之中国"。他们希望载沣"幡然悔悟，共赞共和"。④这期间，南方和谈总代表伍廷芳亦致函奕劻，"请皇上及监国逊位，同赞共和"，指

① 《法国外交部档案·中国政局与列强反应》，章开沅、罗福惠、严昌洪主编：《辛亥革命史资料新编》（第 7 卷），湖北人民出版社 2006 年版，第 248—249 页。

② 《法国外交部档案·上海谈判和朝廷让位》，章开沅、罗福惠、严昌洪主编：《辛亥革命史资料新编》（第 7 卷），湖北人民出版社 2006 年版，第 246 页。

③ 中国历史博物馆编，劳祖德整理：《郑孝胥日记》（第 3 册），中华书局 1993 年版，第 1355 页。

④ 《奏请监国赞成共和文》，丁贤俊、喻作凤编：《伍廷芳集》（上册），中华书局 1993 年版，第 367 页。

出"舍此别无良策"。① 北方谈判代表唐绍仪则迭次来电，称南方"极言共和不可不成，君位不可不去，并言东南各省众志佥同，断无更易，语甚激决"，"彼党坚持共和，不认则罢议，罢议则决裂，决裂则大局必糜烂"。② 1912 年 1 月 3 日，"驻俄公使陆徵祥联合驻外各国公使，电请清帝退位"。③ 15 日，前两广总督袁树勋致电清廷，请早定共和政体；同日，岑春煊亦电清廷，请认共和政体。④ 19 日，清外务大臣胡惟德、民政大臣赵秉钧、邮传大臣梁士诒奏请"人心已去，君主制度，恐难保全，恳赞同共和，以维大局"。⑤ 更重要的是，早在 1911 年 12 月 31 日，就连清政府卧榻之旁的直隶滦州也发生了新军第二十镇第七十九标官兵要求共和的武装起义。接着，又传来天津巨绅劝直隶总督陈夔龙"俯顺潮流，从权独立"⑥ 的消息。在这种情势下，奕劻明智地认识到，清王朝大势已去，清室统治已经无可挽救，"实行君主立宪已全无可能，最后结果只能建立共和国政府"⑦，只有顺应潮流，用清帝逊位来换取袁世凯与南方的临时共和政府对皇室、皇族优待条件，才是不得已而为之的一种双赢策略。

在无可奈何的情形下，为了保存清皇室，奕劻在得到袁世凯"保全清

① 《致清庆邸书》，丁贤俊、喻作凤编：《伍廷芳集》（上册），中华书局 1993 年版，第 369 页。
② 《袁世凯等为革军力主共和代表请开国会奏请召集宗支王公会议折》，中国第二历史档案馆编：《中华民国档案资料汇编》（第 2 辑），江苏古籍出版社 1991 年版，第 51 页。
③ 张国淦编著：《辛亥革命史料》，香港大东图书公司 1980 年版，第 299 页。
④ 戴逸、李文海主编：《清通鉴》（卷 268，第 20 册），山西人民出版社 2000 年版，第 9129 页。
⑤ 张国淦编著：《辛亥革命史料》，香港大东图书公司 1980 年版，第 310 页。
⑥ 陈夔龙：《梦蕉亭杂记》（卷 2），荣孟源、章伯锋主编：《近代稗海》第一辑，四川人民出版社 1985 年版，第 417 页。
⑦ 《日本外务省档案·伊集院驻清公使致内田外务大臣电》（第 745 号），邹念之编译：《日本外交文书选译——关于辛亥革命》，中国社会科学出版社 1980 年版，第 331 页。

王朝宗庙之血食"承诺的情况下，[1] 便开始了说服隆裕太后出让政权的艰辛过程。

三、与袁联手劝说清帝逊位

奕劻辞去内阁总理大臣的职位后，又被清廷任命为弼德院总裁。

弼德院之设，本为监督与平衡责任内阁之权力。责任内阁本是总揽国政的最高行政机关，但清廷又恐其职权过重，故又另设弼德院，以为制约。故在 1911 年颁布内阁官制的同时，清廷另颁上谕说："上年修正筹备清单，经朕定为宣统三年颁布弼德院官制，设立弼德院。……该院权限与内阁相为维系，所关重要，必须同时并设，用备顾问。……即行设立弼德院，以重宪政始基。"[2] 弼德院设院长、副院长各一人，顾问大臣三十二人，掌参与机密事务，并审议"洪疑大政"。参议十人，掌纂拟章制。下设秘书厅，有秘书长一人，秘书官一、二等各三人，三等六人，分掌文书、会计、庶务等事项。[3] 弼德院有特定奏事章程三条：（1）弼德院奏事，均由面奏或用奏

---

① 据许指严《新华秘记》记载：袁世凯因觊觎神器，曾邀奕劻密商，问奕劻是否想保全清皇室，奕劻扼腕流涕曰："奈何不思保全。顾自问绵力，恐无以胜此任，故举一切委公。"袁问："公意固然，下走无庸复议。但兹事体大，形势瞬息万变，稍纵即逝。上有皇太后、皇上，公虽明达果断，其如掣肘何？"奕劻答曰："皇上幼冲，未能新政。摄政王久已引嫌不问政务，公所知也。主大计者惟太后。太后视吾犹骨肉，凡所言无不从。公但有命，吾自能为公了之。"袁起致谢曰："然则今日之排难解纷，非公莫属。愿公开拓心胸，破除成见，创此前古未有之奇局，拯彼百万无辜之生灵，而且可保万岁祖宗之血食。"袁进而"举退位以谢天下之说进，且言苟能敦劝太后及早办理，则引此国宪法优待皇室之条，更当适合中国情，使之双方美满，从此休兵息民，共享福利。奕劻于是答应助袁玉成其事。[许指严：《新华秘记》，《近代稗海》第三辑，四川人民出版社 1985 年版，第 310—311 页。]另据萧一山在《清代通史》中记载：袁世凯"乃欲请清帝退位，实亦碍难开口，乃密持退位优待条件示奕劻，谓为清室及满人安全计，自以退位为最上策，否则革命党既不让步，用兵亦殊无把握，希奕劻设法疏解"。[萧一山编著：《清代通史》（四），华东师范大学出版社 2006 年版，第 1075 页。]

② 《宣统政纪》卷 52。

③ 张德泽著：《清代国家机关考略》，学苑出版社 2001 年版，第 308 页。

片，不具正折；（2）所奏之事以特旨咨询事件为限；（3）所奏事件不登载官报①。由此规定可以看出，弼德院的机密性质及奕劻的奏事权限，这恰好说明辞去内阁总理后他并没有休致，而是仍然大权在握，对清王朝的命运走向仍然起着十分关键的作用。

清亡前夕，奕劻"最得隆裕太后之宠信"。②隆裕太后对奕劻是十分信任的，这除了奕劻有亲贵身份、宦海阅历及行事风格老成持重外，他在慈禧太后立嗣时的表现也获得了隆裕太后的极大好感。正是因为"溥仪兼祧光绪皇帝"这一条是奕劻力争的结果，为隆裕太后争取到了皇太后的地位，故而隆裕太后对奕劻不仅是十分感激，更是十分信任。

在袁世凯代替奕劻就任内阁总理大臣一职后，奕劻虽然身在幕后，但因为他与袁世凯的特殊关系，又成为隆裕太后与袁世凯之间沟通的桥梁。在隆裕下谕让载沣退归藩邸后，她最信任、最依赖的亲贵也就剩下奕劻一人了。事实上，她也将维系皇室的重任托付给了奕劻。在袁世凯与革命党的内外压力下，"皇太后似已内命庆亲王就目前时局问题与日、英两国公使磋商"。③在剥夺载沣摄政，同意袁阁与民军开议，④直至最后同意逊位等涉

---

① 《宣统政纪》卷65。

② 许指严著：《新华秘记》，《近代稗海》第三辑，四川人民出版社1985年版，第310页。

③ 《日本外务省档案·伊集院驻清公使致内田外务大臣电》（第723号），邹念之编译：《日本外交文书选译——关于辛亥革命》，中国社会科学出版社1980年版，第315页。

④ 关于奕劻在唆使隆裕剥夺载沣摄政过程中的作用，本文第三部分有隆裕对溥伟所言为证。至于劝说隆裕同意让步召开国会以决政体之事，徐世昌曾言："唐（绍仪）电到后，袁约余（徐自谓）计议，认为国体共和，已是大势所趋，但对于宫廷及顽强亲贵，不能开口。若照唐电召开国民大会，可由大会提出，便可公开讨论，亦缓脉急受之一法。乃由余先密陈庆邸，得其许可，袁即往庆处计议，当约集诸亲贵在庆处讨论（载泽未到），决定赶由内阁奏皇太后召集王公大臣会议。次早，皇太后据内阁奏召集近支王公会议，庆邸首先发言，毓朗、载泽表示不赞成，然亦说不出理由。其余俱附庆议，于是允唐所请，当即下召集临时国会之谕。"（张国淦：《辛亥革命史料》，香港大东图书公司1980年版，第294页）；另有据朱尔典言：庆亲王"和袁氏经过初步商会，起草了一份打算发给唐氏的电报，授权他同意在双方共同商定的条件下于两三个月内召开国民会议作出决定。亲王向我保证，此建议得到整个皇族的同意。"[《英国外交部档案·朱尔典致格雷爵士函》，章开沅、罗福惠、严昌洪主编：《辛亥革命史资料新编》（第8卷），湖北人民出版社2006年版，第174页。]

及清王朝命运的一系列重大问题上，隆裕太后皆听从了奕劻的主张。

许指严《新华秘记》中有这样一段史料，或可有助于说明上述问题：

隆裕太后允下退位之诏，其内幕实出于某亲贵之劝逼。隆裕事后颇悔，然已无及矣，故哭泣数月即薨……先一日，亲贵入宫陈退位之说，隆裕太后犹怫然拒绝曰："吾召袁世凯来京，与卿会同组织内阁，为保清祚也。今且此而断送天位，卿等孝恩负德，何以对祖宗于地下？"亲贵大惧……良久，太后颦蹙不语，既而曰："毕竟何法可解此厄？"亲贵知太后已无督过意，乃呜咽而泣。顷之，悲声大纵，且号且语曰："民情风靡，士不用命，大势去矣！奴才无状，实不能有所计议。"太后亦泣曰："竟至此乎？"亲贵乃历举冯、段电报及各省相应消息以告，且引袁世凯中外大势及善后事宜等称说，哓音瘏口，娓娓动人。太后曰："吾一人断不固执己见，坐视荼毒生灵。第宗亲勋旧咸在，不可不征集众见，决此大计，异日勿谓祖宗三百年基业，断送于妇女之手也。"亲贵叩首受命，且引今兹退位，系极光荣之事，与历姓亡国不同，愿太后分别此意，明白宣布。乃立请下征集御前会议懿旨并正式上谕。太后即口授亲贵大旨，命付内阁速行撰拟，盖皆亲贵一人敦促之力也。①

上面史料中提到的"亲贵"，无疑指的即是奕劻。他对隆裕所言的"民情风靡，士不用命"之语亦确是当日的实情。至于奕劻所说的"今兹退位，系极光荣之事，与历姓亡国不同"之语则很可能是他与袁世凯等人商量后

① 许指严著：《新华秘记》，《近代稗海》第三辑，四川人民出版社 1985 年版，第 309—312 页。

而抛出的一套劝说辞，① 是针对隆裕的一种劝说策略而已。

事实上，早在1911年12月28日隆裕太后召见全体国务大臣及奕劻、载沣、载泽、善耆、载洵、载涛等亲贵重臣商议解决时局的办法时，奕劻心中便已经有了十分清晰的主张，但他考虑到劝说隆裕太后在时机上尚不成熟，因而在这次召对时并未发表自己的见解，只是劝说隆裕太后咨询国务大臣。"本日皇太后御养心殿，先召见庆王等，旋召见总理大臣及各国务大臣，皇太后谕：'顷见庆王等，他们都说没有主意，要问你们，我全交与你们办，你们办得好，我自然感激，即使办不好，我亦不怨你们。皇上现在年纪小，将来大了也必不怨你们，都是我的主意。'言至此，痛哭，诸大臣亦哭，又谕：'我并不是说我家里的事，只要天下平安就好。'……诸王公默然，候旨发下后各散"。② 经过这次召对，奕劻摸清了隆裕太后心中的主张："皇室方面对万事俱已放手，已决心在不得已情况下听任采用共和政体，毫无其他办法。"③ 而这正与奕劻的主张不谋而合，于是就有了1912年1月16日"奕劻、世凯入朝谒见清后，请示最后决策，乃订于次日召集王公内阁御前会议"的事情。④ "闻内阁拟就上谕两道，一为逊国，一为宣战，阁臣不自擅决，付诸皇族会议，但若采用乙种办法，阁臣即一律辞职云"。⑤

17日，隆裕太后召开第一次御前会议。奕劻在此次会议上便主张有条

---

① 载涛曾言，隆裕太后平日宠信太监张兰德，言听计从，袁世凯摸清这条路线，专派人密与张联络。奕劻、那桐二人与张兰德里应外合，最终说动隆裕交出权力。〔中国人民政治协商会议全国委员会文史资料研究委员会编：《晚清宫廷生活见闻》，文史资料出版社1982年版，第83页。〕另就笔者见到的资料来看，张兰德劝说隆裕同意逊位的言辞也与奕劻的一套说辞基本无二。

② 许恪儒整理：《许宝蘅日记》（第1册），中华书局2010年版，第385、386页。

③ 《日本外务省档案·伊集院驻清公使致内田外务大臣电》（第756号），邹念之编译：《日本外交文书选译——关于辛亥革命》，中国社会科学出版社1980年版，第335页。

④ 萧一山编著：《清代通史》（四），华东师范大学出版社2006年版，第1075页。

⑤ 韩策、崔学森整理，王晓秋审订：《汪荣宝日记》，中华书局2013年版，第335—336页。

件退位。"二十九日（1月17日），开御前会议，贝子溥伦首言：'我族再主中夏，固已无望，即国民会议果开，于我亦决无利益。袁世凯虽力欲保存君主，而势孤党弱，譬之片石置急流，其何能济？目下和议虽未决裂，而南京已立政府，北伐之声，日益加厉，民军四布，与其待兵临城下，服从武力，何若自行逊让，尚可稍留爱蒂。况优待皇室，系民军商请，公论在人，似不中变。孙文虽暂为总统，岂能支此危局？闻已约定推袁世凯为总统，事若果成，岂但中国之幸？抑亦皇室之福！所虑者，袁世凯理学气太深，日来辞职之意，坚决非常，此则不可不虑。凡此宗支，当说其不可拘泥者也。'奕劻甚以其言为然。"① 高拉尔得在致法国陆军部部长的信中说："在第一次会议中，老亲王充当了退位的辩护人。"② 据俄国驻北京代理公使世清致俄外务大臣沙查诺夫的电报，1月17日隆裕太后举行御前会议，"与会者有七名皇室亲贵和七名蒙古王公，皇帝的一位至亲庆亲王指出，经费和军需匮缺。他坚决主张在民军方面应允'保护皇族动产和不动产、保护宗庙、妥修德宗崇陵等条件下清帝退位'"。③ 然而，蒙古王公那彦图提出异议，认为革命军的保证不可信，"他是主战的"。④ 在这种争论不休的情况下，奕劻主张"'议事不可争执，况事体重大，我辈亦不敢决，应请旨办理'。言讫，即立起，群臣和之，遂罢"。⑤

18日，隆裕太后召开第二次御前会议。"奕劻仍执前意，并将密定之优待条件提出，蒙古王公反对更烈，亲贵中或意气沮丧，或稍活动，仍无

① 萧一山编著：《清代通史》（四），华东师范大学出版社2006年版，第1075—1076页。
② 《法国外交部档案·1911年1月22日的形势》，章开沅、罗福惠、严昌洪主编：《辛亥革命史资料新编》（第7卷），湖北人民出版社2006年版，第405页。
③ 陈春华、郭兴仁、王远大译：《俄国外交文书选译（有关中国部分1911.5—1912.5）》，中华书局1988年版，第256页。
④ ［澳］骆惠敏编，刘桂梁等译：《清末民初政情内幕》（上册），知识出版社1986年版，第838页。
⑤ 溥伟：《让国御前会议日记》，中国史学会主编：《辛亥革命》（八），上海人民出版社2000年版，第112页。

结果而散"。①

19日，隆裕太后召开第三次御前会议。奕劻请假未经与议，但一改主张清帝逊位的立场，"亦不敢主张"。②"据说，庆邸不至，系为宗社党人所挟持"。③18日会后，"良弼等即结合同志三十余人，齐赴庆王府，包围奕劻，表示激烈"。④俄国代理公使世清在一份电报中称，他已获悉，"禁卫军军官代表曾去见庆亲王，并'以死相威胁'，迫使庆亲王在1月19日御前会议上放弃原声明而主张君宪"。⑤1月19日，水野幸吉在致莫理循的函件中也称"庆亲王出乎意料地突然改变了态度，变得拥护君主立宪。这显然是因为昨天晚上禁卫军的代表对亲王殿下进行了恫吓性的访问"。⑥在此次会议上，溥伟、那彦图、善耆都表示主战。隆裕向溥伟等人称，"我何尝要共和，都是奕劻同袁世凯说，革命党太厉害，我们没枪炮，没军饷，万不能打仗。我说可否求外国人帮助，他说等奴才同外国人说看。过二天，奕劻说：外国人再三不肯，经奴才尽力说，他们始谓：革命党本是好百姓，因为改良政治，才用兵，如要我们帮忙，必使摄政王退位。⑦你们问载沣，是否这样说"。溥伟对曰："既是奕劻这样说，现在载沣已经退政，外国何以仍不帮忙，显系奕劻欺罔。"那彦图奏曰："既是太后知道如此，求嗣后不要再

①　萧一山编著：《清代通史》（四），华东师范大学出版社2006年版，第1076页。
②　许恪儒整理：《许宝蘅日记》（第1册），中华书局2010年版，第390页。
③　张国淦编著：《辛亥革命史料》，香港大东图书公司1980年版，第309页。
④　萧一山编著：《清代通史》（四），华东师范大学出版社2006年版，第1076页。
⑤　陈春华、郭兴仁、王远大译：《俄国外交文书选译（有关中国部分1911.5—1912.5）》，中华书局1988年版，第267页。
⑥　［澳］骆惠敏编，刘桂梁等译：《清末民初政情内幕》（上册），知识出版社1986年版，第839页。
⑦　关于奕劻向隆裕太后报告的外国人要求摄政王退位一事，奕劻并没有撒谎，有下列材料为证："目前最迫切的需要看来是促成摄政王退位以及延长停火。关于这一点，摄政王被认为受到中国各派的反对，他对宪法的宣誓被看作是欺骗，袁世凯可能欢迎外国援助以促成退位。如果日本政府同意这一看法，英王陛下政府准备指示驻华公使与其日本同僚合作，给予袁世凯他们认为是得当的和可能的援助，以实现摄政王退位。"［《英国外交部档案·致日本代办备忘录》，章开沅、罗福惠、严昌洪主编：《辛亥革命史资料新编》（第8卷），武汉：湖北人民出版社2006年版，第114页。］

信他言。"但是，正如载沣所言："这两日来不知是怎样运动，老庆依然入朝，太后意思也颇活动，奈何奈何！"①

20日，隆裕太后召开第四次御前会议。在这次会议上，民政大臣赵秉钧、外交大臣胡惟德、邮传大臣梁士诒等"合词言本非主持共和，特恐人心已去，君主终难保耳。乃请将北京君主政府，与南京临时政府同时撤销，另设立统一政府之议案提出"，遭到满蒙王公亲贵强烈反对。在这次会议上，因"京中有人布散传单，竭力反对，并痛诋庆邸，故庆邸不甚发言"。②会议又无结果而散。

21日，隆裕太后召见奕劻、载沣，奕劻于八时呈递假牌请假，载沣以奕劻不应召，亦于中途折回。"逊国问题，以种种阻碍，急切颇不能解决"。③

22日，隆裕太后召开第五次御前会议。"奕劻未到，余则赞成君宪者，十居其九。溥伟更力谏太后，勿为外人所惑。太后曰：'吾以逊位之事，非常重大，是以商之尔等，既均不赞成，吾又焉敢擅专？'言毕大哭。诸亲贵亦唏嘘不置。"④"皇位退让之议，闻袁世凯将始终不列席"。会后，隆裕太后命奕劻、载沣前往征询袁世凯的意见，"袁谓：'此事非阁臣所敢擅拟，请各王公自决'"。⑤

从19日起，因宗社党甚嚣尘上，奕劻干脆托病不出，但这不能说他从此改变了"赞成清帝逊位来换取保存清室"的主张。实际上，以退为进是他惯用的招数，他在暗中从未停止说服隆裕太后的工作。皇室去向大计，

---

① 溥伟：《让国御前会议日记》，中国史学会主编：《辛亥革命》（八），上海人民出版社2000年版，第112—113、115页。
② 韩策、崔学森整理，王晓秋审订：《汪荣宝日记》，中华书局2013年版，第335页。
③ 韩策、崔学森整理，王晓秋审订：《汪荣宝日记》，中华书局2013年版，第335页。
④ 萧一山编著：《清代通史》（四），华东师范大学出版社2006年版，第1076—1077页。
⑤ 中国历史博物馆编，劳祖德整理：《郑孝胥日记》（第3册），中华书局1993年版，第1386页。

仍"第视庆意如何耳"。[①] 据亲贵载润回忆，奕劻极力渲染革命党军队力量之强大，清廷无力抵挡，最终影响隆裕太后决定下诏退位。载润说："奕劻内阁辞职后，袁世凯内阁成立，将与革命军议和。时奕劻家居托病不出。载沣曾多次派王公、贝勒至其家敦请（我亦被派），始勉强进内应隆裕之召对。进内时即对大众声言：'革命军队已有五万之众，我军前敌将士皆无战意。'旋至听候召对室，又复申前言说：'革命党已有六万之众，势难与战。'当时那彦图闻而嘲笑之说：'数分钟内，革命党军队又增加了一万人之众，何其如此之速耶！'当时隆裕经奕劻如此说法，遂亦表示倾向议和。"[②]

在主战派占上风的亲贵会议召开后不久，26 日，坚决反对逊位的宗社党首领良弼被革命党人彭家珍炸伤，旋即死去。这件事导致主战的清室亲贵纷纷离京，躲难于天津、大连、青岛等地。隆裕太后彻底绝望，当着国务大臣掩面而泣曰："梁士诒啊！赵秉钧啊！胡惟德啊！我母子二人性命，都在你们三人手中，你们回去好好对袁世凯说，务要保全我们母子二人性命。"[③]

27 日，在袁世凯的授意下，段祺瑞领衔各军将领 47 人通电要求共和。[④]

28 日，清政府"又接晋省文武电奏请逊位"。[⑤]

29 日，袁世凯上奏折促清帝逊位，曰："近议国体一事，已由皇族王公讨论多日，当有决定办法。臣职司行政，惟尊朝旨。"[⑥]

30 日，提心吊胆的隆裕太后最后召开御前会议，在这次会议上，被吓

---

① 韩策、崔学森整理，王晓秋审订：《汪荣宝日记》，中华书局 2013 年版，第 336 页。

② 载润著：《有关奕劻的见闻》，《辛亥革命回忆录》（第 6 册），中华书局 1963 年版，第 465—466 页。

③ 凤冈及门弟子编：《三水梁燕孙先生年谱》（上册），上海书店 1946 年版，第 111 页。

④ 1912 年 1 月 31 日，张作霖与日本驻奉天总领事会晤时称言："北方将士之所以上奏表示赞成共和，乃袁世凯从中玩弄小手段所致。"[《落合驻奉天总领事致内田外务大臣电》（第 68 号），邹念之编译：《日本外交文书选译——关于辛亥革命》，中国社会科学出版社 1980 年版，第 74 页。]

⑤ 许恪儒整理：《许宝蘅日记》（第 1 册），中华书局 2010 年版，第 391 页。

⑥ 韩作著：《袁世凯评传》，（台）东西文化事业有限公司 1999 年版，第 132 页。

破了胆的诸王公亲贵均表示主和，不再反对共和，一致同意奕劻"官军既无斗志，不若逊位全忠，犹得待遇"[①]的主张，这样，便有了2月3日隆裕太后所下的"著授袁世凯以全权，研究一切办法，先行迅速与民军商酌条件"[②]的谕旨。至此，清廷彻底将自己的命运交给了袁世凯。

最终，利用北洋军的实力、列强与立宪派的支持、革命党的弱点及自己的资望，袁世凯迫使孙中山同意让出临时大总统的职位，袁则同意宣布赞成共和，并逼清帝退位。2月12日，清帝颁布逊位诏书。袁世凯与奕劻所演的双簧至此成功。

历史就是这样经常开些十分幽默的玩笑。袁世凯本是奕劻在清廷危难之际搬出来的"救世主"，然而，这个"救世主"却违背老朋友的心愿，非但没有尽力帮助老朋友，反而在关键时刻用清王朝作为筹码，让自己坐上了最高权力的宝座，致使奕劻当初说袁"不会有问题"的保证落了空。虽然清皇室得以保全，但这并不能让奕劻感到些许的欣慰。奕劻因自己所犯的错误给清王朝画上了句号，这同时也是给自己这个"官场不倒翁"画上了一个落寞的、圆圆的句号。

①　朱诚如主编：《清朝通史》（第13卷，光绪宣统朝），紫禁城出版社2003年版，第744页。
②　张国淦编著：《辛亥革命史料》，香港大东图书公司1980年版，第311页。

16

第十六章
余论：不同视角看奕劻

1917 年 1 月 28 日，也就是民国六年正月初六，春节刚刚过完，奕劻便撒手西去。这一年，按中国人常用的虚岁来讲，他正好 80 岁。如果按照满岁百年来计算，奕劻也算得上是个长寿之人了。在晚清政坛上，官至政府领袖还能享有如此高龄的显贵，看来也就只有奕劻一个人了。

奕劻之死，意味着一个旧时代的彻底结束。

奕劻临终时，曾上一封遗折给清废帝溥仪。遗折中这样说道：

臣忝列藩封，夙承恩眷，自当差以来，历管总理各国事务衙门及神机营、海军衙门事务，才轻任重，无补涓埃。庚子岁海氛不靖，辱荷恩知，付以留守重任，并与大学士直隶总督李鸿章同办和议事宜。仰禀庙谟，幸勿陨越。洎銮舆返跸，海宇乂安，外务杂沓，枢机旋秉，愧乏坠露轻尘之效，莫酬天高地厚之任。及乎两圣升遐，皇上继统，时局弥棘，报称益难，直至辛亥之冬，改组内阁，仔肩得卸，幸保余年。不谓福薄灾生，数载以来，疾病淹缠，迄未能一奉朝请。迫至去年冬季，益觉委顿不支，失血失眠，险象迭起。迭延中西医诊治，或言系由频年操劳过甚，心血两亏所致，非安心调养不易见功。方谓仰托福庇，得以渐就安痊，不意药石无灵，延至本月初六，气息仅属，已无生存之望。伏念臣历事四朝，叠承眷注，今当永辞盛世，伏愿我皇上敬天法祖，圣学日新，以无负先朝付托之重，则臣虽死之日，犹生之年矣。余生绵惙，悃馨腹心，瞻望阙廷，神魂飞越，谨口授遗折，令臣子载振恭缮呈递，伏乞皇上圣鉴。①

俗话说，人之将死，其言也善。在遗折中，奕劻简要地回顾了他一生中对清王朝统治所做的主要贡献，尤其提到了庚子议和、新政枢机、改组内阁等清末大事，肯定了他在其中所起的作用。然后，奕劻报告了他的病情并希望"我皇上敬天法祖，圣学日新，以无负先朝付托之重"。留下这份遗折，奕劻就撒手人寰，永远不再受内心的煎熬以及亲贵们的白眼与诽谤了。

① 秦国经著：《逊清皇室秘闻》，故宫出版社 2014 年版，第 78—79 页。

奕劻刚离世，载振就急忙找到载沣，请求这位"太上皇"去求小皇帝替奕劻讨个谥号。为了奕劻的谥号，在朝廷上大家争论了足足半天。

所谓谥号，也有是将追悼词缩短为一个字，代表朝廷对逝者一生的评价。譬如，奕劻祖父永璘的谥号是"僖"，意思是喜乐，这"喜并且乐"，就很准确地概括了永璘一生的特质。

但是，奕劻不同于其祖父永璘。辛亥革命发生以后，摄政王载沣为了预防袁世凯对他的报复，本来不打算再起用袁世凯，只因奕劻的全力举荐，并保证袁世凯忠诚不二，这才使载沣和隆裕太后解除戒心。却不料袁世凯掌握政权以后的举措，完全与奕劻所作的保证背道而驰，清王朝的统治危机非但没有因此得到暂时缓解，相反倒因此而加速了其灭亡。于是，奕劻在皇族中被视为出卖祖宗的典型，自亲贵以至宗室，无人对他不加以诟病责难。清帝逊位后，为了避祸，奕劻赶紧到天津租界去买屋避居，以免与皇族中人朝夕相见。由于他的宦囊甚丰，积赀千万，因此一直可以在天津租界中过着富贵自如的寓公生活，清皇室的休戚盛衰，倒似乎与他毫不相关。因此，当载沣为奕劻谥号之事找到溥仪后，溥仪年龄虽小，但在几位守旧老师的教育下却对奕劻这位祖父辈的亲王的生前行为十分恼恨，一是恼火奕劻与袁世凯勾结让他失去了江山社稷；二是恨奕劻贪赃枉法超过了和珅。总之，在溥仪的心中，奕劻是导致清王朝灭亡的罪魁祸首。于是，溥仪亲拟了四个字"谬、丑、幽、厉"，让王公们从中选出一个。众王公议来议去，觉得从这四个字中选用任何一个都有伤体面，不得已，大家又只好找载沣再想办法。最后，王公们议出一个"献"字，要载沣出面说服溥仪。载沣向溥仪解释，说这"献"字中有"犬"，虽隐却已具贬义。可溥仪还是高低不允，坚持必须从"谬、丑、幽、厉"中选，说只有这四个字才与庆亲王奕劻的一生匹配。最后，还是南书房的几位老夫子出面劝说，说用"密"

字作为奕劻的谥号最是贴切。因为，在《谥法考》中，"密"之含义是"追补前过"，用此字即是让奕劻九泉之下永远思过。溥仪仔细一想，用"密"作谥，既保持了自己对奕劻的惩戒，也表明了自己对有过失的罪臣的大度，确也是既能发泄怨恨又能不失体面的最好办法，于是也就点了头。但经此一劝，庆亲王奕劻便落下"密"字谥号，这是清废帝溥仪对奕劻最后的封赐，也是朝廷对他的最终评价。[①]

奕劻去世以后，溥仪虽然依照旧例，派贝勒载涛带领侍卫十人前往奠祭，并赏给陀罗经被和三千元治丧费，开复任内一切处分，其子载振袭亲王，但他对奕劻还是十分不满的。半个世纪后，已经是普通公民的爱新觉罗·溥仪，仍然在他的自传中愤愤不平地回忆道："那年奕劻去世，他家来人递上遗折，请求谥法。内务府把拟好的字眼给我送来了。按例我是要和师傅们商量的，那两天我患感冒，没有上课，师傅不在身边，我只好自己拿主意。我把内务府送来的谥法看了一遍，很不满意，就扔到一边，另写了几个坏字眼，如荒谬的'谬'，丑恶的'丑'，以及幽王的'幽'，厉王的'厉'，作为恶谥，叫内务府拿去。过了一阵，我的父亲来了，结结巴巴地说：'皇上还还是看在宗宗室的份上，另另赐个……''那怎么行？'我理直气壮地说，'奕劻受袁世凯的钱，劝太后让国，大清二百多年的天下，断送在奕劻手里，怎么可以给个美谥？只能是这个：丑！谬！'"[②]半个世纪都已经过去了，世上也早已经沧桑巨变，物是人非，可这位末代皇帝对奕劻的不满、愤恨之情，仍然溢于言表，无法释怀，由此可见清末的皇室亲贵对待奕劻的态度。

---

① 龙翔、泉明著：《最后的皇族——大清十二家"铁帽子王"轶事》，北京大学出版社2011年版，第223页。

② 爱新觉罗·溥仪著：《我的前半生》，群众出版社1964年版，第70页。

奕劻虽死，但他对光宣政局甚至民初共和的影响尚在。不管怎么说，光宣政局都是中国千年变局的一个转折点，在晚清史的研究领域中占有极其重要的位置。可是，截至目前，在这片早已开垦的肥沃土地上，涉及奕劻在其中活动与作用的研究却几乎仍是止步不前，这与长期以来学界的关注点较少及原始史料难求等客观因素有着很大的关系，有待于感兴趣的研究者去花大量精力加以深入发掘、开垦、探讨与研究。

可以肯定，身为清王朝重臣与满洲亲贵的庆亲王奕劻，与光绪、宣统年间政局的变化及走向有着十分密切的关系。在中法战争、中日甲午战争、戊戌变法、义和团运动、清末新政、宣统三年的组阁以及引发结束帝制的辛亥革命中，每一个重大环节，几乎都有奕劻的踪迹和影响，他在光宣政局中具有举足轻重的地位，从拓宽晚清政治史的研究路径这一角度来看，值得学界加以深入研究与探讨。

一、一个人、一个时代

奕劻见证了晚清的整部发展历史。

奕劻出生于道光十八年（1838年），正是鸦片战争发生的前两年。英国发动的第一次鸦片战争，英法联军发动的第二次鸦片战争给中国带来的严重危害，他都不幸赶上了。在这两次鸦片战争发生的二十年间，正是奕劻从少年到青年的重要成长时期。这个时期，正是一个人一生最敏感、最易于受外界事物影响的阶段，欧风美雨的扑面而来，时代的巨大变化无疑对奕劻此后的人生与宦海沉浮都产生了十分重要的影响。

道光二十九年（1849年），奕劻十一岁。这一年，他被过继给镇国将军绵悌为嗣。道光三十年（1850 年），按照惯例他承袭了辅国将军的爵位。咸丰二年（1852 年）十四岁时，他被封贝子。咸丰十年（1860 年），奕劻二十二岁，他正式晋封贝勒。而咸丰元年（1851 年），洪秀全领导的太平天国运动发生，此后十四年的内战与动乱，对清政权的统治与稳定构成了致命的威胁。太平天国运动虽然最后被以曾国藩为首的地方督抚势力镇压，但它彻底摧毁了清王朝赖以维持统治的军事力量——八旗和绿营，清王朝的政治体制也从中央集权的一元化领导变成了中央与地方共同分割军政权力的局面，内轻外重之势已告形成。咸丰十一年（1861 年），咸丰病死，慈禧太后联合奕䜣发动辛酉政变，确立了垂帘听政与亲王议政的暂时联合局面，这是晚清政治发生的一个十分重要的变化，以此为契机，慈禧太后从此主掌清王朝江山近四十年，她治国理政的思路与用人政策的模式直接决定了清王朝的命运和走向。

同治十年（1871 年），奕劻三十四岁。该年九月，奕劻授郡王衔，领御前大臣，从此开始了他漫长的宦海浮沉生涯。

在慈禧太后的卵翼下，光绪五年（1779 年）四十一岁的奕劻开始兼领神机营，插手清廷的御林军管理事务，政治地位进一步变得重要起来。

同光年间，随着慈禧太后统治地位的逐渐稳固，她不再满意与奕䜣共治朝政的格局。光绪十年（1884 年），因为法国侵略越南与中国台湾的事件，中法战争发生。慈禧将战争失利的原因归咎于军机处与总理衙门大臣的办事不力，罢黜奕䜣，彻底改组政府，奕劻因缘接替奕䜣出任总理各国事务衙门大臣，不久又晋封庆郡王，总理行营事务。以此为开端，奕劻开始进入清政府的核心政治地带。这一年，奕劻四十六岁。人生刚刚步入中年，政治前程似乎是一片辉煌。

光绪十一年（1885 年），清政府设立海军衙门，奕劻又受慈禧太后的重用，会同醇亲王奕譞办理海军事务。光绪十二年（1886年），慈禧进一步命奕劻在内廷行走。光绪十五年（1889年），奕劻授右宗正，管理皇族事务。此后，奕劻和醇亲王奕譞一道，挪移海军军费至修建颐和园工程以及"三海"工程。光绪十七年（1891年），奕譞离世后，慈禧太后命奕劻总理海军事务，定安、刘坤一帮办海军事务。光绪二十年（1894年），慈禧太后六十万寿，懿旨封奕劻为庆亲王。在中日甲午战争前后，奕劻作为总署大臣、海军衙门大臣参与了最高统治集团对日战和的商议与决策。甲午惨败，举国震动，人心激愤。光绪二十四年（1898年），光绪皇帝决心变法维新。但终因用人不当，变动过急，加上康有为的"围园捕后"计划泄露，慈禧与光绪母子最后翻脸，慈禧囚禁光绪，直接走到前台主政，晚清政局变得更加复杂迷离起来。此后，慈禧太后企图废除光绪皇帝的计划虽然因为列强阻拦未能得逞，但以端郡王载漪为首的守旧派势力开始左右朝政。不久，义和团运动兴起。奕劻力主镇压以免给列强出兵借口，而慈禧太后却接受了端郡王等人利用义和团与洋人一决雌雄的意见。庚子政局，每况愈下。光绪二十六年（1900年），八国联军攻陷北京，两宫出逃，奕劻奉诏留京与列强各国议和，最终代表清政府签订《辛丑条约》。

庚子国变，直接耗尽了清王朝统治的气血。痛定思痛，光绪二十六年十二月十日（1901年1月29日），清廷颁布变法上谕，决定全面开启新政。光绪二十七年（1901年）三月，清廷成立以奕劻、李鸿章、荣禄、昆冈、王文韶、鹿传霖为督办政务大臣，刘坤一、张之洞遥为参预的督办政务处，揭开清末十年新政新篇章。

同年六月，按照列强各国要求，总理各国事务衙门改为外务部，位列六部之首，奕劻继续总理外务部部事。

光绪二十九年（1903年），奕劻六十五岁时，入军机处任领班军机大臣，成为政府领袖。同时他仍兼领外务部总理大臣，旋命总理财政处、练兵处事务，集清朝内外大权于一身。

光绪三十年（1904年），日俄战争在中国东北爆发。面对边疆危机，光绪三十一年（1905年），奕劻推动清廷下诏令五大臣出国考察政治。

光绪三十二年七月初八（1906年8月27日），清廷召开御前会议商讨立宪事宜，奕劻主张速行立宪。在此后官制改革中，上谕派奕劻总司核定改制方案。九月二十日（11月6日），清廷发布《裁定奕劻等核拟中央各衙门官制谕》，开始进行官制改革。在官制改革过程中，清廷责成奕劻管理陆军部，负责整顿军务一切事宜。

光绪三十三年（1907年），御史赵启霖弹劾奕劻及其子载振卖官鬻爵，上谕命醇亲王载沣、大学士孙家鼐查办其事，不得实，夺赵启霖官。载振辞御前大臣、农工商部尚书，上许之。

光绪三十三年七月初五（1907年8月13日），奕劻上呈《奏请改考察政治馆为宪政编查馆折》，清廷当日下诏，成立宪政编查馆，奕劻为该馆馆务大臣。九月，湖北按察使梁鼎芬上奏弹劾奕劻、袁世凯怙恶不悛、贪私误国，梁鼎芬遭到清廷传旨申饬。九月初五（10月11日），奕劻上呈《奏议覆修订法律办法折》，支持修订法律馆的独立存在。九月十六日（10月22日），奕劻奏请在各省设立调查局、各部院设立统计处。光绪三十四年（1908年）七月，奕劻上呈奏折要求明定立宪年限。八月初一（8月27日），清廷颁布《九年预备立宪逐年推行筹备事宜谕》。

光绪三十四年十月二十一、二日（1908年11月14、15日）光绪、慈禧先后离世，清政权一时处于一个权力真空的状态。慈禧太后临终前，遗命载沣监国摄政，载沣子溥仪继承大统，奕劻为首席顾命大臣。十一月，溥仪继位，奕劻晋封世袭罔替庆亲王，成为清王朝第十二位"铁帽子王"。

宣统元年正月二十九日（1909 年 2 月 19 日），清廷颁布《著肃亲王善耆等筹画海军谕》，着派肃亲王善耆、镇国公载泽、尚书铁良、提督萨镇冰，按照所陈各节妥慎筹划，先立海军基础；并着庆亲王奕劻随时总核稽察，以昭慎重。六月七日（7 月 23 日），奕劻奏请解管陆军部事，清廷允准。十二月，奕劻面奏恳请开去管理陆军贵胄学堂差，清廷允准。

宣统二年（1910 年）正月，御史江春霖弹劾奕劻贪污受贿、结党营私等诸多罪状，结果以"污蔑亲贵"去职。九月，摄政王载沣召开御前会议，商讨成立内阁和国会事宜，同月，资政院第一次召开会议。十月初三（11 月 4 日），在立宪派连续请愿下，清廷宣布在宣统五年设立议院。十月二十一日（11 月 22 日）资政院通过弹劾军机大臣案。十一月初九（12 月 10 日）因资政院弹劾军机案，奕劻等军机大臣上折恳请开缺，清廷不允。

宣统三年四月初十（1911 年 5 月 8 日），清政府裁撤军机处设立责任内阁，奕劻任首届内阁总理大臣，奉命组建内阁。四月十一日（5 月 9 日），奕劻上奏恳请收回成命，未准，同日签署同意盛宣怀提出的铁路干线国有令。六月十五日（7 月 10 日），奕劻召开内阁会议，发表政纲演说词。八月十九日（10 月 10 日），武昌起义发生。奕劻奏开去差缺，力主袁世凯出山收拾时局。九月初九（10 月 30 日），清廷发布上谕取消皇族内阁。九月十一日（11 月 1 日），奕劻上奏《自请罢斥另简贤能组阁折》，旋解任，袁世凯继任内阁总理。袁世凯组阁后，奕劻改任弼德院总裁，仍在清政府中发挥着重要的影响。此后，在袁世凯异心有加、不对南方用兵反而企图攘夺政权、清王朝统治已经无法维系的情况下，奕劻与袁世凯共同劝说隆裕太后同意清帝逊位，以此达到保全清皇室的目的。1912 年民国肇建，奕劻避居天津英租界，后来又迁回北京庆王府。

1917 年 1 月 28 日，奕劻病死，享年八十岁。清废帝溥仪谥号其"密"，葬于北京昌平。综上梳理可见，奕劻亲身见证了清王朝从衰落到覆亡的全部过程，他的一生本身就是一部晚清史的缩影。

二、一个人、一个群体

奕劻是清王朝末期亲贵治政的典型代表。

奕劻是乾隆皇帝十七子永璘的孙子，正牌的龙子龙孙，是皇族亲贵中的一员，同时他又颇能作为晚清时期皇族亲贵掌权派的代表性人物，是这类人物群体在治政作为上的一个缩影。

在晚清历史上，皇室亲贵是一个庞大而又复杂的群体。一方面，他们是清王朝最坚定的维护者和统治者；另一方面，他们又是依附于这个王朝内部最大的吸血寄生者。当这个群体中的成员积极进取、奋发有为、有雄才大略时，这个王朝就会因为他们的存在而强大、而光荣、而自豪、而延续。然而不幸的是，历史的车轮驶入晚清，我们只看到了一拨又一拨败家的膏粱子弟。他们不再是爱新觉罗江山的坚强支柱，相反，他们平庸无能、只知道争权夺利，成为了一群只知唯利是图，只会窝里斗的"官仓鼠"。相比之下，晚清一代王爷中，除了恭亲王奕䜣，庆亲王奕劻还算是这个群体中的佼佼者了。但他是亲贵中的一个异类，皇族亲贵们不但不接受他，相反还不断地排挤他。

客观而言，在晚清亲贵中，除了恭亲王奕䜣、醇亲王奕譞、贵族荣禄，奕劻的为官能力与政治智慧应该算得上是满洲亲贵中的翘楚了。因为长期执掌总理衙门，处于洋务与外交一线，奕劻懂得世界形势的变化对中国带来的影响，他也比较务实。他的缺点与其他满洲亲贵一样：自私、贪墨，缺乏政治担当，常常将自己个人利益置于王朝利益之上。他能够从清王朝政权中攫取到自己想要的东西。然而，他却没有能力与决心来挽救这个王朝狂澜于既倒，更不愿意成为这个没落王朝的殉葬品。

从宦海阅历上看，奕劻长袖善舞，深谙官场生存之道，颇得当权者的信任和欣赏，因而他在官场上能够做到与这个王朝相始终，成为晚清官场上少有的一根常青藤。

从资料上看，光绪年间，在与两宫之间的微妙关系上，奕劻的处理恰到好处。

慈禧太后、光绪皇帝与奕劻之间是阵线分明的君臣关系。在慈禧、光绪母子长达三十余年的恩恩怨怨中，奕劻夹缝其间，小心曲伺，谨慎做事，左右逢源，除了坚持绝对服从慈禧太后的原则、丝毫不敢越雷池一步外，总体上不显眼地采取了走平衡木的策略。终光绪、慈禧之世，奕劻与他们二人之间的君臣关系是比较融洽的。慈禧太后对奕劻的赏识，起源于奕劻与方家园主人的交往，前面已经有所论述，此不赘述。奕劻与咸丰皇帝在辈分上属于平辈，除了君臣关系外，从族谱上讲，应该是兄弟之间的关系，这样，他与慈禧太后，实际上也就有叔嫂之间的关系。

慈禧太后之所以长期倚重奕劻，很可能有以下几个方面的考虑因素：

（1）奕劻为宗室旁支，距离皇权核心较远，慈禧不担心他有更大的野心；

（2）由奕劻个人性格、行事作风所决定。

首先，奕劻开明务实。开明务实应该说是奕劻性格作风中所表现出来少有的积极性的一面。奕劻长期主持大清国的外交与军政工作，在与各国打交道的过程中，在晚清军事近代化的进程中，奕劻对西方各国政治、经济、军事、文化等方面的优越性都有着一定程度的了解，对中国政治、军事、文化等方面的落后状况亦有深刻的体会，因此，他在数十年的从政生涯中并不显得保守，相反，与当时的一些保守人物如倭仁、载漪、刚毅、徐桐等辈相比，倒显得他比较开明务实。还有，奕劻为人做事特别谨慎低调。奕劻的性格特点之一是他在处理政事时所表现出来的低调与谨慎，这与其祖父永璘有一定的相似的地方。在他的宦海生涯中，很少有表现出棱角分明、显露锋芒的时候。奕劻虽然长期主持总理各国事务衙门工作，但并不专权独断，除非涉及重大外交事务，他一般总是放权地方督抚，令他们自行持平办理，自己则坐收无风险之功。在总理衙门大臣任上，凡是重大外交事务，奕劻很少与李鸿章、刘坤一等人直接发生冲突。如在庚子年间与列强战和的重大外交关头，尽管奕劻持有不同意见，他也没有公开与当权派的载漪发生直接冲突，更没有像一些大臣那样敢违逆慈禧太后的心意；而在辛丑年关于东三省条约与俄谈判中，奕劻尽管不同意李鸿章的对俄妥协主张，但也只是在信函中提示正在西安行在的军机大臣荣禄设法注意补救，他自己并不直接与李鸿章发生正面冲突。正是这种不带棱角、绵里藏针的性格及行事作风，不仅让他躲过了一个又一个的灾祸，也使他颇受慈禧太后的信任与赏识，因而能够左右逢源，多次化解宦海中的危机。此外，奕劻长袖善舞，变通能力较强，能够跟上时代发展的步伐。奕劻后半生仕途通达，与这些素质均有着一定的关系。在帝后党的长期分歧中，奕劻老成持重，既不开罪于光绪皇帝，又牢牢站在了后党的一边，充分显示了他老辣的站队眼光与处理高层内争时的应变能力。

（3）奕劻深谙实力在为官从政中的重要性，懂得官场的潜规则。按照清朝的惯例，王公贵族不得结交外臣。但奕劻却能够利用工作上的便利关系，主动长期经营，不显山不露水地与朝中重臣、京外疆吏、汉人大僚在私交上形成盘根错节的利害、利益共存关系。他因长期主持清朝外交工作，与各国驻华公使有较多往来，列强也因此成为他在官场上"纵横捭阖"的坚强后盾，特别是在他主持庚子议和谈判后，与列强各国驻华使节的良好关系从此基本上固定了下来。"辛丑议和是他一生中最重要的事件。在谈判交涉过程中，他既为西太后尽了力，使她躲开了祸首的名义，也让八国联军在条约上满了意。当时人们议论起王公们的政治本钱时，说某王公有德国后台，某王公有日本后台……都只不过各有一国后台而已，一说到庆王，都认为他的后台谁也不能比，计有八国之多。因此西太后从那以后非常看重他。"[①] 光绪三十三年（1907）年，慈禧太后曾一度产生罢免奕劻之念，念头刚生，就因列强的干涉阻挠作罢。

至于奕劻与光绪皇帝的关系，据《翁同龢日记》中多处记载，奕劻似为光绪皇帝的满文师傅。如果事实果真如此，二人之间就更是多添了一层剪不断理还乱的师徒名分。可以肯定，少年光绪皇帝的满文、汉文老师，都必然是慈禧太后精心安排的。即此一事，从中也可窥见慈禧太后对待奕劻不同一般的信任态度。

在与满洲亲贵及满人重臣之间的复杂关系上，奕劻与他们存在着共同的利益，也有很大的矛盾，但奕劻逢事都能化解。

奕劻本就是满洲亲贵，按理讲，他应该与满洲贵族形成比较良好的同盟关系。然而，事实恰恰相反，除了个别有见识的满洲官僚外，大部分满洲贵族皆视奕劻为异类，合起伙来排斥他、挤兑他、打压他。

在晚清历史上，处于政治舞台核心的一些满洲贵族，如恭亲王奕䜣、醇亲王奕譞、满人重臣荣禄、才华横溢的端方等人，基本上都与奕劻保持着较良好的私交关系。辛酉政变后，清朝中央政府确立了两宫太后垂帘听

---

① 爱新觉罗·溥仪著：《我的前半生》，群众出版社 1964 年版，第 18 页。

政制度，基本上形成了慈禧太后执掌皇权，奕䜣作为议政王辅政主持军机处、总理衙门的政府工作的局面。奕䜣虽为"铁帽子王"，位高权重，但对奕劻则比较客气，翻阅清史资料，迄今为止还未见到二人之间发生矛盾或者冲突的情况。中法战争期间，慈禧太后撤换奕䜣原班人马，任命奕劻代替奕䜣主持总理衙门工作，二人之间的和谐关系也并未因此而出现嫌隙。光绪二十年（1894年）中日甲午战争期间，奕䜣复出代替奕劻主持总署与海军衙门工作，二人友谊如旧。慈禧太后罢黜奕䜣后，重用光绪皇帝之父奕譞，1884—1891年间，奕譞实际主持中央政府工作，奕劻积极靠拢奕譞，在外交事务与海军建设等问题上均以奕譞之意马首是瞻，其间虽然在执政外交理念上存在合作分歧，但二人长期能够合作共事，关系也算比较融洽。光绪二十年（1894年），清政府成立督办军务处，荣禄实际负责工作，奕劻亦受慈禧太后之命侧身期间，在编练新建陆军等问题上与荣禄持一致意见，并且形成较密的交谊。戊戌政变后，荣禄任领班军机大臣，主持政府工作，奕劻仍领衔总理衙门，共同辅弼慈禧太后，成为慈禧太后在内政外交上的左膀右臂。义和团运动期间，在剿抚义和团、与列强战和等重大问题上，奕劻与荣禄也均站在同一立场。两宫出逃将行在驻扎西安后，在议和问题、家属照顾问题等方面，奕劻也一直与荣禄保持着密切的联系。光绪二十九年（1903年）年荣禄病逝后，奕劻受慈禧太后之命成为领班军机大臣，开始全面主持清政府的行政工作。晚年在官制改革、预备立宪等问题上，他也与满洲贵族端方、那桐等人取同一立场，长期保持着良好的私人关系。

义和团运动时期，奕劻虽身居要职，但在对义和团剿抚及对列强战和问题上与当权派的端郡王载漪产生严重分歧。载漪一度曾让义和团打出"诛一龙二虎"的口号。一龙，是指光绪皇帝；二虎，则是指李鸿章和奕劻。这说明当时奕劻与以端郡王载漪为首的保守派之间的矛盾已经到了一个十分尖锐的地步。

进入宣统朝后，摄政王载沣监国，因为他的平庸无能，满洲亲贵形成多个派系，彼此之间相互倾轧。载泽、毓朗、善耆等人虽然各不相让，争斗激烈，但在对付奕劻问题上，却形成了统一阵线。为了自保，奕劻则联合那桐、徐世昌等人，自成一派。因为奕劻主持军机处，为实力派，满洲亲贵尽管联合倾力撼庆，但却收效甚微。

在与汉人官僚之间的关系上，奕劻也是既有盟友也有敌人。

从甲午战争、戊戌变法、义和团运动直到庚子国变，在很长一段时期内，奕劻虽然因为总理衙门和海军衙门工作上的关系与地方疆吏如李鸿章、刘坤一、张之洞等汉人官僚有较密切的往来，但大多限于业务往来，彼此之间并无拉帮结派之嫌。从清史资料来看，这段时期也没有见到御史们因为此类问题而对奕劻的弹劾奏章。

光绪二十九年（1903年）奕劻接替荣禄主持军机处工作以后，却因各种机缘迅速与袁世凯集团结成一党并因此而深深地影响了清末政局的发展方向。清朝末年，庆亲王奕劻与直隶总督袁世凯一见如故，深相接纳。初期接纳的方式也不免晚清官场的俗套，以金钱为桥梁，以利益为动力。袁世凯在早期宦海浮沉实践中深知权力同利益连在一起，因此，在发挥"金钱效应"上，袁世凯无所不用其极。同样，奕劻虽贵为王爷，权势重为领班军机大臣、内阁总理大臣、练兵大臣，但早年穷困的经历导致的心理上的不安全感以及多年宦海生涯丰富的阅历，使他也不能免"名利"之俗。奕劻代替荣禄主持军机仅一年，就发生了御史弹劾奕劻案。此案说明了奕劻受贿数额的巨大，也从反面证明了袁世凯的出手大方。由于有袁世凯金钱与集团势力的双重利用的关系，奕劻十分重视袁世凯的意见。袁世凯向奕劻推荐的人大多得到了重用。时任直隶总督兼北洋大臣的袁世凯，继承曾、李衣钵，建立了北洋军事官僚集团，在中央与奕劻深与结纳，为其谋主。于是北洋遥制朝政。这种局面引起疆臣岑春煊、军机大臣瞿鸿禨等人的严重不满。岑、瞿二人结盟，联合御史共同发起倒庆行动。光绪三十年（1904年），发生御史蒋式瑆弹劾奕劻存巨款于汇丰银行案；同年，发生岑春煊揭发粤海吴道周荣曜贪污并贿赂奕劻案；光绪三十一年（1905年），发生御史张元奇弹劾奕劻子挟妓宴饮于市案；瞿、岑在巧设机关之时，把矛头直接指向庆、袁的贪污腐败，想借此获得朝野人士的支持，以达到推翻对手的目的。光绪三十三年（1907年），岑春煊自武汉"迎折北上"，面见慈禧太后，公开参劾奕劻。瞿鸿禨则支持御史赵启霖、赵炳麟、江春霖接连上书弹劾奕劻、载振父子。虽然这场倒庆行动最终以瞿鸿禨遭罢黜，岑春煊被外遣而告一段落，但这段政潮却说明了一个很重要的历史现象。这就是，庆袁结党不仅引发满洲贵族的不满，还使得一部分汉人官僚也介入了反对奕劻派的斗争。进入宣统朝，在庆袁结党问题上，御史们仍然紧紧抓住不放，不断弹劾奕劻，企图扳倒奕劻，瓦解庆袁同盟。

三、一个人、一个王朝的命运

在晚清所有重大的历史关节点上，几乎都留有奕劻或隐或现的身影。清亡前夕，奕劻甚至成为能够主宰清王朝命运的几个少数关键政治人物之一。

光绪十一年（1885年），鉴于在中法战争中清朝水师由于势单力薄而处处被动挨打的状况，慈禧太后接纳李鸿章等人的建议，决心大练水师，同时创办海军衙门。出于对奕劻的信任与赏识，慈禧太后懿旨特别任命奕劻为海军衙门会办，令他与醇亲王奕譞、直隶总督李鸿章一起办理海军事务，实际上是让奕劻帮助她操纵与管理海军事务。为了取得慈禧太后的欢心，在筹办大清国海军的过程中，奕劻与醇亲王奕譞一道，挪用海军经费来为这位皇太后修建颐和园和"三海"工程，供这位至高无上者奢侈颐养。由此，奕劻更得慈禧太后的赏识与信任。光绪十七年（1891年），奕譞病逝后，奕劻又被慈禧太后任命为海军衙门总办，全面主持海军衙门一切事务，实际上成为中国近代早期海军最高负责人。光绪二十年（1894年）慈禧太后六十大寿时，又特下懿旨晋封奕劻为庆亲王。

中日甲午战争，李鸿章苦心经营二十余年的淮军以及刘坤一的湘军，在与日军的决战中，陆路溃败，丧师失地，一溃千里；北洋海军则全军覆没。这个事件，给中国近代社会带来了划时代的影响，也给中央与地方关系的重新调整创造了新机会。甲午战败，"湘淮同悲"，清政府赖以维持统治的国防力量——湘淮军武装力量已如明日黄花，不复有能力担负维护清政府统治之重任。朝廷内外，整军经武呼声再起。甲午战争后期，清廷决心编练自己的军事力量，并企图恢复太平天国前的中央军事集权的政治局面。

光绪二十一年（1895年），清政府成立了督办军务处，决心重振清王朝的军事力量。奕劻参与其中，博得了满洲亲贵大臣"知兵"的虚誉。

光绪二十四年（1898年），年轻的光绪皇帝决心变法，革新政治，富国强兵。但是，他依靠的却是一帮没有任何政治经验、缺乏历练的清流党人。这帮人经学知识丰富有余，救国热情可嘉可赞，但他们却不甚懂得国家实际政治运作的基本理路，决心依靠一个没有实权而又资质平庸的年轻皇帝来推行他们企图改变中国命运的变法方案。最终，清流派与维新派合流，闹出了一场惊天动地的戊戌变法以及由此导致的戊戌政变。事实表明，康党向光绪皇帝提出的大变、快变、全变的一篮子变法工程，不尽符合晚清中国的实际情况。尤其是他们竟要撇开军机处，企图撇开掌握实际政权的慈禧太后，试图成立一个以他们为中心的新的变法班底来解决中国的全部问题，直接使一场本该成为复兴契机且充满希望的维新运动最终演变为一场高层之间的你死我活的权力斗争。维新派幼稚地认为，只要通过光绪皇帝雷霆万钧的手段，杀几个顽固保守、阻挠变法的守旧大臣就可一了百了地解决变法中的障碍问题。没有实际政治经验的光绪皇帝采纳了这帮热血沸腾、急于在政治上大有作为的维新派与朝中清流派的主张，企图只争朝夕地进行"全变""大变""快变"，这就与慈禧太后的"缓进""渐行""稳健"的执政思维模式产生了激烈的冲突。最终，这场改革走向了所有人都不希望看到的反面，变成了一场刀光剑影血淋淋的厮杀。因为康有为"围园捕后"方案的泄密，光绪二十四年八月初六（1898年9月21日），慈禧太后从颐和园起驾还宫，囚禁了光绪皇帝，直接执政并且下达了追捕与屠杀维新派的谕令。在这场帝后的较量中，老成持重的奕劻看准形势站在了实力雄厚的"后党"的一边。因此缘故，荣禄与奕劻就成了慈禧太后日后在清朝内政与外交上依靠的两大柱石。

戊戌政变之后，政局因为高层党争的白热化而进一步恶化。因为康梁党人企图"捕后"的激端举动，慈禧、光绪母子从此二人信任不再，慈禧准备废掉光绪皇帝。此事影响后来晚清政局甚大，由此导致戊戌之后的政局走向更加令人捉摸不透。

不久，因为列强侵略的加剧，山东、直隶等地发生了反对洋教的义和团运动。这一形势剧变，几乎差一点毁了奕劻看似辉煌的政治前程。

光绪二十四年（1898年）后，由于列强诸国掀起了瓜分中国的狂潮，光绪二十五年（1899年），山东、直隶等地民众开始设坛建拳，杀教士，焚教堂，以他们自己的方式起来反抗。因为清政府中出现了"剿、抚"两种不同的声音，光绪二十六年（1900年）这股民间强大势力迅速席卷整个华北地区，这就是近代历史上有名的义和团运动。

面对民众的仇洋情绪，朝中一部分赞成废黜光绪皇帝的守旧大臣，乘机推动慈禧太后利用民众力量起来抗洋，实际上是想借此机会达到"废帝立储"的目的，夺得更大的权力，以满足他们个人的权力私欲。

但是，已有多年外交经验且稳和持重的奕劻却从形势恶化与问题的严峻性中看到了前景的不妙。

光绪二十五年十二月二十七日（1900年1月27日），英、美、德、法等国驻华公使联合照会总理衙门，指责"中国政府对'义和拳'和'大刀会'这样的结社抱有好感"。他们一致要求清政府明谕"对'义和拳'和'大刀会'进行全面镇压和取缔"。①

面对这种局面，光绪二十六年一月二十日（1900年2月19日）、四月二十四日（5月22日），奕劻根据实际情况两次领衔会奏，请求朝廷严厉查办山东、直隶及京师一带的义和团的仇洋行为，以免激起事端，徒给洋人以出兵干涉的借口与机会。

但是，此时的慈禧太后已经在端郡王载漪的鼓动下决心利用义和团与列强一决高下。

五月十四日（6月10日），内阁明发上谕："端郡王载漪著管理总理各国事务衙门，礼部尚书启秀、工部右侍郎溥兴、内阁学士兼侍郎那桐，均著在总理各国事务衙门大臣上行走。"②

这份上谕清楚表明，慈禧太后此时已对奕劻产生了信任危机。剥夺他

① 胡滨译：《英国蓝皮书有关义和团运动资料选译》，中华书局1980年版，第12—13页。
② 中国近代史资料丛刊《义和团》，上海人民出版社1957年版，第17页。

在总理衙门的实际权力，让大批顽固仇洋的守旧大臣进入总理各国事务衙门就是一个明显的信号。

奕劻也十分清楚自己的尴尬处境，不再坚持"和洋灭拳"主张，开始韬光养晦，总理各国事务衙门一时成了顽固派载漪等人嚣张的天下。

五月二十日（6月16日）、二十一日（17日）、二十二日（18日）慈禧太后连开三天召开御前会议，商议对义和团的剿与抚及对列强的战与和问题。

在御前会议上，反对向列强开战的袁昶、许景澄、立山、联元、徐用仪五大臣被慈禧太后断然下令处死。

看到慈禧太后战意已定，深知忤逆后果的奕劻更是一言不发，选择了沉默、再沉默，不作任何主张。

五月二十三日（6月19日），第四次御前会议，顽固派的灭洋主张占了上风，慈禧太后决定利用义和团对列强开战。

七月（8月），英、法、德、美、俄、日、意、奥组成八国联军，开始侵华。七月二十一日（8月15日）京师沦陷，慈禧太后、光绪皇帝仓皇出逃。

留京办事大臣崑冈等见"各公使寻觅庆邸甚急，意在出而议款，甚至邸宅探寻多次"，奏请"饬令庆邸回京议约，便宜行事，与各国公使浃洽"。[①]

七月二十九日（8月23日），崑冈又向逃亡途中的慈禧太后上一奏折："各国素与庆亲王奕劻办事多年，最为信服，必须三日内请庆亲王迅速会晤，以安宗社而救百姓。"[②]

八月初一（8月25日），李鸿章也呈上一份奏折，指出庆亲王奕劻、荣禄尤为各国所重，虽已随驾西行，应请饬令他们星夜回京主持和谈事宜。

---

① 《义和团史料》（下），中国社会科学出版社1982年版，第688页。
② 《义和团档案史料》（上），中华书局1979年版，第497页。

八月初二（8月27日），英人赫德亦致函总理各国事务衙门，要求奏请朝廷速行简派庆亲王奕劻迅速回京议和。在这种情况下，当日，慈禧太后谕令"病滞怀来行馆"的奕劻，即日驰回京城，便宜行事，全权主办与列强各国议和之事。

八月初十（9月3日），奕劻在英、日军队的保护下返回北京。

昨日已被剥夺总理各国事务衙门大臣的实际权力，被慈禧太后搁置到了一边的奕劻，此时又因列强在华使节的信任时来运转，成为代表清政府与联军议和的最高代表。

议和期间，奕劻会同李鸿章，秉承慈禧太后急于议和的心态，迅速与列强各国接触。在谈判桌上，奕劻、李鸿章坚决保全慈禧太后，千方百计地为慈禧太后、荣禄等人开脱罪责，最终，列强在"议和大纲"上既没有将慈禧太后、荣禄列为战争祸首，也没有逼她交出清政府的最高权力。因此，奕劻更加受到慈禧太后的信任和重用，直至慈禧太后去世前仍然眷宠不衰。

其实，庚子年间慈禧太后西逃时，她对于奕劻回京主持议和并不放心。在列强各国指名要奕劻回京议和时，这位老辣的掌权者虽命奕劻回京办理善后，但却毫不留情地将奕劻眷属全行携去作为人质。奕劻对慈禧此举的意图心知肚明，只能拜托好友荣禄对自己家眷予以照顾。这在他光绪二十七年（1901年）给西安行在荣禄的书信中可以得到证明："世兄闻随侍长安，甚慰甚慰！枢垣任重事烦，劳勚可想，诸惟珍重。专此，敬请崇安，……再启者：现时小兜载振，随扈行在当差，年幼无知，务恳推情关垂，随时指教，有所遵循，俾免愆尤，是所切祷。专此，再请时安。谨又启。"[1]惴惴不安之情，于此可见一斑。

---

① 杜春和、耿来金、张秀清编：《荣禄存札》，齐鲁书社1986年版，第10页。

光绪二十七年（1901 年），奕劻代表清政府与列强各国签订了《辛丑条约》。奕劻在庚子议和中，一方面保留了慈禧太后的最高统治权，同时又极大限度地满足了列强的贪婪要求，各国列强也因此而成为他在官场上左右逢源的"坚强后盾"，一时间身价倍增，权倾朝野。

光绪二十七年（1901 年）总理各国事务衙门改为外务部后，根据列强的要求，奕劻又被任命为管部大臣，仍然掌管清政府的外交大权。光绪二十九年（1903 年），慈禧太后最信任、最倚重的军机大臣荣禄病逝。环顾左右，慈禧太后认为唯有奕劻可以接替荣禄。于是，奕劻以亲王之尊补缺，成为领班军机大臣，同时兼领外务部。不久，慈禧太后又授命他管理财政处、练兵处等事务，一时奕劻集内外军政大权于一身，成了清政府最有实权的领袖人物。直至宣统三年四月（1911 年 5 月）出任内阁总理大臣，终清之世，奕劻大权在握，位极人臣。"初，庆王以辛丑和议成，大受慈眷，然实李文忠未竟之功，而王文韶为之助成，庆王可谓贪天之功矣。顾荣禄未死以前，庆王实绝无议政权；及荣禄死，太后环顾满人中，资格无出庆右者，遂命领袖军机，实则太后亦稔知庆之昏庸，运不及荣禄也。"[①]

奕劻虽为慈禧太后重用，但他为人贪鄙，持重有余而开拓不足，与其子载振、大臣那桐卖官鬻爵，被时人讥为"庆那公司"。

光绪三十年（1904 年），御史蒋式瑆奏劾他任军机大臣以来，"细大不捐，门庭如市"，"异常挥霍尚能积蓄巨款"，在英商汇丰银行存入 120 万两私产。

光绪三十三年（1907 年），御史赵启霖奏参奕劻为段芝贵谋巡抚职，受贿 10 万两，其子载振并纳段芝贵所献歌妓杨翠喜。终因奕劻得慈禧太后宠

---

① 许指严著：《十叶野闻》，山西古籍出版社 1995 年版，第 242 页。

信，两参案最终都不了了之。

据许指严在《十叶野闻》一书中记载："奕劻屡被弹劾，太后以庚子告变功，未遽谴斥。然确知其黩货，心甚疑之。奕劻既倾去瞿鸿禨、林绍年，自顾年老怨多，内不自安，亦谋引退，而援其子载振入军机，副以杨士琦，遣两格格达意宫中。太后虽阳许之，心实犹豫。因召见大学士孙家鼐、吏部尚书鹿传霖，告以故。家鼐力言士琦不可任，太后颔之。翌日，奕劻入见，阳以好语慰留，谓时事日艰，老成不可轻去。今当使载沣随汝学习一二年，再从汝志未晚。奕劻闻载沣用，则载振将为所压，遂不敢再萌退志，而引袁世凯相助。太后曰：'袁世凯与张之洞皆今日疆臣中之矫矫负时望者，可并令入直。'奕劻虽不悦之洞，而无辞以拒之。盖太后之意，始欲借载沣以防载振，继又欲借之洞以抵制世凯，其虑不可谓不周。及世凯入，交欢奕劻，而与载振结盟为兄弟，阳以礼貌尊事之洞，推为老辈。凡朝廷不甚经意视为迂阔可缓之事，如崇祀三先生、改行金币等案，悉让之洞主政。而各省疆吏各部要臣尽安置私人，内外联为一气。太后年老多病，方以后事为忧，日渐废弛，外情亦不能尽达也。"①

光绪三十四年十一月（1908 年 12 月），奕劻进一步被晋封为世袭罔替庆亲王，成为继恭亲王奕訢、醇亲王奕譞之后晚清王爷中的第三个也是最后一个"铁帽子王"。

进入宣统朝，奕劻仍然为首席军机大臣，继续主持清政府日常行政工作。

宣统三年四月初十（1911 年 5 月 8 日），载沣撤销军机处改设责任内阁，奕劻又被任命为首届责任内阁大臣。

---

① 胡思敬著:《国闻备乘》卷 3，荣孟源、章伯锋主编:《近代稗海》第一辑，四川人民出版社 1985 年版，第 285—286 页。

1911 年 10 月 10 日，武昌新军起义发生，清王朝的统治处于土崩瓦解的状态。武昌起义发生后，奕劻坚决推动袁世凯复出并代替他收拾时局。袁世凯组阁后，奕劻又被清政府任命为弼德院总裁，成为袁世凯与隆裕太后及皇室之间沟通妥协的桥梁，继续在辛亥政局中发挥重要作用，成为辛亥鼎革之际可以搅动政局的关键人物之一。一开始，庆亲王奕劻希望清室把命运托付给袁世凯，依靠这位"旧日盟友"能把起义镇压下去，因此，他极力劝说载沣同意袁世凯出山。但袁世凯复出掌握清政府军政大权后，对南方妥协态度便日益显露出来。在南北对峙日益严峻，袁世凯内阁不主张用军事解决南方问题的情况下，对局势洞如观火的奕劻又转而与袁世凯一道，赞成南北议和，推动清帝逊位，用不流血的原则换取一个各方都相对满意的结果。辛亥乱局由奕劻一手揭开，清王朝命运也由他一手葬送，但民初共和之局的形成，也多少与奕劻有着一定的关系。罪臣，功臣，从清末一直争到现在，始终莫衷一是。这个问题看来还要长期争论下去。

四、清朝覆灭，奕劻与载沣谁应负更大之责任

　　晚清的历史演变显示出这样一条规律：满汉矛盾是高层政争的一个重要焦点。咸同以来，依靠汉人实力派，已经成为满洲贵族政权得以维系的一个重要法宝，满汉关系尤其是高层满汉关系处理得好坏，直接影响到清王朝的兴衰存亡。奕劻在宣统年的所作所为及其在宦海中的沉浮经历同样脱离不了这样一个历史背景。

　　不难发现，贯穿清末十余年，在统治者高层权力结构中，庆袁势力始终是操纵朝政的主要力量。它既是高层满汉合作融洽的表现，亦是这一时

期清王朝权力结构中的一个重要特征。这其中有慈禧太后着意安排的因素。慈禧太后在世时虽也曾抑制庆袁势力的过度膨胀，但并没能最终形成一个新的权力平衡格局。载沣摄政后虽然罢黜了袁世凯并极力扫荡袁党的势力，但并不能轻易对付朝中的奕劻势力，袁党的潜在势力远远未能得到廓清，表面上看是载沣实现了集权皇室的目的，但客观上效力却是微乎其微，[①] 在当时客观情况下，慈禧太后安排下的这种新一轮高层权力格局已经不可能再进行完全的洗牌。辛亥年袁世凯之所以能够复出并且夺权成功，仍然是其潜在势力（主要是奕劻、徐世昌、那桐等人及北洋军）发生作用的必然结果。这是当时高层权力斗争的主线。

作为清王朝的实际统治者，慈禧太后的执政能力生成于内忧外患之间，因而她深知培养与依靠汉人实力派对这个衰世王朝的重要性。在曾国藩集团、李鸿章集团相继退出历史舞台后，她又不失时机地重点扶植与借重袁世凯集团。倾全国财力让袁世凯编练北洋新军，并将满洲贵族最重要的地盘直隶与东三省交给袁世凯集团治理，并让奕劻主持枢政就是慈禧太后借重庆袁集团的最有力的证据。但是，扶植与借重并不是无限度的，当袁世凯与奕劻结盟，将手伸向最高权力——这个满洲贵族视为禁脔的地方时，慈禧太后就不能不对之予以裁制了。剥夺袁世凯的军权，将他明升暗降调入中央，扶植其他汉人官僚及满人官僚与之抵抗，采取以汉制汉、以满制汉等制衡策略是慈禧太后的明智之处。但即使在抑制庆袁集团的同时，慈禧太后也是小心翼翼，并不主张彻底打掉这个新扶植起来的实力派集团。制衡是维持君臣关系稳定的有效手段，借重庆袁集团来消弭与镇压民众反

① 事实上，载沣驱袁后，朝野上下要求起用袁世凯的呼声一直未停止过。赵炳麟在上摄政王的奏章中认为袁党"所恃以无恐，敢于怨怼朝廷者，以庆亲王谊系懿亲而尚居枢辅之任，直隶总督杨士骧地在密迩，而兼操兵财之权。是以袁世凯虽罢，其党内有庆亲王为之应，外有杨士骧济其财，仍然固结如旧。"（赵炳麟：《谏院奏事录》卷5，第17—18页，《赵柏岩集》刊本，无版次。）

叛才是慈禧太后的最终目的。应该说,在借重与有效防范庆袁集团、维系高层满汉关系这个关键问题上,慈禧太后是成功的,庆袁也是心服口服。

然而,继慈禧太后之后执掌清朝政权的监国摄政王载沣与隆裕太后却因为缺乏统治经验,一上台就将慈禧太后生前安排的这种权力格局全部破坏。他们不明白这样一些简单的道理:第一,权力格局是一个长期发展的产物,一旦形成,轻易改动不得;第二,离开汉人官僚士绅与实力派的支持,特别是离开慈禧太后新扶植起来的袁世凯集团的支持,在当时内忧外患已经十分严峻的形势下,满洲贵族是无法将清王朝的统治维系下去的。载沣一上台,就迫不及待地罢黜了袁世凯,迫不及待地扫荡袁党并排挤奕劻,不仅极力避免中央大权落入汉人的手中,还要计划将咸同年间落入汉人督抚的军权、财权全部剥夺回来;不仅收取汉人的权力,而且还要剥夺慈禧太后安排与倚重的铁良、世续等有阅历、人望与实际能力的满人官僚的权力。[①]他们"以天下为一家私物",[②]认为"政要之地位,非无阶级者可以骤跻;机密之大计,非至亲贵者不足与议",[③]认为集权皇室、集权中央、强化专制是维系统治的最好办法,可惜南辕北辙。他们都没有认真冷静地思考一下,以慈禧太后这样有权威、有能力、有资格的掌舵人,在世时都不能完成的事情,他们这帮无权威、无人望,执政能力远不及慈禧太后的新的掌权派就能在短时间内轻而易举地完成?在"横扫一切"的这种简单政策下,各方势力接连心灰意冷,最终在辛亥革命中相继背叛清王朝,站在了革命者

---

① 世续为老派人物,与奕劻走得很近,排挤他是为对付奕劻的缘故。至于排挤铁良,恽宝惠认为"奕劻的灵魂,早为袁世凯所收买,袁世凯既去,则掌握兵权的就是铁良了。铁良对于练兵,既有经验,亦有办法,在满族中为头脑比较清楚的一个。他受奕劻的提拔,且极信赖,认为若有他为陆军领袖,则奕劻仍不易扳倒,所以连他一起排去。"(恽宝惠:《清末贵族之明争暗斗》,《晚清宫廷生活见闻》,文史资料出版社1982年版,第64—65页。)
② 胡思敬著:《退庐疏稿》卷1,南昌退庐1924年刻本,第17—18页。
③ 《内阁学士兼吏部侍郎衔宗室宝熙奏开贵胄法政学堂折附片》,《政治官报》,1907年12月6日,第42号。

的一方。"革命党者，以扑灭现政府为目的者也。而现政府者，制造革命党一大工厂也。"① 载沣这种抛开满汉联盟、抛开慈禧太后的以汉制汉政策、单纯采取以满制汉的代价，实在是太沉重了。

客观地说，继李鸿章集团之后，袁世凯集团已经成为清王朝维系统治与镇压下层民众反抗的有效的工具之一。袁世凯虽然在清末势力膨胀，但他并没有觊觎帝位的政治野心。光绪三十一年（1905 年）官制改革中他之所以极力建议设立责任内阁，是因为潜藏在他内心深处的不安全感——害怕有朝一日光绪皇帝会算昔日戊戌年的旧账。光绪三十四年（1908 年）慈禧太后在病重时商议皇帝继承人问题时，袁世凯见光绪皇帝复出无望，也就放下心来，主动提出以醇亲王载沣长子溥仪入承大统，并立即派袁克定将此事密告英国驻华公使朱尔典，在得到朱尔典的赞同意见后，袁世凯又将朱尔典的态度转告载沣，以此示好载沣，希望他念其拥戴之功，能够捐弃前嫌，和衷共济，共度时艰。不仅如此，袁世凯"虑孝钦后年高，且皇族中亦颇有争竞继统者，主幼国危，无所统率，必生变乱，倡议以醇亲王载沣监国"。② 慈禧太后在临终之时，也确将载沣托付给奕劻、袁世凯、张之洞、鹿传霖、世续等人，"顾而泣曰：'汝辈皆先皇老臣，今皇帝冲龄，虽有载沣摄政，亦惟汝辈匡辅是赖。'复泣顾载沣曰：'汝应拜诸老臣。汝年幼，惟诸老臣之谋是用。载沣挥泣，向先公（袁世凯——著者注）及奕劻等拜，先公与奕劻等同伏地，泣不可抑"③。另据《睇向斋秘录》记载："孝钦诒隆裕以光绪故，恨之刺骨；载沣素亦不喜其人，乃于垂危时泣对二人曰：'袁世凯为先朝旧臣，劳苦功高，允宜待以殊礼，毋以予死而远之也。'隆裕、载

---

① 梁启超著：《现政府与革命党》，《新民丛报》，第 89 号。

② 沈祖宪、吴闿生著：《容庵弟子记》卷 4；来新夏主编：《北洋军阀》（五），上海人民出版社 1993 年版，第 91 页。

③ 袁克文著：《洹上私乘》卷 1，下，大东书局 1926 年版，第 6—7 页。

沣唯唯。"①如果载沣听从慈禧太后的临终遗言,不那么偏狭短视,不把事情做绝,或许袁世凯与满洲贵族之间的合作不至发展到彻底决裂的地步。正像有人所说的那样,"那拉后当热河奔遁之余,委任汉大臣坐致中兴","庚子败亡,卒返銮辂,宴然以一国之母终于枕席,其识力、手腕均有不可及之处";"所可恨者,嗣醇王不能听老人临终嘱托之言,摈弃正人,崇信群小,三百年之帝位轻轻以一手断送之"。"使醇王摄政之初稍有知识,憬然于天命已去,大局将危,遵先后之遗言,礼重耆硕,相与补苴罅漏,夙夜犹危,或尚有祈天永命之望。乃听信谗言,袭用国初忮克汉人之习,以威名赫赫、天下仰望之大臣首与为雠,几以托孤受命之身,蹈亡身赤族之祸,虽张文襄、鹿文端诸臣极力保全,犹使罢职以去。殊不知猛虎在山,藜藿不采;有太公鹰扬以为之师,故周公负扆,始延孺子之命,而乃自毁长城!""国不自亡,谁能亡之?"②诚哉斯言!

与载沣迥然不同,作为亲历晚清七十年风风雨雨,长期主持清王朝外交与军政工作的亲贵重臣,奕劻"外虽端谨,内实精明"③,不仅宦海阅历极其丰富,而且官场经验亦十分老道,可谓是中国历史上为数不多的极会做官的一个"不倒翁"。虽然说他世故圆滑,然而他在浩浩荡荡的世界潮流面前思想并不保守。正因为如此,奕劻才能够对清末新政的改革举措给予支持;对慈禧太后去世后的混乱朝局洞若观火,他看到了在"排满"声浪中的清王朝已经再也经不得起任何惊涛骇浪,因此在宣统初年,他对载沣驱袁持抗拒态度;宣统三年(1911年),他又对摄政王载沣命他组阁持消极与矛盾的态度,既不想承责又不想放弃权力。

① 陈灨一著:《甘簃随笔》,中共中央党校出版社1998年版,第12页。
② 王锡彤著,郑永福、吕美颐点注:《抑斋自述》,河南大学出版社2001年版,第141、143页。
③ [日]佐藤铁治郎著:《一个日本记者笔下的袁世凯》,天津古籍出版社2005年版,第185页。

清亡前夕，作为第一届内阁总理大臣，奕劻确实也做得名不符、实不归，窝窝囊囊。载沣违背立宪国通例，不让奕劻过问军国大事，又让载泽等人在财政上对奕劻加以掣肘，这就使得奕劻无法真正担负起内阁总理大臣的职责；又因为奕劻的皇族亲贵身份，地方督抚、立宪派集团、基层民众又对他的任职合理性及个人能力产生怀疑并加以激烈的抗拒与抵制，所有这些，都决定了奕劻不可能真正发挥他的领袖群伦的作用，奕劻对此也很清楚与苦恼。奕劻本就是一个明哲保身、十分务实的官僚，加上"年事已高，身体又差，根本不能精勤问政"①，种种因素叠加，他对于由自己组阁担负挽救清王朝统治危机的责任，他自觉前途未卜，因而"专守以进为退、以弃为取之法"，② 屡辞内阁总理大臣一职。

实际上，对于皇族内阁可能给清王朝带来的危害与不利的影响，奕劻比载沣要看得清楚。但是，出于自身利害的算计，他却沉默不言，不去努力阻止，结果清政权因为皇族内阁的出笼而尽失人心。尤其是他明知盛宣怀"铁路干线国有政策"对清政局有危害的情况下，却出于官场圆滑的考虑最后仍然在文件上签了字，这就不是一个内阁总理大臣应该做的事情了。辛亥政局的败坏，奕劻与他的内阁难辞其咎。如果以一个政治家的标准看问题的话，奕劻只能算是老成持重、成熟圆滑的一个政客，他懂得如何为自身谋求权利，善于规避宦海中的风险，但却认识不到自己所犯的错误会给他赖以生存的王朝带来怎样的毁灭性的后果。"皮之不存，毛将焉附？"对于这个简单的道理，奕劻理解的实在令人不敢恭维。

武昌起义后，袁世凯成为时局的核心人物，各方面都在极力地争取。

①《英国外交部档案·朱尔典致格雷爵士函》，章开沅、罗福惠、严昌洪主编：《辛亥革命史资料新编》第8卷，湖北人民出版社2006年版，第49页。

②《新内阁史·内部之暗斗》，《时报》1911年5月18日，第2版。

面对各省独立、清王朝统治土崩瓦解的严重形势，奕劻急流勇退，明智地力荐这位昔日盟友出山代替自己收拾时局。奕劻所以力主袁世凯出山，是因为他想恢复昔日庆袁合流的阵势，是因为他相信袁世凯能够挽救时局，能够挽救这个已经摇摇欲坠的专制王朝。他的出发点不是为了袁世凯，而仍然是想方设法保存清王朝。

在袁世凯将清王朝实际统治权力全部接交到手却与南方革命党和谈，维护清王朝统治已经彻底无望的情况下，退居幕后的奕劻又转而极力保存清皇室，支持袁世凯关于清帝退位、用和平方式换取国家统一与社会局面稳定的主张，并利用他的特殊身份担负起劝说隆裕太后同意逊位的重担。他的出发点同样不是为了袁世凯，而是想方设法保存清王朝的宗室血脉。

1912 年 2 月 16 日，奕劻与其曾经的属下丁士源有过这样一场谈话。他问丁曰："汝看慰亭竟如此而行，彼能长久否？"丁曰："彼决不能长久。因中国数千年来，矜孤恤寡，悬为天经地义。人人皆知。彼之所以，非但有负两宫知遇之隆，且有负资政院全体推诚之厚，更无以对全国满、汉、蒙、回、藏四百余兆人民。想即彼之子弟至亲之中，亦有不以为然者。如其堂弟袁世廉，及其次子克文，亦均以为非。故不出五六年，夫已氏必趋自杀之途。且京、津两地前线退归之兵，亦均愤懑不平，蠢蠢思动，不久当有乱事。即民军方面，对袁亦颇有不以为然者。请王爷善保千金之躯，静观以待。况王爷三月来所作所为，诚如古训所言，投骨于地，众犬争食者乎。"奕劻听罢大笑 [1]。可见，奕劻并非站在袁世凯的立场来看待清帝逊位，他对丁氏将辛亥革命爆发后自己迫于各方压力的所作所为归纳为"投骨于地，众犬争食"之语很是激赏，不仅"大笑"还馈赠物品以示赞同。这说

---

[1] 丁士源著：《梅楞章京笔记》，《近代稗海》，第一辑，四川人民出版社 1985 年版，第 488 页。

明，他的政治主张与袁世凯是有区别的。

从清末到民国，甚至时至今日，奕劻一直背着"贪财误国"的污名。清宣统皇帝溥仪一直认为"奕劻受袁世凯的钱，劝太后让国，大清二百多年的天下，断送在奕劻手里"。[①] 载沣之弟载涛在《载沣与袁世凯的矛盾》一文中亦明确断言："奕劻、那桐本来只认得钱，至于清廷封建统治的垮台，并不在他们的心上。他们二人与张兰德里应外合，不由得隆裕不入他们的圈套。后来他们三人皆如愿以偿，各自在家纳福去了。""这种'禅让'之局得以成功，可说是全由奕、那、张三人之手。"[②] 这实在是大大冤枉了奕劻。奕劻贪墨好货、结党营私不假，但将奕劻的见识贬低到一个唯知钱财、不知国家的市井小人，这未免就小觑了奕劻。试想一下，能在晚清数十年官场风雨中始终摇摆不倒并屡屡得以升迁，能从一个小小的辅国将军最终变为清朝的领班军机大臣、首任内阁总理大臣、"铁帽子王"，始终得到洞察世故、老辣铁腕、翻云覆雨的慈禧太后的重用，奕劻的脑筋及政治智慧肯定不会是如此简单。奕劻是以贪著称，他在世时的声名就并不好，直与和珅齐名，清政权迅速失掉人心，他有不可推卸的责任。但是在辛亥政局转换中，他却是皇族亲贵中头脑最为清醒的一人。他看到了列强对清政权的抛弃；看到了袁世凯企图取清政权而代之的野心；看到了共和得到了当时国人的普遍认同；看到了清政权已经彻底丧失人心；更看到了清皇室顽固下去的险情。因而，他能区分出感情与理智的轻重，尽管不愿意共和，不愿意袁世凯改朝换代，但出于保全清皇室的打算，他依然同意袁世凯与南方革命党的和平谈判，促成袁世凯与南方临时政府开出的以清帝逊位换取保存清皇室的优待条件。清皇室能在辛亥革命洪流中得以保全，与奕劻的

---

① 爱新觉罗·溥仪著：《我的前半生》，群众出版社 1964 年版，第 70 页。

② 载涛著：《载沣与袁世凯的矛盾》，《晚清宫廷生活见闻》，文史资料出版社 1982 年版，第 83 页。

努力分不开。从这个意义上来讲，奕劻才是清皇室真正的大忠臣，尽管溥仪与载涛还有诸亲贵后来也那样骂他，那样误解他。应该说，在辛亥政局中，奕劻推动隆裕太后对袁世凯及革命党妥协，客观上也减少了革命的阻力，减轻了革命过程中的代价，加速了近代中国的政治进程，这与孙中山等革命党人期望的以和平收革命之功，有着异曲同工之妙。庆袁共同推动清帝退位，尽管各自所抱的目的不同，但用和平方式解决南北争端，对当时有效保护各方利益，及时挽救时局，却真正起到了顺水推舟的重要作用。从奕劻在光宣政局中的表现上看，他并非仅仅是长期以来人们心目中的"官仓鼠"那种单调、刻板的形象。他贪污纳贿成性，误国误民，但又务实而不保守，能够与时俱进，既维护清室，又不完全拒绝共和，[①] 是一个矛盾而又复杂的人物，他的表象背后隐藏着许多内容，实在值得我们认真发掘与重新评估。

走笔至此，好像已无话可言。

千秋功罪，应留待后人评说。

---

① 1911 年 12 月 25 日，在日本公使伊集院与奕劻、袁世凯谈话时，奕劻曾明确表示："若问本人最后是否同意共和，本人并不认定共和制度绝不可行。"［《日本外务省档案·伊集院驻清公使致内田外务大臣电》（第 727 号），邹念之编译：《日本外交文书选译——关于辛亥革命》，中国社会科学出版社 1980 年版，第 319 页。］1912 年 9 月 5 日，赵尔巽在奉天演说中也谈道："亲贵中首领庆亲王，即是首先赞同共和的人。"（《赵尔巽劝告东三省各界勿受"破坏党"煽惑的演说》，章开沅、罗福惠、严昌洪主编：《辛亥革命史资料新编》第 3 卷，湖北人民出版社 2006 年版，第 240 页。）